国家"2011计划"司法文明协同创新中心资助
北京零点市场调查有限公司技术支持
国家社会科学基金重大项目"司法评估的理论与方法"（项目批准号：17ZDA129）阶段性成果

中国司法文明指数
调查数据挖掘报告

2019

张 中 ◎ 主编

DATA MINING REPORT
ON CHINA JUSTICE INDEX 2019

编写人员 ◎ 张保生　张　中　吴洪淇　褚福民
　　　　　　　满运龙　施鹏鹏　郑　飞　樊传明

中国政法大学出版社
2022·北京

中国司法文明指数项目组

项目顾问：张文显　陈光中

项目主任：张保生

项目副主任：张　中

项目执行主任：吴洪淇

项目组主要成员：张保生　张　中　吴洪淇　褚福民　满运龙
　　　　　　　　施鹏鹏　郑　飞　樊传明　柴　鹏　李　吟
　　　　　　　　张　伟　冯俊伟　刘世权　尚　华　戴　锐
　　　　　　　　曹　佳　董　帅　张南宁　张文博　陆誉蓉
　　　　　　　　彭　江　朱　婧　易梦扬　于函玉

前言

中国司法文明指数问卷调查针对社会公众与法官、检察官、警察和律师等法律职业群体，分别设计两种类型的问卷，包含受访者基本情况、司法文明情况等相关问题，旨在通过抽样调查的方式对我国司法文明情况进行全面评估。

2019年中国司法文明指数指标体系共计10个一级指标、32个二级指标，并分解为67个问卷题目。本次调查问卷中多数题目采用五级量表的形式进行考察，通过实地动态监测，从普通人的视角调查和评估可能影响人民群众日常生活的司法文明状况，展现司法文明程度的综合指标，以直接调查数据为基础，以直观图形呈现出来，反映了人民群众对本地司法文明发展的满意度。

在本次评估中，司法文明协同创新中心在除港澳台以外的全国31个省/自治区/直辖市进行了抽样调查。本次调查以个人为对象，以调查问卷为数据采集形式，以受访者对于司法文明指数所包含各个方面的个人认识集合为统计总体。通过在31个省/自治区/直辖市发放公众卷（个人基本情况8题，主体问题23题）和职业卷（个人基本情况9题，主体问题35题）两类问卷，每个省/自治区/直辖市不少于800份问卷，其中公众卷600份，职业卷200份（法官、检察官、警察各40份，律师80份），最终回收有效样本总量共计24 012份调查问卷，其中公众卷17 857份、职业卷6155份。我们对这些问卷中所包含的各项数据进行统计分析，以便充分展现我国司法文明状况。

为了对司法文明指数调查数据进行更为有效的挖掘，我们在频数分析和主体问题及基本情况间交叉分析的基础上，利用主体问题间的交叉分析、相关分析和年度比较分析等数据统计分析方法，对数据进行深入挖掘。其中，交叉分析的意义在于探寻数据之间的内在联系；相关分析的目的在于探讨数据之间是否存在某种依存关系；年度比较分析的作用则在于了解司法文明指数变化趋势。

本报告将以司法文明指数的衡量指标为划分依据，向人们展示通过上述数据分析方法得到的数据分布情况，并通过归纳推理，展示易读性数据分析结果，发现隐藏在数据下的内在联系，揭示出数据中隐含的、先前未知的且有潜在价值的信息，从而直观呈现受访者对我国司法文明状况的主观感受，进而为研究人员发现问题、解决问题奠定基础，最终起到全面推进我国司法文明进程的作用。

编 者

2021年12月

目 录

前　言 1

第一章　调查问卷质量评估 1
一、问卷样本分布 1
（一）职业卷 1
（二）公众卷 6
二、问卷题目鉴别力分析 11
（一）职业卷 11
（二）公众卷 12
三、问卷信度分析 13
（一）职业卷 14
（二）公众卷 16
四、问卷效度分析 17
（一）职业卷 17
（二）公众卷 24

第二章　司法文明指标评分比较 27
指标1　司法权力 27
1.1　司法权力依法行使 27
1.2　司法权力独立行使 29
1.3　司法权力公正行使 32
1.4　司法权力主体受到信任与认同 35
1.5　司法裁判受到信任与认同 38
指标2　当事人诉讼权利 40
2.1　当事人享有不被强迫自证其罪的权利 40
2.2　当事人享有获得辩护、代理的权利 41
2.3　当事人享有证据性权利 44
2.4　当事人享有获得救济的权利 45

指标 3 民事司法程序 ··· 48
3.1 民事审判符合公正要求 ··· 48
3.2 民事诉讼中的调解自愿、合法 ··· 50
3.3 民事诉讼裁判得到有效执行 ··· 51

指标 4 刑事司法程序 ··· 52
4.1 侦查措施及时合法 ··· 52
4.2 审查起诉公正 ··· 56
4.3 刑事审判公正及时 ··· 57

指标 5 行政司法程序 ··· 59
5.1 行政审判符合公正要求 ··· 59
5.2 行政诉讼裁判得到有效执行 ··· 60

指标 6 证据制度 ··· 62
6.1 证据裁判原则得到贯彻 ··· 62
6.2 证据依法得到采纳与排除 ··· 64
6.3 证明过程得到合理规范 ··· 66

指标 7 司法腐败遏制 ··· 70
7.1 警察远离腐败 ··· 70
7.2 检察官远离腐败 ··· 72
7.3 法官远离腐败 ··· 74

指标 8 法律职业化 ··· 76
8.1 法律职业人员获得职业培训 ··· 76
8.2 法律职业人员遵守职业伦理规范 ··· 77
8.3 法律职业人员享有职业保障 ··· 80

指标 9 司法公开 ··· 87
9.1 司法过程依法公开 ··· 87
9.2 裁判结果依法公开 ··· 88

指标 10 司法文化 ··· 90
10.1 公众参与司法的意识及程度 ··· 90
10.2 公众诉诸司法的意识及程度 ··· 91
10.3 公众接受司法裁判的意识及程度 ··· 92
10.4 公众接受现代刑罚理念的意识及程度 ··· 92

第三章 司法主体性分析 ··· 94
一、对法官/法院的评价 ·· 95
指标 1：司法权力 ·· 96
指标 2：当事人诉讼权利 ·· 97

指标 3：民事司法程序 ··· 98
　　指标 4：刑事司法程序 ··· 99
　　指标 5：行政司法程序 ·· 100
　　指标 6：证据制度 ·· 101
　　指标 7：司法腐败遏制 ··· 101
　　指标 8：法律职业化 ··· 102
　　指标 9：司法公开 ·· 103
二、对检察官/检察院的评价 ··· 103
　　指标 1：司法权力 ·· 104
　　指标 2：当事人诉讼权利 ··· 105
　　指标 4：刑事司法程序 ·· 106
　　指标 6：证据制度 ·· 107
　　指标 7：司法腐败遏制 ··· 107
　　指标 8：法律职业化 ··· 108
三、对警察/公安机关的评价 ··· 109
　　指标 1：司法权力 ·· 110
　　指标 2：当事人诉讼权利 ··· 110
　　指标 4：刑事司法程序 ·· 111
　　指标 6：证据制度 ·· 112
　　指标 7：司法腐败遏制 ··· 112
　　指标 8：法律职业化 ··· 113
四、对律师的评价 ··· 114
　　指标 2：当事人诉讼权利 ··· 114
　　指标 8：法律职业化 ··· 115

第四章　受访群体背景变量分析 ·· 116
一、法律职业群体背景变量分析 ··· 116
　　背景变量 1：职业 ··· 116
　　背景变量 2：法官、检察官入额情况 ·· 118
　　背景变量 3：性别 ··· 120
　　背景变量 4：年龄 ··· 122
　　背景变量 5：从业年限 ··· 124
　　背景变量 6：学历 ··· 126
　　背景变量 7：专业 ··· 129
　　背景变量 8：政治面貌 ··· 130
　　背景变量 9：区域 ··· 132

二、公众群体背景变量分析 ····· 134
背景变量1：性别 ····· 135
背景变量2：年龄 ····· 137
背景变量3：学历 ····· 138
背景变量4：职业 ····· 140
背景变量5：政治面貌 ····· 143
背景变量6：参与诉讼情况 ····· 145
背景变量7：区域 ····· 147

第五章 司法文明指标相关分析 ····· 149
一、职业卷各指标间的相关性分析 ····· 150
指标1：司法权力 ····· 151
指标2：当事人诉讼权利 ····· 155
指标3：民事司法程序 ····· 158
指标4：刑事司法程序 ····· 160
指标5：行政司法程序 ····· 163
指标6：证据制度 ····· 165
指标7：司法腐败遏制 ····· 167
指标8：法律职业化 ····· 169
指标9：司法公开 ····· 169

二、公众卷各指标间的相关性分析 ····· 171
指标1：司法权力 ····· 172
指标2：当事人诉讼权利 ····· 174
指标3：民事司法程序 ····· 174
指标4：刑事司法程序 ····· 176
指标5：行政司法程序 ····· 178
指标6：证据制度 ····· 178
指标7：司法腐败遏制 ····· 179
指标8：法律职业化 ····· 180
指标9：司法公开 ····· 182
指标10：司法文化 ····· 183

第六章 对司法主体满意度相关分析 ····· 185
一、职业卷对各司法主体满意度相关分析 ····· 185
（一）对法官满意度 ····· 185
（二）对检察官满意度 ····· 190
（三）对警察满意度 ····· 193

二、公众卷对各司法主体满意度相关分析 ············ 194
（一）对法官满意度 ············ 194
（二）对检察官满意度 ············ 197
（三）对警察满意度 ············ 199
（四）参与法庭审判意愿度 ············ 201
（五）遇到纠纷到法院起诉可能性 ············ 204

第七章 2014—2019年度数据动态分析 ············ 207
一、2014—2019年度数据总体变化情况 ············ 207
（一）总得分变化情况 ············ 207
（二）各指标得分变化情况 ············ 210
二、2014—2019年度各省份数据变化情况 ············ 222
（一）北京市 ············ 224
（二）天津市 ············ 225
（三）河北省 ············ 226
（四）山西省 ············ 227
（五）内蒙古自治区 ············ 229
（六）辽宁省 ············ 230
（七）吉林省 ············ 231
（八）黑龙江省 ············ 232
（九）上海市 ············ 234
（十）江苏省 ············ 235
（十一）浙江省 ············ 236
（十二）安徽省 ············ 237
（十三）福建省 ············ 239
（十四）江西省 ············ 240
（十五）山东省 ············ 241
（十六）河南省 ············ 242
（十七）湖北省 ············ 244
（十八）湖南省 ············ 245
（十九）广东省 ············ 246
（二十）广西壮族自治区 ············ 247
（二十一）海南省 ············ 249
（二十二）重庆市 ············ 250
（二十三）四川省 ············ 251
（二十四）贵州省 ············ 252

（二十五）云南省 ······ 254
（二十六）西藏自治区 ······ 255
（二十七）陕西省 ······ 256
（二十八）甘肃省 ······ 257
（二十九）青海省 ······ 259
（三 十）宁夏回族自治区 ······ 260
（三十一）新疆维吾尔自治区 ······ 261

附录1 司法文明指数调查问卷（职业卷） ······ 263
附录2 司法文明指数调查问卷（公众卷） ······ 270

Contents

▶ **Preface** ·· 1

▶ **Chapter I Evaluation of Questionnaire Quality** ·· 1

    1. Sample Distribution of Questionnaire ·· 1
        1.1 Questionnaire for the Legal Professional ·· 1
        1.2 Questionnaire for the Public ··· 6
    2. Analysis on the Discrimination of Questionnaire Topics ···································· 11
        2.1 Questionnaire for the Legal Professional ·· 11
        2.2 Questionnaire for the Public ··· 12
    3. Cronbach Alpha Analysis of Questionnaire ··· 13
        3.1 Questionnaire for the Legal Professional ·· 14
        3.2 Questionnaire for the Public ··· 16
    4. Scale Validity Analysis of Questionnaire ·· 17
        4.1 Questionnaire for the Legal Professional ·· 17
        4.2 Questionnaire for the Public ··· 24

▶ **Chapter II Score Comparison of the Judicial Civilization Indicators** ········· 27

    Indicator 1: Judicial Power ·· 27
        1.1 Lawful Use of Judicial Power ··· 27
        1.2 Independent Exercise of Judicial Power ··· 29
        1.3 Just Use of Judicial Power ·· 32
        1.4 Trust and Recognition of Judicial Authorities ··· 35
        1.5 Trust and Recognition of Judicial Outcomes ··· 38
    Indicator 2: Parties' Litigation Rights ··· 40
        2.1 Parties' Right of Being Free from Compelled Self-Incrimination ··············· 40
        2.2 Parties' Right to Legal Defense and Counsel ··· 41
        2.3 Parties' Evidential Rights in Court ··· 44
        2.4 Parties' Right to Remedies ·· 45
    Indicator 3: Civil Proceedings ··· 48
        3.1 Just Civil Procedure ··· 48
        3.2 Voluntary and Lawful Mediation in Civil Procedure ······································ 50
        3.3 Effective Enforcement of Civil Judgment ··· 51

Indicator 4: Criminal Proceedings ... 52
4.1 Timely Processing and Lawfulness of Criminal Investigation ... 52
4.2 Just Examination and Public Prosecution ... 56
4.3 Just and Speedy Criminal Trial ... 57
Indicator 5: Administrative Proceedings ... 59
5.1 Just Administrative Procedure ... 59
5.2 Effective Enforcement of Administrative Judgment ... 60
Indicator 6: Evidence System ... 62
6.1 Effective Application of the Principle of Judgment Based on Evidence ... 62
6.2 Admission and Exclusion of Evidence according to Law ... 64
6.3 Reasonable Regulation of Process of Proof ... 66
Indicator 7: Absence of Judicial Corruption ... 70
7.1 Avoidance of Corruption by Police ... 70
7.2 Avoidance of Corruption by Prosecutors ... 72
7.3 Avoidance of Corruption by Judges ... 74
Indicator 8: Legal Profession ... 76
8.1 Access to Professional Training by Legal Professionals ... 76
8.2 Adherence to Professional Ethics by Legal Professionals ... 77
8.3 Access to Professional Security by Legal Professionals ... 80
Indicator 9: Open Justice ... 87
9.1 Lawfulness and Transparency of Judicial Activities ... 87
9.2 Open to Public of Judicial Outcomes ... 88
Indicator 10: Judicial Culture ... 90
10.1 Awareness and Scope of Public Participation in Judicial Process ... 90
10.2 Awareness and Scope of Public Use of Judicial Process ... 91
10.3 Awareness and Degree of Public Acceptance of Judicial Judgment ... 92
10.4 Awareness and Degree of Public Acceptance of Modern Concepts of Crime and Punishment ... 92

▶ **Chapter III   Analysis of the Judicial Subjects** ... 94
   1. Evaluation of the Judge/Court ... 95
Indicator 1: Judicial Power ... 96
Indicator 2: Parties' Litigation Rights ... 97
Indicator 3: Civil Proceedings ... 98
Indicator 4: Criminal Proceedings ... 99
Indicator 5: Administrative Proceedings ... 100
Indicator 6: Evidence System ... 101
Indicator 7: Absence of Judicial Corruption ... 101
Indicator 8: Legal Profession ... 102
Indicator 9: Open Justice ... 103

2. Evaluation of the Prosecutor/Procuratorate 103
   Indicator 1: Judicial Power 104
   Indicator 2: Parties' Litigation Rights 105
   Indicator 4: Criminal Proceedings 106
   Indicator 6: Evidence System 107
   Indicator 7: Absence of Judicial Corruption 107
   Indicator 8: Legal Profession 108
3. Evaluation of the Police/Public Security Organs 109
   Indicator 1: Judicial Power 110
   Indicator 2: Parties' Litigation Rights 110
   Indicator 4: Criminal Proceedings 111
   Indicator 6: Evidence System 112
   Indicator 7: Absence of Judicial Corruption 112
   Indicator 8: Legal Profession 113
4. Evaluation of the Lawyer 114
   Indicator 2: Parties' Litigation Rights 114
   Indicator 8: Legal Profession 115

▶ **Chapter IV   Analysis of Background Variable of Interviewees** 116
  1. Analysis of Background Variable of the Legal Professional 116
   Variable 1: Occupation 116
   Variable 2: Specified-number-of-judge (prosecutor) 118
   Variable 3: Gender 120
   Variable 4: Age 122
   Variable 5: Working Seniority 124
   Variable 6: Education Background 126
   Variable 7: Specialty 129
   Variable 8: Political Status 130
   Variable 9: Region 132
  2. Analysis of Background Variable of the Public 134
   Variable 1: Gender 135
   Variable 2: Age 137
   Variable 3: Education Background 138
   Variable 4: Occupation 140
   Variable 5: Political Status 143
   Variable 6: Participation in Litigation 145
   Variable 7: Region 147

▶ **Chapter V   Analysis of the Judicial Civilization Indicators** 149
  1. Correlation Analysis of the Indicators of the Questionnaire for the Legal Professional ... 150
   Indicator 1: Judicial Power 151
   Indicator 2: Parties' Litigation Rights 155

Indicator 3: Civil Proceedings …… 158
Indicator 4: Criminal Proceedings …… 160
Indicator 5: Administrative Proceedings …… 163
Indicator 6: Evidence System …… 165
Indicator 7: Absence of Judicial Corruption …… 167
Indicator 8: Legal Profession …… 169
Indicator 9: Open Justice …… 169

2. Correlation Analysis of the Indicators of the Questionnaire for the Public …… 171

Indicator 1: Judicial Power …… 172
Indicator 2: Parties' Litigation Rights …… 174
Indicator 3: Civil Proceedings …… 174
Indicator 4: Criminal Proceedings …… 176
Indicator 5: Administrative Proceedings …… 178
Indicator 6: Evidence System …… 178
Indicator 7: Absence of Judicial Corruption …… 179
Indicator 8: Legal Profession …… 180
Indicator 9: Open Justice …… 182
Indicator 10: Judicial Culture …… 183

▶ Chapter VI Analysis of the Satisfaction of Judicial Subject …… 185

1. Analysis of the Satisfaction of Judicial Subjects in Questionnaire for the Legal Professional …… 185

　1.1　Satisfaction with Judges …… 185
　1.2　Satisfaction with Procecutors …… 190
　1.3　Satisfaction with Police …… 193

2. Analysis of the Satisfaction of Judicial Subjects in Questionnaire for the Public …… 194

　2.1　Satisfaction with Judges …… 194
　2.1　Satisfaction with Procecutors …… 197
　2.3　Satisfaction with Police …… 199
　2.4　Willingness to Participate in Court Trials …… 201
　2.5　Possibility of Participation in Litigation …… 204

▶ Chapter VII Dynamic Analysis of the Data in 2014–2019 …… 207

1. The Overall Change of the Data in 2014–2019 …… 207

　1.1　The Change of Total Score …… 207
　1.2　Changes in the Scores of Various Indicators …… 210

2. Data Changes in Each Province / Autonomous Region / Municipality in 2014–2019 …… 222

　2.1　Beijing Municipality …… 224
　2.2　Tianjin Municipality …… 225
　2.3　Hebei Province …… 226
　2.4　Shanxi Province …… 227
　2.5　Inner Mongolia Autonomous Region …… 229

2.6　Liaoning Province ··· 230

2.7　Jilin Province ·· 231

2.8　Heilongjiang Province ··· 232

2.9　Shanghai Municipality ·· 234

2.10　Jiangsu Province ··· 235

2.11　Zhejiang Province ··· 236

2.12　Anhui Province ··· 237

2.13　Fujian Province ··· 239

2.14　Jiangxi Province ·· 240

2.15　Shandong Province ··· 241

2.16　Henan Province ··· 242

2.17　Hubei Province ··· 244

2.18　Hunan Province ·· 245

2.19　Guangdong Province ··· 246

2.20　Guangxi Zhuang Autonomous Region ··· 247

2.21　Hainan Province ·· 249

2.22　Chongqing Municipality ·· 250

2.23　Sichuan Province ··· 251

2.24　Guizhou Province ··· 252

2.25　Yunnan Province ··· 254

2.26　Xizang [Tibet] Autonomous Region ··· 255

2.27　Shaanxi Province ··· 256

2.28　Gansu Province ··· 257

2.29　Qinghai Province ··· 259

2.30　Ningxia Hui Autonomous Region ··· 260

2.31　Xinjiang Uygur Autonomous Region ··· 261

▶ **Appendix 1　Questionnaire of the Judicial Civilization Index (for the Legal Professional)** ··· 263
▶ **Appendix 2　Questionnaire of the Judicial Civilization Index (for the Public)** ··················· 270

第一章 调查问卷质量评估

一、问卷样本分布

在本次调查中，共收集职业卷样本 6155 份，公众卷样本 17 857 份。职业卷样本数据的背景信息主要被限定在职业、法官和检察官入额情况、性别、年龄、从业年限、学历、专业、政治面貌、省份等方面；公众卷样本数据的背景信息主要被限定在性别、年龄、学历、职业、政治面貌、参与诉讼活动情况、省份等方面。因部分问卷漏答背景信息题，故存在各类法律职业人数不一致以及职业卷或公众卷样本加总不为 6155 份或 17 857 份的情况。

（一）职业卷

在 6155 份职业卷样本中，从具体职业上看，法官占比为 20.3%，检察官占比为 19.8%，警察占比为 20.4%，律师占比为 39.5%。

表 1-1 职业卷样本职业分布

职 业	人 数	占比（%）
法 官	1 251	20.3
检察官	1 218	19.8
警 察	1 253	20.4
律 师	2 433	39.5
合 计	6 155	100.0

图 1-1 职业卷样本职业分布

从法官和检察官入额情况上看，已进入员额的法官占法官样本的 61.2%，未进入员额的法官占 38.8%；已进入员额的检察官占检察官样本的 46.9%，未进入员额的检察官占 53.1%。

表1-2 职业卷样本法官、检察官入额情况分布

进入员额情况	法官	检察官	总计
已进入员额	746	561	1 307
未进入员额	472	634	1 106
合计	1 218	1 195	2 413

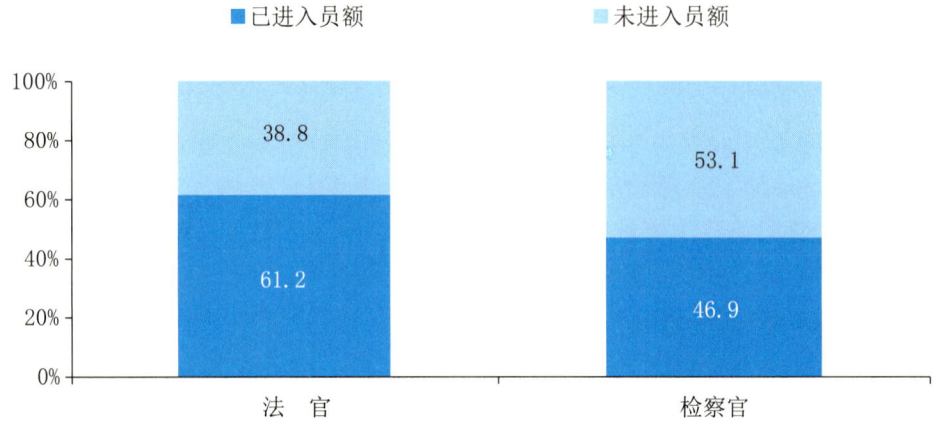

图1-2 职业卷样本法官、检察官入额情况分布（%）

从性别上看，在全部样本中，男性占比为59.8%，女性占比为40.2%。具体而言，男法官占52.4%，女法官占47.6%；男检察官占55.5%，女检察官占44.5%；男警察占80.0%，女警察占20.0%；男律师占55.4%，女律师占44.6%。

表1-3 职业卷样本性别分布

性别	法官	检察官	警察	律师	总计
男	652	671	993	1 339	3 655
女	592	537	248	1 077	2 454
合计	1 244	1 208	1 241	2 416	6 109

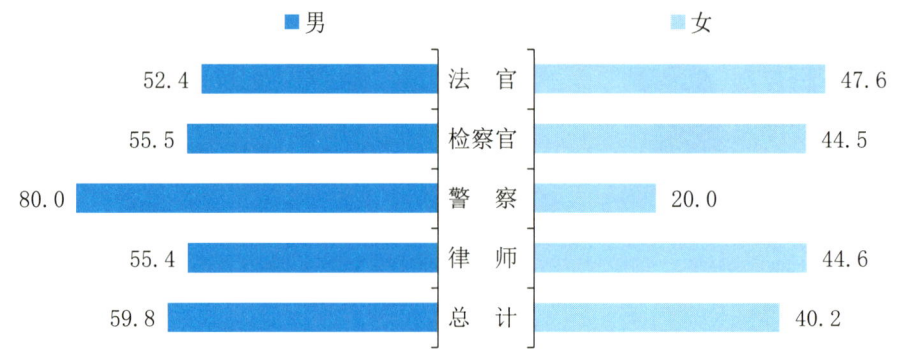

图1-3 职业卷样本性别分布（%）

从年龄上看，25岁以下的占比10.1%，26~35岁的占比49.6%，36~45岁的占比27.1%，46~55岁的占比11.7%，56岁以上的占比1.5%。

表1-4 职业卷样本年龄分布

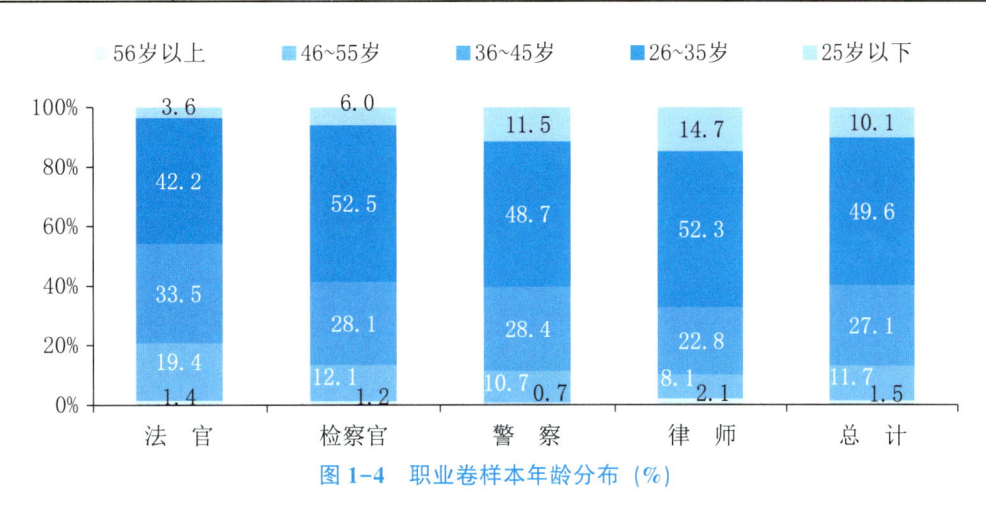

年龄段	法官	检察官	警察	律师	总计
25岁以下	44	72	142	356	614
26~35岁	523	632	604	1 263	3 022
36~45岁	415	338	352	550	1 655
46~55岁	240	146	132	195	713
56岁以上	17	15	9	51	92
合 计	1 239	1 203	1 239	2 415	6 096

图1-4 职业卷样本年龄分布（%）

从从业年限上看，从业年限在3年以下的占比20.0%，3~10年的占比45.6%，11~20年的占比23.7%，20年以上的占比10.7%。

表1-5 职业卷样本从业年限分布

从业年限	法官	检察官	警察	律师	总计
3年以下	103	149	154	773	1 179
3~10年	493	580	509	1 105	2 687
11~20年	379	300	319	395	1 393
20年以上	247	151	127	105	630
合 计	1 222	1 180	1 109	2 378	5 889

图1-5 职业卷样本从业年限分布（%）

从学历上看，学历为高中及以下的占比0.4%，专科的占比5.4%，本科的占比66.2%，硕士研究生的占比26.7%，博士研究生的占比1.4%。

表1-6 职业卷样本学历分布

学 历	法 官	检察官	警 察	律 师	总 计
高中及以下	0	0	23	0	23
专 科	35	39	184	62	320
本 科	732	774	843	1 571	3 920
研究生/硕士	413	351	140	676	1 580
研究生/博士	28	13	4	35	80
合 计	1 208	1 177	1 194	2 344	5 923

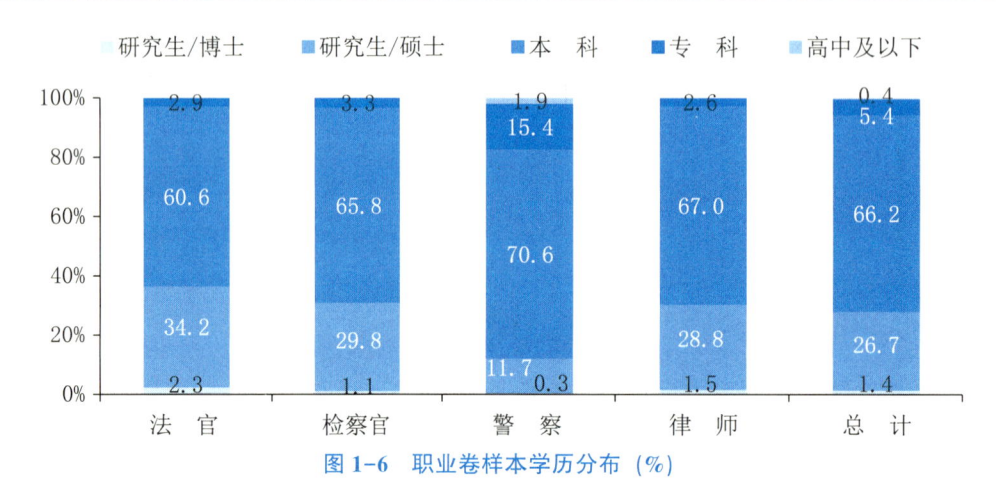

图1-6 职业卷样本学历分布（%）

从专业上看，法学专业的占比为81.2%，其他专业的占比为18.8%。具体而言，法官中法学专业占89.5%，其他专业占10.5%；检察官中法学专业占84.0%，其他专业占16.0%；警察中法学专业占52.9%，其他专业占47.1%；律师中法学专业占89.2%，其他专业占10.8%。

表1-7 职业卷样本专业分布

专 业	法 官	检察官	警 察	律 师	总 计
法学专业	1 061	960	593	2 052	4 666
其他专业	125	183	527	248	1 083
合 计	1 186	1 143	1 120	2 300	5 749

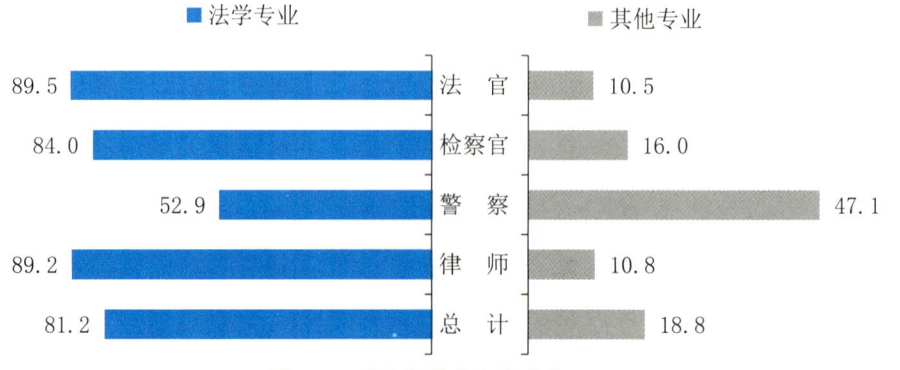

图1-7 职业卷样本专业分布（%）

从政治面貌上看，中共党员占比63.4%，民主党派占比2.6%，无党派占比1.1%，共青团员占比10.4%，群众占比22.5%。

表1-8 职业卷样本政治面貌分布

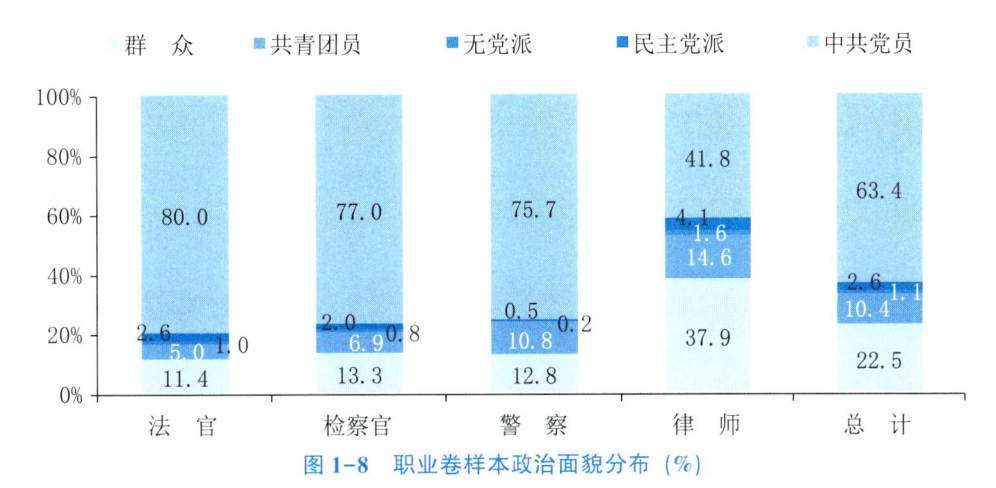

政治面貌	法官	检察官	警察	律师	总计
中共党员	997	932	944	1 014	3 887
民主党派	32	24	6	100	162
无党派	13	10	3	39	65
共青团员	62	84	135	355	636
群 众	142	161	159	920	1 382
合 计	1 246	1 211	1 247	2 428	6 132

图1-8 职业卷样本政治面貌分布（%）

从省份上看，原计划每省份抽取200个职业卷样本，其中法官、检察官、警察各40人，律师80人。本次调查收集的样本中，新疆维吾尔自治区、湖北省、陕西省、江苏省、上海市、广西壮族自治区、河南省、湖南省、江西省、内蒙古自治区、辽宁省、甘肃省、天津市未达到200个样本，其中新疆维吾尔自治区的样本量最少，只有108个样本。

表1-9 职业卷样本省份分布

省份	法官	检察官	警察	律师	总计
北京市	39	40	40	83	202
天津市	45	38	38	78	199
河北省	47	45	37	81	210
山西省	40	40	40	80	200
内蒙古自治区	37	44	37	78	196
辽宁省	37	36	44	80	197
吉林省	50	40	45	71	206
黑龙江省	41	40	42	83	206
上海市	35	40	34	81	190
江苏省	45	38	25	80	188

续表

省　份	法　官	检察官	警　察	律　师	总　计
浙江省	57	38	36	87	218
安徽省	42	41	39	80	202
福建省	39	44	41	91	215
江西省	40	36	37	82	195
山东省	37	40	51	82	210
河南省	39	38	39	78	194
湖北省	37	34	32	79	182
湖南省	39	38	39	78	194
广东省	45	47	40	79	211
广西壮族自治区	39	41	40	70	190
海南省	36	34	38	93	201
重庆市	40	39	41	81	201
四川省	40	40	39	90	209
贵州省	39	40	40	81	200
云南省	38	37	88	80	243
西藏自治区	51	49	46	55	201
陕西省	38	37	34	78	187
甘肃省	39	38	37	84	198
青海省	40	42	50	70	202
宁夏回族自治区	40	39	39	82	200
新疆维吾尔自治区	20	25	25	38	108
合　计	1 251	1 218	1 253	2 433	6 155

（二）公众卷

公众卷样本中，从性别上看，男性占比为49.9%，女性占比为50.1%。

表1-10　公众卷样本性别分布

性　别	人　数	占比（%）
男	8 836	49.9
女	8 880	50.1
合　计	17 716	100.0

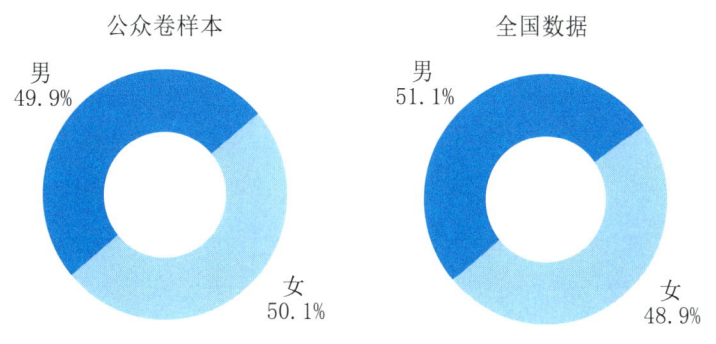

图 1-9 公众卷样本性别分布与全国数据对比[1]

从年龄上看，25 岁以下的占比 25.7%，26~35 岁的占比 27.1%，36~45 岁的占比 22.4%，46~55 岁的占比 16.7%，56 岁以上的占比 8.2%。

表 1-11 公众卷样本年龄分布

年龄段	人 数	占比（%）
25 岁以下	4 581	25.7
26~35 岁	4 824	27.1
36~45 岁	3 995	22.4
46~55 岁	2 968	16.7
56 岁以上	1 454	8.2
合 计	17 822	100.0

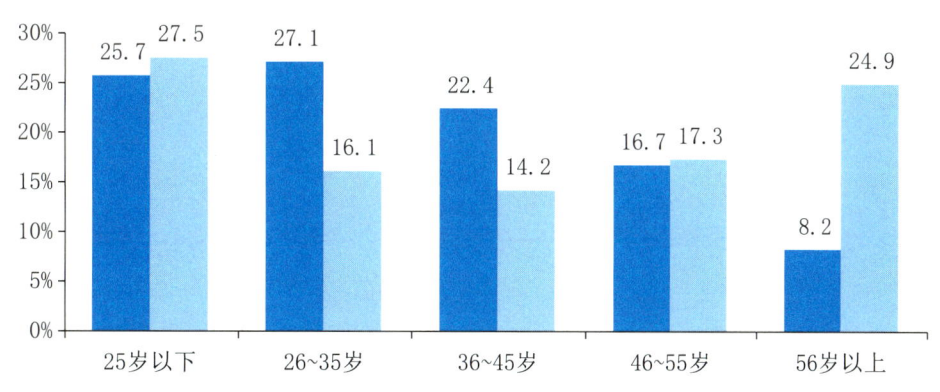

图 1-10 公众卷样本年龄分布与全国数据对比（%）

从学历上看，学历为初中及以下的占比 15.1%，高中/中专的占比 25.7%，本科/专科的占比 51.0%，研究生的占比 8.2%。

表 1-12 公众卷样本学历分布

学 历	人 数	占比（%）
初中及以下	2 663	15.1

---

[1] 全国人口数据来源于《中国统计年鉴 2020》。

续表

学 历	人 数	占比（%）
高中/中专	4 553	25.7
本科/专科	9 024	51.0
研究生	1 450	8.2
合 计	17 690	100.0

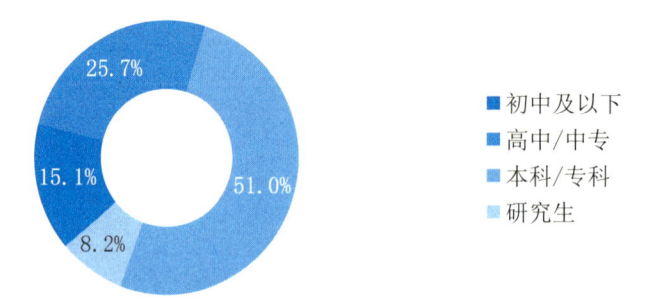

图1-11　公众卷样本学历分布

从职业上看，党政机关人员占比9.1%，事业单位人员占比16.0%，企业、服务业人员占比22.1%，进城务工人员占比6.8%，农民占比5.1%，自由职业者占比13.9%，离退休人员占比5.9%，学生占比18.2%，无业人员占比2.8%，其他职业占比0.1%。

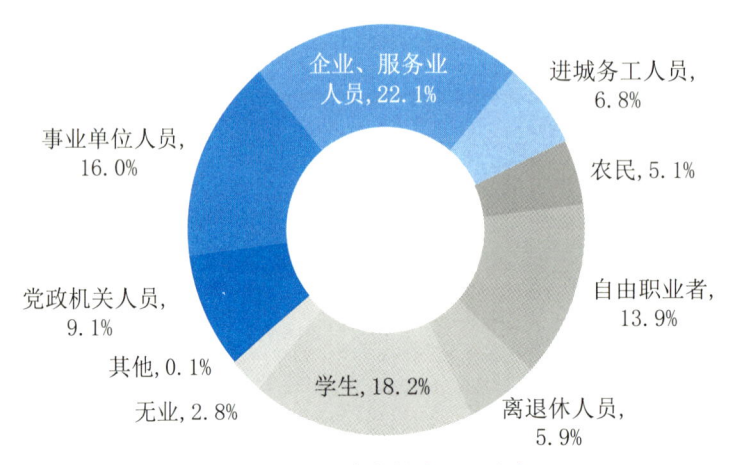

图1-12　公众卷样本职业分布

表1-13　公众卷样本职业分布

职 业	人 数	占比（%）
党政机关人员	1 608	9.1
事业单位人员	2 840	16.0
企业、服务业人员	3 932	22.1
进城务工人员	1 210	6.8
农 民	903	5.1
自由职业者	2 464	13.9
离退休人员	1 050	5.9

续表

职 业	人 数	占比（%）
学 生	3 232	18.2
无 业	503	2.8
其 他	16	0.1
合 计	17 758	100.0

从政治面貌上看，中共党员占比25.4%，民主党派占比1.3%，无党派人士占比1.8%，共青团员占比21.8%，群众占比49.7%。

表1-14　公众卷样本政治面貌分布

政治面貌	人 数	占比（%）
中共党员	4 481	25.4
民主党派	233	1.3
无党派	317	1.8
共青团员	3 850	21.8
群 众	8 774	49.7
合 计	17 655	100.0

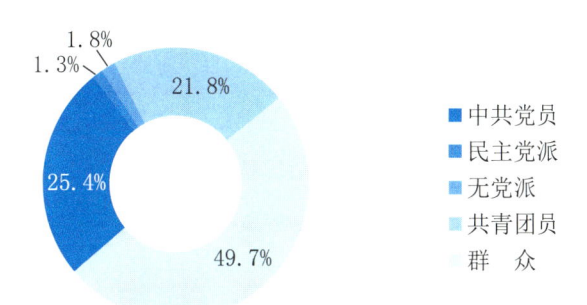

图1-13　公众卷样本政治面貌分布

从参与诉讼活动情况上看，参与过诉讼活动的占比为23.6%，未参与过诉讼活动的占比为76.4%。

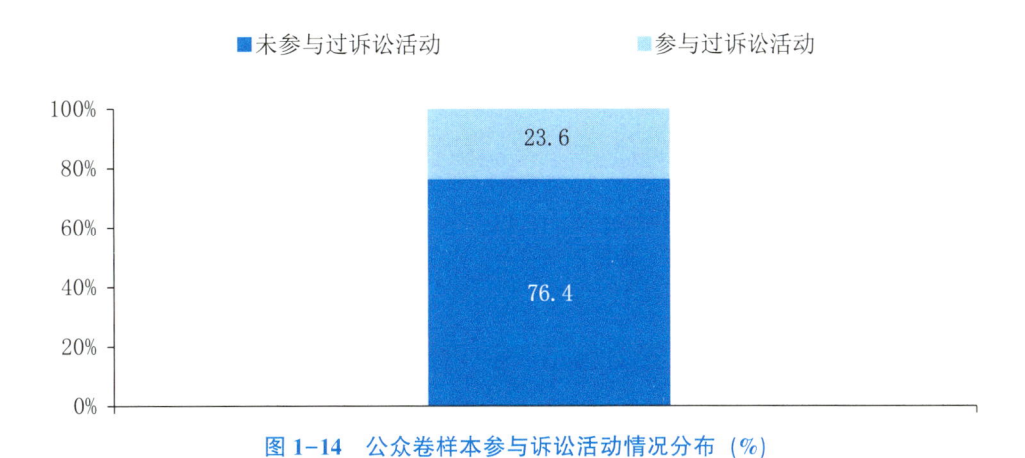

图1-14　公众卷样本参与诉讼活动情况分布（%）

表 1-15　公众卷样本参与诉讼活动情况分布

参与诉讼活动情况	人　数	占比（%）
参与过诉讼活动	4 049	23.6
未参与过诉讼活动	13 132	76.4
合　计	17 181	100.0

从省份上看，每省份计划抽取 600 个公众卷样本。本次调查收集的样本中，各省份均未达到计划样本量。其中西藏自治区、广西壮族自治区、云南省、安徽省、海南省、湖南省、甘肃省、新疆维吾尔自治区、辽宁省、宁夏回族自治区、河北省、青海省、天津市、重庆市、四川省、上海市、江西省、陕西省未达到 580 个样本。

表 1-16　公众卷样本省份分布

省　份	人　数
北京市	581
天津市	578
河北省	574
山西省	590
内蒙古自治区	591
辽宁省	570
吉林省	582
黑龙江省	584
上海市	579
江苏省	592
浙江省	591
安徽省	558
福建省	583
江西省	579
山东省	589
河南省	587
湖北省	588
湖南省	564
广东省	585
广西壮族自治区	552
海南省	560
重庆市	578
四川省	578
贵州省	593
云南省	557
西藏自治区	534

续表

省 份	人 数
陕西省	579
甘肃省	565
青海省	576
宁夏回族自治区	572
新疆维吾尔自治区	568
合 计	17 857

二、问卷题目鉴别力分析

问卷题目鉴别力，是指问题的所有选项设置都有意义，即不同样本在同一个问题上的答案分布存在显著差异。在本研究中，主要以变异系数和极端组 t 检验 p 值作为鉴别力分析的标准。

变异系数又称标准差率，即标准差和平均值的比值。如果题目的变异系数较小，表示变量的分布较为集中，题目的区分度较低。极端组分析的具体操作方法是：首先，依据总分将所有样本划分为高分组和低分组，总分前 27% 的为高分组，后 27% 的为低分组。其次，对高分组和低分组进行 t 检验，分析每个题目的答案在高分组和低分组是否有显著差异。若有显著差异，说明该题目的鉴别力较大；否则，说明该题目的鉴别力不足，可考虑对其进行优化处理。

分析结果显示：司法文明指数调查问卷可重点优化的题目共有 3 题，其中职业卷有 2 题，公众卷有 1 题（如表 1-17 所示），具体分析可见职业卷和公众卷的分析。请注意：问卷题目鉴别力分析是依据数据结构检测题目的鉴别力，如题目鉴别力不高，反映出来的是所有样本在某一题目上的答案趋于一致。

表 1-17 问卷题目鉴别力分析后可优化问题

题 目	题目内容	变异系数	极端组 t 检验 p 值
ZY33.1	在您所在地区，法院公正审判的可能性有多大？——审判过程公正	0.194 76	0.000
ZY5.3	在您所在地区，律师存在下列行为的可能性有多大？——尽职尽责为委托人服务	0.269 83	0.424
GZ6.1	在您所在地区，法院公正审判的可能性有多大？——审判过程公正	0.212 53	0.000

（一）职业卷

变异系数计算结果显示，题目 ZY33.1（在您所在地区，法院公正审判的可能性有多大？——审判过程公正）的变异系数最小，说明该题目区分度较其他题目小，如需对问卷进行优化，可优先考虑修订这个问题。

极端组检验结果显示，题目 ZY5.3（在您所在地区，律师存在下列行为的可能性有多大？——尽职尽责为委托人服务）的答案在高分组和低分组之间不存在显著差异，说明该题目鉴别力不够，可考虑修订。

表 1-18 职业卷题目变异系数与极端组检验

题 目	变异系数	极端组检验		题 目	变异系数	极端组检验	
		t值	t检验p值			t值	t检验p值
ZY12	0.211 44	−63.942	0.000	ZY11.2	0.258 95	−69.581	0.000
ZY22	0.265 32	−36.637	0.000	ZY11.3	0.274 75	−69.694	0.000
ZY8	0.310 71	−46.917	0.000	ZY21.2	0.250 19	−55.275	0.000
ZY9.1	0.340 39	−45.507	0.000	ZY28	0.308 57	−31.109	0.000
ZY9.2	0.338 04	−44.392	0.000	ZY27	0.214 30	−35.141	0.000
ZY10.1	0.208 48	−56.543	0.000	ZY13	0.247 75	−58.406	0.000
ZY10.2	0.208 65	−54.252	0.000	ZY29	0.263 20	−46.970	0.000
ZY10.3	0.228 88	−52.238	0.000	ZY30.1	0.278 07	−55.983	0.000
ZY31.1	0.207 47	−62.408	0.000	ZY30.2	0.253 19	−59.248	0.000
ZY31.2	0.203 01	−59.029	0.000	ZY4.1	0.386 54	−35.364	0.000
ZY31.3	0.244 73	−55.818	0.000	ZY4.2	0.286 99	−37.703	0.000
ZY33.1	0.194 76	−76.397	0.000	ZY6.3	0.318 41	−48.941	0.000
ZY33.2	0.202 63	−80.534	0.000	ZY7.3	0.310 16	−51.265	0.000
ZY17	0.263 65	−37.277	0.000	ZY6.2	0.280 76	−54.476	0.000
ZY18	0.230 61	−56.841	0.000	ZY7.2	0.269 37	−56.207	0.000
ZY4.3	0.289 90	−27.165	0.000	ZY6.1	0.299 88	−57.130	0.000
ZY4.4	0.292 92	−45.819	0.000	ZY7.1	0.290 98	−58.093	0.000
ZY19	0.269 70	−48.313	0.000	ZY1	0.370 84	−8.753	0.000
ZY26.1	0.273 61	−53.140	0.000	ZY5.1	0.335 83	−17.836	0.000
ZY26.2	0.285 17	−56.775	0.000	ZY5.2	0.295 35	−35.608	0.000
ZY26.3	0.298 48	−57.863	0.000	ZY5.3	0.269 83	0.800	0.424
ZY11.1	0.240 11	−63.129	0.000	ZY2.1	0.284 42	−14.020	0.000
ZY20	0.250 55	−45.328	0.000	ZY2.2	0.275 85	−14.658	0.000
ZY21.1	0.232 01	−51.603	0.000	ZY2.3	0.295 25	−19.903	0.000
ZY15	0.238 02	−44.792	0.000	ZY3.1	0.420 40	8.204	0.000
ZY16	0.240 46	−45.039	0.000	ZY3.3	0.419 59	−2.970	0.003
ZY23	0.245 62	−44.894	0.000	ZY32.1	0.205 44	−63.239	0.000
ZY14	0.254 71	−45.261	0.000	ZY32.2	0.211 23	−72.183	0.000
ZY24	0.276 20	−26.718	0.000	ZY32.3	0.237 04	−79.009	0.000
ZY25	0.250 17	−43.695	0.000				

(二) 公众卷

变异系数计算结果显示，题目GZ6.1（在您所在地区，法院公正审判的可能性有多大？——审判过程公正）的变异系数最小，说明该题目区分度较其他题目小，如需对问卷进行优化，可优先考虑修订这个问题。

极端组检验结果显示，公众卷所有题目的答案在高分组和低分组之间均存在显著差异，说明题目均具有较大的鉴别力，不需进行优化处理。

表1-19 公众卷题目变异系数与极端组检验

题 目	变异系数	极端组检验		题 目	变异系数	极端组检验	
		t值	t检验p值			t值	t检验p值
GZ4.1	0.214 69	−82.541	0.000	GZ2.3	0.328 65	−78.065	0.000
GZ4.2	0.217 00	−82.270	0.000	GZ2.2	0.297 74	−82.744	0.000
GZ4.3	0.256 50	−77.939	0.000	GZ2.1	0.313 00	−82.291	0.000
GZ6.1	0.212 53	−91.990	0.000	GZ3.1	0.289 62	−65.188	0.000
GZ6.2	0.223 09	−98.516	0.000	GZ3.2	0.281 90	−77.537	0.000
GZ13	0.289 52	−78.093	0.000	GZ3.3	0.285 68	−28.674	0.000
GZ11	0.289 43	−51.074	0.000	GZ5.1	0.252 65	−78.093	0.000
GZ15	0.249 01	−61.064	0.000	GZ5.2	0.253 04	−85.133	0.000
GZ16.1	0.229 04	−68.991	0.000	GZ1	0.284 05	−38.829	0.000
GZ12	0.276 08	−60.205	0.000	GZ7	0.258 76	−43.908	0.000
GZ17	0.237 89	−65.966	0.000	GZ8	0.287 70	−45.555	0.000
GZ14	0.264 19	−61.042	0.000	GZ9	0.418 57	8.957	0.000
GZ16.2	0.283 07	−77.301	0.000	GZ10	0.252 20	−26.020	0.000
GZ18	0.305 25	−81.010	0.000				

三、问卷信度分析

信度，即可靠性，是指采取同样的方法对同一对象重复进行测量时，其所得结果相一致的程度。[1]根据所关心的重点不同，信度可分为内在信度和外在信度两类：内在信度是指整个调查问卷或问卷内的一组问题是否测量的是同一个概念，即这些问题之间的内在一致性如何；外在信度则是指在不同时间进行测量时调查结果的一致性程度。[2]在本研究中，我们将采用内在信度来检测调查问卷的信度，内在信度测量最为常用的方法为Cronbach's α系数和折半信度。

一般而言，Cronbach's α系数越大，调查问卷的信度就越高。根据多数学者的观点，量表（即调查问卷，下同）的信度系数如果在0.9以上，则该量表的信度甚佳；信度系数在0.8以上都是可接受的；如果在0.7以上，则该量表应进行较大的修订，但仍不失其价值；如果低于0.7，就需要重新设计了。[3]折半信度，就是在不可能进行重复调查的情况下，将题目分为两半，然后计算两部分各自的信度以及之间的相关性，以此为标准来衡量整个量表的信度，相关性高则意味着信度好，而相应的信度指标就是折半信度。[4]

为了优化问卷题目，进一步进行同质性检验。在本研究中，将采用相关性分析和敏感性分析进行检

---

[1] 风笑天：《社会学研究方法》（第3版），中国人民大学出版社2009年版，第109页。
[2] 张文彤、董伟主编：《SPSS统计分析高级教程》（第2版），高等教育出版社2013年版，第366页。
[3] 张文彤、董伟主编：《SPSS统计分析高级教程》（第2版），高等教育出版社2013年版，第366页。
[4] 张文彤、董伟主编：《SPSS统计分析高级教程》（第2版），高等教育出版社2013年版，第370页。

验。相关性分析，是指将每一个题目的分数与量表中其他题目的加总得分进行相关性分析。如果某题目与总分的相关性越强，说明该题目与整体量表的同质性越高。通常相关系数若高于0.4，可判定为相关性较强。敏感性分析，是指通过观察将某一题目删除后，整体量表的Cronbach's α系数变化情况来判断是否删除题目。一般而言，量表所包含的题目数越多，内部一致性（用Cronbach's α系数表示）会越大。删除某个题目后，量表的内部一致性相对会变小。若删除某个题目后，量表的内部一致性反而变大（Cronbach's α系数升高），则此题所欲测量的行为或心理特质与该量表其他题目所欲测量的行为或心理特质并不同质，因而可考虑删除此题。[1]

（一）职业卷

1. Cronbach's α 系数检验

检验结果显示，职业卷的Cronbach's α系数为0.956，高于0.9的系数值，说明职业卷内部一致性非常好，量表信度甚佳。

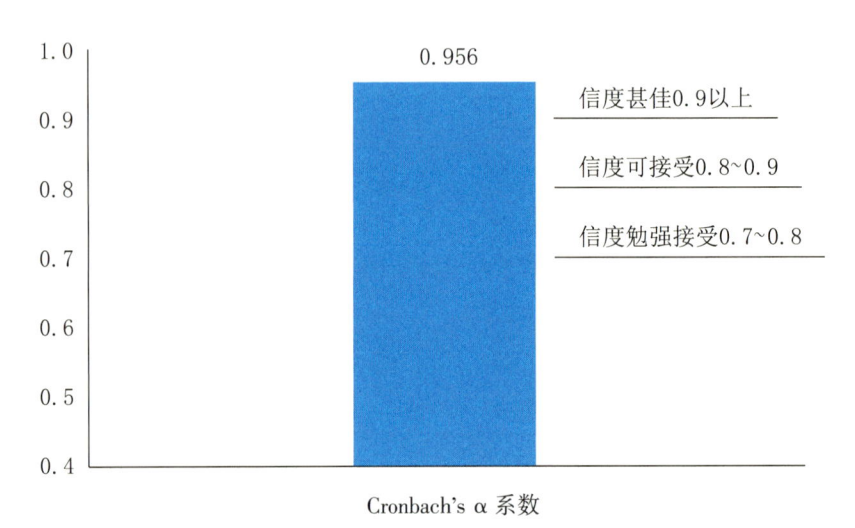

图1-15 职业卷 Cronbach's α 系数

2. 折半信度检验

对职业卷的整体量表进行折半信度检验，结果显示，整体量表的折半信度系数为0.933>0.9，表明整体量表信度非常好；折半后两部分量表的信度系数均在0.8以上，说明量表信度能通过检验。

表1-20 职业卷折半信度

	项　　数	系数值
第一部分 Cronbach's α 系数	30	0.942
第二部分 Cronbach's α 系数	29	0.887
折半信度系数（Spearman-Brown 系数）	59	0.933

3. 同质性检验

相关性分析结果显示，题目ZY1、ZY3.3、ZY5.3、ZY3.1的得分与总分的相关系数低于0.2；敏感性分析结果显示，删除题目ZY1、ZY5.1、ZY5.3、ZY2.1、ZY2.2、ZY3.1、ZY3.3之后总体量表的

---

[1] 吴明隆：《问卷统计分析实务——SPSS操作与应用》，重庆大学出版社2010年版，第185~188页。

Cronbach's α 系数有所上升。

因此，若要对量表进行优化，可考虑删除或修订题目 ZY1（在过去三年，您获得业务培训的总时长是多少？），ZY3.3（在您所在单位，您感受到来自以下方面的工作压力如何？——当事人及其家属），ZY5.3（在您所在地区，律师存在下列行为的可能性有多大？——尽职尽责为委托人服务），ZY3.1（在您所在单位，您感受到来自以下方面的工作压力如何？——绩效考核）。

表 1–21　职业卷同质性检验结果

题　目	校正后题目与总分相关系数	删除题目后 Cronbach's α 系数	题　目	校正后题目与总分相关系数	删除题目后 Cronbach's α 系数
ZY12	0.627	0.955	ZY11.2	0.606	0.955
ZY22	0.471	0.956	ZY11.3	0.610	0.955
ZY8	0.628	0.955	ZY21.2	0.543	0.955
ZY9.1	0.620	0.955	ZY28	0.390	0.956
ZY9.2	0.608	0.955	ZY27	0.386	0.956
ZY10.1	0.593	0.955	ZY13	0.615	0.955
ZY10.2	0.586	0.955	ZY29	0.550	0.955
ZY10.3	0.588	0.955	ZY30.1	0.598	0.955
ZY31.1	0.696	0.955	ZY30.2	0.609	0.955
ZY31.2	0.674	0.955	ZY4.1	0.497	0.955
ZY31.3	0.665	0.955	ZY4.2	0.506	0.955
ZY33.1	0.703	0.955	ZY6.3	0.633	0.955
ZY33.2	0.725	0.955	ZY7.3	0.640	0.955
ZY17	0.486	0.955	ZY6.2	0.668	0.955
ZY18	0.617	0.955	ZY7.2	0.674	0.955
ZY4.3	0.405	0.956	ZY6.1	0.680	0.955
ZY4.4	0.559	0.955	ZY7.1	0.678	0.955
ZY19	0.537	0.955	ZY1	0.034	0.958
ZY26.1	0.598	0.955	ZY5.1	0.291	0.956
ZY26.2	0.617	0.955	ZY5.2	0.497	0.955
ZY26.3	0.635	0.955	ZY5.3	−0.076	0.958
ZY11.1	0.543	0.955	ZY2.1	0.231	0.956
ZY20	0.543	0.955	ZY2.2	0.237	0.956
ZY21.1	0.537	0.955	ZY2.3	0.330	0.956
ZY15	0.550	0.955	ZY3.1	−0.116	0.958
ZY16	0.552	0.955	ZY3.3	0.073	0.957
ZY23	0.561	0.955	ZY32.1	0.584	0.955
ZY14	0.531	0.955	ZY32.2	0.647	0.955
ZY24	0.357	0.956	ZY32.3	0.707	0.955
ZY25	0.549	0.955			

(二)公众卷

1. Cronbach's α 系数检验

检验结果显示,公众卷的 Cronbach's α 系数为 0.880,高于 0.8 的系数值,说明公众卷内部一致性尚可,量表信度可接受。

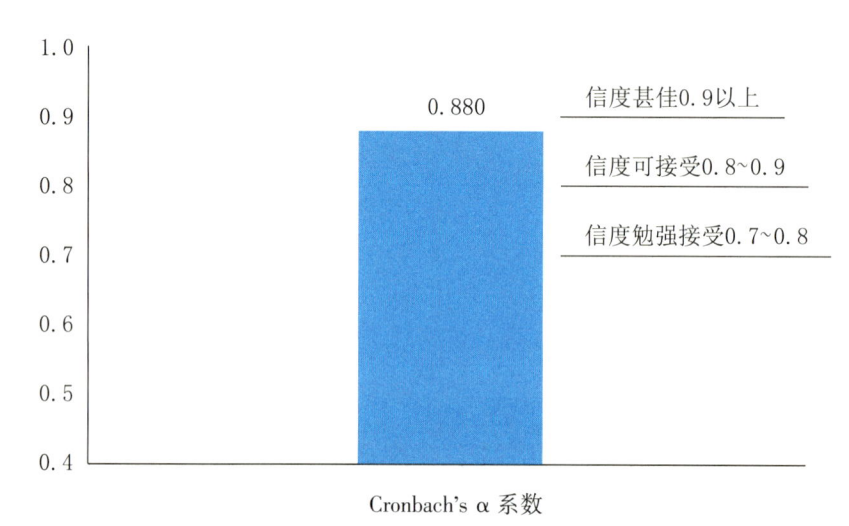

图 1-16 公众卷 Cronbach's α 系数

2. 折半信度检验

对公众卷的整体量表进行折半信度检验,结果显示,整体量表的折半信度系数为 0.832>0.8,表明整体量表信度良好;折半后两部分量表的信度系数均在 0.7 以上,说明量表信度能通过检验。

表 1-22 公众卷折半信度

	项 数	系数值
第一部分 Cronbach's α 系数	14	0.853
第二部分 Cronbach's α 系数	13	0.725
折半信度系数(Spearman-Brown 系数)	27	0.832

3. 同质性检验

相关性分析结果显示,题目 GZ3.3、GZ9、GZ10 的得分与总分的相关系数低于 0.2;敏感性分析结果显示,删除题目 GZ3.3、GZ1、GZ9、GZ10 之后总体量表的 Cronbach's α 系数有所上升。

因此,若要对量表进行优化,可考虑删除或修订题目 GZ3.3(在您所在地区,律师存在下列行为的可能性有多大?——尽职尽责为委托人服务),GZ9(对于在公共场所举行公捕、公判大会,您的总体态度是?),GZ10(与枪决相比,您对以注射方式执行死刑的态度是?)。

表 1-23 公众卷同质性检验结果

题 目	校正后题目与总分相关系数	删除题目后 Cronbach's α 系数	题 目	校正后题目与总分相关系数	删除题目后 Cronbach's α 系数
GZ4.1	0.619	0.872	GZ2.3	0.547	0.873
GZ4.2	0.622	0.872	GZ2.2	0.579	0.872

续表

题 目	校正后题目与总分相关系数	删除题目后 Cronbach's α 系数	题 目	校正后题目与总分相关系数	删除题目后 Cronbach's α 系数
GZ4.3	0.582	0.872	GZ2.1	0.571	0.872
GZ6.1	0.608	0.872	GZ3.1	0.476	0.875
GZ6.2	0.636	0.872	GZ3.2	0.547	0.873
GZ13	0.430	0.876	GZ3.3	0.196	0.882
GZ11	0.387	0.877	GZ5.1	0.507	0.874
GZ15	0.451	0.876	GZ5.2	0.547	0.873
GZ16.1	0.448	0.876	GZ1	0.281	0.880
GZ12	0.444	0.876	GZ7	0.323	0.879
GZ17	0.472	0.875	GZ8	0.339	0.879
GZ14	0.433	0.876	GZ9	−0.149	0.892
GZ16.2	0.412	0.877	GZ10	0.192	0.882
GZ18	0.475	0.875			

四、问卷效度分析

效度（Validity），是指测量工具或测量手段能够准确测出所要测量的变量的程度，或者说能够准确、真实地度量事物属性的程度。测量的效度具有三种不同的类型，即表面效度、准则效度和构造效度。[1] 构造效度是利用现有的理论或命题来考察当前测量工具或手段的效度。对本次调查问卷，主要采用KMO值、Bartlett球形检验和因子分析的方法进行构造效度分析。

一般认为，KMO值接近于1，Bartlett球形检验通过，则该问卷效度较好。在Bartlett球形检验的p值小于0.05的显著性差异标准的前提下，如果KMO值在0.9以上，表明非常适合做因子分析，亦即问卷构造效度非常好；如果KMO值在0.8~0.9之间，则问卷效度较好，适合做因子分析；如果KMO值在0.5以下，则表示问卷非常不适合做因子分析，问卷构造效度很差，需要针对性地进行优化。[2]

因子分析是多元统计分析技术的一个分支，其主要价值是通过浓缩数据，研究众多变量（问卷题目）之间的内部依赖关系，探求数据中的基本结构，并用少数几个假想变量来表示基本的数据结构。这些假想变量能够反映原来众多的变量所代表的主要信息，并解释这些变量之间的相互依存关系。[3] 司法文明指数调研已制定出一套指标体系，将职业卷和公众卷的部分题目划分进各级指标中，因子分析可用各题目的得分来检验该指标体系的划分是否合理。

（一）职业卷

1. KMO值和Bartlett球形检验

职业卷的KMO值为0.952，该值大于0.9，且Bartlett球形检验的p值小于0.05，说明职业卷效度非常好，非常适合做因子分析。

---

[1] 风笑天：《社会学研究方法》（第3版），中国人民大学出版社2009年版，第110页。
[2] 吴明隆：《问卷统计分析实务——SPSS操作与应用》，重庆大学出版社2010年版，第208页。
[3] 郭志刚主编：《社会统计分析方法：SPSS软件应用》（第2版），中国人民大学出版社2015年版，第91页。

表 1-24 职业卷 KMO 值及 Bartlett 球形检验表

取样足够度的 Kaiser-Meyer-Olkin		0.952
Bartlett 球形检验	近似卡方	297 489.685
	自由度	1 711.000
	t 检验 p 值	0.000

2. 因子分析

对职业卷中的题目进行因子分析，参照职业卷设定的 9 个一级指标，设定提取 9 个因子。数据分析结果显示，前 9 个因子的累计贡献率达到 65.061%，超过 40%，因子能较好地反映职业卷数据结构。

表 1-25 职业卷因子分析方差贡献率表（前 9 个因子）

因子	初始特征值			提取载荷平方和			旋转载荷平方和		
	总计	方差百分比	累积%	总计	方差百分比	累积%	总计	方差百分比	累积%
1	19.506	33.061	33.061	19.506	33.061	33.061	8.237	13.961	13.961
2	6.410	10.864	43.925	6.410	10.864	43.925	6.186	10.485	24.446
3	2.858	4.845	48.770	2.858	4.845	48.770	5.475	9.280	33.726
4	2.209	3.745	52.515	2.209	3.745	52.515	5.228	8.860	42.586
5	1.756	2.977	55.492	1.756	2.977	55.492	3.711	6.290	48.876
6	1.663	2.818	58.310	1.663	2.818	58.310	2.729	4.626	53.502
7	1.499	2.541	60.851	1.499	2.541	60.851	2.642	4.479	57.981
8	1.253	2.123	62.974	1.253	2.123	62.974	2.627	4.452	62.433
9	1.232	2.088	65.061	1.232	2.088	65.061	1.551	2.629	65.061

将因子轴进行方差最大化正交旋转，提取前 9 个因子与职业卷原有的指标体系相对照，其中"司法公开"指标中的题目都归于第二个因子中，第九个因子中的题目均为"法律职业化"指标中的题目。整体上划分出的因子与指标体系吻合度较低，且个别问题的因子载荷得分低于 0.3，因此可考虑将吻合度较低的问题进行优化或重新归类到其他指标中。

表 1-26 职业卷因子载荷表

题目	因子1	因子2	因子3	因子4	因子5	因子6	因子7	因子8	因子9
ZY8	0.744	0.095	0.067	0.093	0.231	0.109	0.205	0.123	−0.040
ZY9.1	0.737	0.056	0.092	0.065	0.289	0.067	0.170	0.173	0.033
ZY9.2	0.725	0.056	0.101	0.054	0.277	0.067	0.167	0.180	0.032
ZY6.3	0.788	0.075	0.114	0.096	0.274	0.112	0.061	0.048	−0.040
ZY7.3	0.805	0.101	0.104	0.105	0.286	0.087	0.029	0.029	−0.065
ZY6.2	0.797	0.196	0.125	0.129	0.133	0.217	−0.005	0.004	−0.003
ZY7.2	0.805	0.213	0.119	0.136	0.164	0.188	−0.044	0.004	−0.050
ZY6.1	0.834	0.196	0.078	0.149	0.134	0.187	0.052	−0.018	−0.013
ZY7.1	0.836	0.214	0.067	0.149	0.166	0.151	0.016	−0.013	−0.042

续表

题　目	因子1	因子2	因子3	因子4	因子5	因子6	因子7	因子8	因子9
ZY5.1	0.586	−0.011	−0.056	−0.031	0.017	0.039	0.000	0.147	0.370
ZY5.2	0.713	0.137	−0.028	0.070	0.052	0.128	0.030	0.075	0.246
ZY31.1	0.265	0.667	0.217	0.195	0.182	0.040	0.125	0.197	−0.086
ZY31.2	0.246	0.639	0.270	0.157	0.196	0.033	0.065	0.218	−0.044
ZY31.3	0.285	0.443	0.299	0.134	0.327	0.020	0.160	0.216	−0.121
ZY33.1	0.188	0.740	0.231	0.281	0.118	0.096	0.146	0.049	−0.044
ZY33.2	0.226	0.701	0.236	0.291	0.133	0.102	0.179	0.056	−0.063
ZY27	−0.040	0.439	0.378	0.223	0.008	0.017	−0.017	−0.093	0.071
ZY32.1	0.086	0.792	0.174	0.205	0.055	0.091	0.077	0.028	0.011
ZY32.2	0.131	0.786	0.215	0.209	0.080	0.117	0.126	0.032	−0.019
ZY32.3	0.189	0.686	0.298	0.212	0.143	0.122	0.211	0.053	−0.077
ZY22	0.087	0.135	0.680	0.124	0.029	0.067	0.138	0.082	−0.043
ZY18	0.102	0.361	0.480	0.346	0.148	0.127	0.091	0.028	0.027
ZY19	0.148	0.268	0.537	0.195	0.088	−0.012	0.178	0.044	0.045
ZY14	0.075	0.162	0.722	0.240	0.113	0.068	0.004	0.065	−0.026
ZY24	−0.015	0.074	0.729	0.079	−0.011	0.075	0.053	0.028	−0.066
ZY28	−0.012	0.148	0.590	0.096	0.084	0.126	0.144	−0.048	−0.082
ZY13	0.153	0.256	0.590	0.328	0.150	0.063	0.034	0.099	−0.002
ZY29	0.067	0.253	0.602	0.190	0.136	0.079	0.226	−0.010	−0.090
ZY30.1	0.178	0.376	0.529	0.150	0.120	−0.028	0.249	0.030	−0.052
ZY30.2	0.138	0.452	0.514	0.203	0.107	−0.024	0.202	0.004	−0.034
ZY12	0.171	0.371	0.283	0.553	0.146	0.038	0.017	0.042	0.101
ZY10.1	0.114	0.250	0.202	0.798	0.116	0.070	0.015	0.049	−0.021
ZY10.2	0.104	0.222	0.247	0.783	0.124	0.062	−0.021	0.080	−0.009
ZY10.3	0.141	0.124	0.259	0.737	0.223	0.030	0.031	0.106	−0.021
ZY11.1	0.091	0.275	0.144	0.765	−0.012	0.044	0.189	−0.019	−0.047
ZY11.2	0.133	0.225	0.228	0.735	0.052	0.088	0.240	−0.007	−0.093
ZY11.3	0.171	0.207	0.209	0.708	0.055	0.069	0.284	0.019	−0.099
ZY17	0.293	0.048	0.150	0.051	0.647	0.138	0.085	0.002	0.009
ZY20	0.370	0.184	0.024	0.144	0.517	0.173	0.129	−0.023	0.015
ZY15	0.337	0.105	0.083	0.134	0.725	0.140	0.022	0.021	−0.009
ZY16	0.280	0.128	0.153	0.108	0.731	0.192	−0.003	−0.001	−0.031
ZY23	0.332	0.154	0.119	0.108	0.661	0.159	0.029	0.010	0.059
ZY25	0.353	0.206	0.071	0.091	0.579	0.135	0.110	−0.026	0.014
ZY4.3	0.243	0.122	0.060	0.060	0.145	0.757	−0.035	−0.028	0.112
ZY4.4	0.299	0.181	0.147	0.151	0.270	0.682	0.015	−0.044	0.013

续表

题目	因子1	因子2	因子3	因子4	因子5	因子6	因子7	因子8	因子9
ZY4.1	0.333	0.001	0.179	0.046	0.245	0.686	0.144	0.035	−0.009
ZY4.2	0.267	0.174	0.096	0.139	0.192	0.747	0.005	−0.050	0.109
ZY26.1	0.121	0.305	0.355	0.204	0.081	0.056	0.708	0.022	−0.048
ZY26.2	0.115	0.293	0.408	0.187	0.131	0.080	0.681	0.016	−0.077
ZY26.3	0.148	0.280	0.391	0.195	0.134	0.078	0.713	0.028	−0.078
ZY21.1	0.120	0.362	0.259	0.316	0.020	−0.034	0.410	0.107	0.111
ZY21.2	0.098	0.360	0.261	0.315	0.072	−0.006	0.420	0.072	0.092
ZY1	−0.094	0.060	0.056	0.049	0.017	0.019	−0.123	0.232	0.126
ZY2.1	0.161	0.079	0.010	0.027	−0.051	−0.075	0.057	0.868	0.026
ZY2.2	0.111	0.082	0.008	0.057	−0.010	−0.020	0.044	0.872	−0.016
ZY2.3	0.226	0.066	0.074	0.034	0.050	−0.017	0.079	0.842	0.026
ZY3.1	0.040	−0.055	−0.154	−0.063	−0.053	−0.034	−0.081	0.009	0.794
ZY3.3	0.140	−0.108	−0.040	−0.083	0.092	0.198	0.050	0.072	0.667
ZY5.3	−0.176	0.170	−0.039	0.220	−0.101	−0.325	−0.202	0.093	0.284

共同度反映的是每个题目中所含原始信息能被提取的公因子所代表的程度，共同度高代表某个题目与其他题目相关性高，共同度低代表该题目与其他题目相关性低，不适合在因子分析时加入。

因子分析共同度的结果显示，在职业卷的所有题目中，ZY1（在过去三年，您获得业务培训的总时长是多少？）的共同度为0.103，ZY5.3（在您所在地区，律师存在下列行为的可能性有多大？——尽职尽责为委托人服务）的共同度为0.356，ZY27（在您所在地区，您觉得"打官司就是打证据"的可能性有多大？）的共同度为0.402，可考虑将上述共同度较低的题目删除后重新进行因子分析，检验因子与指标体系的吻合度。

表1-27 职业卷因子分析共同度

题目	共同度	题目	共同度
ZY12	0.588	ZY11.2	0.737
ZY22	0.537	ZY11.3	0.715
ZY8	0.700	ZY21.2	0.501
ZY9.1	0.707	ZY28	0.432
ZY9.2	0.684	ZY27	0.402
ZY10.1	0.775	ZY13	0.582
ZY10.2	0.760	ZY29	0.551
ZY10.3	0.709	ZY30.1	0.556
ZY31.1	0.697	ZY30.2	0.583
ZY31.2	0.659	ZY4.1	0.697
ZY31.3	0.579	ZY4.2	0.740
ZY33.1	0.765	ZY6.3	0.745

续表

题 目	共同度	题 目	共同度
ZY33.2	0.750	ZY7.3	0.775
ZY17	0.558	ZY6.2	0.771
ZY18	0.538	ZY7.2	0.792
ZY4.3	0.690	ZY6.1	0.819
ZY4.4	0.707	ZY7.1	0.824
ZY19	0.464	ZY1	0.103
ZY26.1	0.789	ZY5.1	0.508
ZY26.2	0.794	ZY5.2	0.618
ZY26.3	0.831	ZY5.3	0.356
ZY11.1	0.731	ZY2.1	0.798
ZY20	0.507	ZY2.2	0.785
ZY21.1	0.505	ZY2.3	0.781
ZY15	0.696	ZY3.1	0.673
ZY16	0.702	ZY3.3	0.539
ZY23	0.627	ZY32.1	0.725
ZY14	0.633	ZY32.2	0.762
ZY24	0.557	ZY32.3	0.728
ZY25	0.547		

经过尝试，在删除共同度低的题目 ZY1、ZY5.3、ZY27 后，因子分析共同度的结果显示，所有题目的共同度均高于 0.4，说明每个题目与其余题目的关联度较好。

表 1-28 删除题目后因子分析共同度

题 目	共同度	题 目	共同度
ZY12	0.572	ZY24	0.556
ZY22	0.541	ZY25	0.545
ZY8	0.694	ZY11.2	0.737
ZY9.1	0.709	ZY11.3	0.713
ZY9.2	0.685	ZY21.2	0.501
ZY10.1	0.780	ZY28	0.425
ZY10.2	0.768	ZY13	0.589
ZY10.3	0.718	ZY29	0.546
ZY31.1	0.704	ZY30.1	0.570
ZY31.2	0.673	ZY30.2	0.592
ZY31.3	0.591	ZY4.1	0.665
ZY33.1	0.767	ZY4.2	0.754

续表

题　目	共同度	题　目	共同度
ZY33.2	0.755	ZY6.3	0.745
ZY17	0.557	ZY7.3	0.777
ZY18	0.531	ZY6.2	0.772
ZY4.3	0.700	ZY7.2	0.794
ZY4.4	0.721	ZY6.1	0.824
ZY19	0.468	ZY7.1	0.828
ZY26.1	0.818	ZY5.1	0.505
ZY26.2	0.823	ZY5.2	0.614
ZY26.3	0.857	ZY2.1	0.807
ZY11.1	0.734	ZY2.2	0.800
ZY20	0.508	ZY2.3	0.792
ZY21.1	0.506	ZY3.1	0.679
ZY15	0.698	ZY3.3	0.598
ZY16	0.699	ZY32.1	0.724
ZY23	0.623	ZY32.2	0.767
ZY14	0.635	ZY32.3	0.735

删除共同度低的题目后的因子分析结果显示，前9个因子的累积贡献率达到67.482%，高于所有题目的累积贡献率（65.061%）。

表1-29　删除题目后因子分析方差贡献率表（前9个因子）

因子	初始特征值			提取载荷平方和			旋转载荷平方和		
	总计	方差百分比	累积%	总计	方差百分比	累积%	总计	方差百分比	累积%
1	19.328	34.514	34.514	19.328	34.514	34.514	8.106	14.475	14.475
2	6.232	11.129	45.643	6.232	11.129	45.643	5.973	10.666	25.141
3	2.786	4.974	50.617	2.786	4.974	50.617	5.267	9.405	34.546
4	2.143	3.828	54.445	2.143	3.828	54.445	5.264	9.399	43.945
5	1.732	3.093	57.538	1.732	3.093	57.538	3.701	6.610	50.555
6	1.630	2.911	60.450	1.630	2.911	60.450	2.694	4.812	55.367
7	1.496	2.672	63.122	1.496	2.672	63.122	2.666	4.761	60.127
8	1.239	2.212	65.333	1.239	2.212	65.333	2.581	4.608	64.736
9	1.203	2.148	67.482	1.203	2.148	67.482	1.538	2.746	67.482

将因子轴进行方差最大化正交旋转，提取前9个因子与职业卷原有的指标体系相对照，结果显示，删除ZY1、ZY5.3、ZY27之后的因子组成与删除之前的因子组成大体相同，因子划分与整体指标体系的设定仍然有较大差异。

表1-30 删除题目后因子载荷表

题 目	因子1	因子2	因子3	因子4	因子5	因子6	因子7	因子8	因子9
ZY8	0.743	0.107	0.093	0.079	0.240	0.181	0.086	0.136	-0.003
ZY9.1	0.735	0.069	0.066	0.104	0.297	0.146	0.048	0.182	0.066
ZY9.2	0.721	0.070	0.056	0.114	0.286	0.140	0.045	0.189	0.069
ZY6.3	0.787	0.084	0.098	0.122	0.278	0.048	0.103	0.060	-0.019
ZY7.3	0.805	0.108	0.106	0.109	0.288	0.023	0.081	0.040	-0.051
ZY6.2	0.797	0.193	0.131	0.119	0.130	0.011	0.226	0.014	-0.010
ZY7.2	0.806	0.209	0.139	0.111	0.161	-0.026	0.197	0.013	-0.059
ZY6.1	0.837	0.191	0.150	0.070	0.132	0.069	0.194	-0.005	-0.021
ZY7.1	0.838	0.210	0.150	0.059	0.164	0.033	0.159	-0.001	-0.051
ZY5.1	0.573	0.004	-0.022	-0.057	0.011	-0.016	0.047	0.157	0.381
ZY5.2	0.706	0.141	0.077	-0.036	0.045	0.036	0.142	0.087	0.239
ZY31.1	0.255	0.680	0.208	0.227	0.184	0.104	0.031	0.181	-0.055
ZY31.2	0.234	0.656	0.172	0.282	0.196	0.040	0.026	0.196	-0.011
ZY31.3	0.274	0.470	0.145	0.327	0.336	0.107	-0.012	0.199	-0.056
ZY33.1	0.180	0.739	0.293	0.224	0.112	0.155	0.108	0.037	-0.046
ZY33.2	0.219	0.704	0.302	0.235	0.129	0.180	0.105	0.042	-0.056
ZY32.1	0.079	0.787	0.218	0.160	0.042	0.102	0.116	0.012	-0.011
ZY32.2	0.124	0.785	0.221	0.207	0.069	0.142	0.136	0.014	-0.032
ZY32.3	0.181	0.692	0.222	0.300	0.139	0.207	0.126	0.042	-0.065
ZY12	0.164	0.358	0.564	0.260	0.135	0.049	0.071	0.036	0.067
ZY10.1	0.107	0.246	0.805	0.195	0.112	0.018	0.081	0.039	-0.025
ZY10.2	0.095	0.222	0.792	0.242	0.120	-0.024	0.072	0.068	-0.007
ZY10.3	0.132	0.132	0.744	0.264	0.224	0.009	0.027	0.095	0.000
ZY11.1	0.092	0.258	0.769	0.126	-0.013	0.213	0.051	-0.021	-0.063
ZY11.2	0.134	0.216	0.738	0.219	0.054	0.249	0.082	-0.010	-0.091
ZY11.3	0.172	0.198	0.709	0.201	0.059	0.290	0.061	0.018	-0.094
ZY22	0.083	0.141	0.132	0.684	0.028	0.135	0.065	0.071	-0.032
ZY18	0.097	0.351	0.355	0.465	0.138	0.118	0.151	0.019	0.002
ZY19	0.142	0.275	0.204	0.538	0.080	0.175	-0.003	0.036	0.048
ZY14	0.068	0.169	0.253	0.719	0.107	0.007	0.076	0.048	-0.023
ZY24	-0.015	0.069	0.084	0.724	-0.016	0.074	0.086	0.016	-0.079
ZY28	-0.009	0.136	0.104	0.576	0.088	0.173	0.122	-0.054	-0.088
ZY13	0.143	0.267	0.344	0.588	0.143	0.028	0.067	0.084	0.009
ZY29	0.068	0.240	0.198	0.588	0.139	0.252	0.078	-0.012	-0.097
ZY30.1	0.172	0.393	0.161	0.544	0.120	0.219	-0.043	0.017	-0.015
ZY30.2	0.132	0.460	0.214	0.519	0.103	0.191	-0.027	-0.010	-0.018

续表

题 目	因子1	因子2	因子3	因子4	因子5	因子6	因子7	因子8	因子9
ZY17	0.293	0.050	0.054	0.146	0.647	0.090	0.136	0.003	0.011
ZY20	0.372	0.182	0.143	0.018	0.512	0.142	0.181	-0.019	0.004
ZY15	0.335	0.106	0.137	0.078	0.726	0.025	0.143	0.025	-0.006
ZY16	0.279	0.131	0.113	0.149	0.729	0.002	0.192	-0.005	-0.028
ZY23	0.329	0.157	0.114	0.113	0.658	0.034	0.165	0.009	0.059
ZY25	0.354	0.209	0.095	0.065	0.575	0.116	0.134	-0.028	0.014
ZY26.1	0.128	0.283	0.198	0.339	0.083	0.741	0.063	0.044	-0.075
ZY26.2	0.121	0.270	0.180	0.392	0.134	0.715	0.087	0.038	-0.103
ZY26.3	0.155	0.261	0.188	0.378	0.138	0.741	0.081	0.050	-0.098
ZY21.1	0.116	0.368	0.322	0.263	0.019	0.394	-0.046	0.098	0.131
ZY21.2	0.096	0.358	0.320	0.258	0.072	0.418	-0.013	0.067	0.100
ZY4.3	0.246	0.104	0.050	0.061	0.148	-0.011	0.769	-0.031	0.096
ZY4.4	0.304	0.161	0.140	0.145	0.271	0.046	0.696	-0.047	-0.011
ZY4.1	0.334	0.006	0.039	0.200	0.261	0.120	0.653	0.033	0.035
ZY4.2	0.272	0.151	0.129	0.091	0.193	0.040	0.764	-0.054	0.081
ZY2.1	0.141	0.094	0.034	0.016	-0.047	0.038	-0.060	0.877	0.034
ZY2.2	0.091	0.096	0.065	0.011	-0.004	0.026	-0.008	0.882	-0.005
ZY2.3	0.203	0.088	0.040	0.089	0.058	0.042	-0.011	0.851	0.054
ZY3.1	0.024	-0.041	-0.044	-0.166	-0.067	-0.090	-0.024	-0.008	0.796
ZY3.3	0.125	-0.077	-0.067	-0.023	0.095	-0.005	0.164	0.050	0.730

(二) 公众卷

1. KMO 值及 Bartlett 球形检验

公众卷的 KMO 值为 0.899，该值大于 0.8，且 Bartlett 球形检验的 p 值小于 0.05，说明公众卷效度较好，适合做因子分析。

表 1-31 公众卷 KMO 值及 Bartlett 球形检验表

取样足够度的 Kaiser-Meyer-Olkin		0.899
Bartlett 球形检验	近似卡方	200 814.510
	自由度	351.000
	t 检验 p 值	0.000

2. 因子分析

对公众卷中的题目进行因子分析，参照公众卷设定的 10 个一级指标，设定提取 10 个因子。数据分析结果显示，前 10 个因子的累计贡献率达到 69.561%，超过 40%，因子能较好地反映公众卷数据结构。

表 1-32 公众卷因子分析方差贡献率表（前 10 个因子）

因子	初始特征值			提取载荷平方和			旋转载荷平方和		
	总计	方差百分比	累积%	总计	方差百分比	累积%	总计	方差百分比	累积%
1	7.574	28.051	28.051	7.574	28.051	28.051	3.698	13.695	13.695
2	2.945	10.906	38.957	2.945	10.906	38.957	2.478	9.177	22.872
3	1.358	5.029	43.986	1.358	5.029	43.986	2.460	9.110	31.982
4	1.301	4.818	48.804	1.301	4.818	48.804	2.274	8.422	40.404
5	1.128	4.179	52.983	1.128	4.179	52.983	1.827	6.766	47.171
6	1.044	3.867	56.849	1.044	3.867	56.849	1.363	5.048	52.218
7	0.929	3.441	60.290	0.929	3.441	60.290	1.279	4.738	56.956
8	0.879	3.256	63.546	0.879	3.256	63.546	1.233	4.565	61.522
9	0.832	3.081	66.628	0.832	3.081	66.628	1.144	4.238	65.759
10	0.792	2.934	69.561	0.792	2.934	69.561	1.027	3.802	69.561

将因子轴进行方差最大化正交旋转，提取 10 个因子后的结果显示，第二个因子中的题目均为"司法权力"指标中的题目，第九个因子中的题目均为"司法文化"指标中的题目。但整体因子划分与指标体系吻合度不高。

表 1-33 公众卷因子载荷表

题目	因子1	因子2	因子3	因子4	因子5	因子6	因子7	因子8	因子9	因子10
GZ2.3	0.801	0.152	0.068	0.195	0.061	0.077	−0.047	0.006	0.019	−0.026
GZ2.2	0.865	0.118	0.100	0.155	0.030	0.081	−0.025	−0.002	0.071	0.045
GZ2.1	0.868	0.107	0.094	0.153	0.033	0.075	−0.012	−0.003	0.072	0.045
GZ3.1	0.696	0.094	0.038	0.257	0.074	−0.031	0.086	0.087	−0.016	−0.082
GZ3.2	0.738	0.122	0.065	0.268	0.084	0.024	0.071	0.079	−0.003	−0.072
GZ4.1	0.179	0.832	0.233	0.104	0.130	0.110	0.040	0.058	0.099	0.078
GZ4.2	0.194	0.845	0.215	0.120	0.107	0.104	0.046	0.056	0.104	0.064
GZ4.3	0.191	0.780	0.175	0.152	0.127	0.111	0.038	0.079	0.053	0.021
GZ6.1	0.191	0.236	0.603	0.090	0.291	0.112	0.012	0.349	−0.061	0.125
GZ6.2	0.232	0.258	0.573	0.122	0.275	0.101	0.041	0.353	−0.056	0.138
GZ5.1	0.056	0.189	0.837	0.076	0.097	0.124	0.043	−0.017	0.139	0.000
GZ5.2	0.081	0.183	0.823	0.124	0.103	0.114	0.067	0.017	0.148	0.046
GZ15	0.241	0.072	0.050	0.728	0.061	0.005	0.044	0.084	0.037	0.070
GZ12	0.258	0.124	0.070	0.692	0.034	0.007	−0.007	0.054	0.025	−0.013
GZ14	0.195	0.068	0.082	0.756	0.049	0.065	−0.059	0.001	0.059	0.005
GZ18	0.316	0.107	0.123	0.532	0.160	0.178	0.032	−0.063	−0.082	0.012
GZ16.1	0.068	0.106	0.186	0.075	0.787	0.111	0.002	0.079	0.103	0.073
GZ17	0.098	0.197	0.101	0.214	0.423	0.139	0.174	0.333	0.104	0.069

续表

题目	因子1	因子2	因子3	因子4	因子5	因子6	因子7	因子8	因子9	因子10
GZ16.2	0.086	0.117	0.134	0.071	0.810	0.138	0.027	−0.033	0.058	−0.009
GZ13	0.035	0.138	0.227	0.173	0.152	0.605	0.005	0.148	0.133	−0.019
GZ11	0.126	0.138	0.096	0.014	0.170	0.752	0.124	0.077	−0.025	0.098
GZ10	0.038	0.013	0.118	0.013	0.006	0.232	0.790	−0.103	0.178	0.125
GZ7	0.042	0.068	0.140	0.035	0.033	0.182	0.079	0.761	0.197	0.089
GZ1	0.058	0.143	0.130	0.033	0.141	−0.158	0.288	0.053	0.694	0.173
GZ8	0.061	0.111	0.121	0.039	0.097	0.333	−0.083	0.205	0.670	−0.094
GZ3.3	−0.081	0.118	0.112	0.048	0.078	0.066	0.002	0.090	0.053	0.920
GZ9	0.003	−0.101	0.011	0.032	−0.087	0.107	−0.691	−0.395	0.046	0.170

因子分析共同度的结果显示，所有题目的共同度均高于0.4，说明每个题目与其余题目的关联度较好。

表1-34 公众卷因子分析共同度

题目	共同度	题目	共同度
GZ4.1	0.839	GZ2.3	0.721
GZ4.2	0.854	GZ2.2	0.811
GZ4.3	0.737	GZ2.1	0.812
GZ6.1	0.703	GZ3.1	0.589
GZ6.2	0.697	GZ3.2	0.660
GZ13	0.530	GZ3.3	0.903
GZ11	0.671	GZ5.1	0.791
GZ15	0.615	GZ5.2	0.784
GZ16.1	0.710	GZ1	0.685
GZ12	0.571	GZ7	0.693
GZ17	0.460	GZ8	0.660
GZ14	0.635	GZ9	0.695
GZ16.2	0.725	GZ10	0.752
GZ18	0.479		

第二章 司法文明指标评分比较

本章对全国31个省/自治区/直辖市的受访者就各指标下的问题回答进行频数、频率统计，就各法律职业群体和普通公众的评分情况进行比较分析，[1]以便显示二者在共同涉及的指标评分上存在怎样的差异。

指标1 司法权力

1.1 司法权力依法行使

为测量这一指标，调查问卷设计两个问题：

问题一："在您所在地区，法院依法行使审判权的可能性有多大？"（职业卷Q12）

问题二："在您所在地区，对于被批准逮捕后不再具有社会危险性的犯罪嫌疑人，检察机关依法予以变更或者解除逮捕措施的可能性有多大？"（职业卷Q22）

对于问题一，调查数据显示，有96.9%的受访者认为，法院可能（含有可能、很可能和非常可能）依法行使审判权。

表2-1 法院依法行使审判权的可能性

	法官		检察官		警察		律师		全体	
	计数	频率%	计数	频率%	计数	频率%	计数	频率%	计数	频率%
非常可能	566	45.3	423	34.7	340	27.2	465	19.2	1 794	29.2
很可能	466	37.3	554	45.5	447	35.7	1 107	45.6	2 574	41.9
有可能	193	15.5	210	17.2	403	32.2	780	32.1	1 586	25.8
不太可能	17	1.4	27	2.2	47	3.8	64	2.6	155	2.5
非常不可能	7	0.6	4	0.3	14	1.1	12	0.5	37	0.6

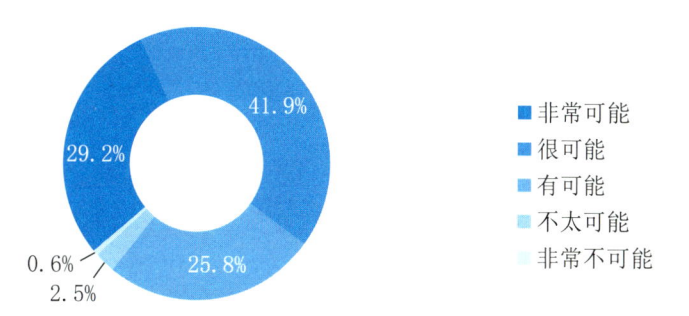

图2-1 法院依法行使审判权的可能性

---

[1] 本章中的百分比均保留一位小数，因数据四舍五入，可能出现频率加总不为100%的情况，实际加总为100%。部分其他类似数据出入也由此原因导致。

不同法律职业群体认为法院可能（含有可能、很可能和非常可能）依法行使审判权的比例均超过九成，其中法官认为存在这种可能性的比例最高，达98.1%；警察的比例最低，也有95.1%。

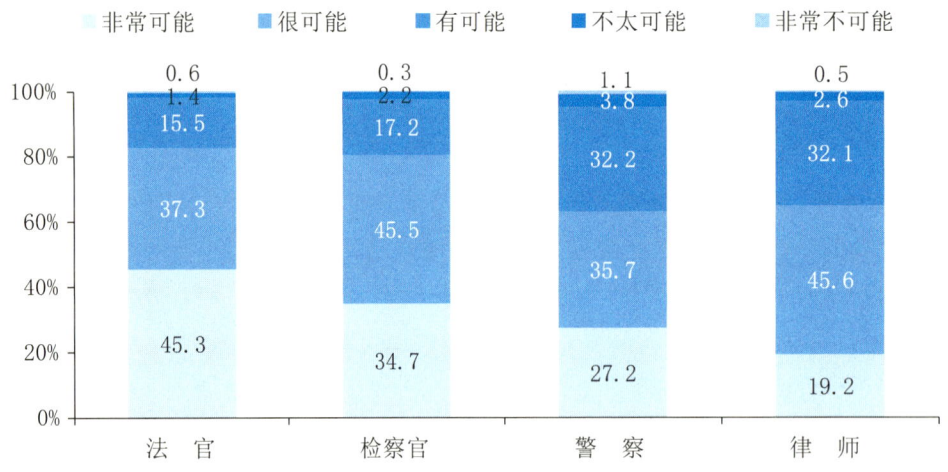

图 2-2 法院依法行使审判权的可能性——不同法律职业群体比较（%）

对于问题二，调查数据显示，对于被批准逮捕后不再具有社会危险性的犯罪嫌疑人，85.5%的受访者认为检察机关可能（含有可能、很可能和非常可能）依法予以变更或者解除逮捕措施，14.5%的受访者则认为检察机关不可能（含不太可能和非常不可能）依法予以变更或者解除逮捕措施。

表 2-2 检察机关依法予以变更或者解除逮捕措施的可能性

	法官		检察官		警察		律师		全体	
	计数	频率%	计数	频率%	计数	频率%	计数	频率%	计数	频率%
非常可能	113	9.0	234	19.2	150	12.0	102	4.2	599	9.7
很可能	368	29.5	432	35.5	272	21.7	437	18.0	1 509	24.5
有可能	665	53.2	461	37.8	640	51.1	1 386	57.0	3 152	51.2
不太可能	94	7.5	72	5.9	156	12.5	459	18.9	781	12.7
非常不可能	9	0.7	19	1.6	34	2.7	48	2.0	110	1.8

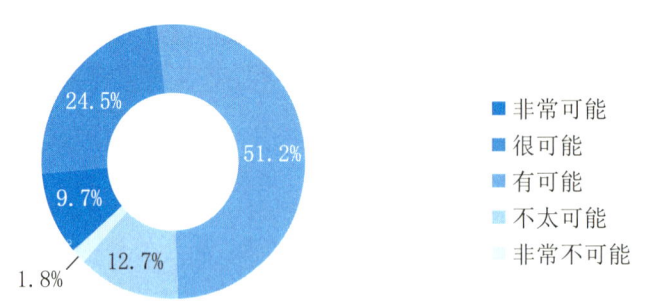

图 2-3 检察机关依法予以变更或者解除逮捕措施的可能性

不同法律职业群体均有七成以上的受访者认为，对于被批准逮捕后不再具有社会危险性的犯罪嫌疑人，检察机关可能（含有可能、很可能和非常可能）依法予以变更或者解除逮捕措施，其中检察官认为存在这种可能性的比例最高，达92.5%；律师的比例相对偏低，也有79.2%。

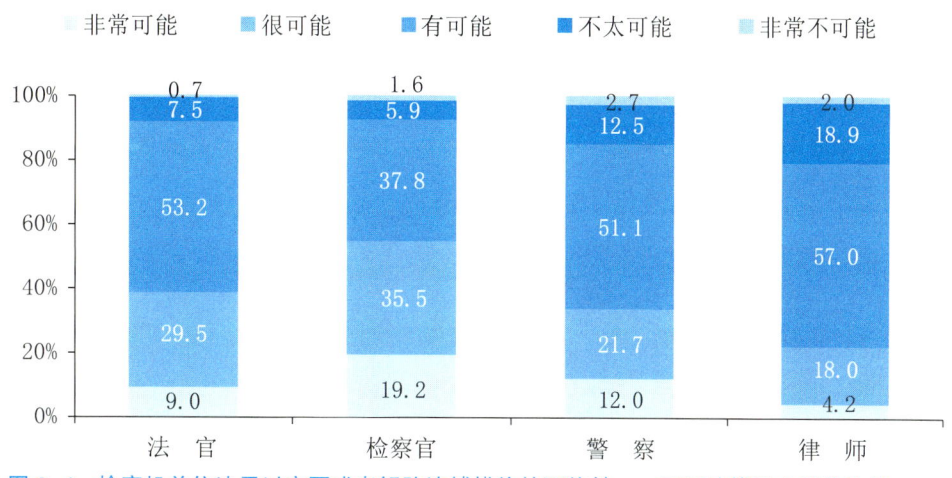

图 2-4 检察机关依法予以变更或者解除逮捕措施的可能性——不同法律职业群体比较（%）

1.2 司法权力独立行使

为测量这一指标，调查问卷设计三个问题：

问题一："在您所在地区，法官办案受到本院领导干涉的可能性有多大？"（职业卷 Q8）

问题二："在您所在地区，法院办案受到党政机关干涉的可能性有多大？"（职业卷 Q9.1）

问题三："在您所在地区，检察院办案受到党政机关干涉的可能性有多大？"（职业卷 Q9.2）

对于问题一，调查数据显示，有 63.0% 的受访者认为，法官办案可能（含有可能、很可能和非常可能）受到本院领导干涉。

表 2-3 法官办案受到本院领导干涉的可能性

	法 官		检察官		警 察		律 师		全 体	
	计数	频率%	计数	频率%	计数	频率%	计数	频率%	计数	频率%
非常可能	51	4.1	56	4.6	67	5.4	239	9.8	413	6.7
很可能	81	6.5	116	9.6	128	10.3	441	18.1	766	12.5
有可能	480	38.5	482	39.8	566	45.4	1 158	47.7	2 686	43.8
不太可能	484	38.8	403	33.3	344	27.6	494	20.3	1 725	28.1
非常不可能	151	12.1	155	12.8	141	11.3	98	4.0	545	8.9

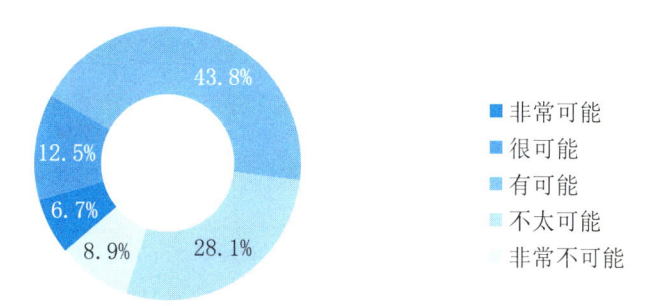

图 2-5 法官办案受到本院领导干涉的可能性

不同法律职业群体中，律师认为法院办案可能（含有可能、很可能和非常可能）受到本院领导干涉的比例最高，达75.6%；法官的比例最低，只有49.1%，二者相差26.5个百分点。

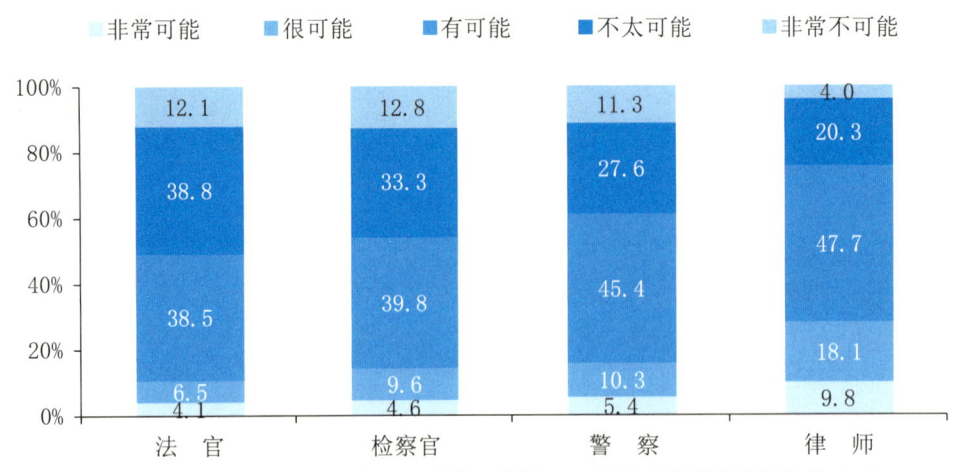

图 2-6　法官办案受到本院领导干涉的可能性——不同法律职业群体比较（%）

对于问题二，调查数据显示，有65.6%的受访者认为，法院办案可能（含有可能、很可能和非常可能）受到党政机关干涉。

表 2-4　法院办案受到党政机关干涉的可能性

	法　官		检察官		警　察		律　师		全　体	
	计数	频率%	计数	频率%	计数	频率%	计数	频率%	计数	频率%
非常可能	81	6.5	85	7.0	92	7.4	273	11.2	531	8.7
很可能	185	14.8	178	14.7	161	12.9	513	21.1	1 037	16.9
有可能	478	38.3	423	34.9	507	40.7	1 048	43.2	2 456	40.0
不太可能	383	30.7	379	31.3	344	27.6	480	19.8	1 586	25.9
非常不可能	122	9.8	146	12.1	142	11.4	113	4.7	523	8.5

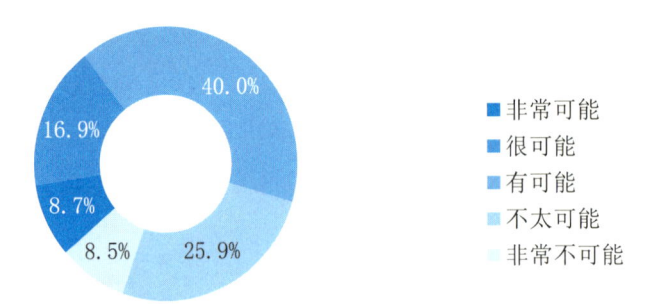

图 2-7　法院办案受到党政机关干涉的可能性

不同法律职业群体中，律师认为法院办案可能（含有可能、很可能和非常可能）受到党政机关干涉的比例最高，达75.6%；检察官的比例最低，只有56.6%，二者相差19个百分点。

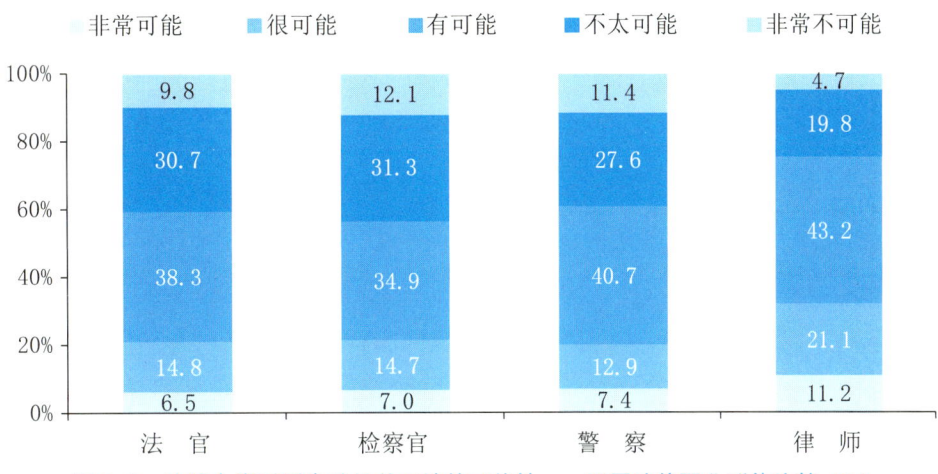

图 2-8 法院办案受到党政机关干涉的可能性——不同法律职业群体比较（%）

对于问题三，调查数据显示，有64.5%的受访者认为，检察院办案可能（含有可能、很可能和非常可能）受到党政机关干涉。

表 2-5 检察院办案受到党政机关干涉的可能性

	法官		检察官		警察		律师		全体	
	计数	频率%	计数	频率%	计数	频率%	计数	频率%	计数	频率%
非常可能	76	6.1	80	6.6	85	6.8	273	11.3	514	8.4
很可能	200	16.1	161	13.3	162	13.0	492	20.3	1 015	16.6
有可能	462	37.3	418	34.4	496	39.8	1 046	43.2	2 422	39.5
不太可能	385	31.0	391	32.2	355	28.5	499	20.6	1 630	26.6
非常不可能	117	9.4	164	13.5	148	11.9	114	4.7	543	8.9

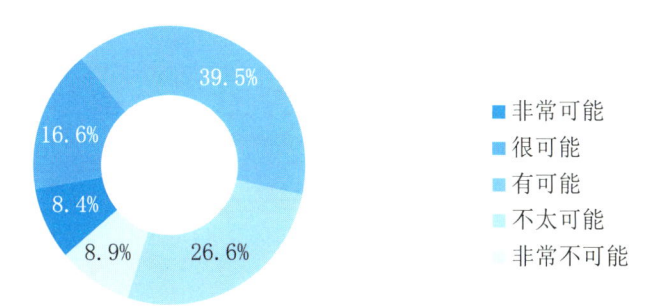

图 2-9 检察院办案受到党政机关干涉的可能性

不同法律职业群体中，律师认为检察院办案可能（含有可能、很可能和非常可能）受到党政机关干涉的比例最高，达74.7%；检察官的比例最低，只有54.3%，二者相差20.4个百分点。

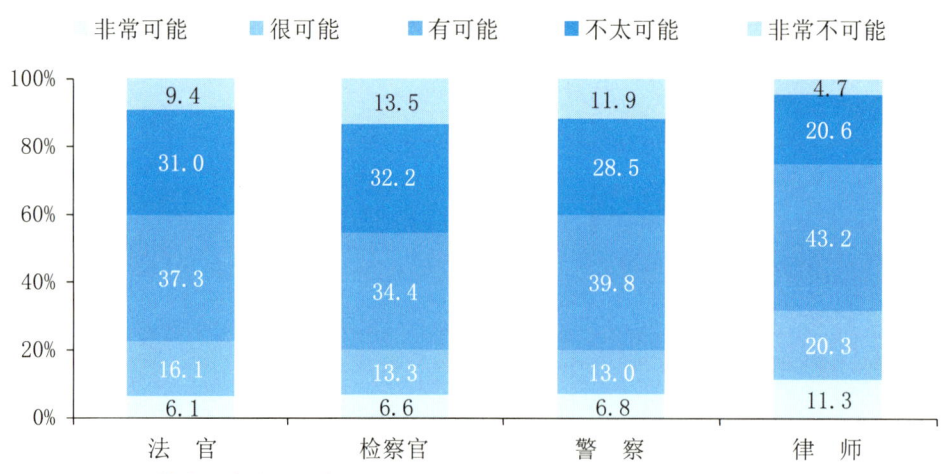

图 2-10　检察院办案受到党政机关干涉的可能性——不同法律职业群体比较（%）

1.3　司法权力公正行使

为测量这一指标，调查问卷设计三个问题：

问题一："在您所在地区，法院公正办案的可能性有多大？"（职业卷 Q10.1）

问题二："在您所在地区，检察院公正办案的可能性有多大？"（职业卷 Q10.2）

问题三："在您所在地区，公安机关公正办案的可能性有多大？"（职业卷 Q10.3）

对于问题一，调查数据显示，有 96.6% 的受访者认为，法院可能（含有可能、很可能和非常可能）公正办案。

表 2-6　法院公正办案的可能性

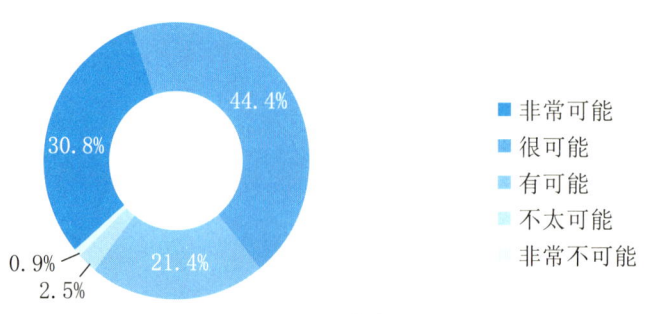

	法官		检察官		警察		律师		全体	
	计数	频率%	计数	频率%	计数	频率%	计数	频率%	计数	频率%
非常可能	627	50.1	500	41.2	363	29.1	402	16.5	1 892	30.8
很可能	463	37.0	541	44.5	494	39.6	1 230	50.6	2 728	44.4
有可能	132	10.6	135	11.1	320	25.7	730	30.0	1 317	21.4
不太可能	21	1.7	21	1.7	50	4.0	63	2.6	155	2.5
非常不可能	8	0.6	18	1.5	20	1.6	8	0.3	54	0.9

图 2-11　法院公正办案的可能性

不同法律职业群体中，认为法院可能（含有可能、很可能和非常可能）公正办案的，比例最高的是法官，达 97.7%；比例最低的是警察，也有 94.4%。不过，认为法院"非常可能"公正办案的，比例最低的是律师，只有 16.5%，与法官的 50.1% 相比，低了 33.6 个百分点。

图 2-12 法院公正办案的可能性——不同法律职业群体比较（%）

对于问题二，调查数据显示，有 96.5% 的受访者认为，检察院可能（含有可能、很可能和非常可能）公正办案。

表 2-7 检察院公正办案的可能性

	法官		检察官		警察		律师		全体	
	计数	频率%	计数	频率%	计数	频率%	计数	频率%	计数	频率%
非常可能	509	40.9	574	47.2	372	29.8	385	15.8	1 840	30.0
很可能	532	42.7	500	41.1	490	39.3	1 229	50.6	2 751	44.8
有可能	171	13.7	106	8.7	308	24.7	749	30.8	1 334	21.7
不太可能	23	1.8	27	2.2	59	4.7	56	2.3	165	2.7
非常不可能	10	0.8	10	0.8	19	1.5	12	0.5	51	0.8

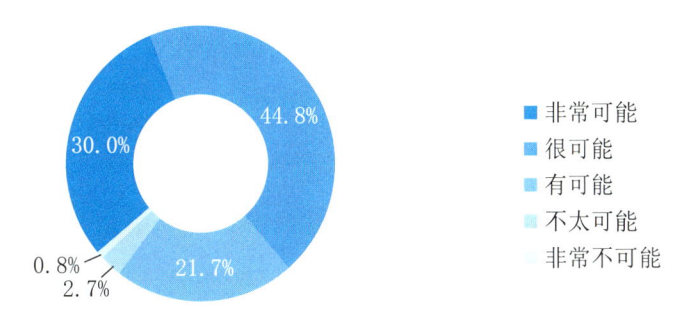

图 2-13 检察院公正办案的可能性

不同法律职业群体中，认为检察院可能（含有可能、很可能和非常可能）公正办案的，比例最高的不是检察官，而是法官，高达 97.3%；比例最低的是警察，也有 93.8%。不过，认为检察院"非常可能"公正办案的，比例最高的则是检察官，达 47.2%；比例最低的是律师，只有 15.8%，二者相差 31.4 个百分点。

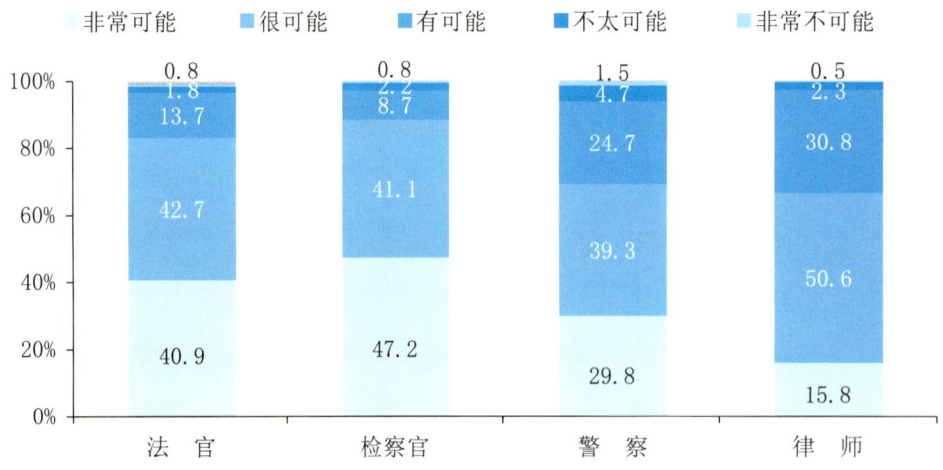

图 2-14 检察院公正办案的可能性——不同法律职业群体比较（%）

对于问题三，调查数据显示，有94.8%的受访者认为，公安机关可能（含有可能、很可能和非常可能）公正办案。

表 2-8 公安机关公正办案的可能性

	法官		检察官		警察		律师		全体	
	计数	频率%	计数	频率%	计数	频率%	计数	频率%	计数	频率%
非常可能	406	32.6	417	34.3	455	36.3	314	12.9	1 592	25.9
很可能	534	42.9	546	45.0	434	34.6	1 025	42.2	2 539	41.3
有可能	258	20.7	202	16.6	283	22.6	948	39.0	1 691	27.5
不太可能	36	2.9	31	2.6	53	4.2	125	5.1	245	4.0
非常不可能	11	0.9	18	1.5	28	2.2	17	0.7	74	1.2

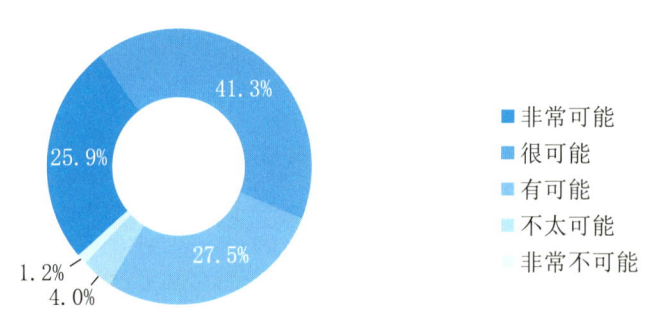

图 2-15 公安机关公正办案的可能性

不同法律职业群体中，认为公安机关可能（含有可能、很可能和非常可能）公正办案的，比例最高的是法官，达96.2%；而警察的比例却是最低的，是93.5%。认为公安机关"非常可能"公正办案的，律师的比例很低，只有12.9%，明显低于其他三类法律职业群体。

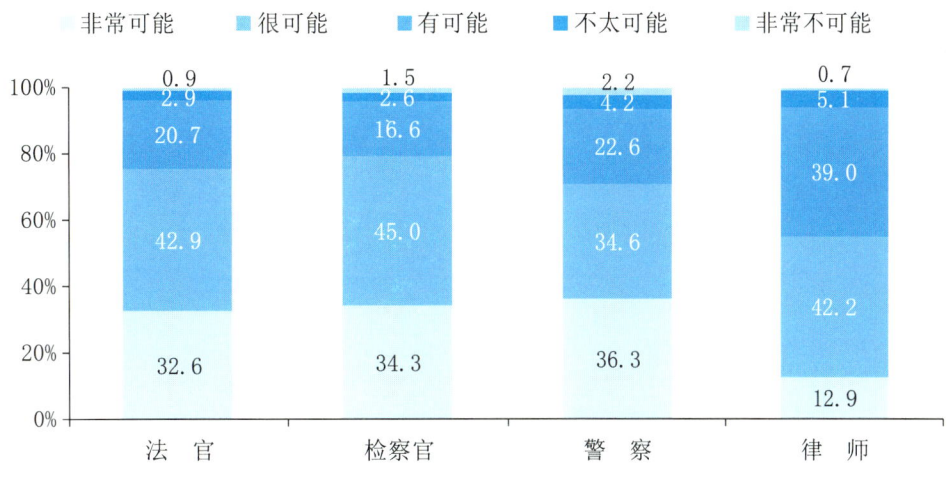

图 2-16 公安机关公正办案的可能性——不同法律职业群体比较（%）

图例：非常可能　很可能　有可能　不太可能　非常不可能

群体	非常可能	很可能	有可能	不太可能	非常不可能
法官	32.6	42.9	20.7	2.9	0.9
检察官	34.3	45.0	16.6	2.6	1.5
警察	36.3	34.6	22.6	4.2	2.2
律师	12.9	42.2	39.0	5.1	0.7

1.4 司法权力主体受到信任与认同

为测量这一指标，调查问卷设计三个问题：

问题一："您对自己所在地区法官队伍的总体满意程度如何？"（职业卷 Q31.1 和公众卷 Q4.1）

问题二："您对自己所在地区检察官队伍的总体满意程度如何？"（职业卷 Q31.2 和公众卷 Q4.2）

问题三："您对自己所在地区警察队伍的总体满意程度如何？"（职业卷 Q31.3 和公众卷 Q4.3）

对于问题一，调查数据显示，有 60.2% 的受访者对自己所在地区法官在总体上感到满意（含比较满意和非常满意），其中"非常满意"的比例只有 13.9%。

表 2-9　对法官队伍的总体满意程度

	法　官		检察官		警　察		律　师		公　众		全　体	
	计数	频率%	计数	频率%	计数	频率%	计数	频率%	计数	频率%	计数	频率%
非常满意	426	34.1	288	23.7	278	22.2	230	9.5	2 099	11.8	3 321	13.9
比较满意	620	49.6	713	58.6	533	42.6	1 255	51.6	7 981	44.8	11 102	46.3
一　般	181	14.5	191	15.7	378	30.2	819	33.7	6 840	38.4	8 409	35.1
不太满意	20	1.6	7	0.6	52	4.2	98	4.0	729	4.1	906	3.8
非常不满意	3	0.2	18	1.5	11	0.9	31	1.3	163	0.9	226	0.9

图 2-17　对法官队伍的总体满意程度

（非常满意 13.9%，比较满意 46.3%，一般 35.1%，不太满意 3.8%，非常不满意 0.9%）

不同法律职业群体和公众中，法官和检察官对自己所在地区法官总体上感到满意（含比较满意和非常满意）的比例较高，均超过八成；警察和律师的比例则较低，均不足七成；公众的比例最低，只有

56.6%。此外，对法官感到"非常满意"的，只有法官自评的比例达到了34.1%，其他群体的评价普遍不高，其中律师对法官感到"非常满意"的比例只有9.5%，二者相差24.6个百分点。

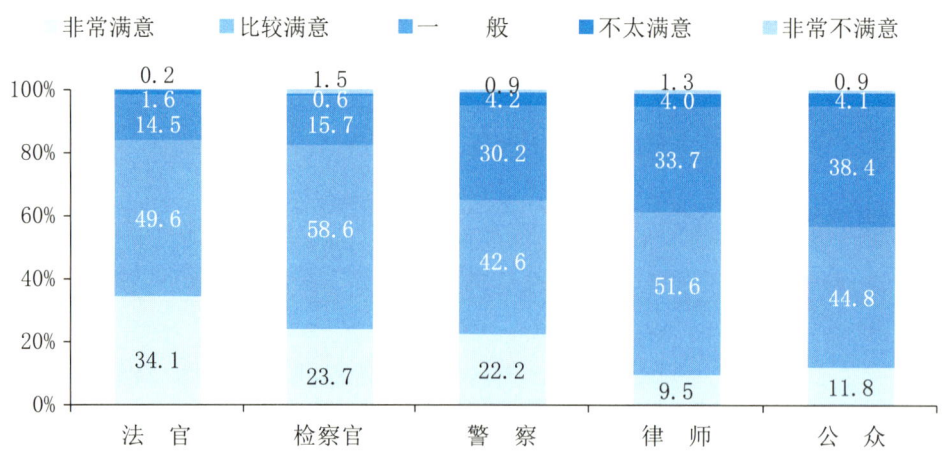

图 2-18 对法官队伍的总体满意程度——不同法律职业群体和公众比较（%）

对于问题二，调查数据显示，有60.2%的受访者对自己所在地区检察官在总体上感到满意（含比较满意和非常满意），其中"非常满意"的比例只有14.1%。

表 2-10 对检察官队伍的总体满意程度

	法 官		检察官		警 察		律 师		公 众		全 体	
	计数	频率%	计数	频率%	计数	频率%	计数	频率%	计数	频率%	计数	频率%
非常满意	321	25.7	384	31.6	277	22.1	238	9.8	2 159	12.1	3 379	14.1
比较满意	655	52.5	680	55.9	536	42.8	1 268	52.2	7 902	44.4	11 041	46.1
一 般	244	19.6	127	10.4	383	30.6	816	33.6	6 770	38.0	8 340	34.8
不太满意	24	1.9	11	0.9	47	3.8	92	3.8	816	4.6	990	4.1
非常不满意	4	0.3	15	1.2	10	0.8	17	0.7	152	0.9	198	0.8

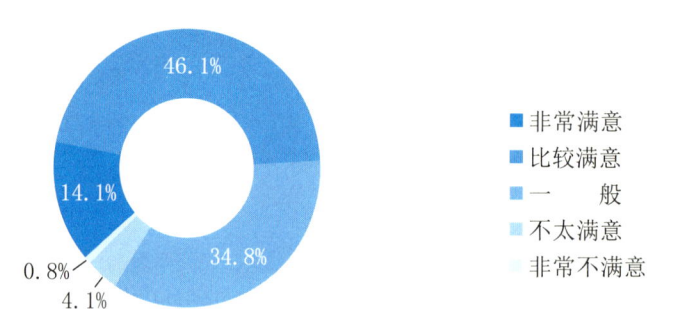

图 2-19 对检察官队伍的总体满意程度

不同法律职业群体和公众中，检察官和法官对自己所在地区检察官总体上感到满意（含比较满意和非常满意）的比例较高，其中检察官的自评比例最高，达87.5%；警察和律师的比例相对较低，均不足七成；公众的比例最低，只有56.5%。此外，对检察官感到"非常满意"的，只有检察官自评的比例达到了31.6%，其他群体的评价普遍不高，其中律师对检察官感到"非常满意"的比例只有9.8%，二者相差21.8个百分点。

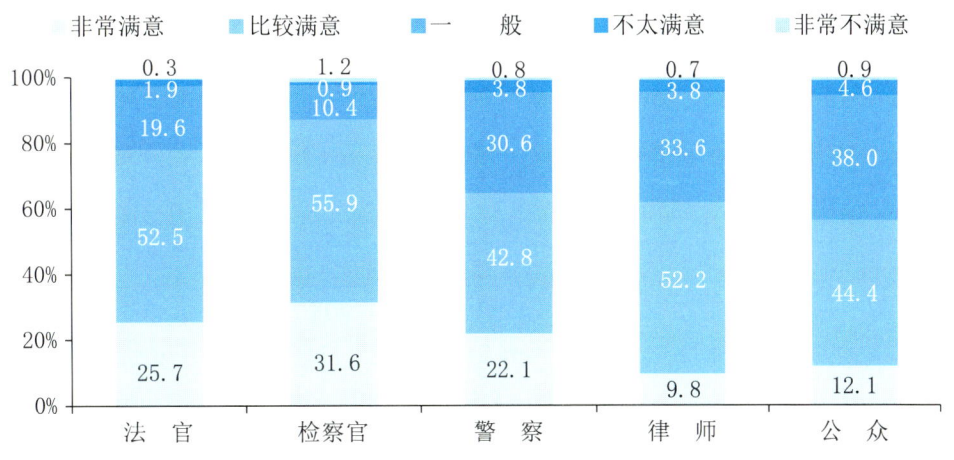

图 2-20 对检察官队伍的总体满意程度——不同法律职业群体和公众比较 (%)

对于问题三，调查数据显示，有54.1%的受访者对自己所在地区警察在总体上感到满意（含比较满意和非常满意），对警察的满意度明显低于对法官、检察官。

表 2-11 对警察队伍的总体满意程度

	法 官		检察官		警 察		律 师		公 众		全 体	
	计数	频率%	计数	频率%	计数	频率%	计数	频率%	计数	频率%	计数	频率%
非常满意	242	19.4	256	21.1	418	33.4	186	7.7	2 275	12.8	3 377	14.1
比较满意	616	49.4	657	54.0	490	39.1	878	36.1	6 941	38.9	9 582	40.0
一 般	320	25.6	244	20.1	298	23.8	1 032	42.5	6 644	37.3	8 538	35.6
不太满意	60	4.8	41	3.4	41	3.3	251	10.3	1 580	8.9	1 973	8.2
非常不满意	10	0.8	18	1.5	6	0.5	82	3.4	388	2.2	504	2.1

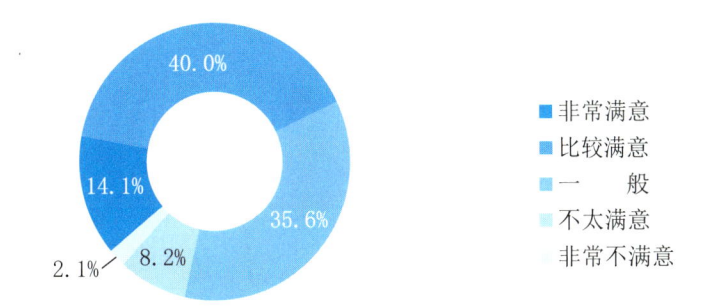

图 2-21 对警察队伍的总体满意程度

不同法律职业群体和公众中，法官、检察官和警察对自己所在地区警察总体上感到满意（含比较满意和非常满意）的比例较高，都在六成以上，其中检察官的比例最高，达75.1%；律师的比例最低，只有43.8%；公众的比例也不高，只有51.7%。此外，对警察感到"非常满意"的，只有警察自评的比例达到了33.4%，其他群体的评价普遍不高，其中律师对警察感到"非常满意"的比例只有7.7%，二者相差25.7个百分点。

图 2-22 对警察队伍的总体满意程度——不同法律职业群体和公众比较（%）

1.5 司法裁判受到信任与认同

为测量这一指标，调查问卷设计两个问题：

问题一："在您所在地区，法院审判过程公正的可能性有多大？"（职业卷Q33.1和公众卷Q6.1）

问题二："在您所在地区，法院判决结果公正的可能性有多大？"（职业卷Q33.2和公众卷Q6.2）

对于问题一，调查数据显示，有96.7%的受访者认为，法院审判过程可能（含有可能、很可能和非常可能）是公正的。

表 2-12 法院审判过程公正的可能性

	法 官		检察官		警 察		律 师		公 众		全 体	
	计数	频率%	计数	频率%	计数	频率%	计数	频率%	计数	频率%	计数	频率%
非常可能	786	63.0	541	45.0	425	34.1	468	19.3	3 763	21.1	5 983	25.0
很可能	347	27.8	534	44.4	467	37.4	1 200	49.5	7 978	44.8	10 526	44.0
有可能	104	8.3	111	9.2	320	25.6	712	29.3	5 408	30.3	6 655	27.8
不太可能	8	0.6	4	0.3	28	2.2	39	1.6	582	3.3	661	2.8
非常不可能	2	0.2	12	1.0	8	0.6	7	0.3	94	0.5	123	0.5

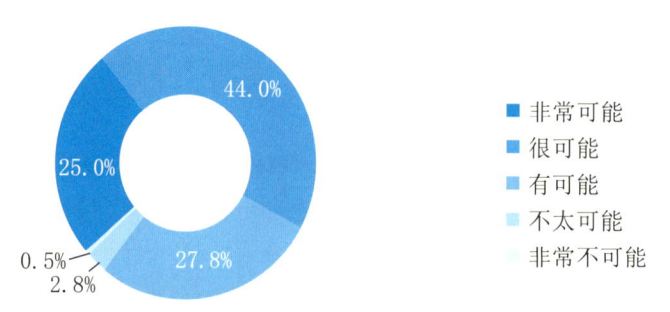

图 2-23 法院审判过程公正的可能性

法律职业群体和公众相比较，法律职业群体认为法院审判过程可能（含有可能、很可能和非常可能）公正的比例较高，达98.2%；公众的比例较低，也有96.2%。不过，公众认为法院审判过程"非常可能"公正的比例偏低，只有21.1%。

不同法律职业群体中，均有九成以上的受访者认为法院审判过程可能（含有可能、很可能和非常可能）是公正的，其中法官的比例最高，达99.2%；警察的比例最低，也有97.1%。不过，认为法院审判过程"非常可能"公正的，法官的比例最高，达63.0%；律师的比例最低，只有19.3%，明显低于法官、检察官和警察，甚至比公众的比例还要低。

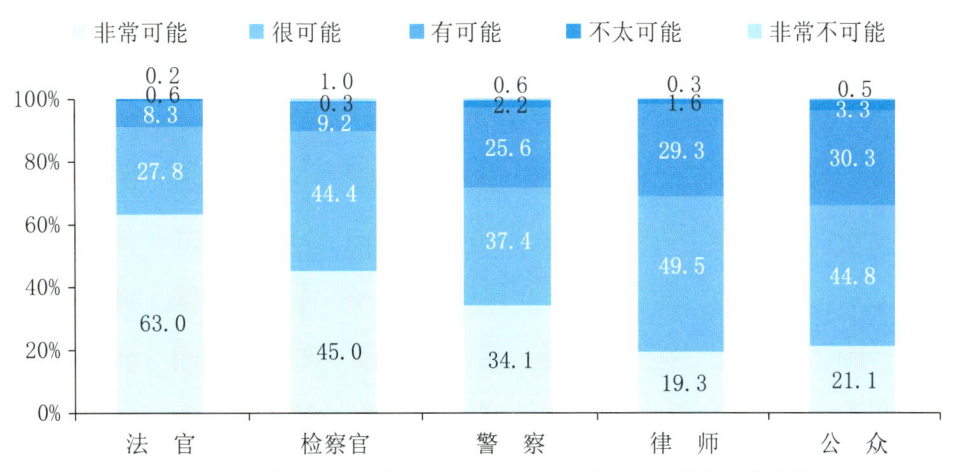

图2-24 法院审判过程公正的可能性——不同法律职业群体和公众比较（%）

对于问题二，调查数据显示，有95.6%的受访者认为，法院判决结果可能（含有可能、很可能和非常可能）是公正的。

表2-13 法院判决结果公正的可能性

	法 官		检察官		警 察		律 师		公 众		全 体	
	计数	频率%	计数	频率%	计数	频率%	计数	频率%	计数	频率%	计数	频率%
非常可能	742	59.7	489	40.6	395	31.7	390	16.1	3 472	19.6	5 488	23.0
很可能	383	30.8	567	47.1	482	38.6	1 115	46.0	7 366	41.5	9 913	41.5
有可能	106	8.5	125	10.4	336	26.9	855	35.3	6 000	33.8	7 422	31.1
不太可能	9	0.7	9	0.7	25	2.0	56	2.3	808	4.6	907	3.8
非常不可能	3	0.2	13	1.1	10	0.8	9	0.4	100	0.6	135	0.6

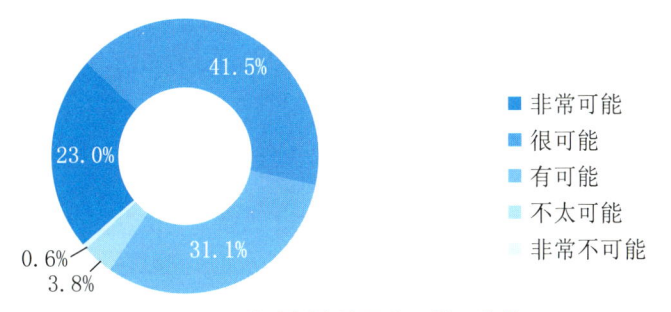

图2-25 法院判决结果公正的可能性

法律职业群体和公众相比较，法律职业群体认为法院判决结果可能（含有可能、很可能和非常可能）公正的比例较高，达97.8%；公众的比例较低，也有94.9%。不过，公众认为法院判决结果"非常可能"公正的比例偏低，只有19.6%。

不同法律职业群体中，均有九成以上的受访者认为法院判决结果可能（含有可能、很可能和非常可能）是公正的，其中法官的比例最高，达99.0%；警察的比例最低，也有97.2%。不过，认为法院判决结果"非常可能"公正的，法官的比例最高，达59.7%；律师的比例最低，只有16.1%，明显低于法官、检察官和警察，甚至比公众的比例还要低。

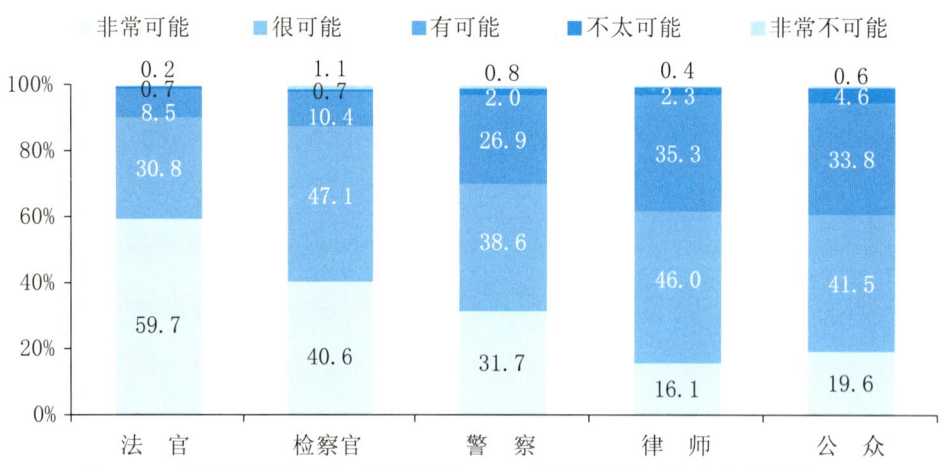

图 2-26 法院判决结果公正的可能性——不同法律职业群体和公众比较（%）

指标2 当事人诉讼权利

2.1 当事人享有不被强迫自证其罪的权利

为测量这一指标，调查问卷设计一个问题：

问题："在您所在地区的侦查讯问中，警察要求犯罪嫌疑人自证其罪的可能性有多大？"（职业卷Q17）

对于这一问题，调查数据显示，有50.4%的受访者认为，在侦查讯问中，警察可能（含有可能、很可能和非常可能）要求犯罪嫌疑人自证其罪。

表 2-14 侦查讯问中，警察要求犯罪嫌疑人自证其罪的可能性

	法官		检察官		警察		律师		全体	
	计数	频率%	计数	频率%	计数	频率%	计数	频率%	计数	频率%
非常可能	15	1.2	24	2.0	22	1.8	110	4.5	171	2.8
很可能	68	5.4	103	8.5	98	7.8	345	14.2	614	10.0
有可能	442	35.4	370	30.4	419	33.5	1 080	44.5	2 311	37.6
不太可能	576	46.2	552	45.4	475	37.9	789	32.5	2 392	38.9
非常不可能	147	11.8	167	13.7	238	19.0	102	4.2	654	10.6

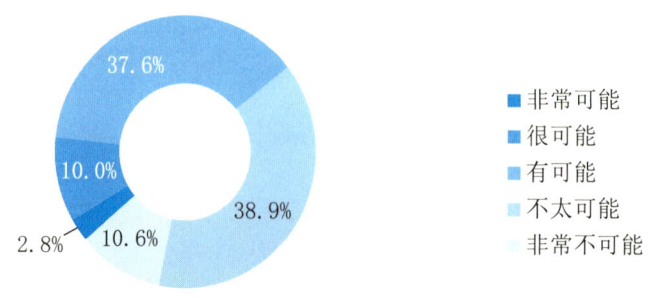

图 2-27 侦查讯问中，警察要求犯罪嫌疑人自证其罪的可能性

不同法律职业群体中，认为在侦查讯问中警察可能（含有可能、很可能和非常可能）要求犯罪嫌疑

人自证其罪的，比例最低的是检察官，有40.9%；比例最高的是律师，达63.3%。不过，认为警察"非常可能"要求犯罪嫌疑人自证其罪的比例并不高，其中比例最高的是律师，有4.5%；比例最低的不是警察，而是法官，只有1.2%。

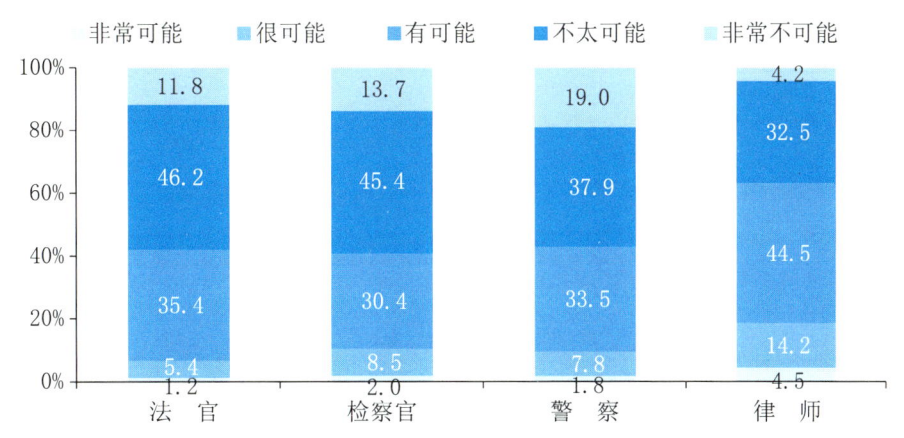

图2-28 侦查讯问中，警察要求犯罪嫌疑人自证其罪的可能性——不同法律职业群体比较（%）

2.2 当事人享有获得辩护、代理的权利

为测量这一指标，调查问卷设计四个问题：

问题一："在您所在地区，被告人如果请不起律师，他/她得到免费法律援助的可能性有多大？"（公众卷Q13）

问题二："在您所在地区，律师行使辩护权得到保障的可能性有多大？"（职业卷Q18）

问题三："在您所在地区，律师执业时被追究'律师伪证罪'的可能性有多大？"（职业卷Q4.3）

问题四："在您所在地区，律师办案过程中被公检法人员羞辱的可能性有多大？"（职业卷Q4.4）

对于问题一，调查数据显示，有78.9%的受访者认为，被告人如果请不起律师，他/她可能（含有可能、很可能和非常可能）得到免费法律援助，其中认为"非常可能"的受访者比例为9.3%。

表2-15 被告人如果请不起律师，他/她得到免费法律援助的可能性

	公 众	
	计 数	频率%
非常可能	1 658	9.3
很可能	4 671	26.2
有可能	7 727	43.4
不太可能	3 349	18.8
非常不可能	408	2.3

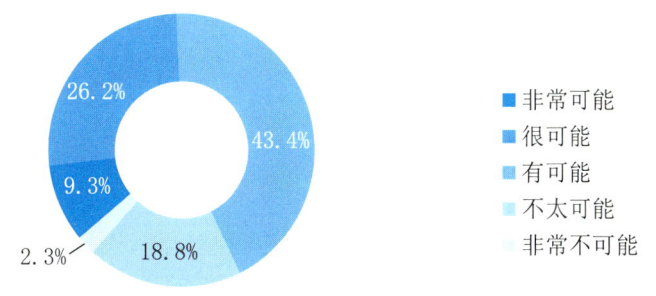

图2-29 被告人如果请不起律师，他/她得到免费法律援助的可能性

对于问题二，调查数据显示，有94.9%的受访者认为，律师行使辩护权可能（含有可能、很可能和非常可能）得到保障。

表2-16 律师行使辩护权得到保障的可能性

	法官		检察官		警察		律师		全体	
	计数	频率%	计数	频率%	计数	频率%	计数	频率%	计数	频率%
非常可能	373	29.8	353	29.0	257	20.6	207	8.5	1 190	19.4
很可能	529	42.3	557	45.8	442	35.4	866	35.6	2 394	38.9
有可能	306	24.5	262	21.5	470	37.6	1 215	50.0	2 253	36.6
不太可能	38	3.0	27	2.2	58	4.6	124	5.1	247	4.0
非常不可能	5	0.4	18	1.5	23	1.8	19	0.8	65	1.1

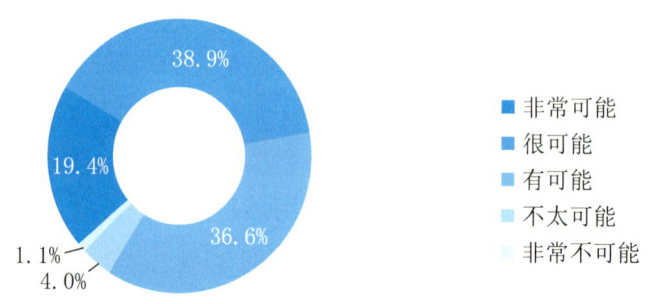

图2-30 律师行使辩护权得到保障的可能性

不同法律职业群体中，认为律师行使辩护权可能（含有可能、很可能和非常可能）得到保障的，比例最高的是法官，达96.6%；比例最低的是警察，也有93.5%。不过，认为律师行使辩护权"非常可能"得到保障的比例较低，其中律师自评的比例最低，只有8.5%。

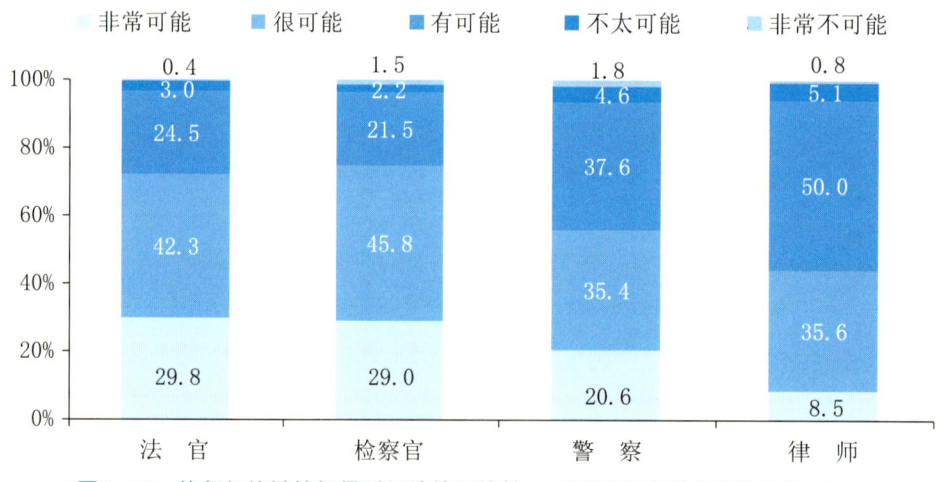

图2-31 律师行使辩护权得到保障的可能性——不同法律职业群体比较（%）

对于问题三，调查数据显示，有56.1%的受访者认为，律师执业时可能（含有可能、很可能和非常可能）被追究"律师伪证罪"。

表 2-17 律师执业时被追究"律师伪证罪"的可能性

	法官		检察官		警察		律师		全体	
	计数	频率%	计数	频率%	计数	频率%	计数	频率%	计数	频率%
非常可能	28	2.2	31	2.6	59	4.7	187	7.7	305	5.0
很可能	77	6.2	76	6.3	133	10.6	348	14.3	634	10.3
有可能	463	37.2	367	30.3	502	40.2	1 175	48.3	2 507	40.8
不太可能	507	40.7	553	45.6	420	33.6	565	23.2	2 045	33.3
非常不可能	171	13.7	186	15.3	135	10.8	156	6.4	648	10.6

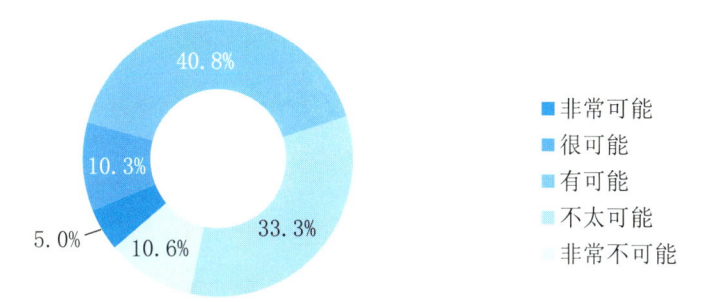

图 2-32 律师执业时被追究"律师伪证罪"的可能性

不同法律职业群体中，认为律师执业时可能（含有可能、很可能和非常可能）被追究"律师伪证罪"的，比例最高的是律师，达 70.3%；比例最低的是检察官，只有 39.1%。不过，认为律师执业时"非常可能"被追究"律师伪证罪"的比例并不高，比例最高的是律师，有 7.7%；比例最低的是法官，只有 2.2%。

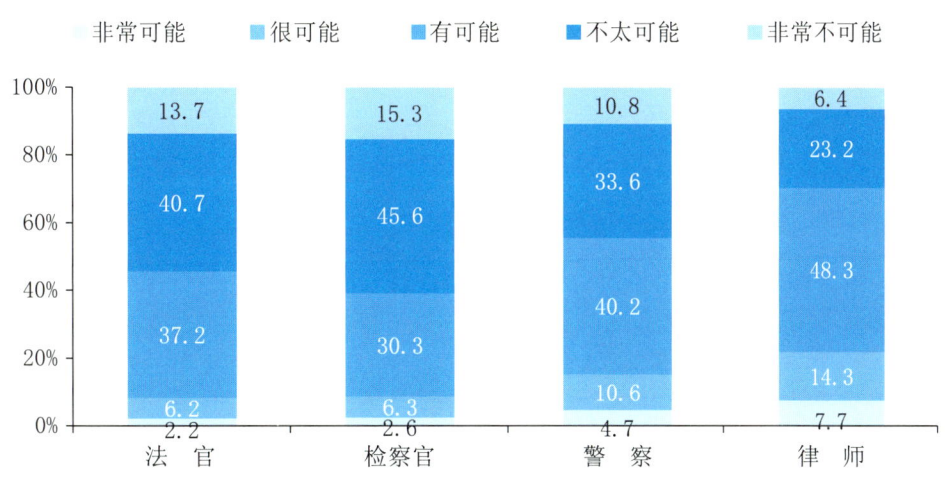

图 2-33 律师执业时被追究"律师伪证罪"的可能性——不同法律职业群体比较（%）

对于问题四，调查数据显示，有 39.2% 的受访者认为，律师在办案过程中可能（含有可能、很可能和非常可能）被公检法人员羞辱。

表 2-18 律师在办案过程中被公检法人员羞辱的可能性

	法 官		检察官		警 察		律 师		全 体	
	计数	频率%	计数	频率%	计数	频率%	计数	频率%	计数	频率%
非常可能	18	1.4	28	2.3	55	4.4	212	8.7	313	5.1
很可能	46	3.7	68	5.6	74	5.9	323	13.3	511	8.3
有可能	211	16.9	169	13.9	303	24.2	898	36.9	1 581	25.7
不太可能	568	45.6	503	41.4	522	41.7	796	32.7	2 389	38.9
非常不可能	403	32.3	446	36.7	297	23.7	202	8.3	1 348	21.9

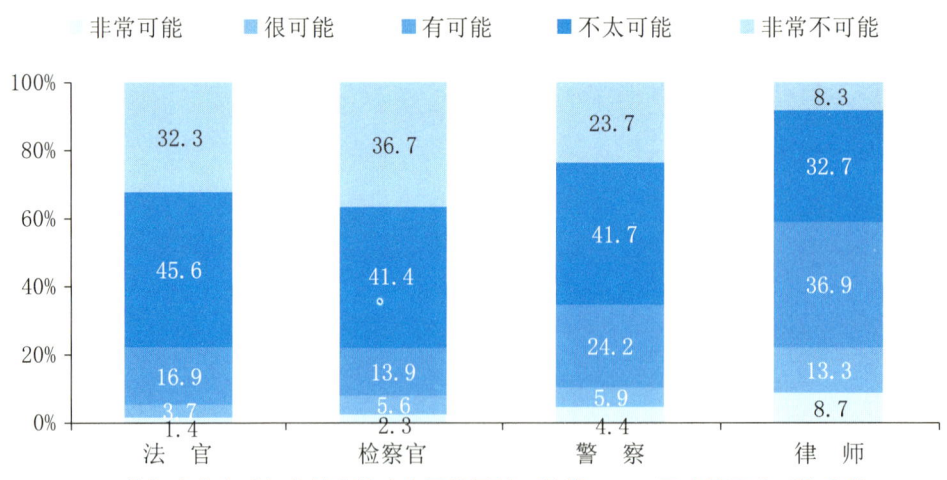

图 2-34 律师在办案过程中被公检法人员羞辱的可能性

不同法律职业群体中，认为律师在办案过程中可能（含有可能、很可能和非常可能）被公检法人员羞辱的，比例最高的是律师，达 58.9%；比例最低的是检察官，只有 21.8%，二者相差 37.1 个百分点。不过，认为律师在办案过程中"非常可能"被公检法人员羞辱的比例并不高，比例最高的是律师，有 8.7%；比例最低的是法官，只有 1.4%。

图 2-35 律师在办案过程中被公检法人员羞辱的可能性——不同法律职业群体比较（%）

2.3 当事人享有证据性权利

为测量这一指标，调查问卷设计一个问题：

问题："在您所在地区的刑事审判中，如果被告人要求证人出庭作证，法官传唤该证人出庭作证的可能性有多大？"（职业卷 Q19）

对于这一问题，调查数据显示，有 87.9% 的受访者认为，在刑事审判中，如果被告人要求证人出庭作证，法官可能（含有可能、很可能和非常可能）传唤该证人出庭作证。

表 2-19 刑事审判中，法官传唤证人出庭作证的可能性

	法 官		检察官		警 察		律 师		全 体	
	计数	频率%	计数	频率%	计数	频率%	计数	频率%	计数	频率%
非常可能	281	22.5	210	17.2	203	16.2	220	9.0	914	14.9
很可能	418	33.4	402	33.0	372	29.7	617	25.4	1 809	29.4
有可能	460	36.8	505	41.5	545	43.6	1 170	48.1	2 680	43.6
不太可能	83	6.6	85	7.0	112	9.0	346	14.2	626	10.2
非常不可能	8	0.6	16	1.3	19	1.5	78	3.2	121	2.0

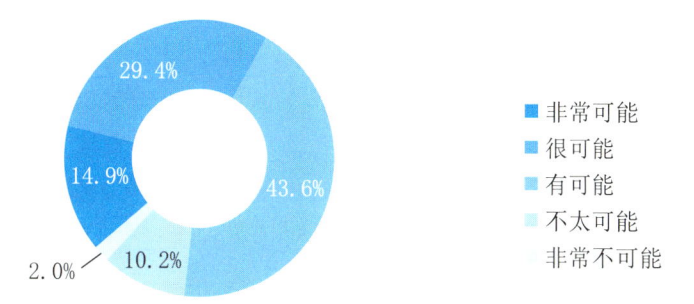

图 2-36 刑事审判中，法官传唤证人出庭作证的可能性

不同法律职业群体中，均有八成以上的受访者认为，在刑事审判中，如果被告人要求证人出庭作证，法官可能（含有可能、很可能和非常可能）传唤该证人出庭作证，其中法官认为存在这种可能性的比例最高，达 92.7%；律师认为存在这种可能性的比例最低，有 82.6%。而认为法官"非常可能"传唤证人出庭作证的，比例最高的是法官，有 22.5%；比例最低的是律师，仅有 9.0%。

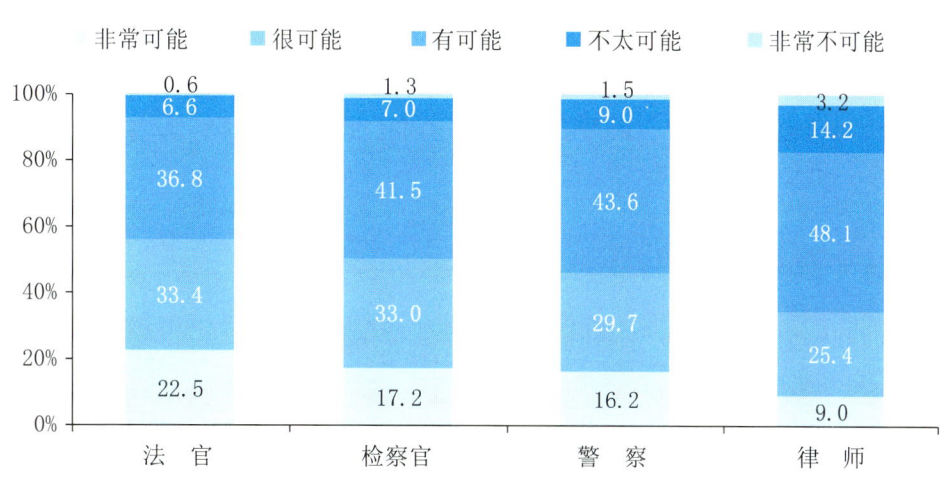

图 2-37 刑事审判中，法官传唤证人出庭作证的可能性——不同法律职业群体比较（%）

2.4 当事人享有获得救济的权利

为测量这一指标，调查问卷设计三个问题：

问题一："在您所在地区，对确有错误的民事案件生效判决，法院启动再审程序予以纠正的可能性有多大？"（职业卷 Q26.1）

问题二："在您所在地区，对确有错误的刑事案件生效判决，法院启动再审程序予以纠正的可能性有多大？"（职业卷 Q26.2）

问题三:"在您所在地区,对确有错误的行政案件生效判决,法院启动再审程序予以纠正的可能性有多大?"(职业卷 Q26.3)

对于问题一,调查数据显示,有87.4%的受访者认为,对确有错误的民事案件生效判决,法院可能(含有可能、很可能和非常可能)启动再审程序予以纠正。

表2-20 对确有错误的民事案件生效判决,法院启动再审程序予以纠正的可能性

	法官		检察官		警察		律师		全体	
	计数	频率%	计数	频率%	计数	频率%	计数	频率%	计数	频率%
非常可能	413	33.0	227	18.6	206	16.5	170	7.0	1 016	16.5
很可能	412	33.0	460	37.8	362	28.9	603	24.8	1 837	29.9
有可能	368	29.4	442	36.3	531	42.4	1 184	48.7	2 525	41.1
不太可能	48	3.8	70	5.7	131	10.5	403	16.6	652	10.6
非常不可能	9	0.7	19	1.6	22	1.8	70	2.9	120	2.0

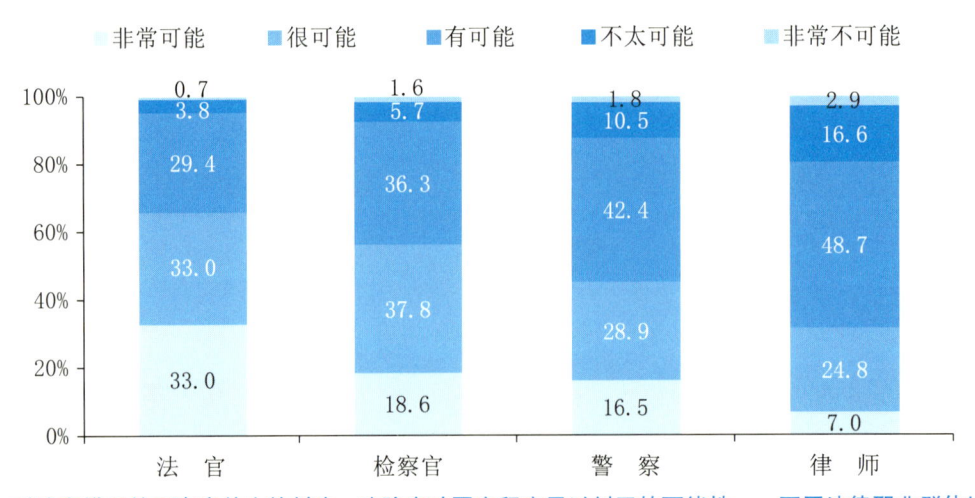

图2-38 对确有错误的民事案件生效判决,法院启动再审程序予以纠正的可能性

不同法律职业群体中,认为对确有错误的民事案件生效判决,法院可能(含有可能、很可能和非常可能)启动再审程序予以纠正的,比例最高的是法官,达95.4%;比例最低的是律师,有80.5%。不过,对确有错误的民事案件生效判决,认为法院"非常可能"启动再审程序予以纠正的,律师的比例偏低,只有7.0%;法官的比例最高,达33.0%,二者相差26.0个百分点。

图2-39 对确有错误的民事案件生效判决,法院启动再审程序予以纠正的可能性——不同法律职业群体比较(%)

对于问题二,调查数据显示,有86.2%的受访者认为,对确有错误的刑事案件生效判决,法院可能(含有可能、很可能和非常可能)启动再审程序予以纠正。

表 2-21 对确有错误的刑事案件生效判决,法院启动再审程序予以纠正的可能性

	法 官		检察官		警 察		律 师		全 体	
	计数	频率%	计数	频率%	计数	频率%	计数	频率%	计数	频率%
非常可能	427	34.3	275	22.7	248	19.9	176	7.3	1 126	18.4
很可能	401	32.2	450	37.1	362	29.0	555	23.0	1 768	28.9
有可能	356	28.6	412	34.0	489	39.2	1 124	46.5	2 381	38.9
不太可能	49	3.9	57	4.7	123	9.9	461	19.1	690	11.3
非常不可能	11	0.9	19	1.6	25	2.0	101	4.2	156	2.5

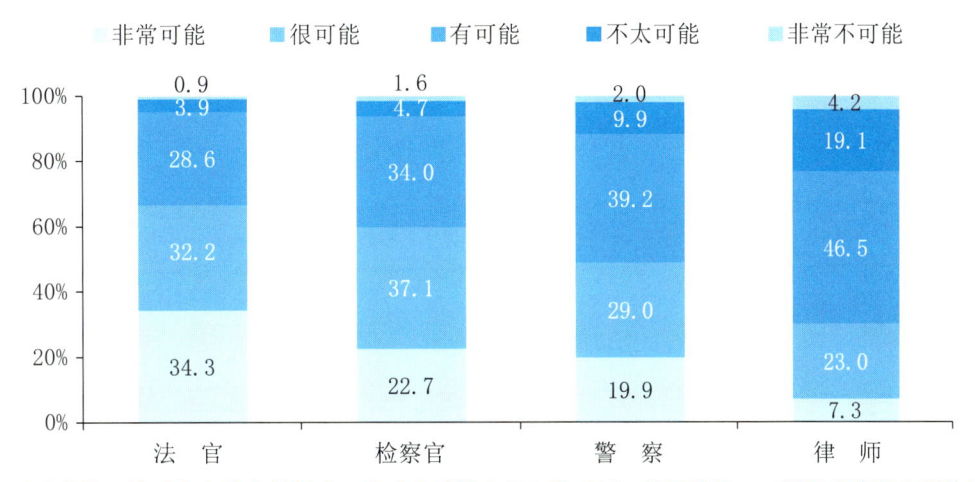

图 2-40 对确有错误的刑事案件生效判决,法院启动再审程序予以纠正的可能性

不同法律职业群体中,认为对确有错误的刑事案件生效判决,法院可能(含有可能、很可能和非常可能)启动再审程序予以纠正的,比例最高的是法官,达 95.2%;比例最低的是律师,有 76.7%。不过,对确有错误的刑事案件生效判决,认为法院"非常可能"启动再审程序予以纠正的,律师的比例偏低,只有 7.3%;而法官的比例则有 34.3%,二者相差 27.0 个百分点。

图 2-41 对确有错误的刑事案件生效判决,法院启动再审程序予以纠正的可能性——不同法律职业群体比较(%)

对于问题三,调查数据显示,有 83.1% 的受访者认为,对确有错误的行政案件生效判决,法院可能(含有可能、很可能和非常可能)启动再审程序予以纠正。

表 2-22 对确有错误的行政案件生效判决，法院启动再审程序予以纠正的可能性

	法官		检察官		警察		律师		全体	
	计数	频率%	计数	频率%	计数	频率%	计数	频率%	计数	频率%
非常可能	383	30.8	224	18.5	215	17.2	151	6.2	973	15.9
很可能	404	32.5	430	35.5	362	29.0	475	19.7	1 671	27.3
有可能	385	30.9	427	35.3	501	40.2	1 125	46.5	2 438	39.8
不太可能	60	4.8	98	8.1	140	11.2	536	22.2	834	13.6
非常不可能	12	1.0	32	2.6	29	2.3	130	5.4	203	3.3

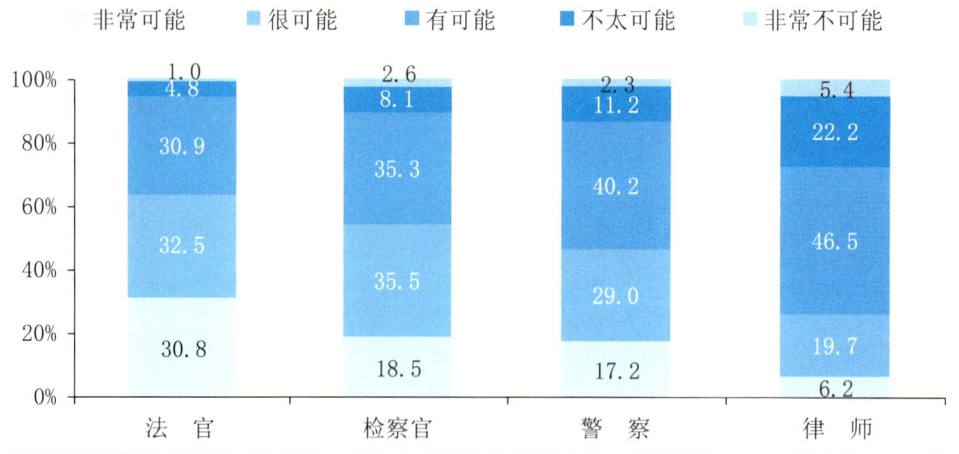

图 2-42 对确有错误的行政案件生效判决，法院启动再审程序予以纠正的可能性

不同法律职业群体中，认为对确有错误的行政案件生效判决，法院可能（含有可能、很可能和非常可能）启动再审程序予以纠正的，比例最高的是法官，达 94.2%；比例最低的是律师，有 72.4%。不过，对确有错误的行政案件生效判决，认为法院"非常可能"启动再审程序予以纠正的，律师的比例偏低，只有 6.2%；而法官的比例则有 30.8%，二者相差 24.6 个百分点。

图 2-43 对确有错误的行政案件生效判决，法院启动再审程序予以纠正的可能性——不同法律职业群体比较（%）

指标3 民事司法程序

3.1 民事审判符合公正要求

为测量这一指标，调查问卷设计两个问题：

问题一："在您所在地区，法院对民事诉讼中贫富不同的当事人'不偏不倚'的可能性有多大？"（职业卷 Q11.1）

问题二:"在您所在地区,贫富不同的当事人受到法院平等对待的可能性有多大?"(公众卷Q11)

对于问题一,调查数据显示,有93.5%的受访者认为,法院可能(含有可能、很可能和非常可能)对民事诉讼中贫富不同的当事人"不偏不倚"。

表2-23 法院对民事诉讼中贫富不同的当事人"不偏不倚"的可能性

	法官		检察官		警察		律师		全体	
	计数	频率%	计数	频率%	计数	频率%	计数	频率%	计数	频率%
非常可能	677	54.2	415	34.1	288	23.0	472	19.4	1 852	30.1
很可能	384	30.7	504	41.4	427	34.1	993	40.8	2 308	37.5
有可能	127	10.2	226	18.6	410	32.7	826	34.0	1 589	25.8
不太可能	45	3.6	45	3.7	100	8.0	127	5.2	317	5.2
非常不可能	16	1.3	26	2.1	27	2.2	14	0.6	83	1.3

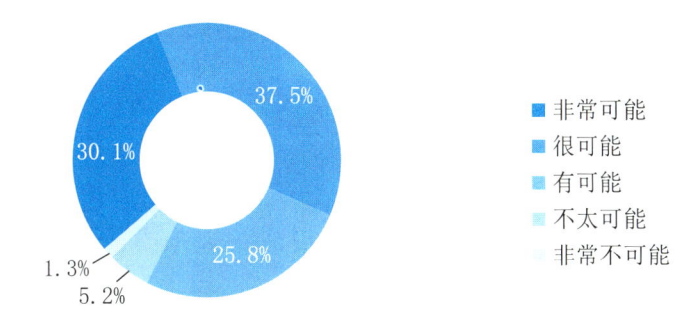

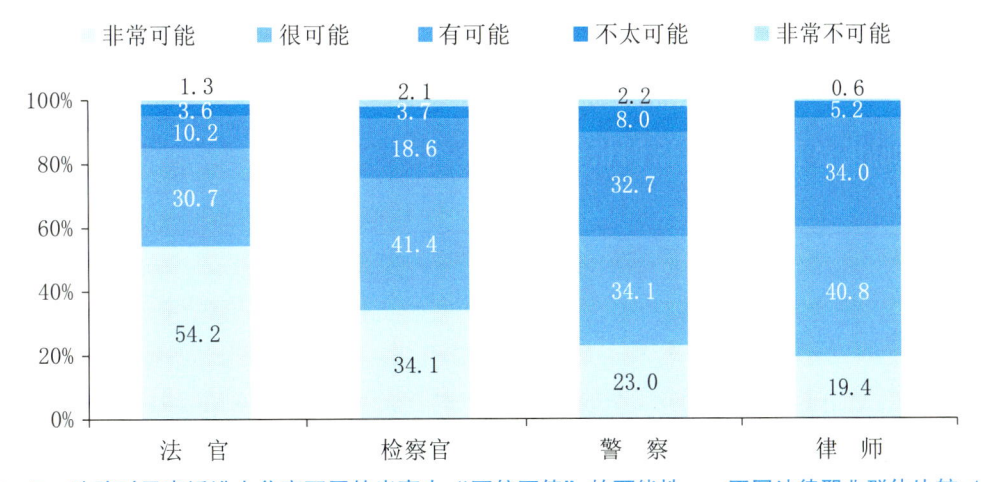

图2-44 法院对民事诉讼中贫富不同的当事人"不偏不倚"的可能性

不同法律职业群体中,认为法院可能(含有可能、很可能和非常可能)对民事诉讼中贫富不同的当事人"不偏不倚"的,比例最高的是法官,达95.1%;比例最低的是警察,也有89.9%。不过,认为法院"非常可能"对民事诉讼中贫富不同的当事人"不偏不倚"的,比例最高的是法官,达54.2%;比例最低的是律师,只有19.4%,二者相差34.8个百分点。

图2-45 法院对民事诉讼中贫富不同的当事人"不偏不倚"的可能性——不同法律职业群体比较(%)

对于问题二,调查数据显示,有79.4%的受访者认为,贫富不同的当事人可能(含有可能、很可能和非常可能)受到法院平等对待。不过,认为贫富不同的当事人"非常可能"受到法院平等对待的比例偏低,只有9.2%。

表 2-24 贫富不同的当事人受到法院平等对待的可能性

	公　众	
	计　数	频率%
非常可能	1 632	9.2
很可能	5 010	28.1
有可能	7 514	42.1
不太可能	3 212	18.0
非常不可能	460	2.6

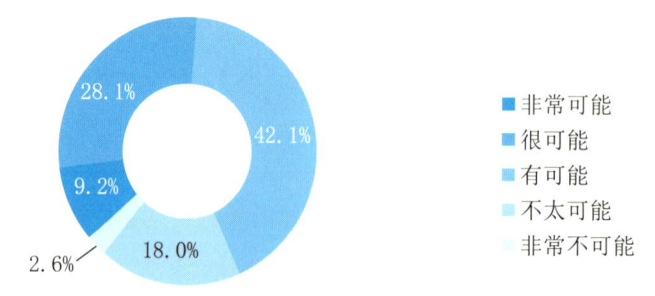

图 2-46 贫富不同的当事人受到法院平等对待的可能性

3.2 民事诉讼中的调解自愿、合法

为测量这一指标，调查问卷设计一个问题：

问题："在您所在地区的民事诉讼中，法官强迫或变相强迫当事人接受调解的可能性有多大？"（职业卷 Q20 和公众卷 Q15）

对于这一问题，调查数据显示，有51.8%的受访者认为，在民事诉讼中，法官可能（含有可能、很可能和非常可能）强迫或变相强迫当事人接受调解。不过，认为法官"非常可能"强迫或变相强迫当事人接受调解的比例并不高，只有2.2%。

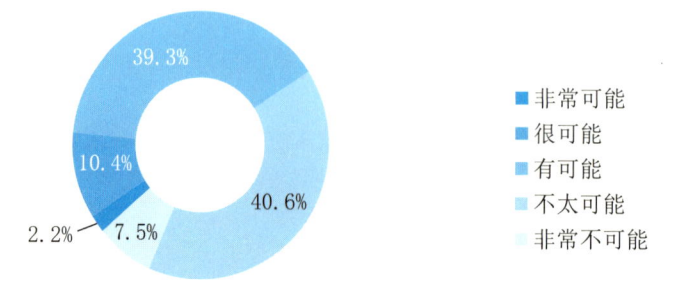

表 2-25 法官强迫或变相强迫民事诉讼当事人接受调解的可能性

	法　官		检察官		警　察		律　师		公　众		全　体	
	计数	频率%	计数	频率%	计数	频率%	计数	频率%	计数	频率%	计数	频率%
非常可能	8	0.6	23	1.9	22	1.8	81	3.3	382	2.1	516	2.2
很可能	49	3.9	84	6.9	83	6.6	304	12.5	1 973	11.1	2 493	10.4
有可能	283	22.6	325	26.7	475	37.9	1 103	45.4	7 238	40.6	9 424	39.3
不太可能	641	51.3	618	50.8	497	39.7	837	34.5	7 153	40.1	9 746	40.6
非常不可能	269	21.5	166	13.7	175	14.0	102	4.2	1 089	6.1	1 801	7.5

图 2-47 法官强迫或变相强迫民事诉讼当事人接受调解的可能性

法律职业群体和公众相比较，公众更倾向于认为法官可能（含有可能、很可能和非常可能）强迫或变相强迫民事诉讼当事人接受调解，比例达 53.8%；而法律职业群体的比例相对低些，只有 46.2%，二者相差 7.6 个百分点。

不同法律职业群体中，律师认为法官可能（含有可能、很可能和非常可能）强迫或变相强迫民事诉讼当事人接受调解的比例最高，达 61.3%，甚至比公众的比例还高。相比较而言，法官普遍否认存在这种可能性，认为存在这种可能性的比例只有 27.2%，其中认为"非常可能"的比例仅有 0.6%。

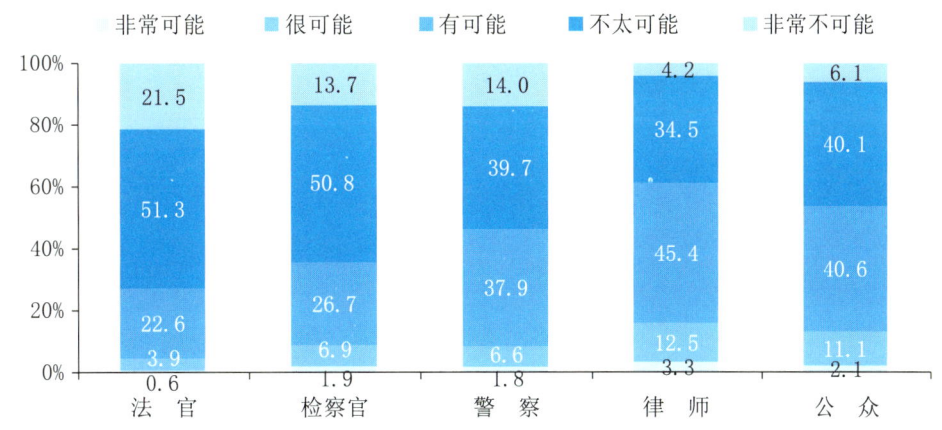

图 2-48 法官强迫或变相强迫民事诉讼当事人接受调解的可能性——不同法律职业群体和公众比较（%）

3.3 民事诉讼裁判得到有效执行

为测量这一指标，调查问卷设计一个问题：

问题："在您所在地区，民事案件生效判决得到有效执行的可能性有多大？"（职业卷 Q21.1 和公众卷 Q16.1）

对于这一问题，调查数据显示，有 93.5% 的受访者认为，民事案件生效判决可能（含有可能、很可能和非常可能）得到有效执行。

表 2-26 民事案件生效判决得到有效执行的可能性

	法官		检察官		警察		律师		公众		全体	
	计数	频率%	计数	频率%	计数	频率%	计数	频率%	计数	频率%	计数	频率%
非常可能	321	25.7	227	18.7	213	17.0	236	9.7	2 534	14.3	3 531	14.8
很可能	520	41.6	486	40.1	365	29.2	872	35.9	6 981	39.3	9 224	38.6
有可能	364	29.1	451	37.2	576	46.1	1 151	47.4	7 061	39.8	9 603	40.2
不太可能	38	3.0	36	3.0	81	6.5	152	6.3	1 063	6.0	1 370	5.7
非常不可能	7	0.6	12	1.0	15	1.2	16	0.7	122	0.7	172	0.7

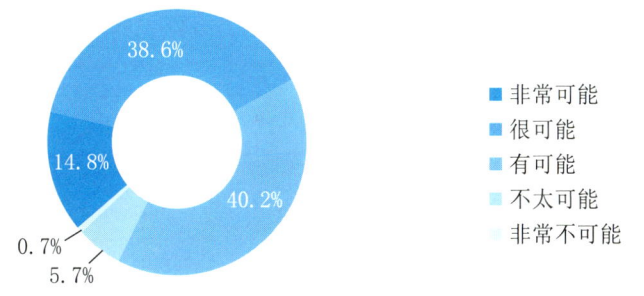

图 2-49 民事案件生效判决得到有效执行的可能性

法律职业群体和公众中，均有九成以上的受访者认为民事案件生效判决可能（含有可能、很可能和非常可能）得到有效执行，其中法律职业群体的比例是94.2%，公众的比例是93.3%，二者的比例接近，都非常高。

不同法律职业群体中，认为民事案件生效判决可能（含有可能、很可能和非常可能）得到有效执行的，法官的比例最高，达96.4%；警察的比例最低，也有92.3%。不过，认为民事案件生效判决"非常可能"得到有效执行的比例偏低，尤其是律师，只有9.7%，比公众的比例还低4.6个百分点。

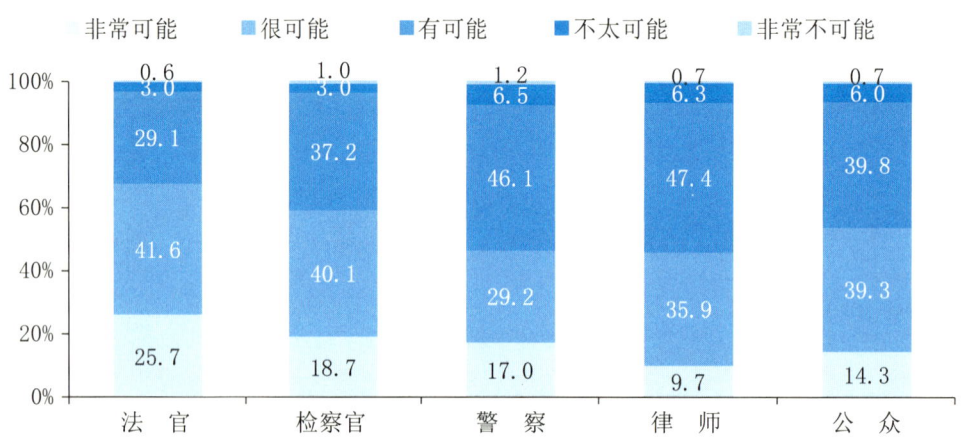

图2-50 民事案件生效判决得到有效执行的可能性——不同法律职业群体和公众比较（%）

指标4 刑事司法程序

4.1 侦查措施及时合法

为测量这一指标，调查问卷设计四个问题：

问题一："在您所在地区，警察对犯罪嫌疑人刑讯逼供的可能性有多大？"（职业卷Q15和公众卷Q12）

问题二："在您所在地区，犯罪嫌疑人被超期羁押的可能性有多大？"（职业卷Q16）

问题三："在您所在地区，侦查机关滥用权力进行非法监听的可能性有多大？"（职业卷Q23）

问题四："在您所在地区，刑事案件立案后，公安机关及时侦查的可能性有多大？"（公众卷Q17）

对于问题一，调查数据显示，有52.7%的受访者认为，警察可能（含有可能、很可能和非常可能）对犯罪嫌疑人刑讯逼供。不过，认为警察"非常可能"对犯罪嫌疑人刑讯逼供的比例并不高，只有3.1%。

表2-27 警察对犯罪嫌疑人刑讯逼供的可能性

	法官		检察官		警察		律师		公众		全体	
	计数	频率%	计数	频率%	计数	频率%	计数	频率%	计数	频率%	计数	频率%
非常可能	11	0.9	22	1.8	15	1.2	65	2.7	637	3.6	750	3.1
很可能	54	4.3	56	4.6	36	2.9	216	8.9	2 545	14.3	2 907	12.1
有可能	331	26.5	294	24.2	269	21.5	978	40.2	7 107	39.9	8 979	37.5
不太可能	666	53.4	625	51.4	490	39.1	1 016	41.8	6 460	36.3	9 257	38.6
非常不可能	186	14.9	220	18.1	442	35.3	158	6.5	1 064	6.0	2 070	8.6

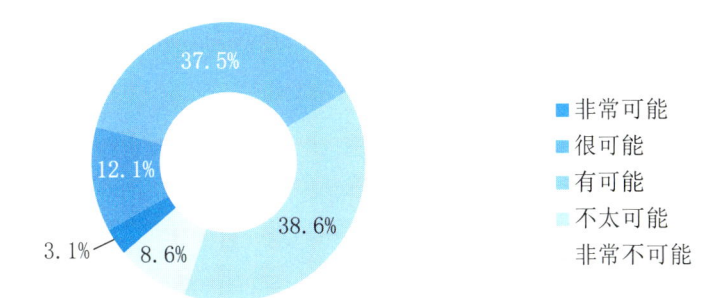

图 2-51 警察对犯罪嫌疑人刑讯逼供的可能性

法律职业群体和公众相比较，法律职业群体认为警察可能（含有可能、很可能和非常可能）对犯罪嫌疑人刑讯逼供的比例远低于公众，前者的比例为 38.2%，而后者的比例则高达 57.8%，二者相差 19.6 个百分点。

不同法律职业群体就警察是否可能（含有可能、很可能和非常可能）对犯罪嫌疑人刑讯逼供的看法差异显著，认为存在这种可能性的比例最高的是律师，达 51.7%；比例最低的是警察，只有 25.6%，二者相差 26.1 个百分点。

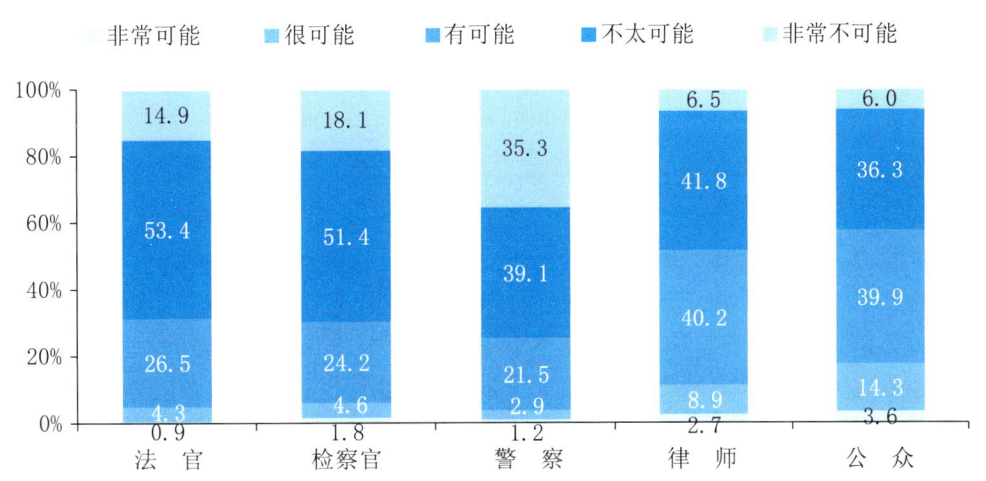

图 2-52 警察对犯罪嫌疑人刑讯逼供的可能性——不同法律职业群体和公众比较（%）

对于问题二，调查数据显示，有 36.8% 的受访者认为，犯罪嫌疑人可能（含有可能、很可能和非常可能）被超期羁押。不过，认为犯罪嫌疑人"非常可能"被超期羁押的比例并不高，只有 1.7%。

表 2-28 犯罪嫌疑人被超期羁押的可能性

	法官		检察官		警察		律师		全体	
	计数	频率%	计数	频率%	计数	频率%	计数	频率%	计数	频率%
非常可能	6	0.5	11	0.9	15	1.2	75	3.1	107	1.7
很可能	40	3.2	45	3.7	35	2.8	255	10.5	375	6.1
有可能	312	25.0	215	17.7	282	22.5	971	40.0	1 780	29.0
不太可能	672	53.8	619	50.9	454	36.2	982	40.4	2 727	44.4
非常不可能	219	17.5	326	26.8	467	37.3	146	6.0	1 158	18.8

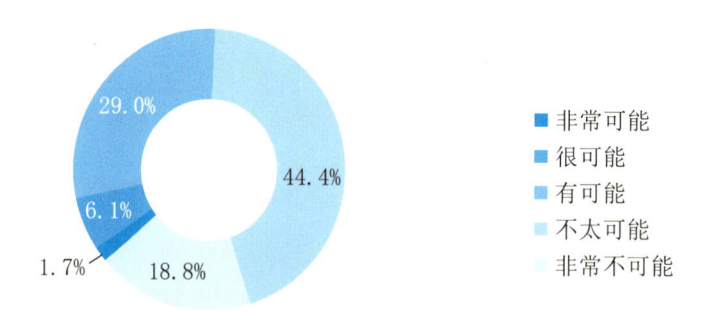

图 2-53 犯罪嫌疑人被超期羁押的可能性

不同法律职业群体中，认为犯罪嫌疑人可能（含有可能、很可能和非常可能）被超期羁押的，比例最高的是律师，达 53.6%；比例最低的是检察官，只有 22.3%，二者相差 31.3 个百分点。不过，认为犯罪嫌疑人"非常可能"被超期羁押的比例普遍不高，法官的比例仅为 0.5%，而律师的比例也只有 3.1%。

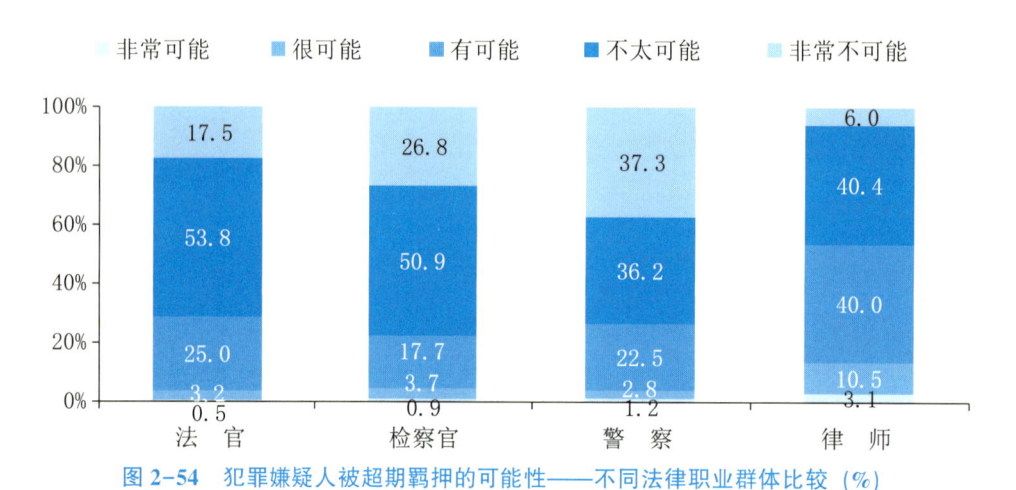

图 2-54 犯罪嫌疑人被超期羁押的可能性——不同法律职业群体比较（%）

对于问题三，调查数据显示，有 41.3% 的受访者认为，侦查机关可能（含有可能、很可能和非常可能）滥用权力进行非法监听。不过，认为侦查机关"非常可能"滥用权力进行非法监听的比例并不高，只有 1.9%。

表 2-29 侦查机关滥用权力进行非法监听的可能性

	法官		检察官		警察		律师		全体	
	计数	频率%	计数	频率%	计数	频率%	计数	频率%	计数	频率%
非常可能	19	1.5	16	1.3	21	1.7	61	2.5	117	1.9
很可能	67	5.4	68	5.6	68	5.4	230	9.5	433	7.0
有可能	342	27.4	257	21.2	323	25.8	1 065	43.8	1 987	32.3
不太可能	630	50.5	604	49.7	474	37.9	945	38.9	2 653	43.2
非常不可能	189	15.2	270	22.2	366	29.2	128	5.3	953	15.5

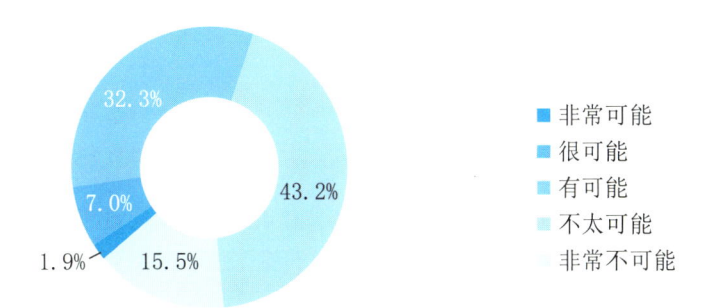

图 2-55 侦查机关滥用权力进行非法监听的可能性

不同法律职业群体中，认为侦查机关可能（含有可能、很可能和非常可能）滥用权力进行非法监听的，比例最高的是律师，达 55.8%；比例最低的是检察官，只有 28.1%，二者相差 27.7 个百分点。

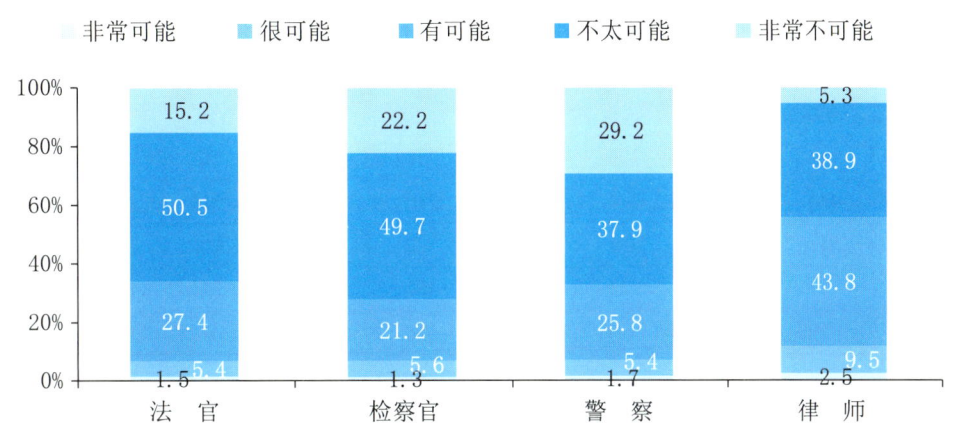

图 2-56 侦查机关滥用权力进行非法监听的可能性——不同法律职业群体比较（%）

对于问题四，调查数据显示，有 91.2% 的受访者认为，刑事案件立案后，公安机关可能（含有可能、很可能和非常可能）及时侦查。不过，认为公安机关"非常可能"及时侦查的比例并不高，只有 12.5%。

表 2-30 刑事案件立案后，公安机关及时侦查的可能性

	公　众	
	计　数	频率%
非常可能	2 219	12.5
很可能	6 295	35.6
有可能	7 642	43.2
不太可能	1 427	8.1
非常不可能	124	0.7

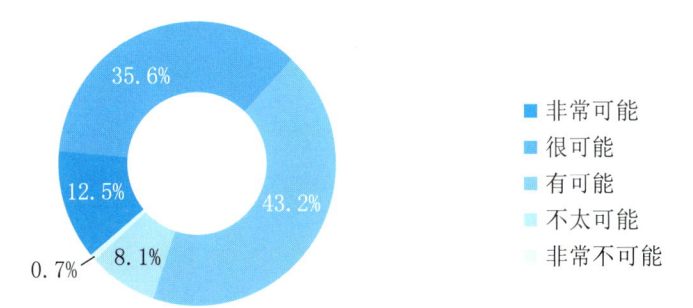

图 2-57 刑事案件立案后，公安机关及时侦查的可能性

4.2 审查起诉公正

为测量这一指标，调查问卷设计两个问题：

问题一："在您所在地区，对于公安机关移送审查起诉的案件，检察机关经过审查后认为犯罪情节轻微，依照刑法规定不需要判处刑罚或者可以免除刑罚的，其作出不起诉决定的可能性有多大？"（职业卷Q14）

问题二："在您所在地区，对于公安机关移送审查起诉的案件，检察机关经过审查后认为证据不足，直接作出不起诉决定的可能性有多大？"（职业卷Q24）

对于问题一，调查数据显示，有90.5%的受访者认为，对于公安机关移送审查起诉的案件，检察机关经过审查后认为犯罪情节轻微，依照刑法规定不需要判处刑罚或者可以免除刑罚的，可能（含有可能、很可能和非常可能）作出不起诉决定。

表 2-31 检察机关依法作出酌定不起诉决定的可能性

	法 官		检察官		警 察		律 师		全 体	
	计数	频率%	计数	频率%	计数	频率%	计数	频率%	计数	频率%
非常可能	189	15.2	375	30.8	219	17.5	153	6.3	936	15.2
很可能	440	35.3	474	38.9	386	30.8	595	24.5	1 895	30.8
有可能	531	42.6	331	27.2	531	42.4	1 341	55.2	2 734	44.5
不太可能	77	6.2	24	2.0	100	8.0	300	12.3	501	8.1
非常不可能	10	0.8	14	1.1	16	1.3	42	1.7	82	1.3

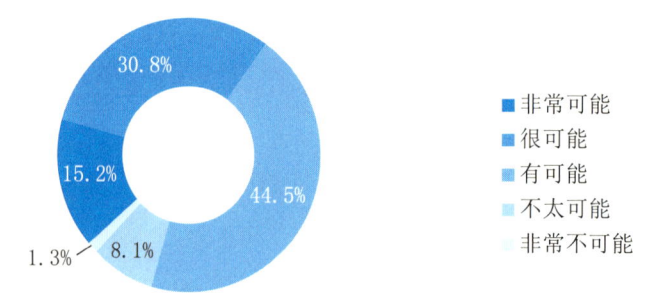

图 2-58 检察机关依法作出酌定不起诉决定的可能性

不同法律职业群体中，认为对于公安机关移送审查起诉的案件，检察机关经过审查后认为犯罪情节轻微，依照刑法规定不需要判处刑罚或者可以免除刑罚的，可能（含有可能、很可能和非常可能）作出不起诉决定的，均在八成以上，比例最高的是检察官，达96.9%；比例最低的是律师，也有85.9%。

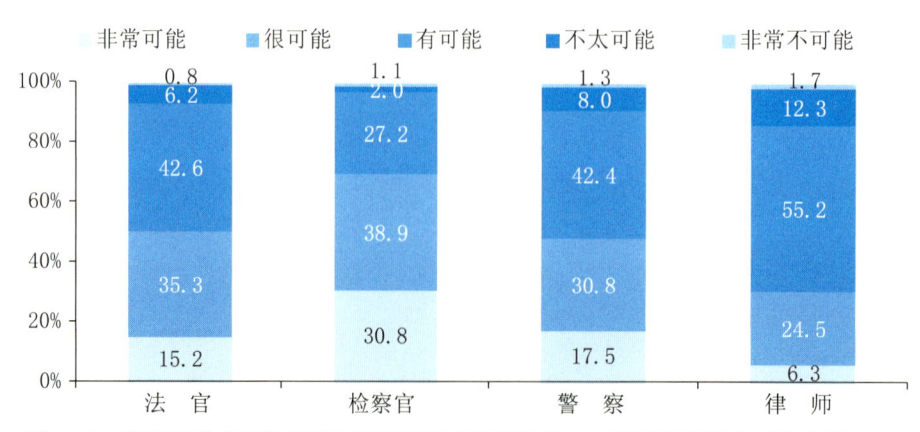

图 2-59 检察机关依法作出酌定不起诉决定的可能性——不同法律职业群体比较（%）

对于问题二，调查数据显示，有83.4%的受访者认为，对于公安机关移送审查起诉的案件，检察机关经过审查后认为证据不足，可能（含有可能、很可能和非常可能）直接作出不起诉决定。

表 2-32 检察机关依法作出证据不足不起诉决定的可能性

	法官		检察官		警察		律师		全体	
	计数	频率%	计数	频率%	计数	频率%	计数	频率%	计数	频率%
非常可能	110	8.8	267	21.9	109	8.7	72	3.0	558	9.1
很可能	297	23.8	350	28.8	255	20.4	364	15.0	1 266	20.6
有可能	695	55.6	450	37.0	647	51.8	1 510	62.1	3 302	53.7
不太可能	130	10.4	114	9.4	196	15.7	412	16.9	852	13.9
非常不可能	17	1.4	36	3.0	42	3.4	73	3.0	168	2.7

图 2-60 检察机关依法作出证据不足不起诉决定的可能性

不同法律职业群体中，认为对于公安机关移送审查起诉的案件，检察机关经过审查后认为证据不足，可能（含有可能、很可能和非常可能）直接作出不起诉决定的，均有八成以上，其中比例最高的是法官，达88.2%；比例最低的是律师，也有80.0%。不过，认为这种情况"非常可能"发生的比例普遍不高，即使从检察官的自评数据看，也只有21.9%；律师的比例则更低，仅有3.0%。

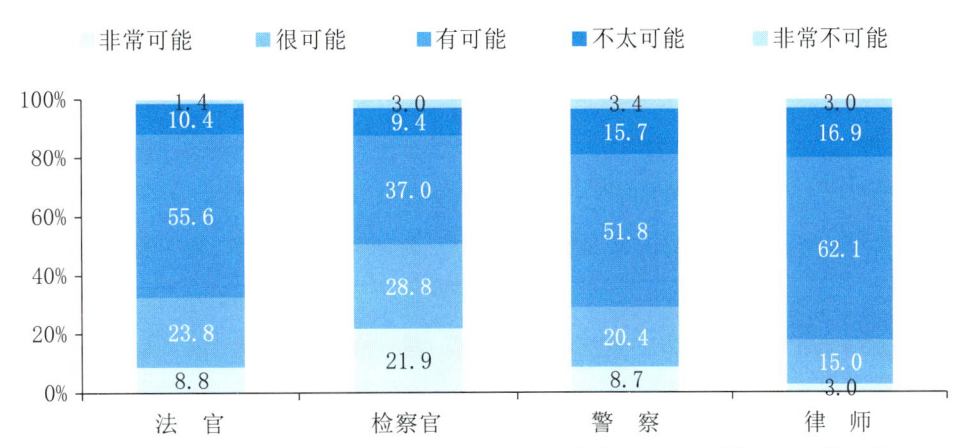

图 2-61 检察机关依法作出证据不足不起诉决定的可能性——不同法律职业群体比较（%）

4.3 刑事审判公正及时

为测量这一指标，调查问卷设计两个问题：
问题一："在您所在地区，刑事案件审判久拖不决的可能性有多大？"（职业卷Q25和公众卷Q14）
问题二："在您所在地区，法院对刑事诉讼控辩双方'不偏不倚'的可能性有多大？"（职业卷Q11.2）

对于问题一，调查数据显示，有61.5%的受访者认为，刑事案件审判可能（含有可能、很可能和非常可能）久拖不决。

表 2-33 刑事案件审判久拖不决的可能性

	法官		检察官		警察		律师		公众		全体	
	计数	频率%	计数	频率%	计数	频率%	计数	频率%	计数	频率%	计数	频率%
非常可能	11	0.9	33	2.7	23	1.8	79	3.3	590	3.3	736	3.1
很可能	43	3.4	65	5.4	98	7.8	321	13.2	2 543	14.3	3 070	12.8
有可能	355	28.4	374	30.8	495	39.6	1 245	51.2	8 484	47.6	10 953	45.7
不太可能	631	50.5	600	49.4	482	38.5	726	29.9	5 543	31.1	7 982	33.3
非常不可能	209	16.7	142	11.7	153	12.2	59	2.4	676	3.8	1 239	5.2

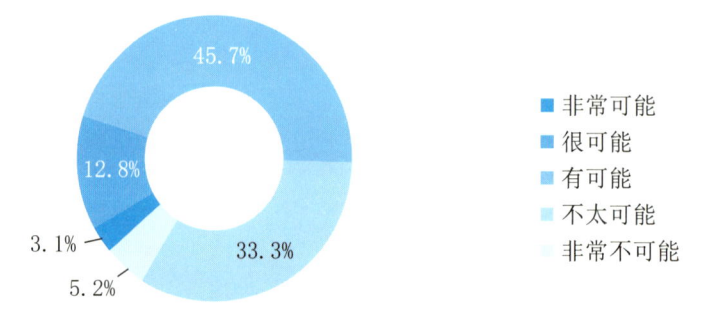

图 2-62 刑事案件审判久拖不决的可能性

法律职业群体和公众相比较，公众认为刑事案件审判可能（含有可能、很可能和非常可能）久拖不决的比例高于法律职业群体，前者的比例为65.1%，后者的比例仅有51.1%，二者相差14.0个百分点。

不同法律职业群体中，认为刑事案件审判可能（含有可能、很可能和非常可能）久拖不决的，比例最高的是律师，达67.7%；比例最低的是法官，只有32.7%，二者相差35.0个百分点。

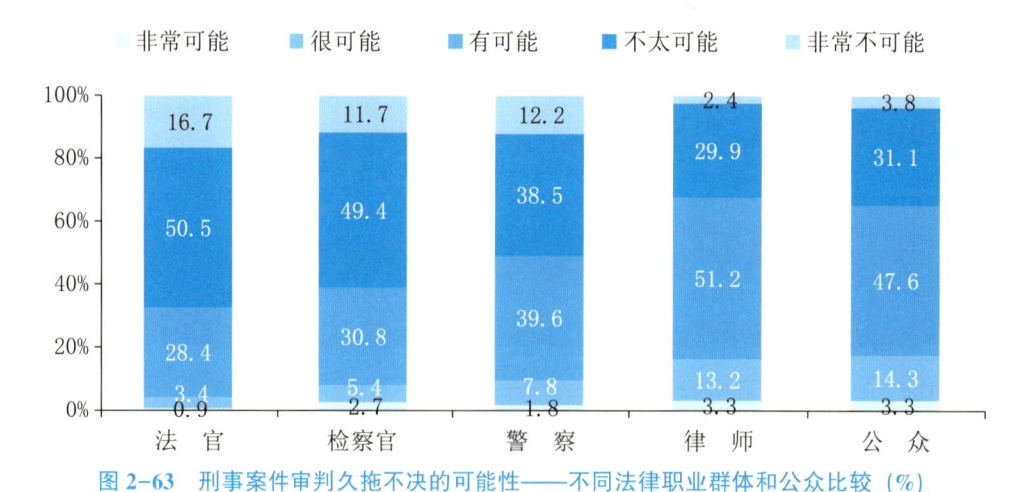

图 2-63 刑事案件审判久拖不决的可能性——不同法律职业群体和公众比较（%）

对于问题二，调查数据显示，有90.8%的受访者认为，法院可能（含有可能、很可能和非常可能）对刑事诉讼控辩双方"不偏不倚"。

表 2-34 法院对刑事诉讼控辩双方"不偏不倚"的可能性

	法 官		检察官		警 察		律 师		全 体	
	计数	频率%	计数	频率%	计数	频率%	计数	频率%	计数	频率%
非常可能	624	49.9	430	35.3	307	24.5	334	13.7	1 695	27.6
很可能	412	33.0	494	40.6	422	33.7	905	37.2	2 233	36.3
有可能	147	11.8	216	17.7	396	31.6	901	37.1	1 660	27.0
不太可能	51	4.1	48	3.9	100	8.0	244	10.0	443	7.2
非常不可能	16	1.3	29	2.4	28	2.2	47	1.9	120	2.0

图 2-64 法院对刑事诉讼控辩双方"不偏不倚"的可能性

不同法律职业群体中，均有八成以上的受访者认为法院可能（含有可能、很可能和非常可能）对刑事诉讼控辩双方"不偏不倚"，其中法官的比例最高，达 94.6%；律师的比例最低，也有 88.0%。不过，认为这种情况"非常可能"发生的比例差距显著，法官的比例高达 49.9%，而律师的比例只有 13.7%，二者相差 36.2 个百分点。

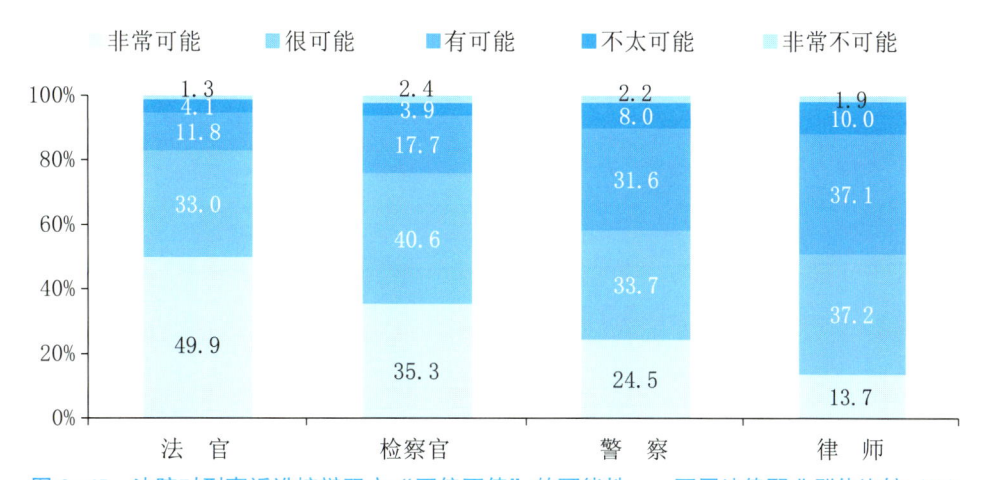

图 2-65 法院对刑事诉讼控辩双方"不偏不倚"的可能性——不同法律职业群体比较 （%）

指标 5 行政司法程序

5.1 行政审判符合公正要求

为测量这一指标，调查问卷设计一个问题：

问题："在您所在地区，法院对行政诉讼原告与被告'不偏不倚'的可能性有多大？"（职业卷 Q11.3）

对于这一问题，调查数据显示，有88.7%的受访者认为，法院可能（含有可能、很可能和非常可能）对行政诉讼原告与被告"不偏不倚"。

表2-35 法院对行政诉讼原告与被告"不偏不倚"的可能性

	法官		检察官		警察		律师		全体	
	计数	频率%	计数	频率%	计数	频率%	计数	频率%	计数	频率%
非常可能	563	45.1	382	31.4	288	23.0	309	12.7	1 542	25.1
很可能	436	34.9	444	36.5	409	32.7	758	31.2	2 047	33.3
有可能	174	13.9	289	23.8	414	33.1	984	40.5	1 861	30.3
不太可能	60	4.8	72	5.9	109	8.7	310	12.8	551	9.0
非常不可能	16	1.3	29	2.4	31	2.5	69	2.8	145	2.4

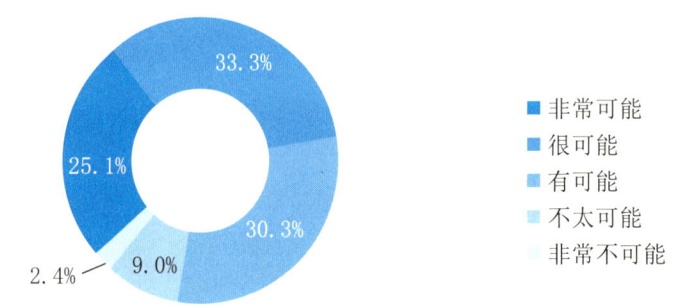

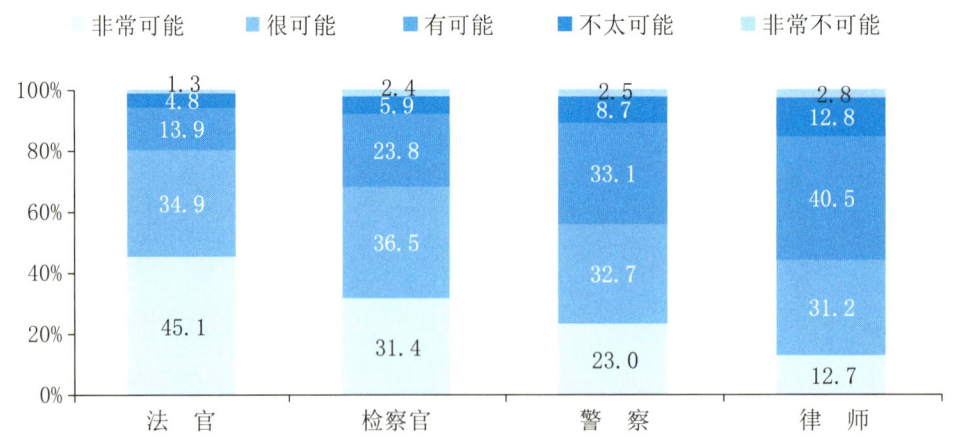

图2-66 法院对行政诉讼原告与被告"不偏不倚"的可能性

不同法律职业群体中，认为法院可能（含有可能、很可能和非常可能）对行政诉讼原告与被告"不偏不倚"的，比例最高的是法官，达93.9%；比例最低的是律师，也有84.4%。不过，认为这种情况"非常可能"发生的比例差距显著，法官的比例为45.1%，而律师的比例只有12.7%，二者相差32.4个百分点。

图2-67 法院对行政诉讼原告与被告"不偏不倚"的可能性——不同法律职业群体比较（%）

5.2 行政诉讼裁判得到有效执行

为测量这一指标，调查问卷设计一个问题：

问题："在您所在地区，行政诉讼中行政机关败诉的生效判决得到有效执行的可能性有多大？"（职

业卷 Q21.2 和公众卷 Q16.2）

对于这一问题，调查数据显示，有 84.9% 的受访者认为，行政诉讼中行政机关败诉的生效判决可能（含有可能、很可能和非常可能）得到有效执行。

表 2-36 行政机关败诉的生效判决得到有效执行的可能性

	法 官		检察官		警 察		律 师		公 众		全 体	
	计数	频率%	计数	频率%	计数	频率%	计数	频率%	计数	频率%	计数	频率%
非常可能	341	27.3	200	16.5	248	19.9	273	11.2	1 960	11.1	3 022	12.7
很可能	491	39.4	482	39.8	366	29.4	749	30.9	5 406	30.6	7 494	31.5
有可能	364	29.2	447	36.9	516	41.4	1 133	46.7	7 228	40.9	9 688	40.7
不太可能	41	3.3	65	5.4	98	7.9	241	9.9	2 580	14.6	3 025	12.7
非常不可能	10	0.8	17	1.4	19	1.5	31	1.3	479	2.7	556	2.3

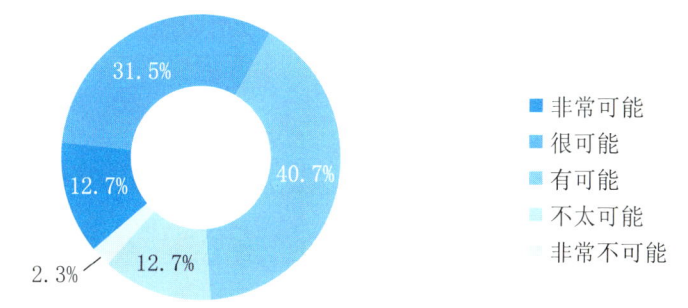

图 2-68 行政机关败诉的生效判决得到有效执行的可能性

法律职业群体和公众相比较，法律职业群体认为行政诉讼中行政机关败诉的生效判决可能（含有可能、很可能和非常可能）得到有效执行的比例高于公众，前者的比例高达 91.5%，后者的比例只有 82.7%。

不同法律职业群体中，认为行政诉讼中行政机关败诉的生效判决可能（含有可能、很可能和非常可能）得到有效执行的，比例最高的是法官，达 95.9%；比例最低的是律师，也有 88.8%。不过，认为这种情况"非常可能"发生的比例差距显著，其中法官的比例是 27.3%，而律师的比例只有 11.2%，二者相差 16.1 个百分点。

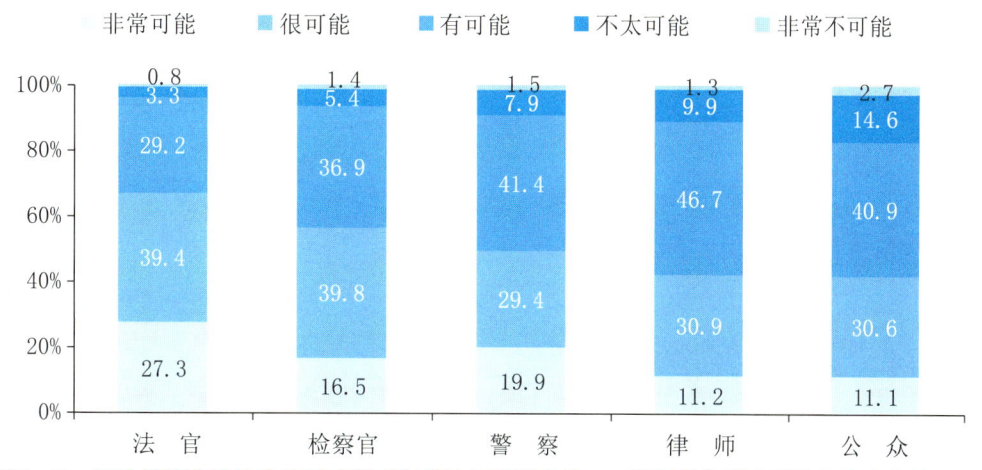

图 2-69 行政机关败诉的生效判决得到有效执行的可能性——不同法律职业群体和公众比较（%）

指标6 证据制度

6.1 证据裁判原则得到贯彻

为测量这一指标,调查问卷设计三个问题:

问题一:"在您所在地区,认定被告人有罪的证据不足,法院'宁可错放,也不错判'的可能性有多大?"(职业卷Q28)

问题二:"在您所在地区,您觉得'打官司就是打证据'的可能性有多大?"(职业卷Q27)

问题三:"在您所在地区,您觉得'打官司就是打关系'的可能性有多大?"(公众卷Q18)

对于问题一,调查数据显示,有80.3%的受访者认为,认定被告人有罪的证据不足,法院可能(含有可能、很可能和非常可能)"宁可错放,也不错判"。不过,认为法院"非常可能""宁可错放,也不错判"的比例偏低,只有12.7%。

表2-37 法院"宁可错放,也不错判"的可能性

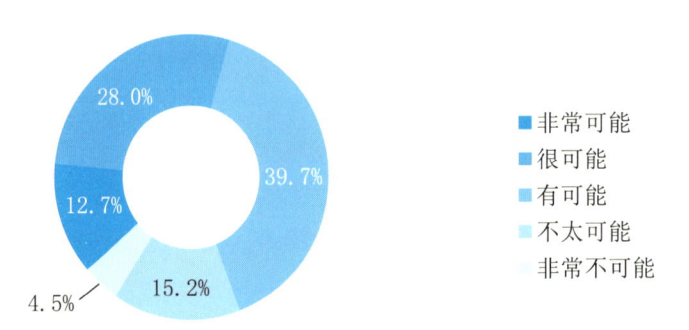

	法官		检察官		警察		律师		全体	
	计数	频率%	计数	频率%	计数	频率%	计数	频率%	计数	频率%
非常可能	231	18.5	268	22.0	168	13.4	112	4.6	779	12.7
很可能	419	33.5	476	39.1	362	28.9	464	19.1	1 721	28.0
有可能	422	33.8	348	28.6	495	39.5	1 175	48.3	2 440	39.7
不太可能	134	10.7	94	7.7	166	13.3	541	22.2	935	15.2
非常不可能	43	3.4	31	2.5	61	4.9	140	5.8	275	4.5

图2-70 法院"宁可错放,也不错判"的可能性

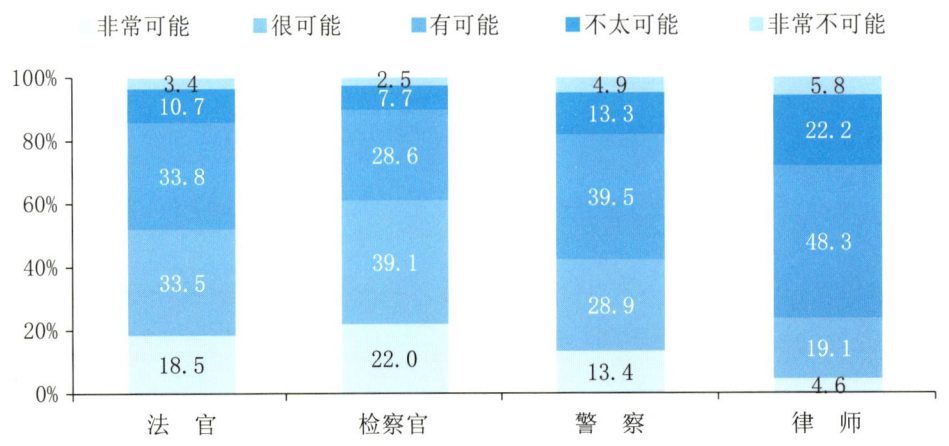

图2-71 法院"宁可错放,也不错判"的可能性——不同法律职业群体比较(%)

不同法律职业群体中，认为认定被告人有罪的证据不足，法院可能（含有可能、很可能和非常可能）"宁可错放，也不错判"的，比例最高的不是法官，而是检察官，达89.7%；比例最低的是律师，仅有72.0%，二者相差17.7个百分点。不过，认为这种情况"非常可能"发生的比例普遍偏低，尤其是律师，仅有4.6%，比检察官低了17.4个百分点。

对于问题二，调查数据显示，有96.7%的受访者认为，"打官司就是打证据"是可能（含有可能、很可能和非常可能）的。

表2-38 "打官司就是打证据"的可能性

	法官		检察官		警察		律师		全体	
	计数	频率%	计数	频率%	计数	频率%	计数	频率%	计数	频率%
非常可能	425	34.0	378	31.1	280	22.4	488	20.1	1 571	25.6
很可能	517	41.3	527	43.3	459	36.7	1 066	43.9	2 569	41.8
有可能	271	21.7	280	23.0	430	34.4	824	33.9	1 805	29.4
不太可能	32	2.6	19	1.6	68	5.4	46	1.9	165	2.7
非常不可能	6	0.5	13	1.1	12	1.0	4	0.2	35	0.6

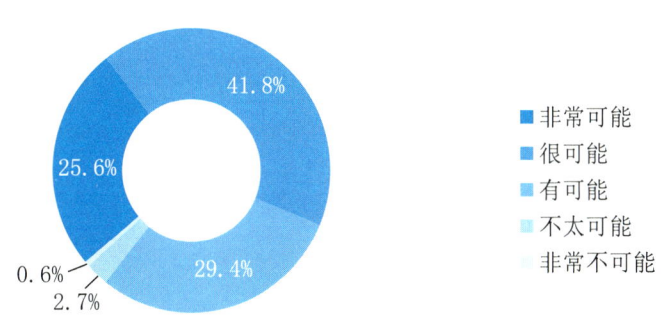

图2-72 "打官司就是打证据"的可能性

不同法律职业群体中，均有九成以上的受访者认为"打官司就是打证据"是可能（含有可能、很可能和非常可能）的，其中律师的比例最高，达97.9%；警察的比例最低，也有93.6%。

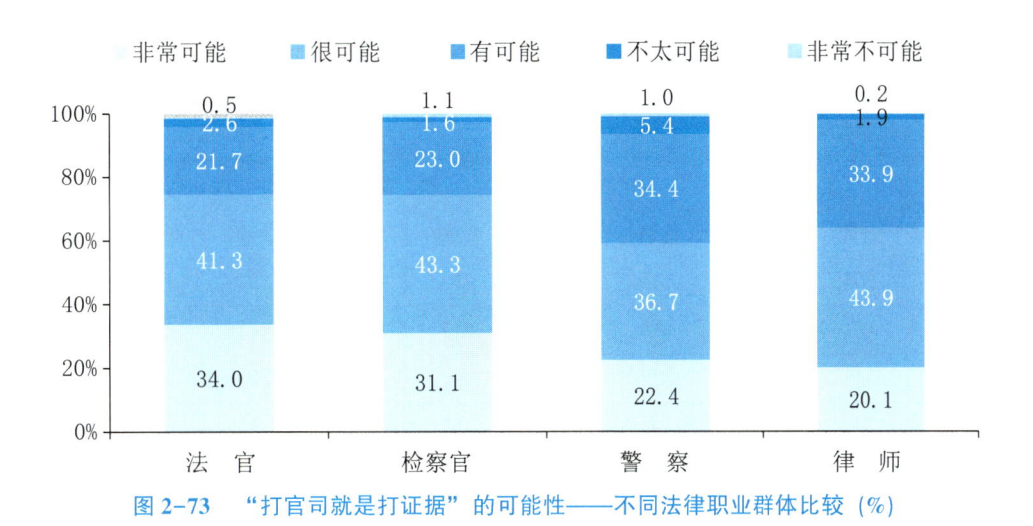

图2-73 "打官司就是打证据"的可能性——不同法律职业群体比较（%）

对于问题三，调查数据显示，有70.2%的受访者认为，"打官司就是打关系"是（含有可能、很可能和非常可能）的。不过，认为"打官司就是打关系""非常可能"的比例并不高，只有6.0%。

表2-39 "打官司就是打关系"的可能性

	公众	
	计 数	频率%
非常可能	1 073	6.0
很可能	3 487	19.6
有可能	7 904	44.5
不太可能	4 594	25.9
非常不可能	704	4.0

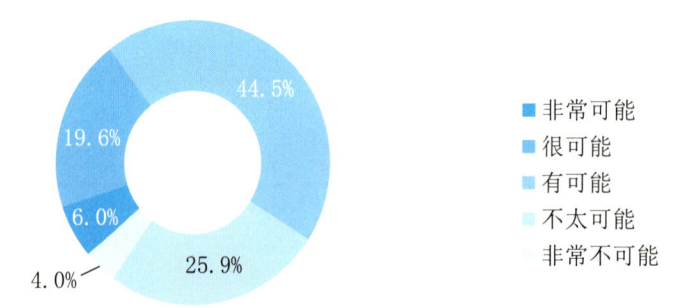

图2-74 "打官司就是打关系"的可能性

6.2 证据依法得到采纳与排除

为测量这一指标，调查问卷设计两个问题：

问题一："在您所在地区，在审查起诉时如果发现有利于犯罪嫌疑人的证据，检察院及时调取该证据的可能性有多大？"（职业卷Q13）

问题二："辩护律师向法庭申请排除非法口供，并履行了初步证明责任，而公诉人未证明取证合法的，法官排除该证据的可能性有多大？"（职业卷Q29）

对于问题一，调查数据显示，有92.8%的受访者认为，在审查起诉时如果发现有利于犯罪嫌疑人的证据，检察院可能（含有可能、很可能和非常可能）及时调取该证据。

表2-40 检察院及时调取有利于犯罪嫌疑人的证据的可能性

	法 官		检察官		警 察		律 师		全 体	
	计数	频率%	计数	频率%	计数	频率%	计数	频率%	计数	频率%
非常可能	304	24.3	513	42.1	313	25.0	246	10.1	1 376	22.4
很可能	461	36.9	457	37.5	417	33.4	715	29.4	2 050	33.3
有可能	432	34.5	225	18.5	410	32.8	1 213	49.9	2 280	37.1
不太可能	49	3.9	10	0.8	89	7.1	239	9.8	387	6.3
非常不可能	5	0.4	13	1.1	21	1.7	19	0.8	58	0.9

图 2-75 检察院及时调取有利于犯罪嫌疑人的证据的可能性

不同法律职业群体中,认为在审查起诉时如果发现有利于犯罪嫌疑人的证据,检察院可能(含有可能、很可能和非常可能)及时调取该证据的,比例最高的是检察官,达 98.1%;比例最低的是律师,也有 89.4%。不过,认为这种情况"非常可能"发生的比例差距显著,检察官的比例达 42.1%,律师的比例只有 10.1%,二者相差 32.0 个百分点。

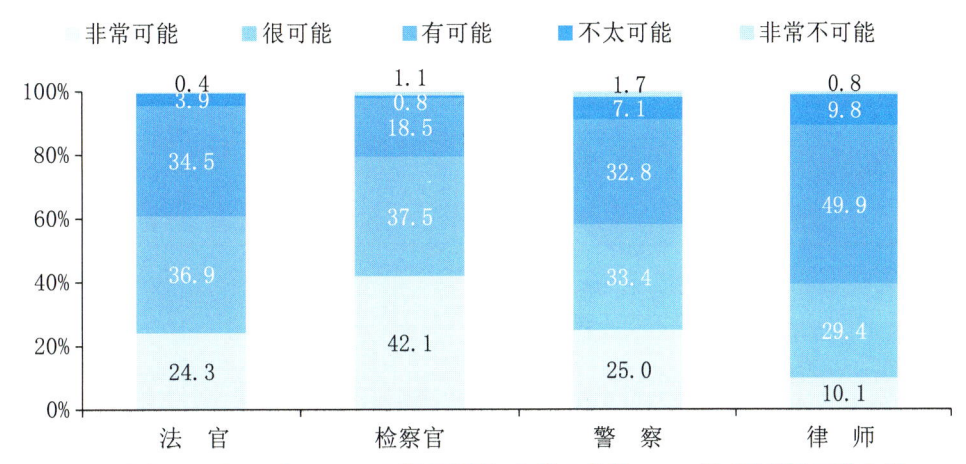

图 2-76 检察院及时调取有利于犯罪嫌疑人的证据的可能性——不同法律职业群体比较(%)

对于问题二,调查数据显示,有 87.3% 的受访者认为,辩护律师向法庭申请排除非法口供,并履行了初步证明责任,而公诉人未证明取证合法的,法官可能(含有可能、很可能和非常可能)排除该证据。

表 2-41 法官依法排除非法证据的可能性

	法官		检察官		警察		律师		全体	
	计数	频率%	计数	频率%	计数	频率%	计数	频率%	计数	频率%
非常可能	209	16.7	206	16.9	146	11.7	127	5.2	688	11.2
很可能	453	36.2	515	42.3	378	30.2	437	18.0	1 783	29.0
有可能	509	40.7	421	34.6	587	46.9	1 379	56.7	2 896	47.1
不太可能	66	5.3	54	4.4	123	9.8	426	17.5	669	10.9
非常不可能	13	1.0	22	1.8	17	1.4	63	2.6	115	1.9

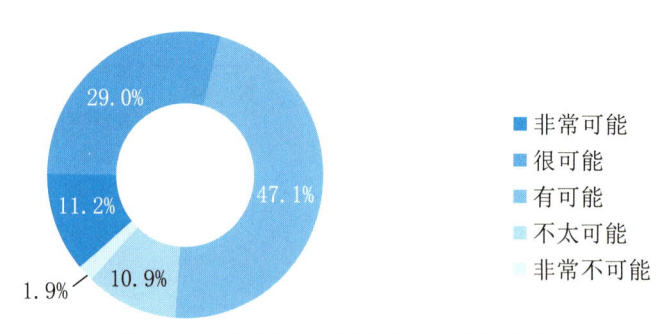

图 2-77　法官依法排除非法证据的可能性

不同法律职业群体中，认为辩护律师向法庭申请排除非法口供，并履行了初步证明责任，而公诉人未证明取证合法的，法官可能（含有可能、很可能和非常可能）排除该证据的，比例最高的是检察官，达 93.8%；比例最低的是律师，也有 79.9%。不过，认为这种情况"非常可能"发生的比例普遍偏低，其中律师的比例最低，仅有 5.2%。

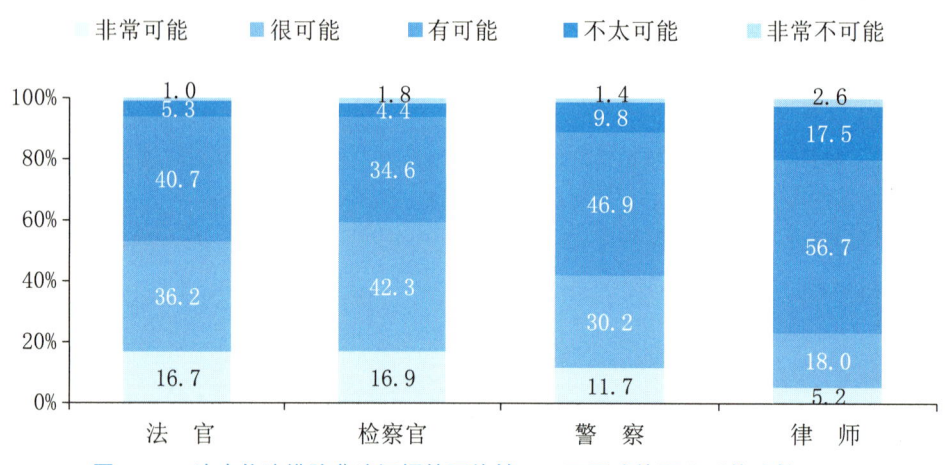

图 2-78　法官依法排除非法证据的可能性——不同法律职业群体比较（%）

6.3　证明过程得到合理规范

为测量这一指标，调查问卷设计四个问题：

问题一："在您所在地区，庭审经过侦查人员出庭作证才作出判决的可能性有多大？"（职业卷 Q30.1）

问题二："在您所在地区，庭审经过证人证言在法庭上得到质证才作出判决的可能性有多大？"（职业卷 Q30.2）

问题三："在您所在地区，律师调查取证权行使受到限制的可能性有多大？"（职业卷 Q4.1）

问题四："在您所在地区，庭审中的律师质证权行使受到限制的可能性有多大？"（职业卷 Q4.2）

对于问题一，调查数据显示，有 87.8% 的受访者认为，庭审可能（含有可能、很可能和非常可能）经过侦查人员出庭作证才作出判决。

表 2-42　庭审经过侦查人员出庭作证才作出判决的可能性

	法　官		检察官		警　察		律　师		全　体	
	计数	频率%	计数	频率%	计数	频率%	计数	频率%	计数	频率%
非常可能	401	32.2	362	29.8	290	23.1	277	11.4	1 330	21.7

续表

	法官		检察官		警察		律师		全体	
	计数	频率%	计数	频率%	计数	频率%	计数	频率%	计数	频率%
很可能	413	33.1	451	37.2	391	31.2	680	28.0	1 935	31.5
有可能	347	27.8	323	26.6	447	35.7	1 010	41.6	2 127	34.7
不太可能	78	6.3	55	4.5	95	7.6	378	15.6	606	9.9
非常不可能	7	0.6	22	1.8	30	2.4	81	3.3	140	2.3

图 2-79 庭审经过侦查人员出庭作证才作出判决的可能性

不同法律职业群体中，认为庭审可能（含有可能、很可能和非常可能）经过侦查人员出庭作证才作出判决的，比例最高的是检察官，达 93.7%；比例最低的是律师，也有 81.1%。不过，认为这种情况"非常可能"发生的比例并不高，尤其是律师，仅有 11.4%。

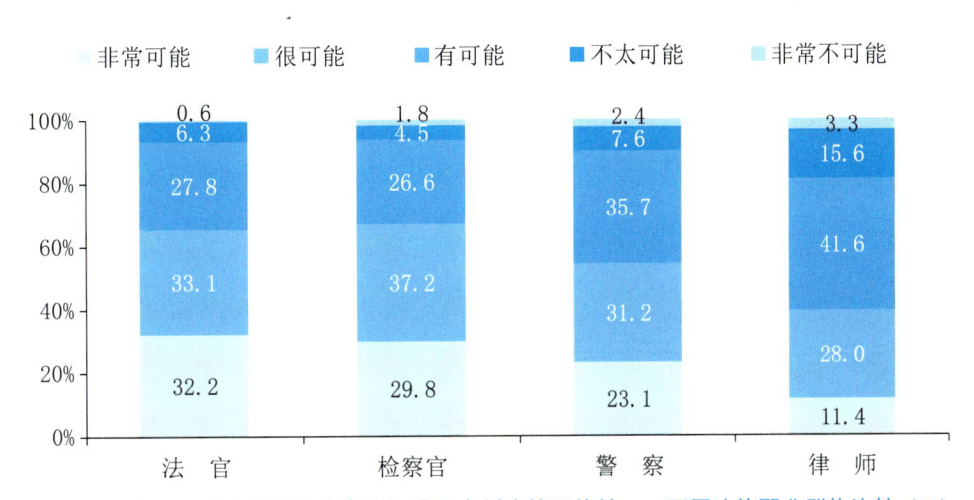

图 2-80 庭审经过侦查人员出庭作证才作出判决的可能性——不同法律职业群体比较（%）

对于问题二，调查数据显示，有 92.3% 的受访者认为，庭审可能（含有可能、很可能和非常可能）经过证人证言在法庭上得到质证才作出判决。

表 2-43 庭审经过证人证言在法庭上得到质证才作出判决的可能性

	法官		检察官		警察		律师		全体	
	计数	频率%	计数	频率%	计数	频率%	计数	频率%	计数	频率%
非常可能	484	39.3	391	32.5	290	23.4	319	13.3	1 484	24.4
很可能	432	35.1	474	39.4	383	30.9	736	30.7	2 025	33.3

续表

	法官		检察官		警察		律师		全体	
	计数	频率%	计数	频率%	计数	频率%	计数	频率%	计数	频率%
有可能	269	21.8	286	23.8	470	37.9	1 073	44.7	2 098	34.5
不太可能	38	3.1	38	3.2	73	5.9	229	9.5	378	6.2
非常不可能	9	0.7	15	1.2	24	1.9	44	1.8	92	1.5

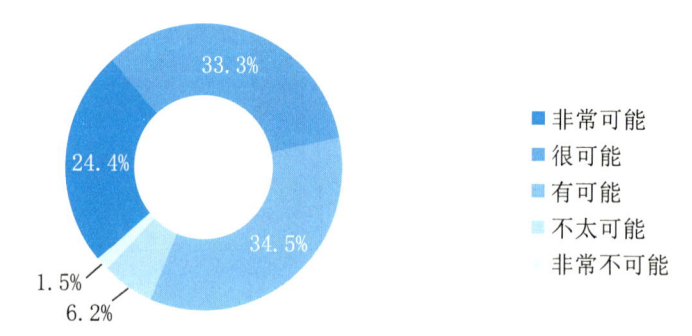

图 2-81　庭审经过证人证言在法庭上得到质证才作出判决的可能性

不同法律职业群体中，认为庭审可能（含有可能、很可能和非常可能）经过证人证言在法庭上得到质证才作出判决的，比例最高的是法官，达 96.2%；比例最低的是律师，也有 88.6%。不过，认为这种情况"非常可能"发生的比例差距显著，法官的比例最高，达 39.3%；律师的比例偏低，仅有 13.3%，二者相差 26.0 个百分点。

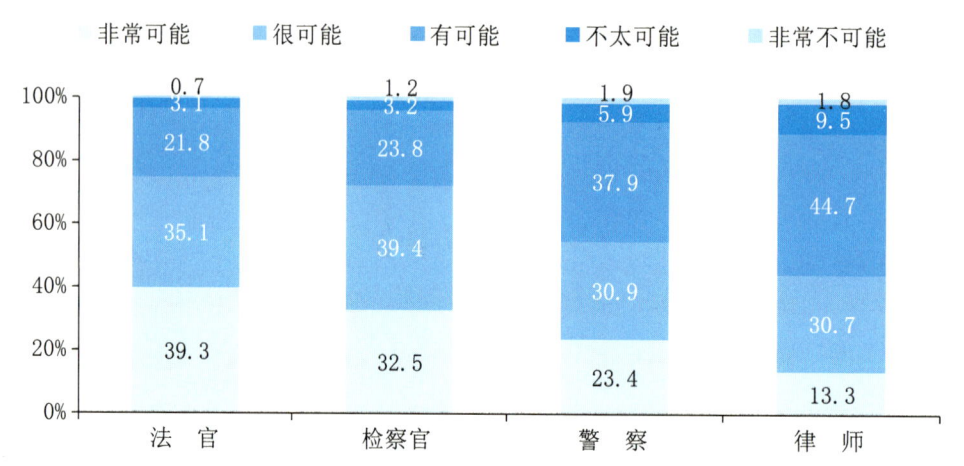

图 2-82　庭审经过证人证言在法庭上得到质证才作出判决的可能性——不同法律职业群体比较（%）

对于问题三，调查数据显示，有 70.2% 的受访者认为，律师行使调查取证权可能（含有可能、很可能和非常可能）受到限制。

表 2-44　律师行使调查取证权受到限制的可能性

	法官		检察官		警察		律师		全体	
	计数	频率%	计数	频率%	计数	频率%	计数	频率%	计数	频率%
非常可能	69	5.5	47	3.9	84	6.7	709	29.2	909	14.8
很可能	204	16.4	133	10.9	182	14.6	611	25.1	1 130	18.4

续表

	法 官		检察官		警 察		律 师		全 体	
	计数	频率%	计数	频率%	计数	频率%	计数	频率%	计数	频率%
有可能	514	41.3	445	36.6	510	40.8	804	33.1	2 273	37.0
不太可能	366	29.4	465	38.3	365	29.2	262	10.8	1 458	23.7
非常不可能	93	7.5	125	10.3	108	8.6	45	1.9	371	6.0

图 2-83 律师行使调查取证权受到限制的可能性

不同法律职业群体中，认为律师行使调查取证权可能（含有可能、很可能和非常可能）受到限制的，比例最高的是律师，达87.4%；比例最低的是检察官，只有51.4%，二者相差36.0个百分点。

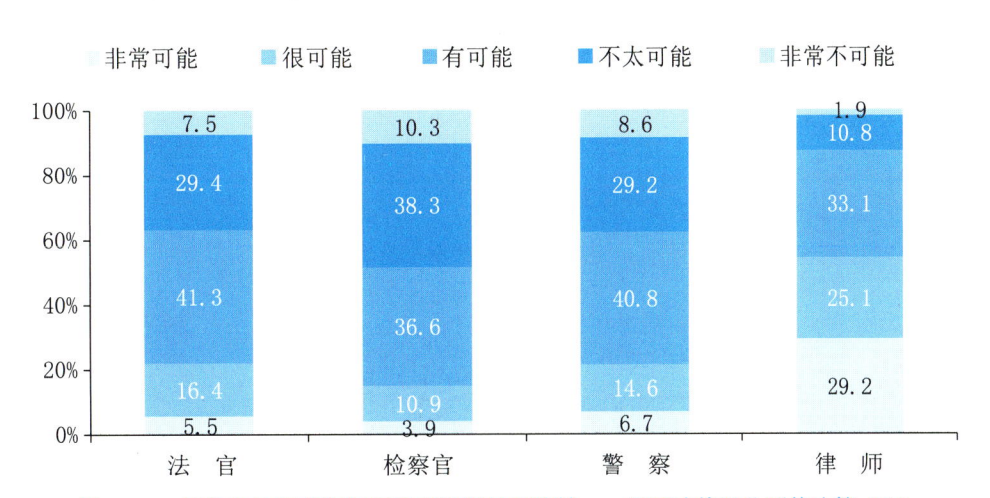

图 2-84 律师行使调查取证权受到限制的可能性——不同法律职业群体比较（%）

对于问题四，调查数据显示，48.6%的受访者认为，律师在庭审中行使质证权可能（含有可能、很可能和非常可能）受到限制。

表 2-45 律师行使质证权受到限制的可能性

	法 官		检察官		警 察		律 师		全 体	
	计数	频率%	计数	频率%	计数	频率%	计数	频率%	计数	频率%
非常可能	18	1.4	27	2.2	62	5.0	181	7.5	288	4.7
很可能	66	5.3	87	7.2	142	11.4	360	14.8	655	10.7
有可能	272	21.9	292	24.1	475	38.1	1 001	41.2	2 040	33.3
不太可能	637	51.2	612	50.5	431	34.6	762	31.4	2 442	39.8

续表

	法 官		检察官		警 察		律 师		全 体	
	计数	频率%	计数	频率%	计数	频率%	计数	频率%	计数	频率%
非常不可能	251	20.2	195	16.1	137	11.0	125	5.1	708	11.5

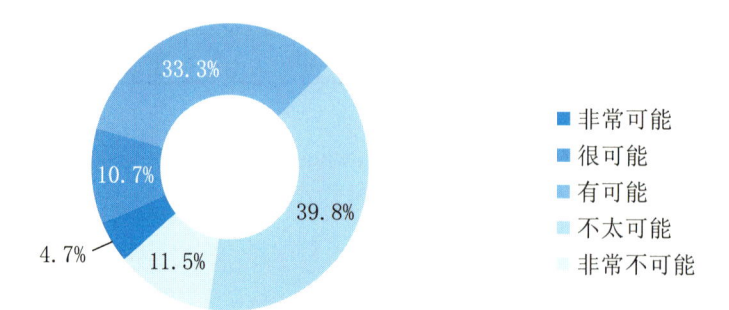

图 2-85 律师行使质证权受到限制的可能性

不同法律职业群体中，认为律师在庭审中行使质证权可能（含有可能、很可能和非常可能）受到限制的，比例最高的是律师，达63.5%；比例最低的是法官，仅有28.6%。不过，认为律师在庭审中行使质证权"非常可能"受到限制的比例均不高，法官的比例只有1.4%；律师的比例相对最高，也只有7.5%。

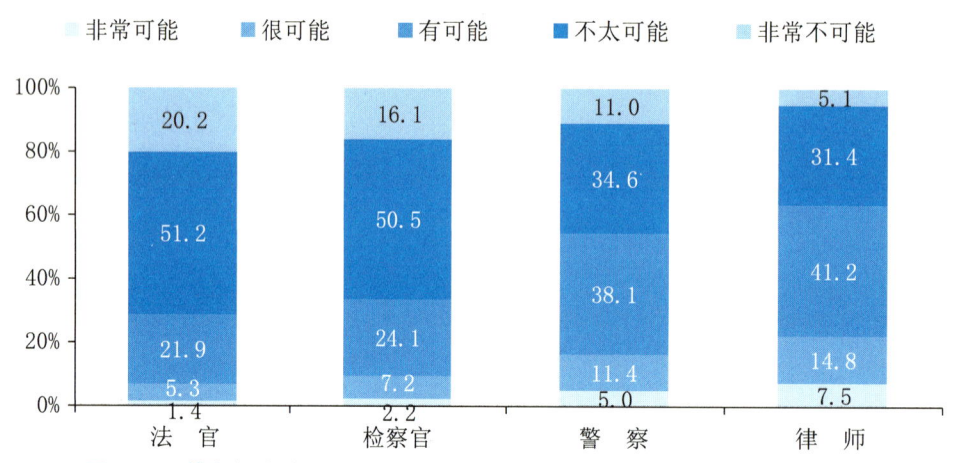

图 2-86 律师行使质证权受到限制的可能性——不同法律职业群体比较（%）

指标 7 司法腐败遏制

7.1 警察远离腐败

为测量这一指标，调查问卷设计两个问题：
问题一："在您所在地区，警察办'关系案'的可能性有多大？"（职业卷Q6.3）
问题二："在您所在地区，警察收受贿赂的可能性有多大？"（职业卷Q7.3和公众卷Q2.3）
对于问题一，调查数据显示，有57.9%的受访者认为，警察可能（含有可能、很可能和非常可能）办"关系案"。

表 2-46 警察办"关系案"的可能性

	法官		检察官		警察		律师		全体	
	计数	频率%	计数	频率%	计数	频率%	计数	频率%	计数	频率%
非常可能	36	2.9	77	6.3	36	2.9	252	10.4	401	6.5
很可能	127	10.2	117	9.6	101	8.1	420	17.3	765	12.4
有可能	482	38.6	442	36.3	415	33.2	1 053	43.3	2 392	38.9
不太可能	435	34.8	389	32.0	435	34.8	552	22.7	1 811	29.5
非常不可能	170	13.6	191	15.7	263	21.0	153	6.3	777	12.6

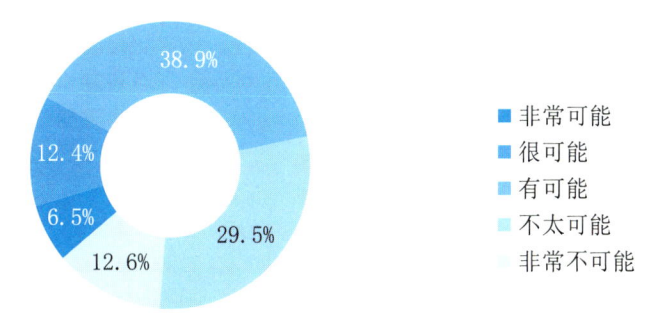

图 2-87 警察办"关系案"的可能性

不同法律职业群体中，认为警察可能（含有可能、很可能和非常可能）办"关系案"的，比例最高的是律师，达71.0%；比例最低的是警察，有44.2%，二者相差26.8个百分点。

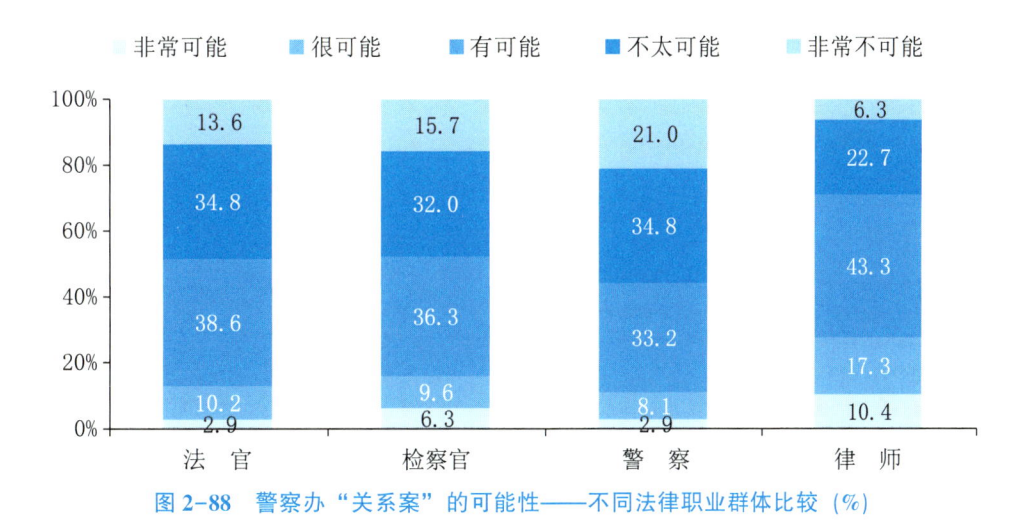

图 2-88 警察办"关系案"的可能性——不同法律职业群体比较（%）

对于问题二，调查数据显示，有58.9%的受访者认为，警察可能（含有可能、很可能和非常可能）收受贿赂。不过，认为警察"非常可能"收受贿赂的比例并不高，只有7.4%。

表 2-47 警察收受贿赂的可能性

	法官		检察官		警察		律师		公众		全体	
	计数	频率%	计数	频率%	计数	频率%	计数	频率%	计数	频率%	计数	频率%
非常可能	39	3.1	75	6.2	37	3.0	227	9.4	1 399	7.9	1 777	7.4
很可能	92	7.4	107	8.8	91	7.3	372	15.4	2 747	15.5	3 409	14.3

续表

	法官		检察官		警察		律师		公众		全体	
	计数	频率%	计数	频率%	计数	频率%	计数	频率%	计数	频率%	计数	频率%
有可能	402	32.2	373	30.7	410	32.9	987	40.7	6 708	37.8	8 880	37.2
不太可能	519	41.6	434	35.7	438	35.1	661	27.3	5 422	30.5	7 474	31.3
非常不可能	196	15.7	227	18.7	272	21.8	176	7.3	1 489	8.4	2 360	9.9

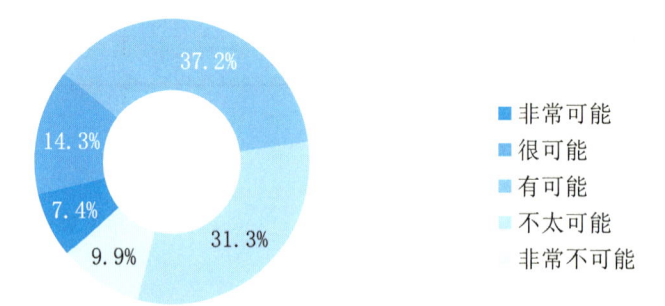

图 2-89 警察收受贿赂的可能性

法律职业群体和公众相比较，法律职业群体认为警察可能（含有可能、很可能和非常可能）收受贿赂的比例有52.4%，而公众的比例则有61.1%，二者相差8.7个百分点。

不同法律职业群体中，认为警察可能（含有可能、很可能和非常可能）收受贿赂的，比例最高的是律师，达65.5%，比公众的比例还高；比例最低的不是警察，而是法官，有42.7%。不过，警察认为这种情况"非常可能"发生的比例在所有受访群体中最低，只有3.0%。

图 2-90 警察收受贿赂的可能性——不同法律职业群体和公众比较（%）

7.2 检察官远离腐败

为测量这一指标，调查问卷设计两个问题：

问题一："在您所在地区，检察官办'关系案'的可能性有多大？"（职业卷Q6.2）

问题二："在您所在地区，检察官收受贿赂的可能性有多大？"（职业卷Q7.2和公众卷Q2.2）

对于问题一，调查数据显示，有50.7%的受访者认为，检察官可能（含有可能、很可能和非常可能）办"关系案"。

表2-48 检察官办"关系案"的可能性

	法官		检察官		警察		律师		全体	
	计数	频率%	计数	频率%	计数	频率%	计数	频率%	计数	频率%
非常可能	19	1.5	11	0.9	69	5.5	142	5.8	241	3.9
很可能	57	4.6	66	5.4	128	10.2	323	13.3	574	9.3
有可能	431	34.5	301	24.8	463	37.0	1 104	45.4	2 299	37.4
不太可能	534	42.7	560	46.1	401	32.1	698	28.7	2 193	35.7
非常不可能	209	16.7	277	22.8	190	15.2	165	6.8	841	13.7

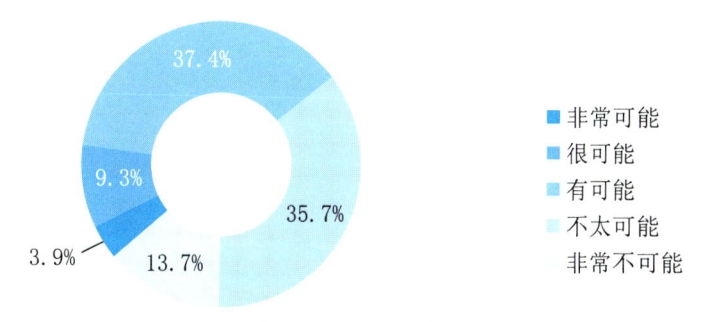

图2-91 检察官办"关系案"的可能性

不同法律职业群体中，认为检察官可能（含有可能、很可能和非常可能）办"关系案"的，比例最高的是律师，达64.5%；比例最低的是检察官，只有31.1%，二者相差33.4个百分点。不过，认为检察官"非常可能"办"关系案"的比例并不高，检察官的比例只有0.9%，而律师的比例也不过5.8%。

图2-92 检察官办"关系案"的可能性——不同法律职业群体比较（%）

对于问题二，调查数据显示，有52.8%的受访者认为，检察官可能（含有可能、很可能和非常可能）收受贿赂。

表2-49 检察官收受贿赂的可能性

	法官		检察官		警察		律师		公众		全体	
	计数	频率%	计数	频率%	计数	频率%	计数	频率%	计数	频率%	计数	频率%
非常可能	16	1.3	11	0.9	51	4.1	126	5.2	931	5.2	1 135	4.7

续表

	法官		检察官		警察		律师		公众		全体	
	计数	频率%	计数	频率%	计数	频率%	计数	频率%	计数	频率%	计数	频率%
很可能	43	3.4	56	4.6	125	10.0	278	11.5	2 349	13.2	2 851	11.9
有可能	352	28.2	276	22.7	455	36.4	1 043	43.0	6 502	36.6	8 628	36.1
不太可能	603	48.4	568	46.7	421	33.7	792	32.7	6 364	35.8	8 748	36.6
非常不可能	233	18.7	305	25.1	197	15.8	186	7.7	1 615	9.1	2 536	10.6

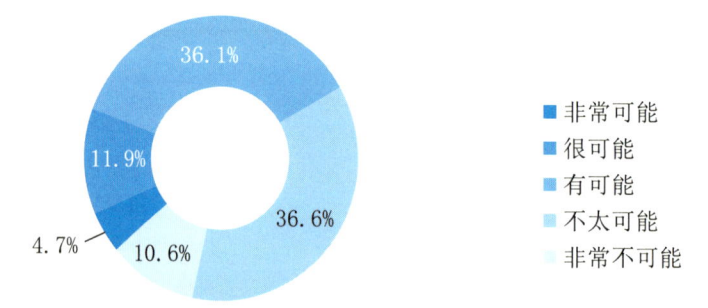

图 2-93 检察官收受贿赂的可能性

法律职业群体和公众相比较，法律职业群体认为检察官可能（含有可能、很可能和非常可能）收受贿赂的比例有 46.1%，而公众的比例则有 55.1%，二者相差 9.0 个百分点。

不同法律职业群体中，认为检察官可能（含有可能、很可能和非常可能）收受贿赂的，比例最高的是律师，达 59.7%，比公众的比例还高；比例最低的是检察官，只有 28.2%，二者相差 31.5 个百分点。

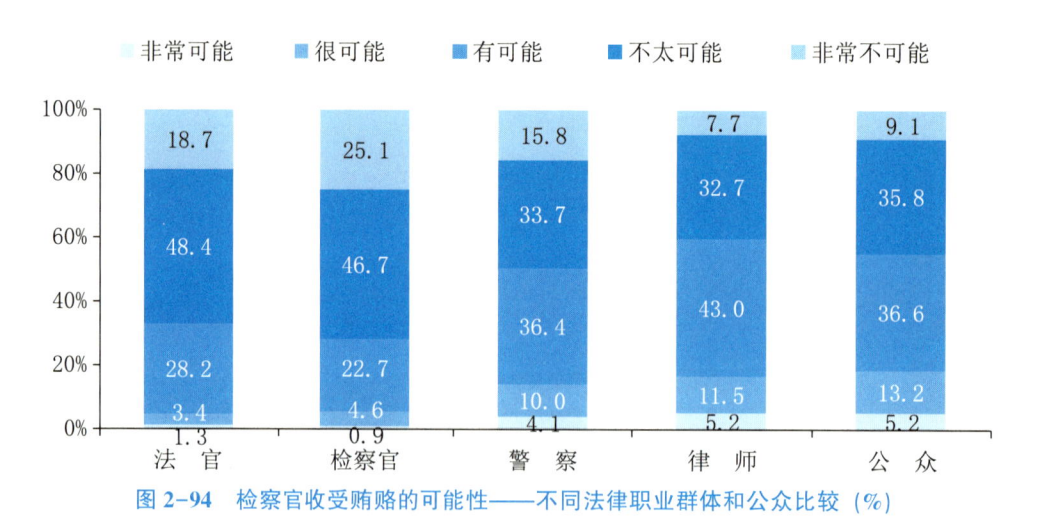

图 2-94 检察官收受贿赂的可能性——不同法律职业群体和公众比较（%）

7.3 法官远离腐败

为测量这一指标，调查问卷设计两个问题：

问题一："在您所在地区，法官办'关系案'的可能性有多大？"（职业卷 Q6.1）

问题二："在您所在地区，法官收受贿赂的可能性有多大？"（职业卷 Q7.1 和公众卷 Q2.1）

对于问题一，调查数据显示，有 54.2% 的受访者认为，法官可能（含有可能、很可能和非常可能）办"关系案"。

表 2-50 法官办"关系案"的可能性

	法官		检察官		警察		律师		全体	
	计数	频率%	计数	频率%	计数	频率%	计数	频率%	计数	频率%
非常可能	16	1.3	47	3.9	82	6.6	188	7.7	333	5.4
很可能	55	4.4	112	9.2	138	11.0	329	13.5	634	10.3
有可能	379	30.3	390	32.1	477	38.1	1 120	46.1	2 366	38.5
不太可能	556	44.5	451	37.1	381	30.5	627	25.8	2 015	32.8
非常不可能	244	19.5	216	17.8	173	13.8	167	6.9	800	13.0

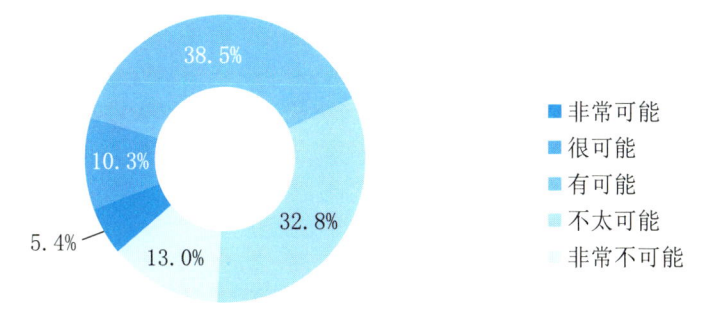

图 2-95 法官办"关系案"的可能性

不同法律职业群体中，认为法官可能（含有可能、很可能和非常可能）办"关系案"的，比例最高的是律师，达 67.3%；比例最低的是法官，只有 36.0%，二者相差 31.3 个百分点。

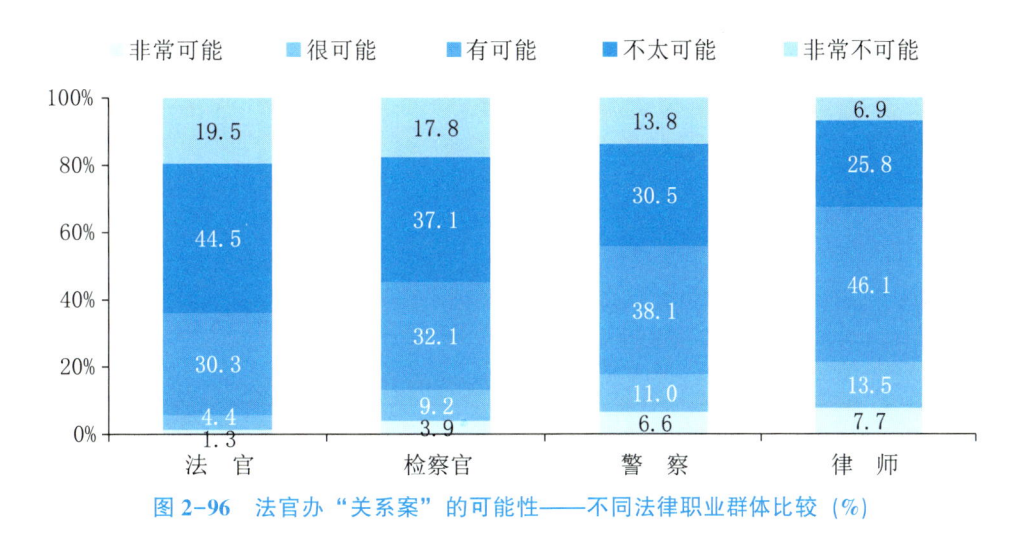

图 2-96 法官办"关系案"的可能性——不同法律职业群体比较（%）

对于问题二，调查数据显示，有 55.5% 的受访者认为，法官可能（含有可能、很可能和非常可能）收受贿赂。

表 2-51 法官收受贿赂的可能性

	法官		检察官		警察		律师		公众		全体	
	计数	频率%	计数	频率%	计数	频率%	计数	频率%	计数	频率%	计数	频率%
非常可能	13	1.0	58	4.8	70	5.6	171	7.0	1 141	6.4	1 453	6.1
很可能	39	3.1	96	7.9	129	10.3	283	11.7	2 657	14.9	3 204	13.4

续表

	法 官		检察官		警 察		律 师		公 众		全 体	
	计数	频率%	计数	频率%	计数	频率%	计数	频率%	计数	频率%	计数	频率%
有可能	324	26.0	340	28.0	470	37.6	1 039	42.8	6 457	36.3	8 630	36.1
不太可能	612	49.1	483	39.7	391	31.3	756	31.1	6 074	34.1	8 316	34.7
非常不可能	259	20.8	239	19.7	190	15.2	180	7.4	1 467	8.2	2 335	9.8

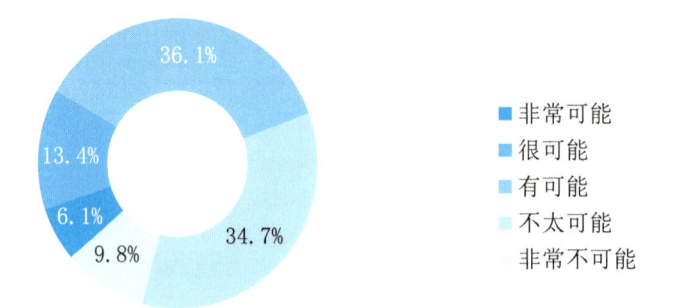

图 2-97 法官收受贿赂的可能性

法律职业群体和公众相比较，法律职业群体认为法官可能（含有可能、很可能和非常可能）收受贿赂的比例有 49.4%，而公众的比例则有 57.6%，二者相差 8.2 个百分点。

不同法律职业群体中，认为法官可能（含有可能、很可能和非常可能）收受贿赂的，比例最高的是律师，达 61.5%，比公众的比例还高；比例最低的是法官，只有 30.2%，二者相差 31.3 个百分点。

图 2-98 法官收受贿赂的可能性——不同法律职业群体和公众比较（%）

指标 8 法律职业化

8.1 法律职业人员获得职业培训

为测量这一指标，调查问卷设计一个问题：

问题："在过去 3 年，您获得业务培训的总时长是多少？"（职业卷 Q1）

对于这一问题，调查数据显示，有 91.3% 的受访者表示，在过去 3 年获得过业务培训。其中培训总时长在 4 周以下的有 57.8%，培训总时长在 4 周以上的有 33.5%。

表 2-52 过去 3 年业务培训总时长

	法官		检察官		警察		律师		全体	
	计数	频率%	计数	频率%	计数	频率%	计数	频率%	计数	频率%
4周以上	333	26.7	361	29.7	394	31.8	963	39.8	2 051	33.5
2~4周	324	25.9	305	25.1	241	19.5	537	22.2	1 407	23.0
1~2周	257	20.6	266	21.9	233	18.8	395	16.3	1 151	18.8
1周以内	220	17.6	199	16.4	214	17.3	351	14.5	984	16.1
没 有	115	9.2	84	6.9	157	12.7	174	7.2	530	8.7

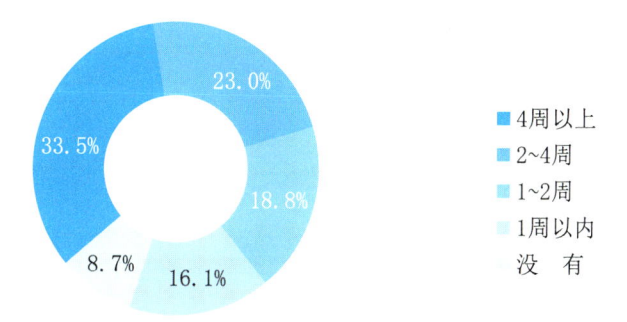

图 2-99 过去 3 年业务培训总时长

法律职业群体中有 75.3% 的受访者表示，在过去 3 年获得过一周以上的业务培训。不同法律职业群体中，获得一周以上业务培训比例最高的是律师，达 78.3%；比例最低的是警察，也有 70.0%。

图 2-100 过去 3 年业务培训总时长——不同法律职业群体比较（%）

8.2 法律职业人员遵守职业伦理规范

为测量这一指标，调查问卷设计三个问题：

问题一："在您所在地区，律师虚假承诺的可能性有多大？"（职业卷 Q5.1 和公众卷 Q3.1）

问题二："在您所在地区，律师与法官有不正当利益往来的可能性有多大？"（职业卷 Q5.2 和公众卷 Q3.2）

问题三："在您所在地区，律师尽职尽责为委托人服务的可能性有多大？"（职业卷 Q5.3 和公众卷 Q3.3）

对于问题一，调查数据显示，有62.7%的受访者认为，律师可能（含有可能、很可能和非常可能）虚假承诺。

表2-53 律师虚假承诺的可能性

	法官		检察官		警察		律师		公众		全体	
	计数	频率%	计数	频率%	计数	频率%	计数	频率%	计数	频率%	计数	频率%
非常可能	146	11.7	93	7.7	150	12.0	144	5.9	815	4.6	1 348	5.6
很可能	245	19.6	231	19.0	239	19.1	375	15.4	2 636	14.9	3 726	15.6
有可能	599	47.9	558	46.0	518	41.5	1 046	43.0	7 167	40.4	9 888	41.4
不太可能	207	16.6	245	20.2	249	19.9	673	27.7	5 956	33.6	7 330	30.7
非常不可能	53	4.2	86	7.1	93	7.4	192	7.9	1 160	6.5	1 584	6.6

图2-101 律师虚假承诺的可能性

法律职业群体和公众相比较，法律职业群体认为律师可能（含有可能、很可能和非常可能）虚假承诺的比例达70.7%，公众的比例则有59.9%，二者相差10.8个百分点。

不同法律职业群体中，认为律师可能（含有可能、很可能和非常可能）虚假承诺的，法官的比例最高，达79.2%；律师的比例最低，也有64.4%，仍然高于公众的比例。

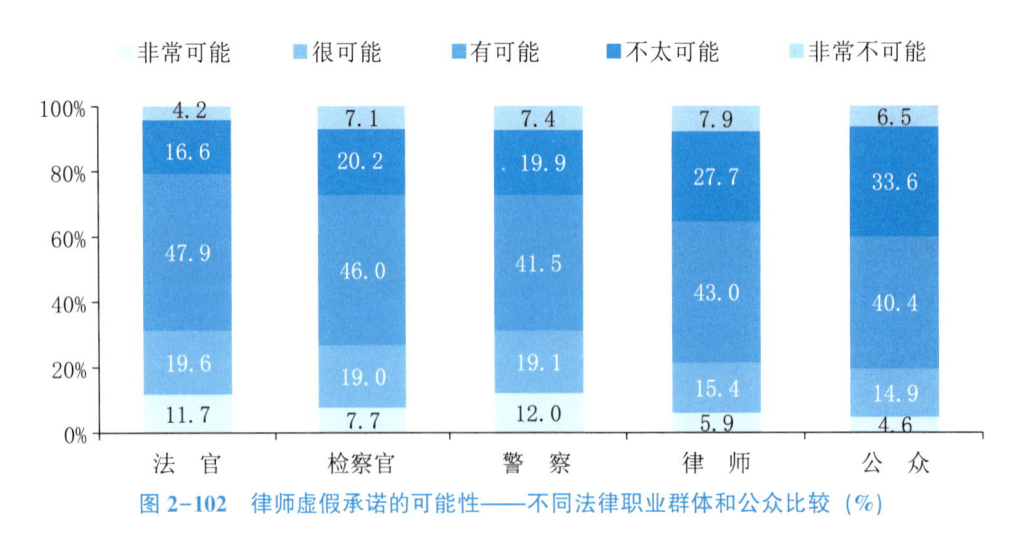

图2-102 律师虚假承诺的可能性——不同法律职业群体和公众比较（%）

对于问题二，调查数据显示，有57.0%的受访者认为，律师可能（含有可能、很可能和非常可能）与法官有不正当利益往来。

表 2-54 律师与法官有不正当利益往来的可能性

	法 官		检察官		警 察		律 师		公 众		全 体	
	计数	频率%	计数	频率%	计数	频率%	计数	频率%	计数	频率%	计数	频率%
非常可能	30	2.4	61	5.0	109	8.7	132	5.4	697	3.9	1 029	4.3
很可能	99	7.9	130	10.7	177	14.2	287	11.8	2 410	13.6	3 103	13.0
有可能	507	40.5	500	41.3	529	42.3	1 039	42.8	6 898	38.9	9 473	39.7
不太可能	484	38.7	398	32.9	327	26.2	746	30.8	6 385	36.0	8 340	34.9
非常不可能	131	10.5	122	10.1	108	8.6	222	9.2	1 359	7.7	1 942	8.1

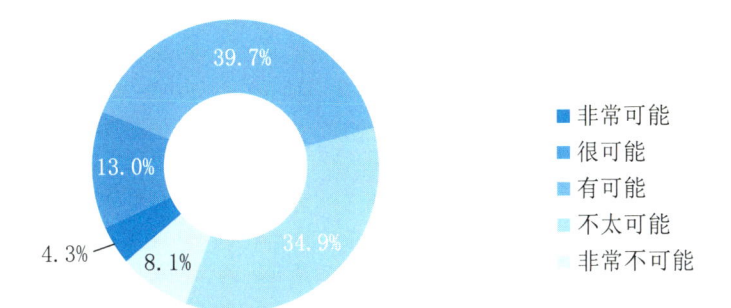

图 2-103 律师与法官有不正当利益往来的可能性

法律职业群体和公众相比较，法律职业群体认为律师可能（含有可能、很可能和非常可能）与法官有不正当利益往来的比例和公众差别不大，前者的比例是58.7%，而后者的比例是56.4%，二者相差2.3个百分点。

不同法律职业群体中，认为律师可能（含有可能、很可能和非常可能）与法官有不正当利益往来的，比例最高的是警察，达65.2%；比例最低的不是律师，而是法官，有50.8%，二者相差14.4个百分点。

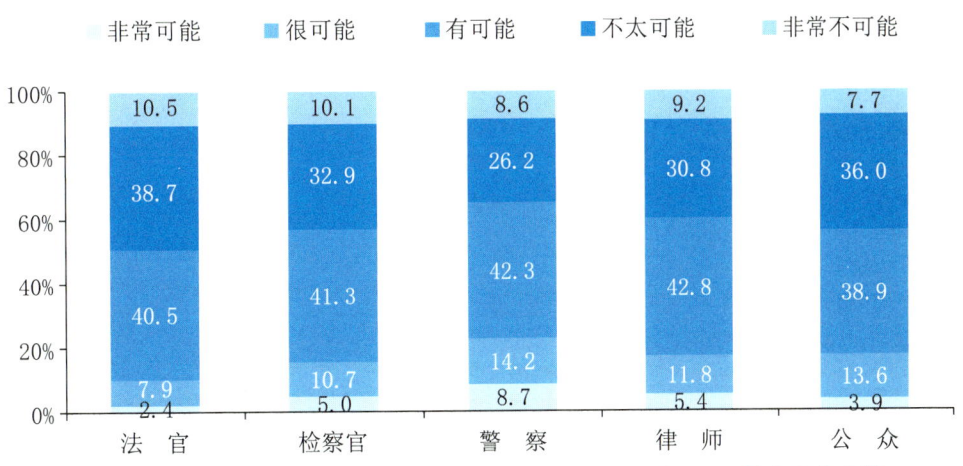

图 2-104 律师与法官有不正当利益往来的可能性——不同法律职业群体和公众比较（%）

对于问题三，调查数据显示，有85.5%的受访者认为，律师可能（含有可能、很可能和非常可能）尽职尽责为委托人服务。

表 2-55 律师尽职尽责为委托人服务的可能性

	法官		检察官		警察		律师		公众		全体	
	计数	频率%	计数	频率%	计数	频率%	计数	频率%	计数	频率%	计数	频率%
非常可能	141	11.3	167	13.8	173	13.9	1 065	43.9	2 556	14.4	4 102	17.2
很可能	497	39.8	452	37.3	338	27.1	864	35.6	5 974	33.7	8 125	34.0
有可能	479	38.3	459	37.9	528	42.3	354	14.6	6 366	35.9	8 186	34.3
不太可能	107	8.6	98	8.1	140	11.2	105	4.3	2 342	13.2	2 792	11.7
非常不可能	26	2.1	36	3.0	69	5.5	37	1.5	507	2.9	675	2.8

图 2-105 律师尽职尽责为委托人服务的可能性

法律职业群体和公众相比较，法律职业群体认为律师可能（含有可能、很可能和非常可能）尽职尽责为委托人服务的比例略高于公众，前者的比例达89.9%，后者的比例是83.9%，二者相差6.0个百分点。

不同法律职业群体中，认为律师可能（含有可能、很可能和非常可能）尽职尽责为委托人服务的，律师的比例最高，达94.1%；警察的比例最低，也有83.3%。不过，除律师自评外，包括公众在内，认为律师"非常可能"尽职尽责为委托人服务的比例普遍较低，均在20%以下，其中比例最低的是法官，仅有11.3%，与律师自评相差32.6个百分点。

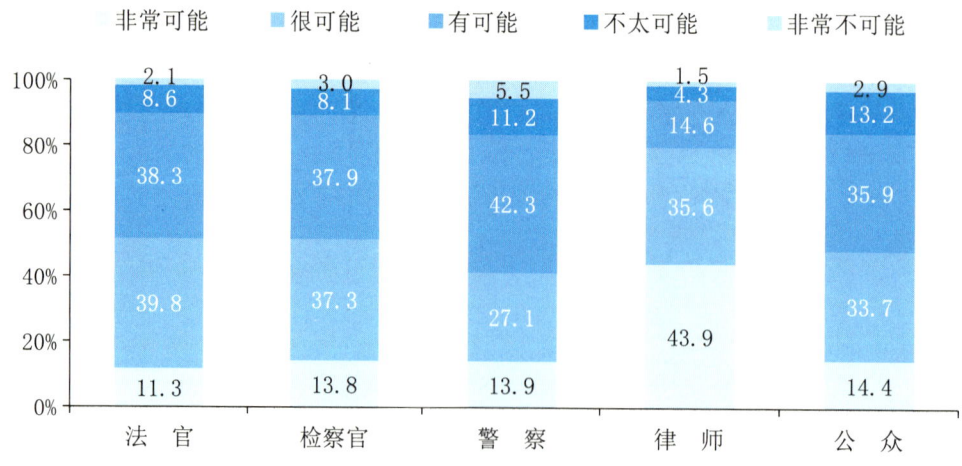

图 2-106 律师尽职尽责为委托人服务的可能性——不同法律职业群体和公众比较（%）

8.3 法律职业人员享有职业保障

为测量这一指标，调查问卷设计七个问题：

问题一："您对自己的职务晋升前景的满意程度如何？"（职业卷 Q2.1）

问题二:"您对自己的职业待遇(工资、奖金、福利等)的满意程度如何?"(职业卷Q2.2)

问题三:"您对自己所在单位履行法定职责保护机制的满意程度如何?"(职业卷Q2.3)

问题四:"在您所在单位,您感受到来自绩效考核的压力如何?"(职业卷Q3.1)

问题五:"在您所在单位,您感受到来自错案责任追究的压力如何?"(职业卷Q3.2)

问题六:"在您所在单位,您感受到来自当事人及其家属的压力如何?"(职业卷Q3.3)

问题七:"在您所在单位,您感受到来自媒体舆论的压力如何?"(职业卷Q3.4)

对于问题一,调查数据显示,有45.2%的受访者对自己的职务晋升前景感到满意(含比较满意和非常满意),有41.0%的受访者对此评价一般,明确表示不满意(含不太满意和非常不满意)的受访者有13.8%。

表2-56 对职务晋升前景的满意程度

	法官		检察官		警察		律师		全体	
	计数	频率%	计数	频率%	计数	频率%	计数	频率%	计数	频率%
非常满意	126	10.1	139	11.4	145	11.7	305	12.6	715	11.7
比较满意	319	25.5	406	33.4	348	28.0	976	40.4	2 049	33.5
一般	531	42.5	484	39.8	533	42.9	963	39.9	2 511	41.0
不太满意	172	13.8	128	10.5	135	10.9	129	5.3	564	9.2
非常不满意	101	8.1	59	4.9	82	6.6	40	1.7	282	4.6

图2-107 对职务晋升前景的满意程度

不同法律职业群体对自己的职务晋升前景感到满意(含比较满意和非常满意)的比例均低于六成,其中律师的比例最高,有53.1%;法官的比例最低,只有35.6%。此外,对自己的职务晋升前景感到"非常满意"的比例普遍偏低,比例最高的仍然是律师,也只有12.6%。

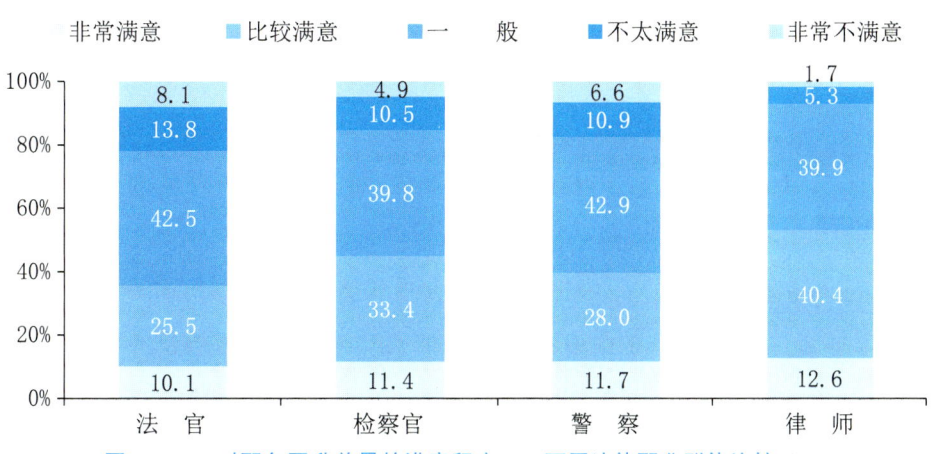

图2-108 对职务晋升前景的满意程度——不同法律职业群体比较(%)

对于问题二，调查数据显示，有45.2%的受访者对自己的职业待遇（工资、奖金、福利等）感到满意（含比较满意和非常满意），有40.8%的受访者对此评价一般，明确表示不满意（含不太满意和非常不满意）的受访者有13.9%。

表 2-57 对职业待遇（工资、奖金、福利等）的满意程度

	法官		检察官		警察		律师		全体	
	计数	频率%	计数	频率%	计数	频率%	计数	频率%	计数	频率%
非常满意	116	9.3	146	12.1	129	10.4	256	10.6	647	10.6
比较满意	372	30.0	447	36.9	384	30.9	912	37.8	2 115	34.6
一般	508	40.9	455	37.6	537	43.2	994	41.2	2 494	40.8
不太满意	179	14.4	121	10.0	128	10.3	195	8.1	623	10.2
非常不满意	67	5.4	41	3.4	66	5.3	54	2.2	228	3.7

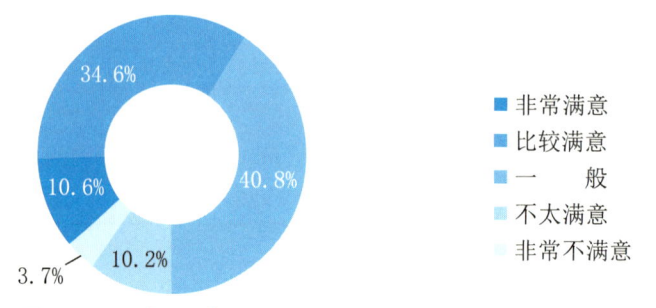

图 2-109 对职业待遇（工资、奖金、福利等）的满意程度

不同法律职业群体中，对自己的职业待遇（工资、奖金、福利等）感到满意（含比较满意和非常满意）的，检察官的比例最高，有49.0%；法官的比例最低，只有39.3%。此外，对自己的职业待遇（工资、奖金、福利等）感到"非常满意"的比例普遍偏低，比例最高的仍然是检察官，也只有12.1%。

图 2-110 对职业待遇（工资、奖金、福利等）的满意程度——不同法律职业群体比较（%）

对于问题三，调查数据显示，有41.6%的受访者对自己所在单位履行法定职责保护机制感到满意（含比较满意和非常满意），有41.0%的受访者对此评价一般，明确表示不满意（含不太满意和非常不满意）的受访者有17.5%。

表 2-58 对单位履行法定职责保护机制的满意程度

	法官		检察官		警察		律师		全体	
	计数	频率%	计数	频率%	计数	频率%	计数	频率%	计数	频率%
非常满意	131	10.6	133	11.0	155	12.6	236	9.8	655	10.8
比较满意	288	23.3	443	36.8	378	30.6	770	32.0	1 879	30.9
一般	492	39.7	476	39.5	498	40.3	1 027	42.6	2 493	41.0
不太满意	234	18.9	107	8.9	132	10.7	303	12.6	776	12.8
非常不满意	93	7.5	46	3.8	72	5.8	72	3.0	283	4.7

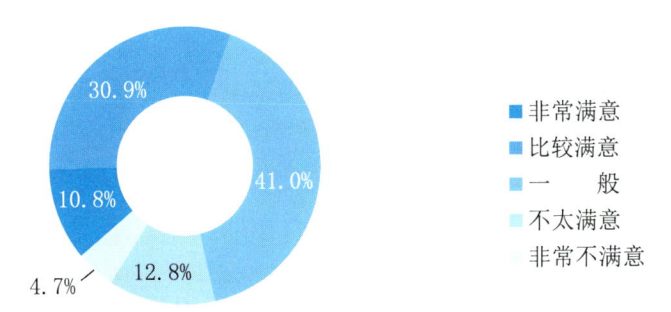

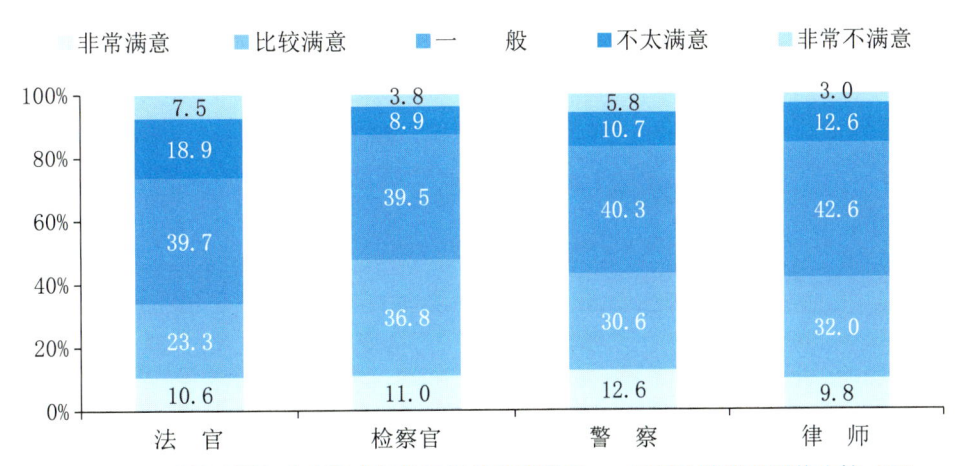

图 2-111 对单位履行法定职责保护机制的满意程度

不同法律职业群体对自己所在单位履行法定职责保护机制感到满意（含比较满意和非常满意）的比例均低于五成，比例最高的是检察官，有 47.8%；比例最低的是法官，仅有 33.8%。此外，对自己所在单位履行法定职责保护机制感到"非常满意"的比例普遍偏低，比例最高的是警察，也只有 12.6%。

图 2-112 对单位履行法定职责保护机制的满意程度——不同法律职业群体比较（%）

对于问题四，调查数据显示，有 78.4% 的受访者表示，自己感受到一定（含中、大和很大）来自绩效考核的压力，其中 15.4% 的受访者表示感受到"很大"压力，而没有感受到压力的受访者只有 9.4%。

表 2-59 感受到来自绩效考核的工作压力

	法官		检察官		警察		律师		全体	
	计数	频率%	计数	频率%	计数	频率%	计数	频率%	计数	频率%
很大	294	23.5	214	17.7	280	22.4	155	6.5	943	15.4
大	419	33.5	421	34.9	420	33.6	459	19.1	1 719	28.1

续表

	法官		检察官		警察		律师		全体	
	计数	频率%	计数	频率%	计数	频率%	计数	频率%	计数	频率%
中	409	32.7	425	35.2	411	32.9	885	36.9	2 130	34.9
小	93	7.4	94	7.8	82	6.6	476	19.8	745	12.2
无	36	2.9	54	4.5	57	4.6	425	17.7	572	9.4

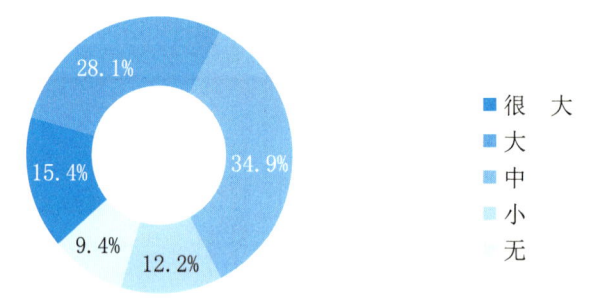

图 2-113 感受到来自绩效考核的工作压力

不同法律职业群体中，感受到来自绩效考核的压力大（含大和很大）的，比例最高的是法官，达 57.0%；比例最低的是律师，只有 25.6%。其中，感受到来自绩效考核的压力"很大"的，比例最高的是法官，有 23.5%；比例最低的是律师，只有 6.5%。

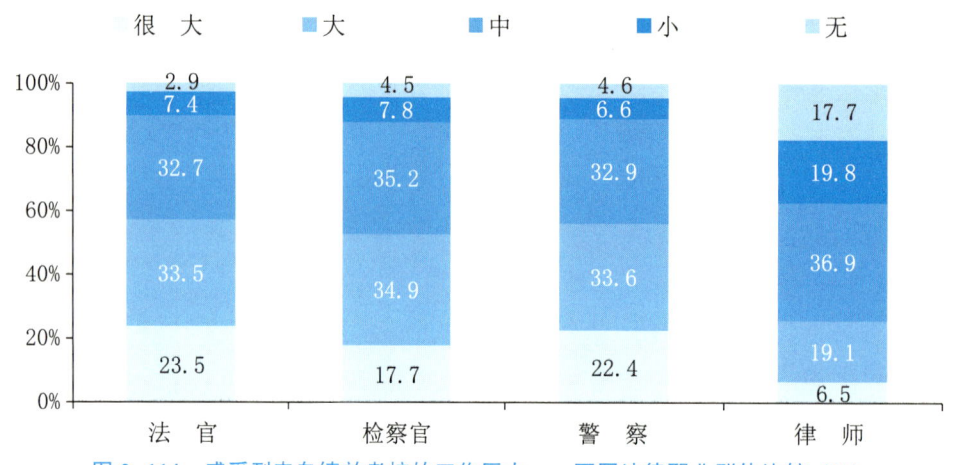

图 2-114 感受到来自绩效考核的工作压力——不同法律职业群体比较（%）

对于问题五，调查数据显示，有 77.9% 的受访者表示，自己感受到一定（含中、大和很大）来自错案责任追究的压力，其中 18.6% 的受访者表示感受到"很大"压力。

表 2-60 感受到来自错案责任追究的工作压力

	法官		检察官		警察		律师		全体	
	计数	频率%	计数	频率%	计数	频率%	计数	频率%	计数	频率%
很大	353	28.3	283	23.3	304	24.4	194	8.1	1 134	18.6
大	399	32.0	401	33.0	355	28.5	460	19.3	1 615	26.5
中	331	26.6	355	29.2	390	31.3	917	38.5	1 993	32.7
小	113	9.1	96	7.9	114	9.2	468	19.6	791	13.0

续表

	法官		检察官		警察		律师		全体	
	计数	频率%	计数	频率%	计数	频率%	计数	频率%	计数	频率%
无	50	4.0	79	6.5	82	6.6	345	14.5	556	9.1

图 2-115 感受到来自错案责任追究的工作压力

不同法律职业群体中，感受到来自错案责任追究的压力大（含大和很大）的，比例最高的是法官，达 60.3%；比例最低的是律师，只有 27.4%。其中，感受到来自错案责任追究的压力"很大"的，比例最高的是法官，为 28.3%；比例最低的是律师，为 8.1%。

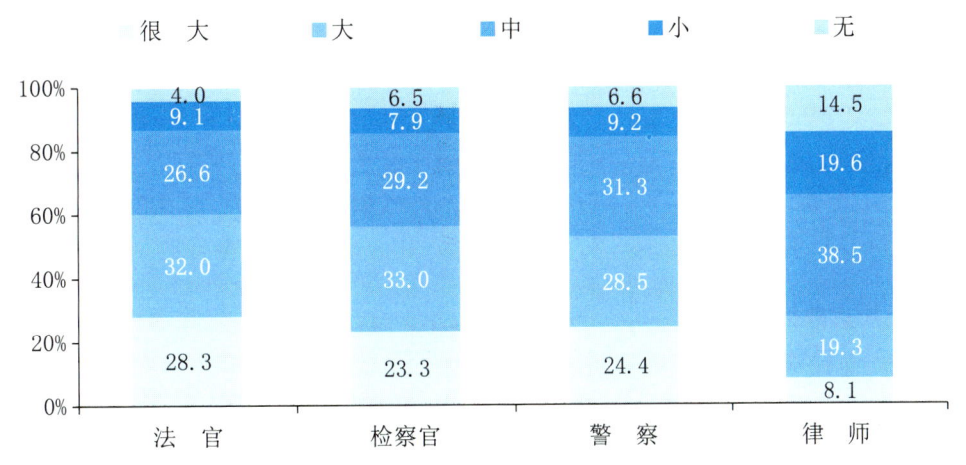

图 2-116 感受到来自错案责任追究的工作压力——不同法律职业群体比较（%）

对于问题六，调查数据显示，有 81.9% 的受访者表示，自己感受到一定（含中、大和很大）来自当事人及其家属的压力，其中 17.4% 的受访者表示感受到"很大"压力。

表 2-61 感受到来自当事人及其家属的工作压力

	法官		检察官		警察		律师		全体	
	计数	频率%	计数	频率%	计数	频率%	计数	频率%	计数	频率%
很大	292	23.4	189	15.7	221	17.8	360	14.9	1 062	17.4
大	442	35.5	345	28.6	339	27.3	745	30.7	1 871	30.6
中	335	26.9	450	37.3	448	36.1	840	34.7	2 073	33.9
小	136	10.9	141	11.7	131	10.6	348	14.4	756	12.4
无	41	3.3	81	6.7	102	8.2	131	5.4	355	5.8

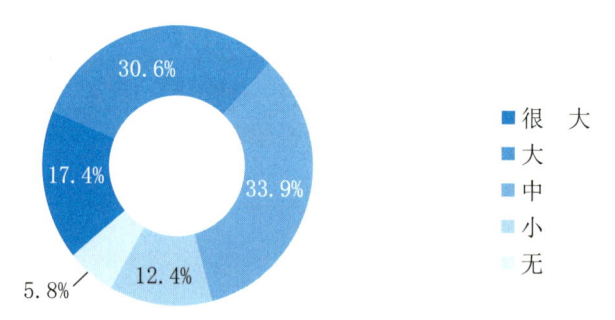

图 2-117 感受到来自当事人及其家属的工作压力

不同法律职业群体中，感受到来自当事人及其家属的压力大（含大和很大）的，比例最高的是法官，达 58.9%；比例最低的是检察官，有 44.3%。其中，感受到来自当事人及其家属的压力"很大"的，比例最高的是法官，有 23.4%；比例最低的是律师，也有 14.9%。

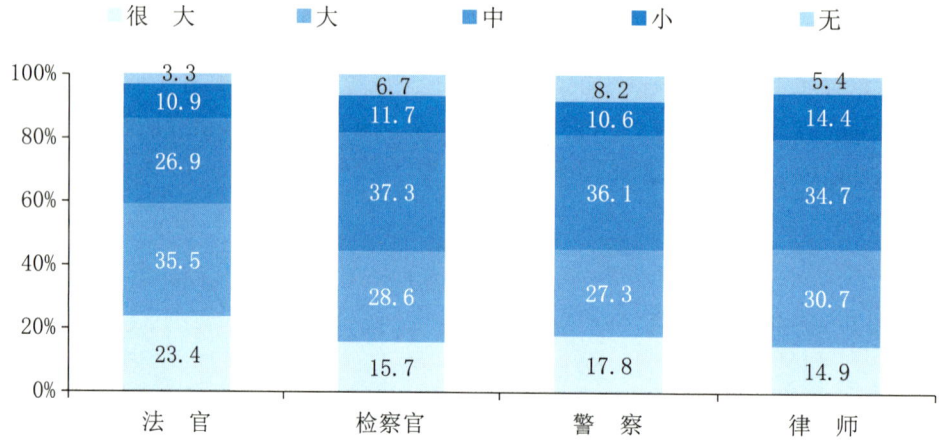

图 2-118 感受到来自当事人及其家属的工作压力——不同法律职业群体比较（%）

对于问题七，调查数据显示，有 70.5% 的受访者表示，自己感受到一定（含中、大和很大）来自媒体舆论的压力，其中 15.3% 的受访者表示感受到"很大"压力。

表 2-62 感受到来自媒体舆论的工作压力

	法官		检察官		警察		律师		全体	
	计数	频率%	计数	频率%	计数	频率%	计数	频率%	计数	频率%
很大	299	24.0	172	14.3	317	25.6	139	5.9	927	15.3
大	354	28.5	317	26.3	323	26.1	327	13.8	1 321	21.8
中	348	28.0	435	36.1	361	29.2	880	37.1	2 024	33.4
小	169	13.6	179	14.9	132	10.7	567	23.9	1 047	17.3
无	74	5.9	101	8.4	105	8.5	461	19.4	741	12.2

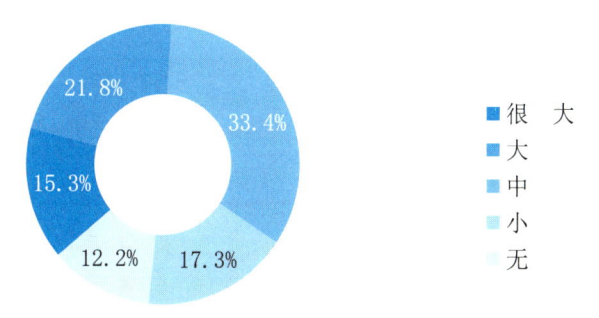

图 2-119 感受到来自媒体舆论的工作压力

不同法律职业群体中，感受到来自媒体舆论的压力大（含大和很大）的，比例最高的是法官，达 52.5%；比例最低的是律师，只有 19.6%。其中，感受到来自媒体舆论的压力"很大"的，比例最高的是警察，有 25.6%；比例最低的是律师，只有 5.9%。

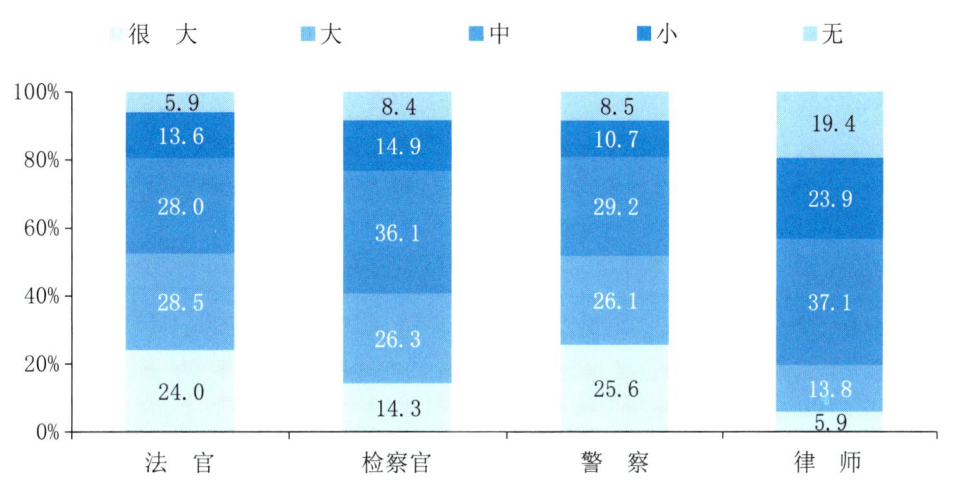

图 2-120 感受到来自媒体舆论的工作压力——不同法律职业群体比较（%）

指标 9　司法公开

9.1　司法过程依法公开

为测量这一指标，调查问卷设计一个问题：

问题："在您所在地区，法院允许公众旁听审判的可能性有多大？"（职业卷 Q32.1 和公众卷 Q5.1）

对于这一问题，调查数据显示，有 91.6% 的受访者认为，法院可能（含有可能、很可能和非常可能）允许公众旁听审判。

表 2-63　法院允许公众旁听审判的可能性

	法 官		检察官		警 察		律 师		公 众		全 体	
	计数	频率%	计数	频率%	计数	频率%	计数	频率%	计数	频率%	计数	频率%
非常可能	796	63.6	553	45.4	362	28.9	711	29.2	2 632	14.8	5 054	21.1
很可能	327	26.1	486	39.9	472	37.7	1 027	42.2	6 122	34.4	8 434	35.2
有可能	110	8.8	153	12.6	366	29.2	621	25.5	7 186	40.4	8 436	35.2
不太可能	13	1.0	15	1.2	41	3.3	65	2.7	1 664	9.4	1 798	7.5

续表

	法官		检察官		警察		律师		公众		全体	
	计数	频率%	计数	频率%	计数	频率%	计数	频率%	计数	频率%	计数	频率%
非常不可能	5	0.4	11	0.9	12	1.0	8	0.3	189	1.1	225	0.9

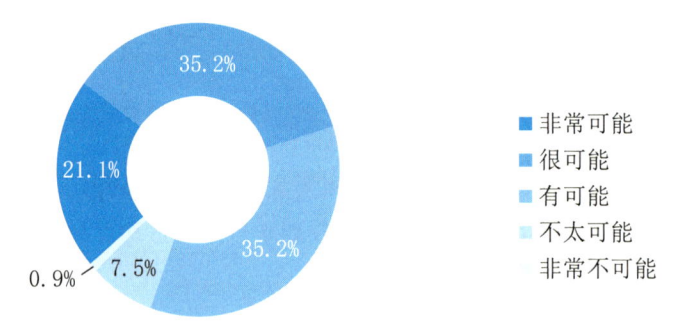

图 2-121 法院允许公众旁听审判的可能性

法律职业群体和公众相比较，法律职业群体认为法院可能（含有可能、很可能和非常可能）允许公众旁听审判的比例高于公众，前者的比例高达 97.2%，后者的比例也有 89.6%。不过，认为法院"非常可能"允许公众旁听审判的，法律职业群体的比例高达 41.8%，而公众的比例只有 14.8%，二者相差 27.0 个百分点。

不同法律职业群体中，认为法院可能（含有可能、很可能和非常可能）允许公众旁听审判的，比例最高的是法官，达 98.6%；警察的比例最低，也有 95.8%。此外，认为法院"非常可能"允许公众旁听审判的，比例最高的仍然是法官，高达 63.6%；比例最低的是警察，只有 28.9%，二者相差 34.7 个百分点。

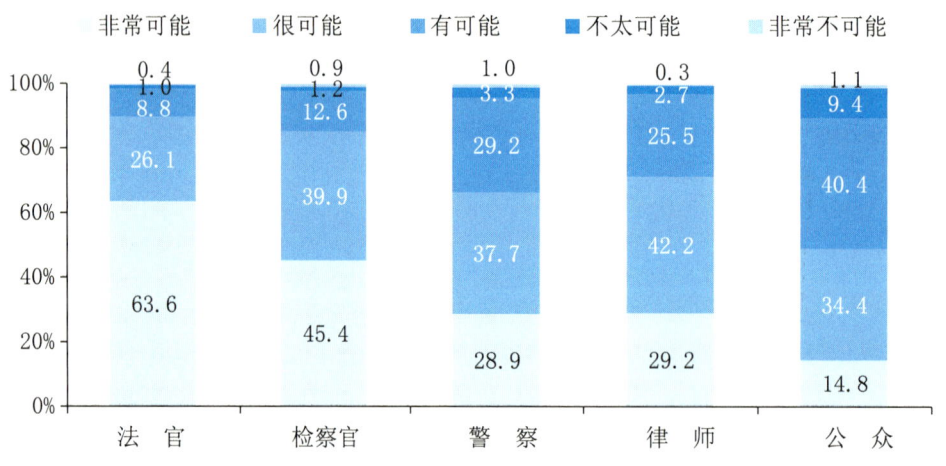

图 2-122 法院允许公众旁听审判的可能性——不同法律职业群体和公众比较（%）

9.2 裁判结果依法公开

为测量这一指标，调查问卷设计两个问题：

问题一："在您所在地区，法院依法及时公开判决书的可能性有多大？"（职业卷 Q32.2 和公众卷 Q5.2）

问题二："在您所在地区，法院判决书对证据采纳与排除的理由予以充分说明的可能性有多大？"（职业卷 Q32.3）

对于问题一，调查数据显示，有 91.7% 的受访者认为，法院可能（含有可能、很可能和非常可能）

依法及时公开判决书。

表 2-64 法院依法及时公开判决书的可能性

	法官		检察官		警察		律师		公众		全体	
	计数	频率%	计数	频率%	计数	频率%	计数	频率%	计数	频率%	计数	频率%
非常可能	805	64.3	530	43.5	363	29.0	555	22.8	2 848	16.0	5 101	21.3
很可能	315	25.2	516	42.4	471	37.6	1 063	43.7	6 074	34.2	8 439	35.3
有可能	116	9.3	152	12.5	366	29.2	706	29.0	7 078	39.8	8 418	35.2
不太可能	11	0.9	8	0.7	42	3.4	92	3.8	1 588	8.9	1 741	7.3
非常不可能	4	0.3	12	1.0	11	0.9	17	0.7	191	1.1	235	1.0

图 2-123 法院依法及时公开判决书的可能性

法律职业群体和公众相比较，法律职业群体认为法院可能（含有可能、很可能和非常可能）依法及时公开判决书的比例高达 96.8%，公众的比例也有 90.0%，二者相差 6.8 个百分点。不过，认为法院"非常可能"依法及时公开判决书的，法律职业群体的比例是 36.6%，公众的比例只有 16.0%，二者相差 20.6 个百分点。

不同法律职业群体中，认为法院可能（含有可能、很可能和非常可能）依法及时公开判决书的，比例最高的是法官，达 98.8%；比例最低的是律师，也有 95.5%。不过，认为法院"非常可能"依法及时公开判决书的，比例最高的仍然是法官，高达 64.3%；比例最低的是律师，只有 22.8%，二者相差 41.5 个百分点。

图 2-124 法院依法及时公开判决书的可能性——不同法律职业群体和公众比较（%）

对于问题二，调查数据显示，有 94.3% 的受访者认为，法院判决书可能（含有可能、很可能和非常可能) 对证据采纳与排除的理由予以充分说明。

表 2-65　法院判决书对证据采纳与排除的理由予以充分说明的可能性

	法　官		检察官		警　察		律　师		全　体	
	计数	频率%	计数	频率%	计数	频率%	计数	频率%	计数	频率%
非常可能	661	52.9	441	36.2	344	27.5	360	14.8	1 806	29.4
很可能	423	33.8	555	45.6	462	36.9	887	36.5	2 327	37.8
有可能	144	11.5	194	15.9	380	30.4	945	38.9	1 663	27.0
不太可能	16	1.3	14	1.2	49	3.9	186	7.7	265	4.3
非常不可能	6	0.5	13	1.1	16	1.3	52	2.1	87	1.4

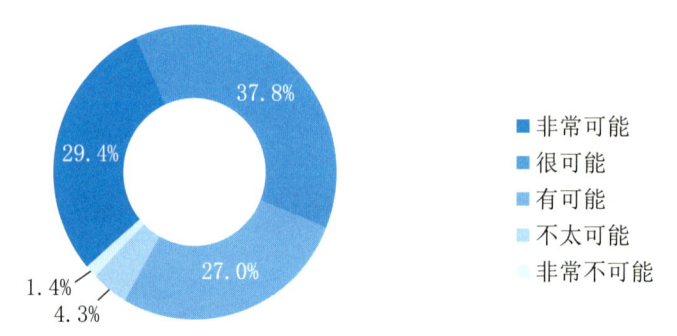

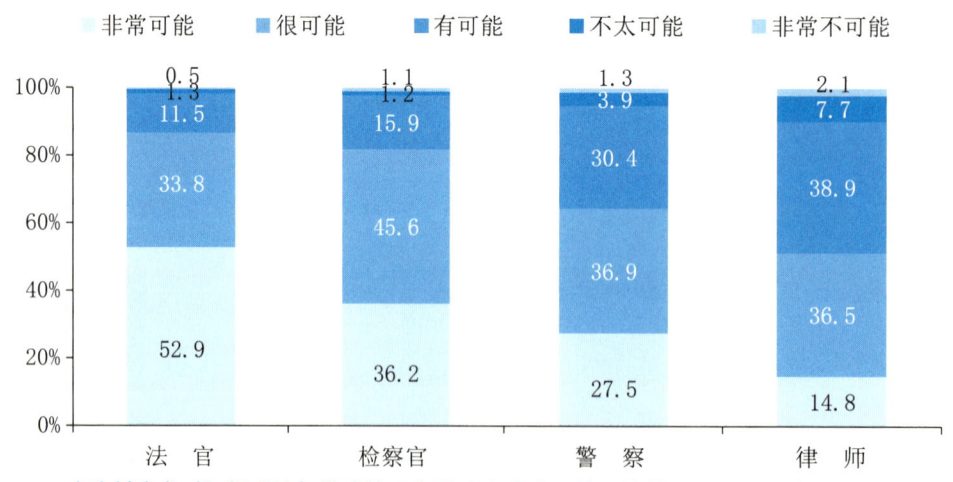

图 2-125　法院判决书对证据采纳与排除的理由予以充分说明的可能性

不同法律职业群体中，认为法院判决书可能（含有可能、很可能和非常可能）对证据采纳与排除的理由予以充分说明的，比例最高的是法官，达 98.2%；比例最低的是律师，也有 90.2%。不过，认为法院判决书"非常可能"对证据采纳与排除的理由予以充分说明的，不同法律职业群体看法差异显著，比例最高的是法官，达 52.9%；比例最低的是律师，只有 14.8%，二者相差 38.1 个百分点。

图 2-126　法院判决书对证据采纳与排除的理由予以充分说明的可能性——不同法律职业群体比较（%）

指标 10　司法文化

10.1　公众参与司法的意识及程度

为测量这一指标，调查问卷设计一个问题：

问题:"如果有当人民陪审员的机会,您愿意参与法庭审判吗?"(公众卷 Q1)

对于这一问题,调查数据显示,如果有当人民陪审员的机会,有 55.5% 的受访者表示愿意(含比较愿意和非常愿意)参与法庭审判;明确表示"不太愿意"和"非常不愿意"的,分别只有 12.2% 和 2.1%。

表 2-66　如果有当人民陪审员的机会,公众参与法庭审判的意愿度

	公　众	
	计　数	频率%
非常愿意	4 001	22.5
比较愿意	5 867	33.0
一　　般	5 374	30.2
不太愿意	2 179	12.2
非常不愿意	375	2.1

图 2-127　如果有当人民陪审员的机会,公众参与法庭审判的意愿度

10.2　公众诉诸司法的意识及程度

为测量这一指标,调查问卷设计一个问题:

问题:"在您所在地区,当矛盾双方无法通过协商、调解等方式解决纠纷时,人们到法院起诉的可能性有多大?"(公众卷 Q7)

对于这一问题,调查数据显示,当矛盾双方无法通过协商、调解等方式解决纠纷时,有 86.7% 的受访者表示可能(含有可能、很可能和非常可能)到法院起诉。不过,表示"非常可能"到法院起诉的比例偏低,只有 11.8%。

表 2-67　无法通过协商、调解等方式解决纠纷的矛盾双方到法院起诉的可能性

	公　众	
	计　数	频率%
非常可能	2 112	11.8
很可能	5 672	31.8
有可能	7 674	43.0
不太可能	2 208	12.4
非常不可能	161	0.9

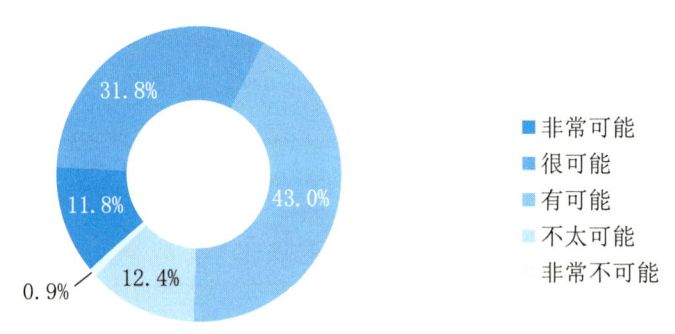

图 2-128　无法通过协商、调解等方式解决纠纷的矛盾双方到法院起诉的可能性

10.3　公众接受司法裁判的意识及程度

为测量这一指标，调查问卷设计一个问题：

问题："假设审判程序没有问题，但判决结果对您不利，您尊重法院判决的可能性有多大？"（公众卷 Q8）

对于这一问题，调查数据显示，假设审判程序没有问题，但判决结果对自己不利，有 80.3% 的受访者表示自己可能（含有可能、很可能和非常可能）尊重法院判决。不过，表示"非常可能"尊重法院判决的比例偏低，只有 10.0%。

表 2-68　尊重对自己不利的判决结果的可能性

	公　众	
	计　数	频率%
非常可能	1 776	10.0
很可能	5 189	29.1
有可能	7 344	41.2
不太可能	3 082	17.3
非常不可能	429	2.4

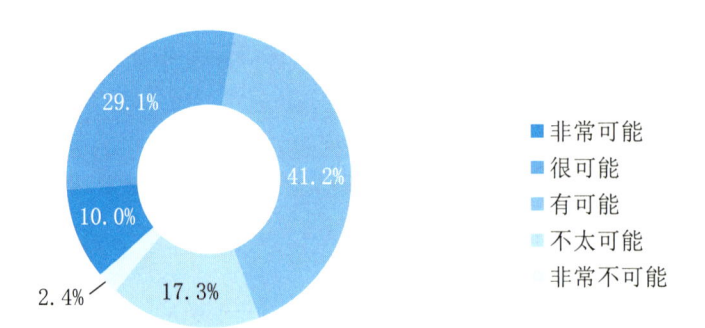

图 2-129　尊重对自己不利的判决结果的可能性

10.4　公众接受现代刑罚理念的意识及程度

为测量这一指标，调查问卷设计两个问题：

问题一："对于在公共场所举行公捕、公判大会，您的总体态度是？"（公众卷 Q9）

问题二："与枪决相比，您对以注射方式执行死刑的态度是？"（公众卷 Q10）

对于问题一，调查数据显示，对于在公共场所举行公捕、公判大会，有 55.5% 的受访者表示支持（含一定程度上支持和坚决支持），其中 15.8% 的受访者表示"坚决支持"。相比较而言，表示不支持（含

不太支持和强烈反对）的比例低些，只有 19.9%。此外，还有 24.6% 的受访者表示"不关心，无所谓"。

表 2-69 对于在公共场所举行公捕、公判大会的态度

	公　众	
	计　数	频率%
坚决支持	2 825	15.8
一定程度上支持	7 065	39.6
不关心，无所谓	4 388	24.6
不太支持	2 862	16.1
强烈反对	685	3.8

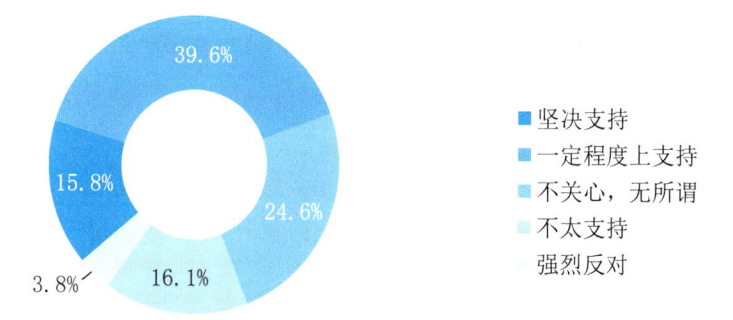

图 2-130 对于在公共场所举行公捕、公判大会的态度

对于问题二，调查数据显示，与枪决相比，有 65.4% 的受访者更支持（含一定程度上支持和坚决支持）以注射方式执行死刑，其中 18.5% 的受访者表示"坚决支持"。相比较而言，表示不支持（含不太支持和强烈反对）的比例低些，只有 11.2%。此外，还有 23.4% 的受访者表示"不关心，无所谓"。

表 2-70 与枪决相比，对以注射方式执行死刑的态度

	公　众	
	计　数	频率%
坚决支持	3 303	18.5
一定程度上支持	8 359	46.9
不关心，无所谓	4 177	23.4
不太支持	1 653	9.3
强烈反对	338	1.9

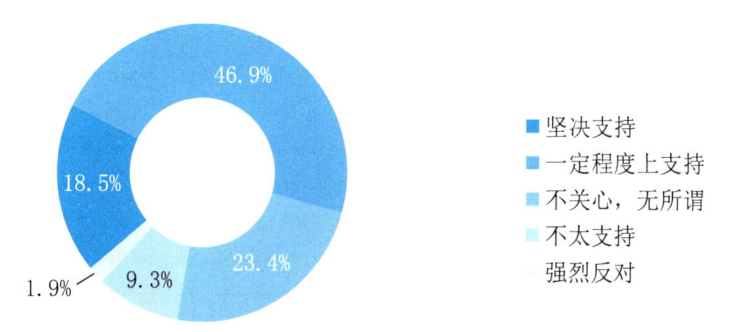

图 2-131 与枪决相比，对以注射方式执行死刑的态度

第三章　司法主体性分析

本章将分析各群体（包括法律职业群体和公众）对法官/法院、检察官/检察院、警察/公安机关、律师的评价。各评价主体对于四类被评对象的评价以指标得分体现，一级指标得分为二级指标得分的均值，二级指标得分为该指标下所有问题得分的均值。

表 3-1　不同主体之间指标评分及指标得分排名汇总表[1]

评价主体	一级指标	法官/法院 得分	法官/法院 排名	检察官/检察院 得分	检察官/检察院 排名	警察/公安机关 得分	警察/公安机关 排名	律师 得分	律师 排名
法官	司法权力	82.5	2/9	74.1	3/5	78.5	2/5	/	/
法官	当事人诉讼权利	75.4	8/9	73.8	4/5	74.8	4/5	71.5	1/2
法官	民事司法程序	80.7	3/9	/	/	/	/	/	/
法官	刑事司法程序	80.5	5/9	71.5	5/5	75.6	3/5	/	/
法官	行政司法程序	80.7	4/9	/	/	/	/	/	/
法官	证据制度	75.7	7/9	78.6	1/5	81.2	1/5	/	/
法官	司法腐败遏制	76.2	6/9	74.8	2/5	70.5	5/5	/	/
法官	法律职业化	61.4	9/9	/	/	/	/	65.2	2/2
法官	司法公开	89.6	1/9	/	/	/	/	/	/
检察官	司法权力	79.9	2/8	77.2	3/6	79.8	2/5	/	/
检察官	当事人诉讼权利	73.4	7/8	75.4	5/6	75.0	4/5	73.0	1/2
检察官	民事司法程序	76.1	4/8	/	/	/	/	/	/
检察官	刑事司法程序	76.4	3/8	76.3	4/6	77.6	3/5	/	/
检察官	行政司法程序	75.3	6/8	/	/	/	/	/	/
检察官	证据制度	76.0	5/8	82.1	1/6	80.3	1/5	/	/
检察官	司法腐败遏制	71.7	8/8	77.5	2/6	69.3	5/5	/	/
检察官	法律职业化	/	/	64.8	6/6	/	/	65.5	2/2
检察官	司法公开	84.8	1/8	/	/	/	/	/	/
警察	司法权力	75.3	2/8	71.3	3/5	80.0	1/6	/	/
警察	当事人诉讼权利	70.0	7/8	69.8	4/5	72.4	5/6	67.0	1/2
警察	民事司法程序	72.0	5/8	/	/	/	/	/	/
警察	刑事司法程序	72.2	4/8	72.3	2/5	79.8	2/6	/	/
警察	行政司法程序	72.3	3/8	/	/	/	/	/	/

[1]　表中"/"表示该被评对象没有对应一级指标对其进行评价，故没有指标得分和排名数据。

续表

评价主体	一级指标	被评对象							
		法官/法院		检察官/检察院		警察/公安机关		律 师	
		得分	排名	得分	排名	得分	排名	得分	排名
警 察	证据制度	70.0	6/8	74.7	1/5	74.8	3/6	/	/
	司法腐败遏制	67.4	8/8	68.8	5/5	72.9	4/6	/	/
	法律职业化	/	/	/	/	62.4	6/6	62.4	2/2
	司法公开	77.8	1/8						
律 师	司法权力	71.7	2/8	66.8	2/5	69.6	2/5		
	当事人诉讼权利	62.1	8/8	60.1	5/5	64.1	4/5	61.3	2/2
	民事司法程序	69.7	3/8	/	/	/	/	/	/
	刑事司法程序	66.6	5/8	64.5	3/5	67.4	3/5		
	行政司法程序	67.9	4/8						
	证据制度	64.8	6/8	72.0	1/5	76.4	1/5		
	司法腐败遏制	63.1	7/8	64.3	4/5	60.5	5/5		
	法律职业化	/	/	/	/	/	/	70.0	1/2
	司法公开	76.7	1/8						
公 众	司法权力	74.1	1/8	72.5	1/4	70.2	1/5		
	当事人诉讼权利	64.3	6/8	64.3	3/4	64.3	3/5	64.3	2/2
	民事司法程序	68.0	3/8						
	刑事司法程序	63.6	7/8			67.8	2/5		
	行政司法程序	66.6	4/8						
	证据制度	60.4	8/8	60.4	4/4	60.4	5/5		
	司法腐败遏制	64.6	5/8	66.1	2/4	63.2	4/5		
	法律职业化	/	/	/	/	/	/	66.4	1/2
	司法公开	70.8	2/8						

一、对法官/法院的评价

本年度司法文明指标体系中,指向法官/法院的一级指标共有9个,分别为"司法权力""当事人诉讼权利""民事司法程序""刑事司法程序""行政司法程序""证据制度""司法腐败遏制""法律职业化""司法公开"。

以五类群体对某个一级指标的评分均值作为该指标得分。在9个一级指标中,"司法权力"指标得分(74.7分)最高,"法律职业化"指标得分(61.4分)最低。

以某类群体对9个一级指标的评分均值作为该群体对法官/法院的总评价。在五类群体中,法官对法官/法院总评价(78.1分)最高,公众总评价(66.6分)最低。五类群体对法官/法院的总评分均值为68.2分。

表 3-2 对指向法官/法院的一级指标评分[1]

一级指标	法官	检察官	警察	律师	公众	均值
司法权力	82.5	79.9	75.3	71.7	74.1	74.7
当事人诉讼权利	75.4	73.4	70.0	62.1	64.3	65.4
民事司法程序	80.7	76.1	72.0	69.7	68.0	69.5
刑事司法程序	80.5	76.4	72.2	66.6	63.6	65.8
行政司法程序	80.7	75.3	72.3	67.9	66.6	68.2
证据制度	75.7	76.0	70.0	64.8	60.4	63.0
司法腐败遏制	76.2	71.7	67.4	63.1	64.6	65.5
法律职业化	61.4	/	/	/	/	61.4
司法公开	89.6	84.8	77.8	76.7	70.8	73.4
总评价	78.1	76.7	72.1	67.8	66.6	68.2

纵向对比五类群体的一级指标评分。五类群体中法官评分较高，除"法律职业化"指标无实际对比意义外，有7个指标（除"证据制度"指标外）评分为各群体中最高；而公众评分较低，8个指标中5个指标评分为各群体中最低。

横向对比各群体内的指标评分。法律职业群体评分最高的指标均为"司法公开"；法官评分最低的指标为"法律职业化"，检察官、警察评分最低的指标为"司法腐败遏制"，律师评分最低的指标为"当事人诉讼权利"。公众评分最高的指标为"司法权力"，评分最低的指标为"证据制度"。

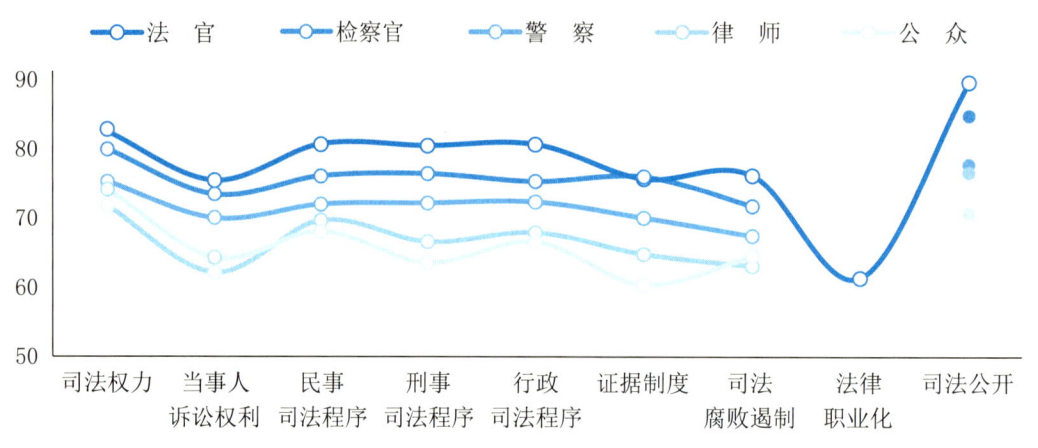

图 3-1 对指向法官/法院的一级指标评分对比

指标1：司法权力

在"司法权力"一级指标下，指向法官/法院的二级指标共有5个，分别为"司法权力依法行使""司法权力独立行使""司法权力公正行使""司法权力主体受到信任与认同""司法裁判受到信任与认同"。

以五类群体对某个二级指标的评分均值作为该指标得分。在5个二级指标中，"司法权力公正行使"指标得分（80.3分）最高，"司法权力独立行使"指标得分（62.9分）最低。

---

[1] "均值"为加权平均值，权重为各群体的样本量占比。"总评价"为各一级指标得分的简单平均分。下同。

以某类群体对 5 个二级指标的评分均值作为该群体对法官/法院"司法权力"指标的评价。在五类群体中，法官对"司法权力"指标评分（82.5 分）最高，律师评分（71.7 分）最低。五类群体对指向法官/法院的"司法权力"一级指标的评分均值为 74.7 分。

表 3-3 对指向法官/法院的"司法权力"下二级指标评分

二级指标	法 官	检察官	警 察	律 师	公 众	均 值
司法权力依法行使	85.1	82.4	76.8	76.1	/	79.3
司法权力独立行使	67.1	66.7	65.2	57.6	/	62.9
司法权力公正行使	86.9	84.4	78.1	76.1	/	80.3
司法权力主体受到信任与认同	83.1	80.5	76.2	72.8	72.5	73.7
司法裁判受到信任与认同	90.2	85.7	80.0	76.1	75.8	77.3
司法权力	82.5	79.9	75.3	71.7	74.1	74.7

纵向对比五类群体对"司法权力"下二级指标的评分。五类群体中法官评分较高，5 个二级指标评分均为各群体中最高；而律师和公众评分较低，律师在"司法权力依法行使""司法权力独立行使""司法权力公正行使"这 3 个指标上评分为各群体中最低，公众在"司法权力主体受到信任与认同""司法裁判受到信任与认同"这 2 个指标上评分为各群体中最低。

横向对比各群体内的指标评分。法律职业群体评分最高的指标均为"司法裁判受到信任与认同"，评分最低的指标均为"司法权力独立行使"；公众对"司法裁判受到信任与认同"指标的评分高于"司法权力主体受到信任与认同"指标。

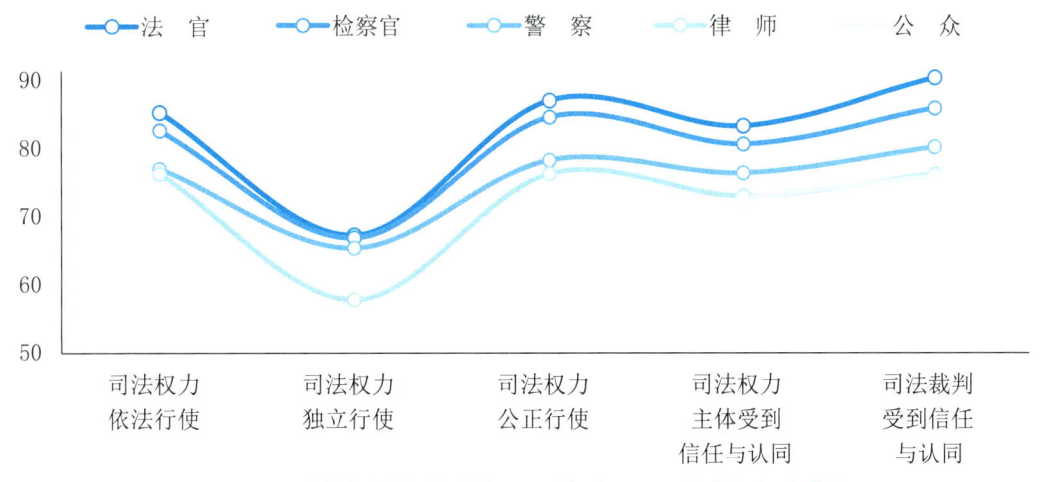

图 3-2 对指向法官/法院的"司法权力"下二级指标评分对比

指标 2：当事人诉讼权利

在"当事人诉讼权利"一级指标下，指向法官/法院的二级指标共有 3 个，分别为"当事人享有获得辩护、代理的权利""当事人享有证据性权利""当事人享有获得救济的权利"。

以五类群体对某个二级指标的评分均值作为该指标得分。在 3 个二级指标中，"当事人享有获得救济的权利"指标得分（69.1 分）最高，"当事人享有获得辩护、代理的权利"指标得分（65.2 分）最低。

以某类群体对 3 个二级指标的评分均值作为该群体对法官/法院"当事人诉讼权利"指标的评价。

在五类群体中，法官对"当事人诉讼权利"指标评分（75.4分）最高，律师评分（62.1分）最低。五类群体对指向法官/法院的"当事人诉讼权利"一级指标的评分均值为65.4分。

表3-4 对指向法官/法院的"当事人诉讼权利"下二级指标评分

二级指标	法官	检察官	警察	律师	公众	均值
当事人享有获得辩护、代理的权利	73.8	75.4	69.8	60.1	64.3	65.2
当事人享有证据性权利	74.1	71.6	70.0	64.6	/	69.0
当事人享有获得救济的权利	78.4	73.3	70.0	61.7	/	69.1
当事人诉讼权利	75.4	73.4	70.0	62.1	64.3	65.4

纵向对比五类群体对"当事人诉讼权利"下二级指标的评分。五类群体中，法官对"当事人享有证据性权利"和"当事人享有获得救济的权利"指标评分均为各群体中最高，检察官对"当事人享有获得辩护、代理的权利"指标评分为各群体中最高；律师对3个指标评分均为各群体中最低。

横向对比各群体内的指标评分。警察、律师评分最高的指标均为"当事人享有证据性权利"，评分最低的指标均为"当事人享有获得辩护、代理的权利"；法官评分最高的指标为"当事人享有获得救济的权利"，评分最低的指标为"当事人享有获得辩护、代理的权利"；检察官评分最高的指标为"当事人享有获得辩护、代理的权利"，评分最低的指标为"当事人享有证据性权利"。

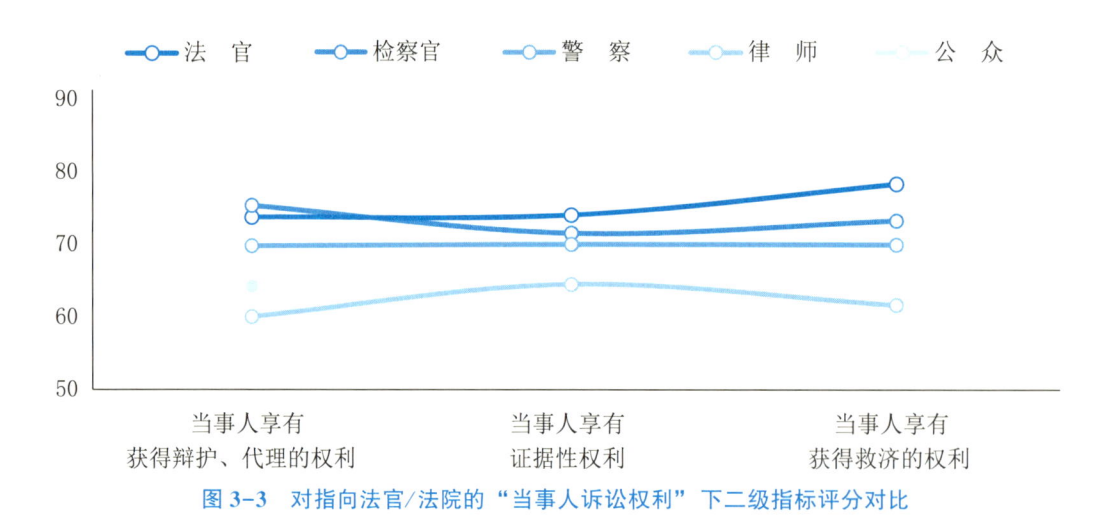

图3-3 对指向法官/法院的"当事人诉讼权利"下二级指标评分对比

指标3：民事司法程序

在"民事司法程序"一级指标下，指向法官/法院的二级指标共有3个，分别为"民事审判符合公正要求""民事诉讼中的调解自愿、合法""民事诉讼裁判得到有效执行"。

以五类群体对某个二级指标的评分均值作为该指标得分。在3个二级指标中，"民事诉讼裁判得到有效执行"指标得分（72.2分）最高，"民事审判符合公正要求"指标得分（68.1分）最低。

以某类群体对3个二级指标的评分均值作为该群体对法官/法院"民事司法程序"指标的评价。在五类群体中，法官对"民事司法程序"指标评分（80.7分）最高，公众评分（68.0分）最低。五类群体对指向法官/法院的"民事司法程序"一级指标的评分均值为69.5分。

表 3-5 对指向法官/法院的"民事司法程序"下二级指标评分

二级指标	法官	检察官	警察	律师	公众	均值
民事审判符合公正要求	86.6	80.3	73.6	74.7	64.6	68.1
民事诉讼中的调解自愿、合法	77.8	73.5	71.5	64.7	67.4	68.2
民事诉讼裁判得到有效执行	77.8	74.5	70.9	69.6	72.1	72.2
民事司法程序	80.7	76.1	72.0	69.7	68.0	69.5

纵向对比五类群体对"民事司法程序"下二级指标的评分。五类群体中，法官对3个二级指标的评分均为各群体中最高；律师对"民事诉讼中的调解自愿、合法"和"民事诉讼裁判得到有效执行"指标评分均为各群体中最低；公众对"民事审判符合公正要求"指标评分为各群体中最低。

横向对比各群体内的指标评分。法律职业群体评分最高的指标均为"民事审判符合公正要求"；法官、警察评分最低的指标为"民事诉讼裁判得到有效执行"；检察官、律师评分最低的指标为"民事诉讼中的调解自愿、合法"。公众评分最高的指标为"民事诉讼裁判得到有效执行"，评分最低的指标为"民事审判符合公正要求"。

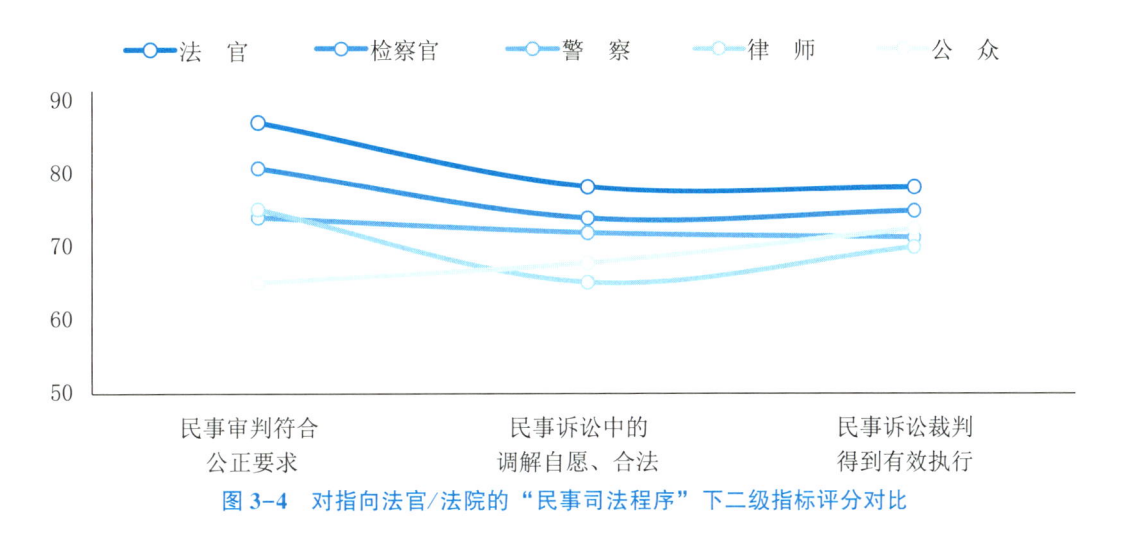

图 3-4 对指向法官/法院的"民事司法程序"下二级指标评分对比

指标4：刑事司法程序

在"刑事司法程序"一级指标下，指向法官/法院的二级指标只有1个，即"刑事审判公正及时"。在五类群体中，法官对"刑事司法程序"指标评分（80.5分）最高，公众评分（63.6分）最低。五类群体对指向法官/法院的"刑事司法程序"一级指标的评分均值为65.8分。

表 3-6 对指向法官/法院的"刑事司法程序"下二级指标评分

二级指标	法官	检察官	警察	律师	公众	均值
刑事审判公正及时	80.5	76.4	72.2	66.6	63.6	65.8
刑事司法程序	80.5	76.4	72.2	66.6	63.6	65.8

刑事审判公正及时

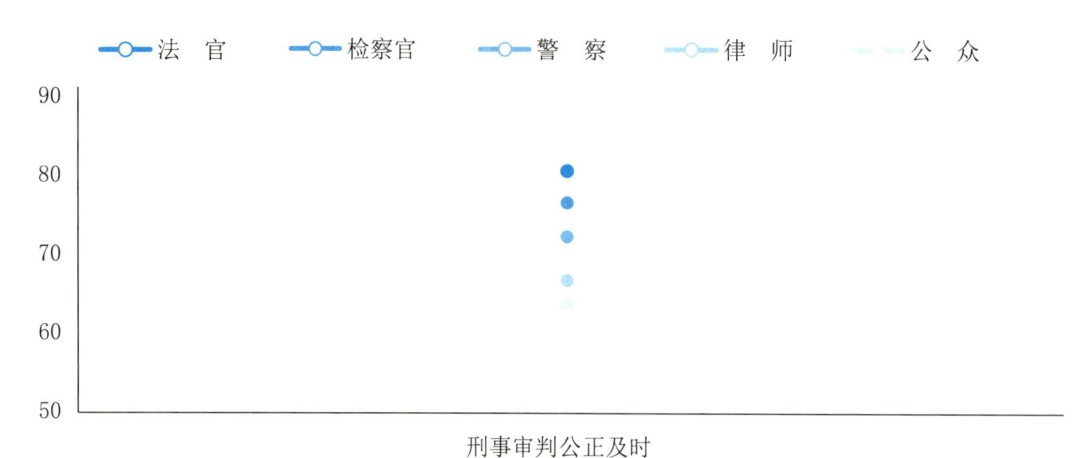

图 3-5 对指向法官/法院的"刑事司法程序"下二级指标评分对比

指标 5：行政司法程序

在"行政司法程序"一级指标下，指向法官/法院的二级指标共有 2 个，分别为"行政审判符合公正要求"和"行政诉讼裁判得到有效执行"。

以五类群体对某个二级指标的评分均值作为该指标得分。在 2 个二级指标中，"行政审判符合公正要求"指标得分（74.0 分）高于"行政诉讼裁判得到有效执行"指标得分（67.9 分）。

以某类群体对 2 个二级指标的评分均值作为该群体对法官/法院"行政司法程序"指标的评价。在五类群体中，法官对"行政司法程序"指标评分（80.7 分）最高，公众评分（66.6 分）最低。五类群体对指向法官/法院的"行政司法程序"一级指标的评分均值为 68.2 分。

表 3-7 对指向法官/法院的"行政司法程序"下二级指标评分

二级指标	法官	检察官	警察	律师	公众	均值
行政审判符合公正要求	83.5	77.7	73.0	67.6	/	74.0
行政诉讼裁判得到有效执行	77.8	72.9	71.6	68.2	66.6	67.9
行政司法程序	80.7	75.3	72.3	67.9	66.6	68.2

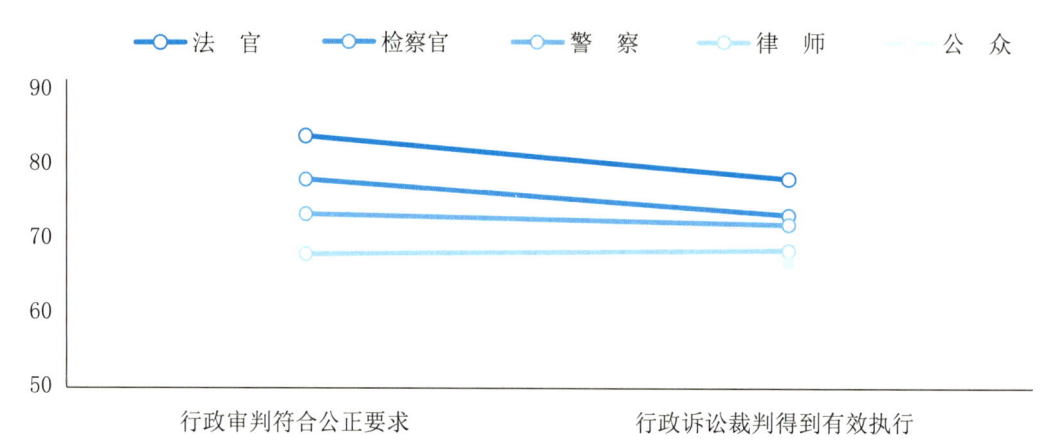

图 3-6 对指向法官/法院的"行政司法程序"下二级指标评分对比

纵向对比五类群体对"行政司法程序"下二级指标的评分。五类群体中，法官对 2 个二级指标的评分均为各群体中最高；律师对"行政审判符合公正要求"指标的评分为各群体中最低，公众对"行政诉讼裁判得到有效执行"指标的评分为各群体中最低。

横向对比各群体内的指标评分。法官、检察官、警察对"行政审判符合公正要求"指标的评分高于对"行政诉讼裁判得到有效执行"指标的评分。律师反之。

指标6：证据制度

在"证据制度"一级指标下，指向法官/法院的二级指标共有3个，分别为"证据裁判原则得到贯彻""证据依法得到采纳与排除""证明过程得到合理规范"。

以五类群体对某个二级指标的评分均值作为该指标得分。在3个二级指标中，"证明过程得到合理规范"指标得分（71.7分）最高，"证据裁判原则得到贯彻"指标得分（63.3分）最低。

以某类群体对3个二级指标的评分均值作为该群体对法官/法院"证据制度"指标的评价。在五类群体中，检察官对"证据制度"指标评分（76.0分）最高，公众评分（60.4分）最低。五类群体对指向法官/法院的"证据制度"一级指标的评分均值为63.0分。

表3-8 对指向法官/法院的"证据制度"下二级指标评分

二级指标	法官	检察官	警察	律师	公众	均值
证据裁判原则得到贯彻	75.9	77.2	70.7	67.6	60.4	63.3
证据依法得到采纳与排除	72.5	73.6	68.2	61.1	/	67.3
证明过程得到合理规范	78.8	77.2	71.2	65.6	/	71.7
证据制度	75.7	76.0	70.0	64.8	60.4	63.0

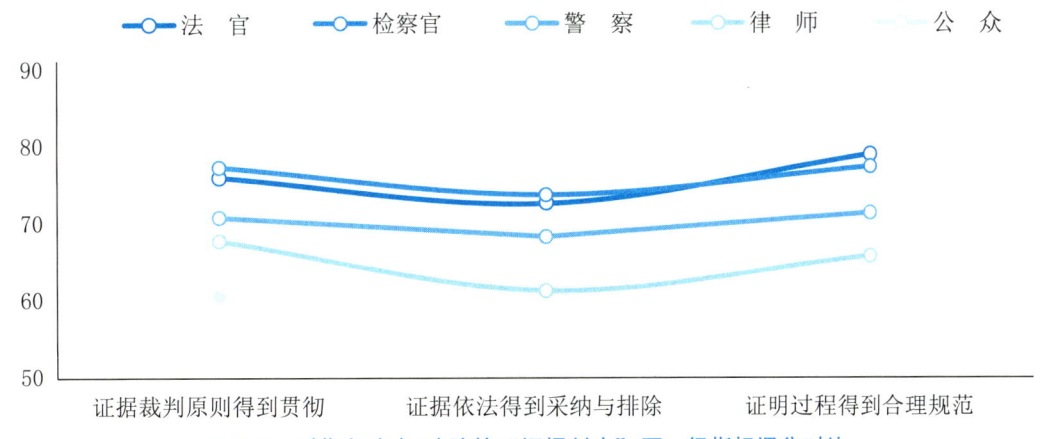

图3-7 对指向法官/法院的"证据制度"下二级指标评分对比

纵向对比五类群体对"证据制度"下二级指标的评分。五类群体中，检察官在"证据裁判原则得到贯彻"和"证据依法得到采纳与排除"两个指标上评分均为各群体中最高；法官在"证明过程得到合理规范"指标上评分为各群体中最高。律师在"证据依法得到采纳与排除"和"证明过程得到合理规范"两个指标上评分均为各群体中最低；公众在"证据裁判原则得到贯彻"指标上评分为各群体中最低。

横向对比各群体内的指标评分。法官、检察官、警察评分最高的指标均为"证明过程得到合理规范"，评分最低的指标均为"证据依法得到采纳与排除"；律师评分最高的指标为"证据裁判原则得到贯彻"，评分最低的指标为"证据依法得到采纳与排除"。

指标7：司法腐败遏制

在"司法腐败遏制"一级指标下，指向法官/法院的二级指标只有1个，即"法官远离腐败"。在五类群体中，法官对"司法腐败遏制"指标评分（76.2分）最高，律师评分（63.1分）最低。五类群体对指向法官/法院的"司法腐败遏制"一级指标的评分均值为65.5分。

表3-9 对指向法官/法院的"司法腐败遏制"下二级指标评分

二级指标	法 官	检察官	警 察	律 师	公 众	均 值
法官远离腐败	76.2	71.7	67.4	63.1	64.6	65.5
司法腐败遏制	76.2	71.7	67.4	63.1	64.6	65.5

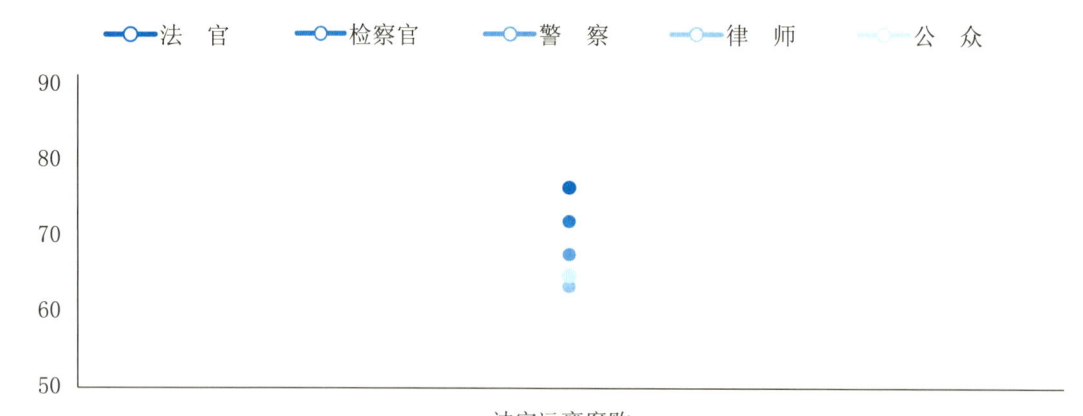

图3-8 对指向法官/法院的"司法腐败遏制"下二级指标评分对比

指标8：法律职业化

在"法律职业化"一级指标下，指向法官/法院的二级指标共有2个，分别为"法律职业人员获得职业培训"和"法律职业人员享有职业保障"。

以法官对某个二级指标的评分均值作为该指标得分。在2个二级指标中，"法律职业人员获得职业培训"指标得分（68.6分）高于"法律职业人员享有职业保障"指标得分（54.1分）。法官对指向法官/法院的"法律职业化"一级指标的评分均值为61.4分。

表3-10 对指向法官/法院的"法律职业化"下二级指标评分

二级指标	法 官	检察官	警 察	律 师	公 众	均 值
法律职业人员获得职业培训	68.6	/	/	/	/	68.6
法律职业人员享有职业保障	54.1	/	/	/	/	54.1
法律职业化	61.4	/	/	/	/	61.4

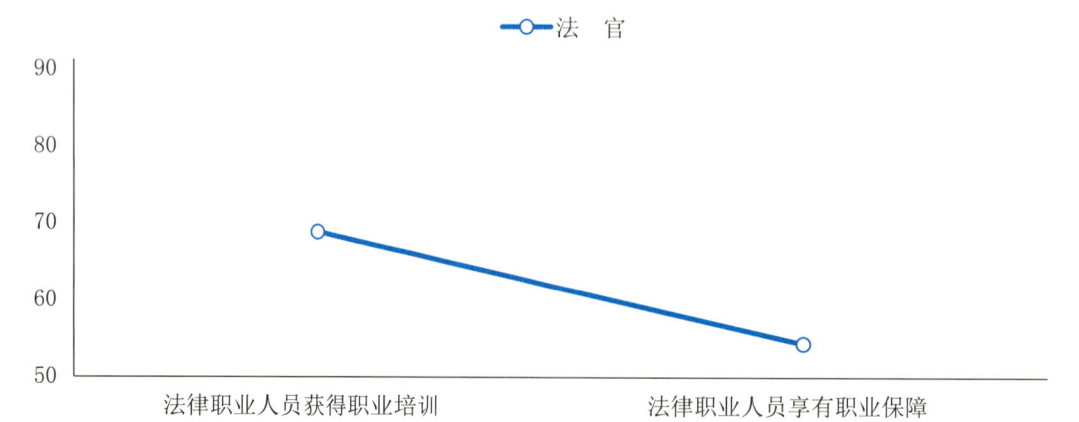

图3-9 对指向法官/法院的"法律职业化"下二级指标评分对比

指标 9：司法公开

在"司法公开"一级指标下，指向法官/法院的二级指标共有 2 个，分别为"司法过程依法公开"和"裁判结果依法公开"。

以五类群体对某个二级指标的评分均值作为该指标得分。在 2 个二级指标中，"司法过程依法公开"指标得分（73.6 分）略高于"裁判结果依法公开"指标得分（73.3 分）。

以某类群体对 2 个二级指标的评分均值作为该群体对法官/法院"司法公开"指标的评价。在五类群体中，法官对"司法公开"指标评分（89.6 分）最高，公众评分（70.8 分）最低。五类群体对指向法官/法院的"司法公开"一级指标的评分均值为 73.4 分。

表 3-11 对指向法官/法院的"司法公开"下二级指标评分

二级指标	法 官	检察官	警 察	律 师	公 众	均 值
司法过程依法公开	90.3	85.5	78.1	79.5	70.5	73.6
裁判结果依法公开	89.0	84.2	77.6	73.8	71.0	73.3
司法公开	89.6	84.8	77.8	76.7	70.8	73.4

纵向对比五类群体对"司法公开"下二级指标的评分。五类群体中，法官对"司法过程依法公开"和"裁判结果依法公开"指标评分均为各群体中最高，公众评分在各群体中均为最低。

横向对比各群体内的指标评分。法律职业群体对"司法过程依法公开"指标的评分均高于对"裁判结果依法公开"指标的评分。公众反之。

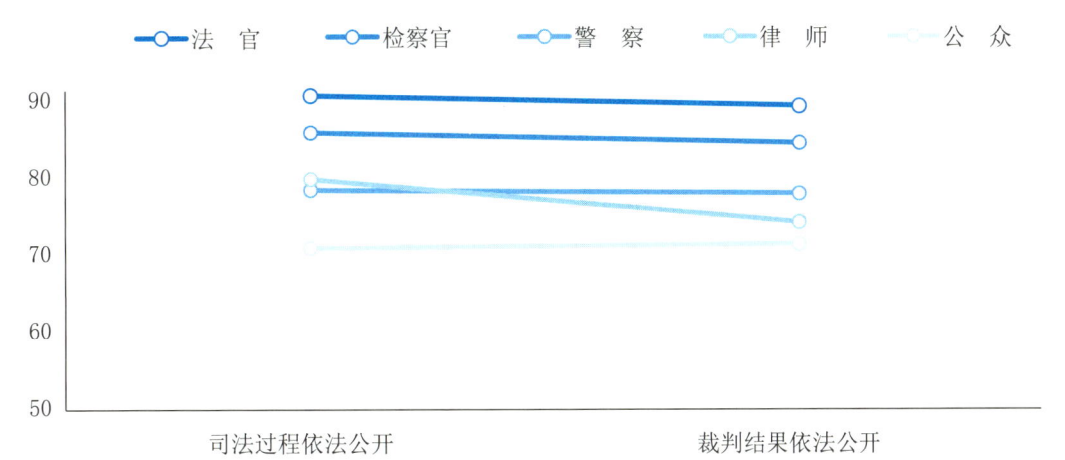

图 3-10 对指向法官/法院的"司法公开"下二级指标评分对比

二、对检察官/检察院的评价

本年度司法文明指标体系中，指向检察官/检察院的一级指标共有 6 个，分别为"司法权力""当事人诉讼权利""刑事司法程序""证据制度""司法腐败遏制""法律职业化"。

以五类群体对某个一级指标的评分均值作为该指标得分。在 6 个一级指标中，"司法权力"指标得分（72.2 分）最高，"证据制度"指标得分（64.4 分）最低。

以某类群体对 6 个一级指标的评分均值作为该群体对检察官/检察院的总评价。在五类群体中，检察官对检察官/检察院总评价（75.5 分）最高，律师总评价（65.5 分）最低。五类群体对检察官/检察院的总评分均值为 67.7 分。

表 3-12 对指向检察官/检察院的一级指标评分

一级指标	法官	检察官	警察	律师	公众	均值
司法权力	74.1	77.2	71.3	66.8	72.5	72.2
当事人诉讼权利	73.8	75.4	69.8	60.1	64.3	65.2
刑事司法程序	71.5	76.3	72.3	64.5	/	69.8
证据制度	78.6	82.1	74.7	72.0	60.4	64.4
司法腐败遏制	74.8	77.5	68.8	64.3	66.1	67.1
法律职业化	/	64.8	/	/	/	64.8
总评价	74.6	75.5	71.4	65.5	65.8	67.7

纵向对比五类群体的一级指标评分。五类群体中检察官评分较高，除"法律职业化"指标无实际对比意义外，其余指标评分均为各群体中最高；而律师评分较低，除"法律职业化"指标无实际对比意义外，有4个指标（除"证据制度"指标外）评分为各群体中最低。

横向对比各群体内的指标评分。法官、检察官、警察等评分最高的指标均为"证据制度"；律师评分最高的指标为"证据制度"，评分最低的指标为"当事人诉讼权利"；公众评分最高的指标为"司法权力"，评分最低的指标为"证据制度"。

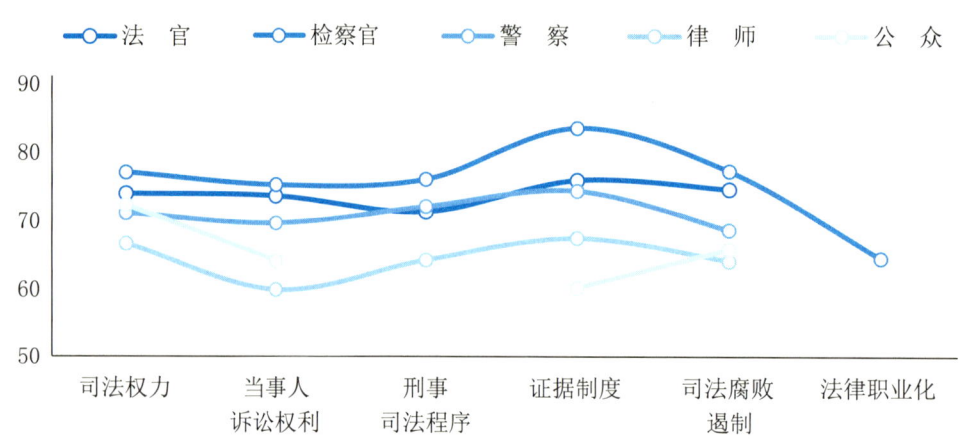

图 3-11 对指向检察官/检察院的一级指标评分对比

指标1：司法权力

在"司法权力"一级指标下，指向检察官/检察院的二级指标共有4个，分别为"司法权力依法行使""司法权力独立行使""司法权力公正行使""司法权力主体受到信任与认同"。

以五类群体对某个二级指标的评分均值作为该指标得分。在4个二级指标中，"司法权力公正行使"指标得分（80.1分）最高，"司法权力独立行使"指标得分（62.2分）最低。

以某类群体对4个二级指标的评分均值作为该群体对检察官/检察院"司法权力"指标的评价。在五类群体中，检察官对"司法权力"指标评分（77.2分）最高，律师评分（66.8分）最低。五类群体对指向检察官/检察院的"司法权力"一级指标的评分均值为72.2分。

第三章 司法主体性分析

表 3-13 对指向检察官/检察院的"司法权力"下二级指标评分

二级指标	法 官	检察官	警 察	律 师	公 众	均 值
司法权力依法行使	67.7	73.0	65.6	60.7	/	65.5
司法权力独立行使	64.3	66.6	65.1	57.4	/	62.2
司法权力公正行使	84.2	86.3	78.2	75.8	/	80.1
司法权力主体受到信任与认同	80.3	83.1	76.3	73.3	72.5	73.7
司法权力	74.1	77.2	71.3	66.8	72.5	72.2

纵向对比五类群体对"司法权力"下二级指标的评分。五类群体中，检察官对 4 个指标的评分均为各群体中最高；律师在"司法权力依法行使""司法权力独立行使""司法权力公正行使"这 3 个指标上评分均为各群体中最低，公众对"司法权力主体受到信任与认同"指标评分为各群体中最低。

横向对比各群体内的指标评分。法律职业群体对"司法权力公正行使"指标的评价均为最高，对"司法权力独立行使"指标的评价均为最低。

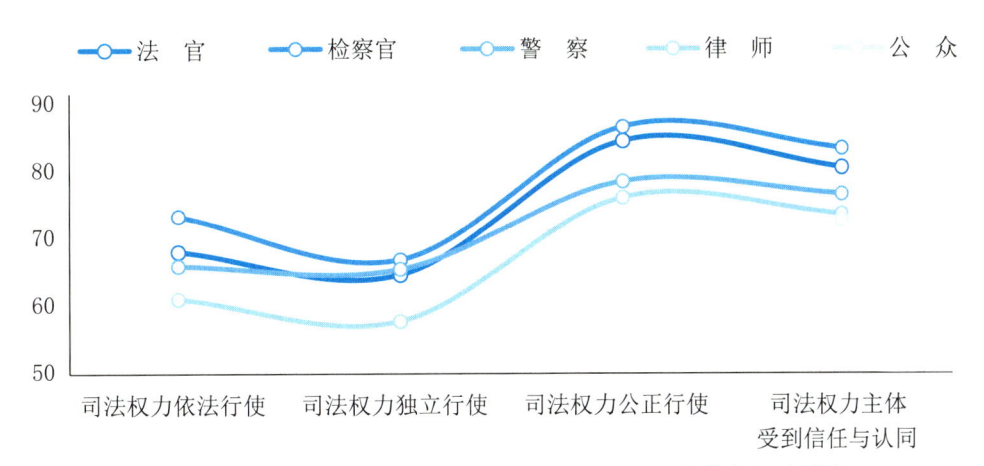

图 3-12 对指向检察官/检察院的"司法权力"下二级指标评分对比

指标 2：当事人诉讼权利

在"当事人诉讼权利"一级指标下，指向检察官/检察院的二级指标只有 1 个，即"当事人享有获得辩护、代理的权利"。在五类群体中，检察官对"当事人诉讼权利"指标评分（75.4 分）最高，律师评分（60.1 分）最低。五类群体对指向检察官/检察院的"当事人诉讼权利"一级指标的评分均值为 65.2 分。

表 3-14 对指向检察官/检察院的"当事人诉讼权利"下二级指标评分

二级指标	法 官	检察官	警 察	律 师	公 众	均 值
当事人享有获得辩护、代理的权利	73.8	75.4	69.8	60.1	64.3	65.2
当事人诉讼权利	73.8	75.4	69.8	60.1	64.3	65.2

当事人享有获得辩护、代理的权利

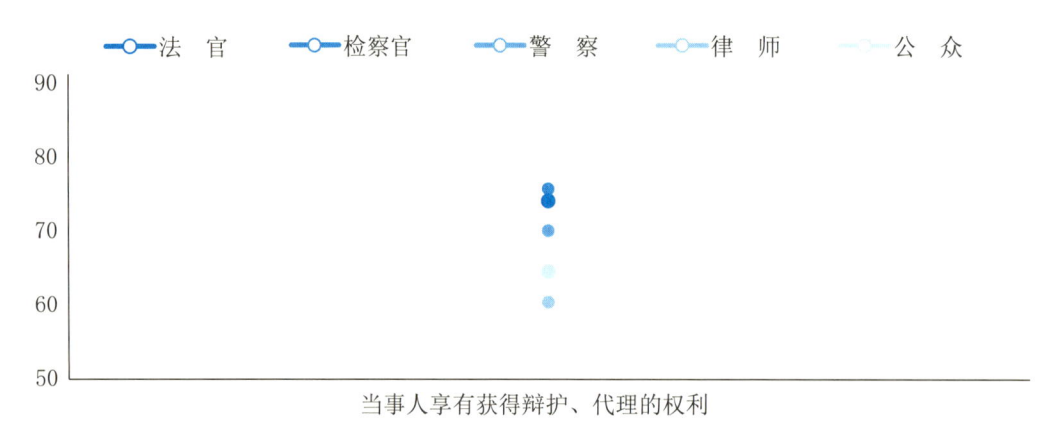

图3-13 对指向检察官/检察院的"当事人诉讼权利"下二级指标评分对比

指标4：刑事司法程序

在"刑事司法程序"一级指标下，指向检察官/检察院的二级指标共有2个，分别为"侦查措施及时合法"和"审查起诉公正"。

以四类群体对某个二级指标的评分均值作为该指标得分。在2个二级指标中，"侦查措施及时合法"指标得分（72.7分）高于"审查起诉公正"指标得分（67.0分）。

以某类群体对2个二级指标的评分均值作为该群体对检察官/检察院"刑事司法程序"指标的评价。在四类群体中，检察官对"刑事司法程序"指标评分（76.3分）最高，律师评分（64.5分）最低。四类群体对指向检察官/检察院的"刑事司法程序"一级指标的评分均值为69.8分。

表3-15 对指向检察官/检察院的"刑事司法程序"下二级指标评分

二级指标	法官	检察官	警察	律师	公众	均值
侦查措施及时合法	74.5	77.2	77.5	67.0	/	72.7
审查起诉公正	68.6	75.4	67.1	61.9	/	67.0
刑事司法程序	71.5	76.3	72.3	64.5	/	69.8

纵向对比四类群体对"刑事司法程序"下二级指标的评分。四类群体中，警察在"侦查措施及时合法"指标上评分为各群体中最高，检察官在"审查起诉公正"指标上评分为各群体中最高。律师对这两个指标评分均为各群体中最低。

横向对比各群体内的指标评分。法律职业群体对"侦查措施及时合法"指标的评分均高于"审查起诉公正"指标。

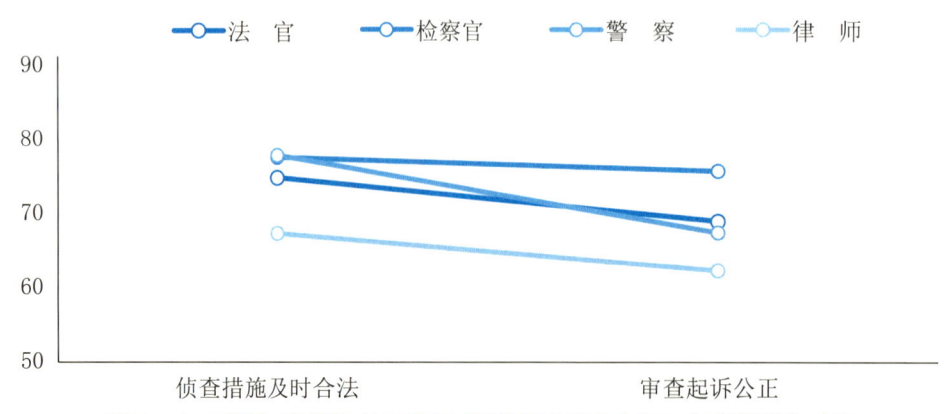

图3-14 对指向检察官/检察院的"刑事司法程序"下二级指标评分对比

指标6：证据制度

在"证据制度"一级指标下，指向检察官/检察院的二级指标共有2个，分别为"证据裁判原则得到贯彻"和"证据依法得到采纳与排除"。

以五类群体对某个二级指标的评分均值作为该指标得分。在2个二级指标中，"证据依法得到采纳与排除"指标得分（74.0分）高于"证据裁判原则得到贯彻"指标得分（64.9分）。

以某类群体对2个二级指标的评分均值作为该群体对检察官/检察院"证据制度"指标的评价。在五类群体中，检察官对"证据制度"指标评分（82.1分）最高，公众评分（60.4分）最低。五类群体对指向检察官/检察院的"证据制度"一级指标的评分均值为64.4分。

表3-16 对指向检察官/检察院的"证据制度"下二级指标评分

二级指标	法官	检察官	警察	律师	公众	均值
证据裁判原则得到贯彻	81.2	80.3	74.8	76.4	60.4	64.9
证据依法得到采纳与排除	76.1	83.8	74.6	67.7	/	74.0
证据制度	78.6	82.1	74.7	72.0	60.4	64.4

纵向对比五类群体对"证据制度"下二级指标的评分。五类群体中，法官在"证据裁判原则得到贯彻"指标上评分为各群体中最高，检察官在"证据依法得到采纳与排除"指标上评分为各群体中最高；公众对"证据裁判原则得到贯彻"指标评分为各群体中最低，律师对"证据依法得到采纳与排除"指标评分为各群体中最低。

横向对比各职业群体内的指标评分。法官、警察、律师对"证据裁判原则得到贯彻"指标的评分均高于"证据依法得到采纳与排除"指标。检察官则反之。

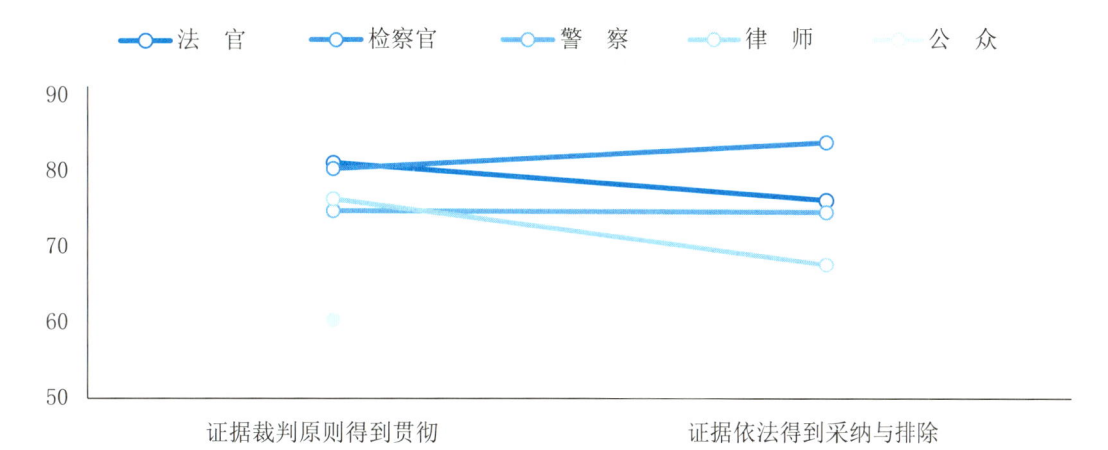

图3-15 对指向检察官/检察院的"证据制度"下二级指标评分对比

指标7：司法腐败遏制

在"司法腐败遏制"一级指标下，指向检察官/检察院的二级指标只有1个，即"检察官远离腐败"。在五类群体中，检察官对"司法腐败遏制"指标评分（77.5分）最高，律师评分（64.3分）最低。五类群体对指向检察官/检察院的"司法腐败遏制"一级指标的评分均值为67.1分。

表 3-17 对指向检察官/检察院的"司法腐败遏制"下二级指标评分

二级指标	法官	检察官	警察	律师	公众	均值
检察官远离腐败	74.8	77.5	68.8	64.3	66.1	67.1
司法腐败遏制	74.8	77.5	68.8	64.3	66.1	67.1

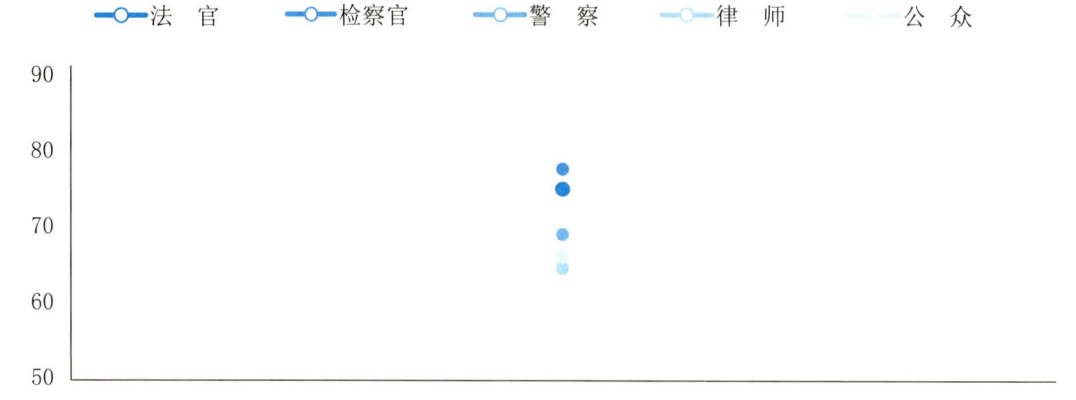

图 3-16 对指向检察官/检察院的"司法腐败遏制"下二级指标评分对比

指标 8：法律职业化

在"法律职业化"一级指标下，指向检察官/检察院的二级指标共有 2 个，分别为"法律职业人员获得职业培训"和"法律职业人员享有职业保障"。

以检察官对某个二级指标的评分均值作为该指标得分。在 2 个二级指标中，"法律职业人员获得职业培训"指标得分（70.9 分）高于"法律职业人员享有职业保障"指标得分（58.6 分）。检察官对指向检察官/检察院的"法律职业化"一级指标的评分均值为 64.8 分。

表 3-18 对指向检察官/检察院的"法律职业化"下二级指标评分

二级指标	法官	检察官	警察	律师	公众	均值
法律职业人员获得职业培训	/	70.9	/	/	/	70.9
法律职业人员享有职业保障	/	58.6	/	/	/	58.6
法律职业化	/	64.8	/	/	/	64.8

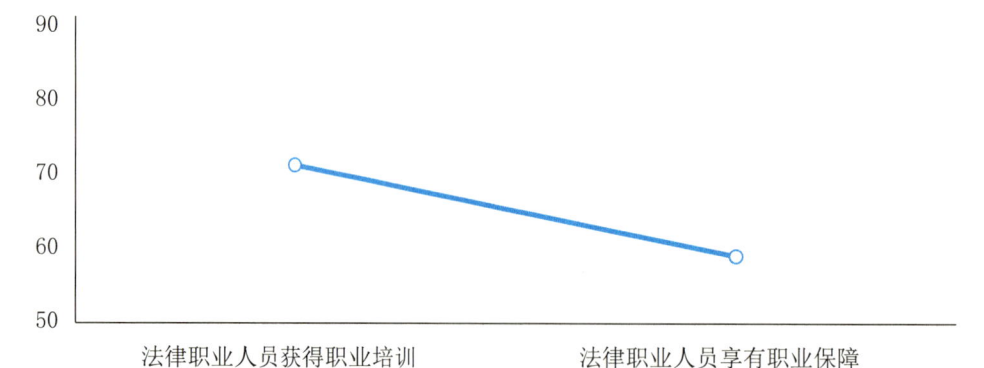

图 3-17 对指向检察官/检察院的"法律职业化"下二级指标评分对比

三、对警察/公安机关的评价

本年度司法文明指标体系中，指向警察/公安机关的一级指标共有6个，分别为"司法权力""当事人诉讼权利""刑事司法程序""证据制度""司法腐败遏制""法律职业化"。

以五类群体对某个一级指标的评分均值作为该指标得分。在6个一级指标中，"司法权力"指标得分（71.6分）最高，"法律职业化"指标得分（62.4分）最低。

以某类群体对6个一级指标的评分均值作为该群体对警察/公安机关的总评价。在五类群体中，检察官对警察/公安机关总评价（76.4分）最高，公众总评价（65.2分）最低。五类群体对警察/公安机关的总评分均值为67.1分。

表 3-19 对指向警察/公安机关的一级指标评分

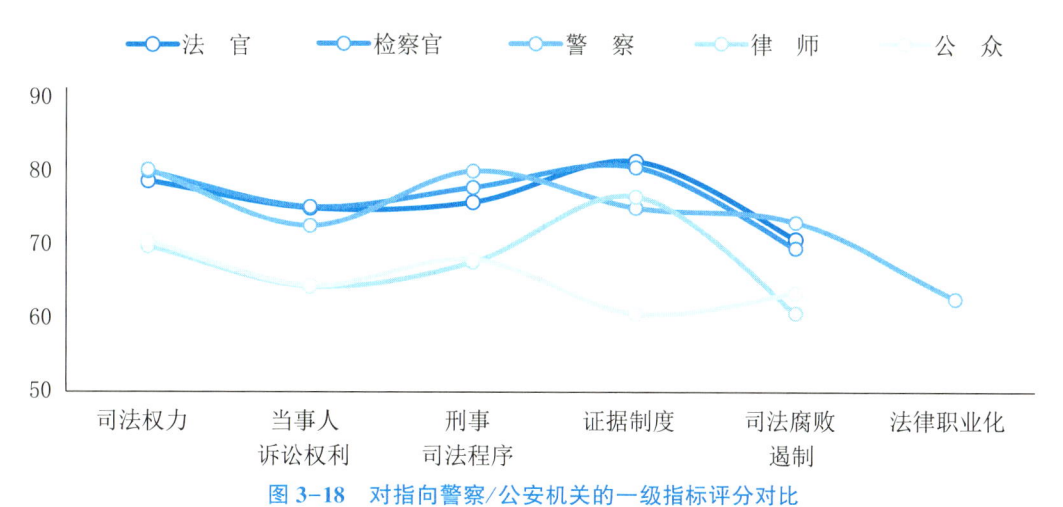

一级指标	法官	检察官	警察	律师	公众	均值
司法权力	78.5	79.8	80.0	69.6	70.2	71.6
当事人诉讼权利	74.8	75.0	72.4	64.1	64.3	65.8
刑事司法程序	75.6	77.6	79.8	67.4	67.8	69.3
证据制度	81.2	80.3	74.8	76.4	60.4	64.9
司法腐败遏制	70.5	69.3	72.9	60.5	63.2	64.1
法律职业化	/	/	62.4	/	/	62.4
总评价	76.1	76.4	73.7	67.6	65.2	67.1

图 3-18 对指向警察/公安机关的一级指标评分对比

纵向对比五类群体的一级指标评分。五类群体中警察评分较高，有3个指标（"司法权力""刑事司法程序""司法腐败遏制"）评分为各群体中最高；而律师评分较低，有4个指标（"司法权力""当事人诉讼权利""刑事司法程序""司法腐败遏制"）评分为各群体中最低。

横向对比各群体内的指标评分。法官、检察官评分最高的指标均为"证据制度"，评分最低的指标均为"司法腐败遏制"；警察评分最高的指标为"司法权力"，评分最低的指标为"法律职业化"；律师评分最高的指标为"证据制度"，评分最低的指标为"司法腐败遏制"；公众评分最高的指标为"司法权力"，评分最低的指标为"证据制度"。

指标1：司法权力

在"司法权力"一级指标下，指向警察/公安机关的二级指标共有2个，分别为"司法权力公正行使"和"司法权力主体受到信任与认同"。

以五类群体对某个二级指标的评分均值作为该指标得分。在2个二级指标中，"司法权力公正行使"指标得分（77.4分）高于"司法权力主体受到信任与认同"指标得分（71.1分）。

以某类群体对2个二级指标的评分均值作为该群体对警察/公安机关"司法权力"指标的评价。在五类群体中，警察对"司法权力"指标评分（80.0分）最高，律师评分（69.6分）最低。五类群体对指向警察/公安机关的"司法权力"一级指标的评分均值为71.6分。

表3-20 对指向警察/公安机关的"司法权力"下二级指标评分

一级指标	法官	检察官	警察	律师	公众	均值
司法权力公正行使	80.7	81.6	79.7	72.3	/	77.4
司法权力主体受到信任与认同	76.3	78.0	80.3	66.9	70.2	71.1
司法权力	78.5	79.8	80.0	69.6	70.2	71.6

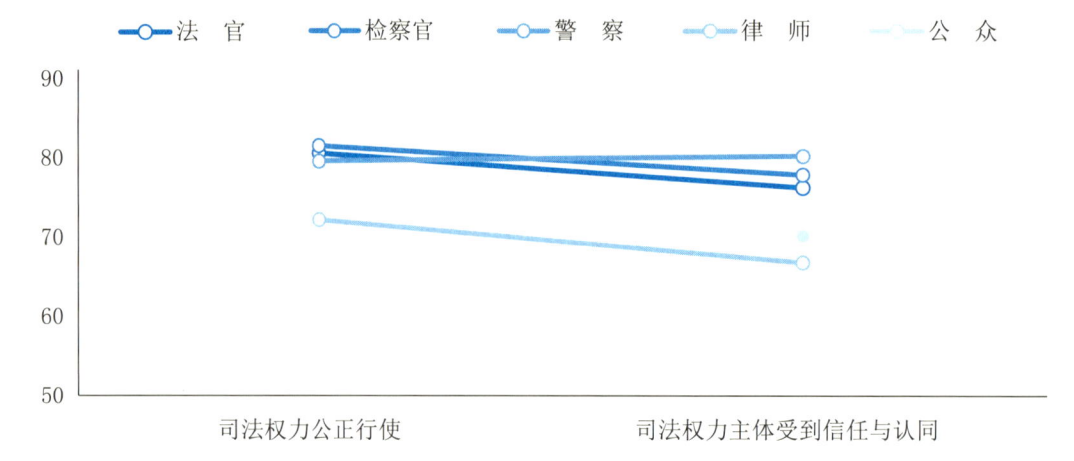

图3-19 对指向警察/公安机关的"司法权力"下二级指标评分对比

纵向对比五类群体对"司法权力"下二级指标的评分。五类群体中，检察官对"司法权力公正行使"指标评分为各群体中最高，警察对"司法权力主体受到信任与认同"指标评分为各群体中最高；律师对2个二级指标的评分均为各群体中最低。

横向对比各职业群体内的指标评分。法官、检察官、律师对"司法权力公正行使"指标的评分均高于对"司法权力主体受到信任与认同"指标的评分。警察反之。

指标2：当事人诉讼权利

在"当事人诉讼权利"一级指标下，指向警察/公安机关的二级指标共有2个，分别为"当事人享有不被强迫自证其罪的权利"和"当事人享有获得辩护、代理的权利"。

以五类群体对某个二级指标的评分均值作为该指标得分。在2个二级指标中，"当事人享有不被强迫自证其罪的权利"指标得分（68.9分）高于"当事人享有获得辩护、代理的权利"指标得分（66.1分）。

以某类群体对2个二级指标的评分均值作为该群体对警察/公安机关"当事人诉讼权利"指标的评

价。在五类群体中，检察官对"当事人诉讼权利"指标评分（75.0分）最高，律师评分（64.1分）最低。五类群体对指向警察/公安机关的"当事人诉讼权利"一级指标的评分均值为65.8分。

表 3-21　对指向警察/公安机关的"当事人诉讼权利"下二级指标评分

二级指标	法 官	检察官	警 察	律 师	公 众	均 值
当事人享有不被强迫自证其罪的权利	72.4	72.1	72.9	63.5	/	68.9
当事人享有获得辩护、代理的权利	77.3	77.9	71.9	64.7	64.3	66.1
当事人诉讼权利	74.8	75.0	72.4	64.1	64.3	65.8

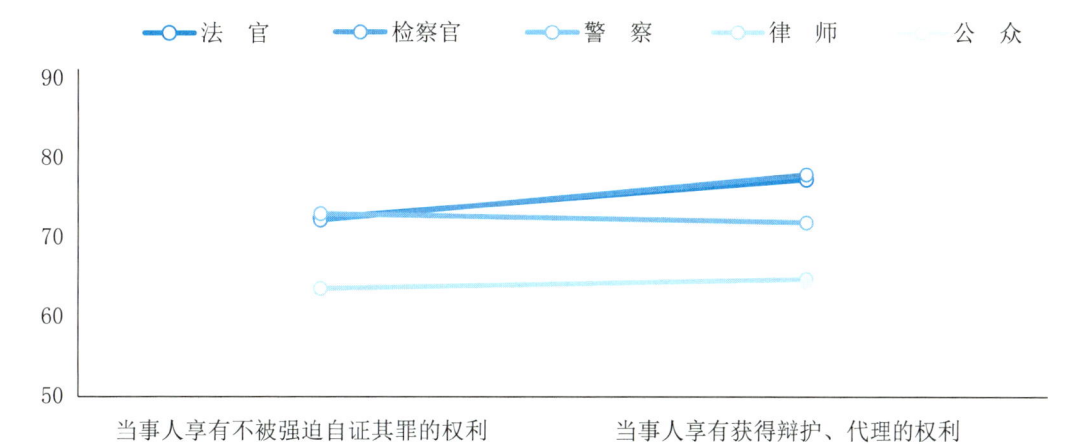

图 3-20　对指向警察/公安机关的"当事人诉讼权利"下二级指标评分对比

纵向对比五类群体对"当事人诉讼权利"下二级指标的评分。五类群体中，警察对"当事人享有不被强迫自证其罪的权利"指标评分为各群体中最高，检察官对"当事人享有获得辩护、代理的权利"指标评分为各群体中最高；律师对"当事人享有不被强迫自证其罪的权利"指标评分为各群体中最低，公众对"当事人享有获得辩护、代理的权利"指标评分为各群体中最低。

横向对比各职业群体内的指标评分。法官、检察官、律师对"当事人享有获得辩护、代理的权利"指标的评分高于对"当事人享有不被强迫自证其罪的权利"指标的评分。警察反之。

指标4：刑事司法程序

在"刑事司法程序"一级指标下，指向警察/公安机关的二级指标只有1个，即"侦查措施及时合法"。在五类群体中，警察对"刑事司法程序"指标评分（79.8分）最高，律师评分（67.4分）最低。五类群体对指向警察/公安机关的"刑事司法程序"一级指标的评分均值为69.3分。

表 3-22　对指向警察/公安机关的"刑事司法程序"下二级指标评分

二级指标	法 官	检察官	警 察	律 师	公 众	均 值
侦查措施及时合法	75.6	77.6	79.8	67.4	67.8	69.3
刑事司法程序	75.6	77.6	79.8	67.4	67.8	69.3

图例: 法官　检察官　警察　律师　公众

[散点图：侦查措施及时合法]

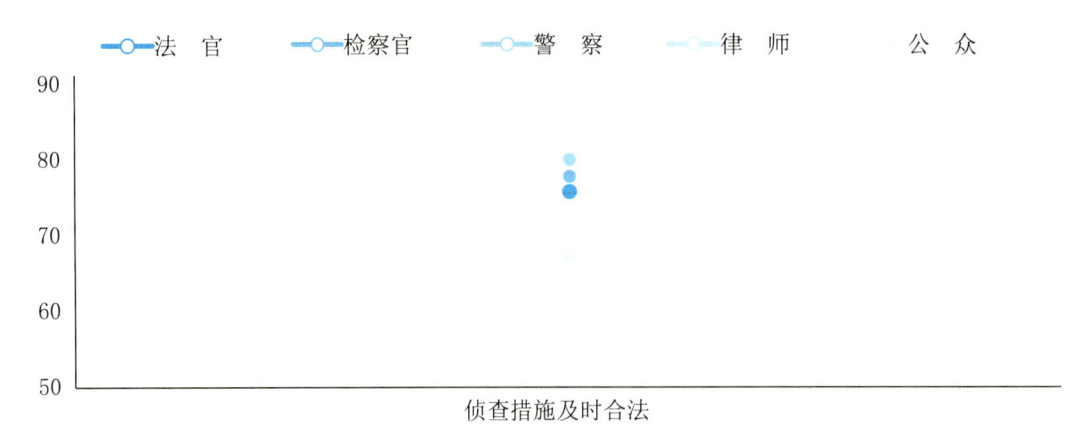

图 3-21　对指向警察/公安机关的"刑事司法程序"下二级指标评分对比

指标 6：证据制度

在"证据制度"一级指标下，指向警察/公安机关的二级指标只有 1 个，即"证据裁判原则得到贯彻"。在五类群体中，法官对"证据制度"指标评分（81.2 分）最高，公众评分（60.4 分）最低。五类群体对指向警察/公安机关的"证据制度"一级指标的评分均值为 64.9 分。

表 3-23　对指向警察/公安机关的"证据制度"下二级指标评分

二级指标	法官	检察官	警察	律师	公众	均值
证据裁判原则得到贯彻	81.2	80.3	74.8	76.4	60.4	64.9
证据制度	81.2	80.3	74.8	76.4	60.4	64.9

图例: 法官　检察官　警察　律师　公众

[散点图：证据裁判原则得到贯彻]

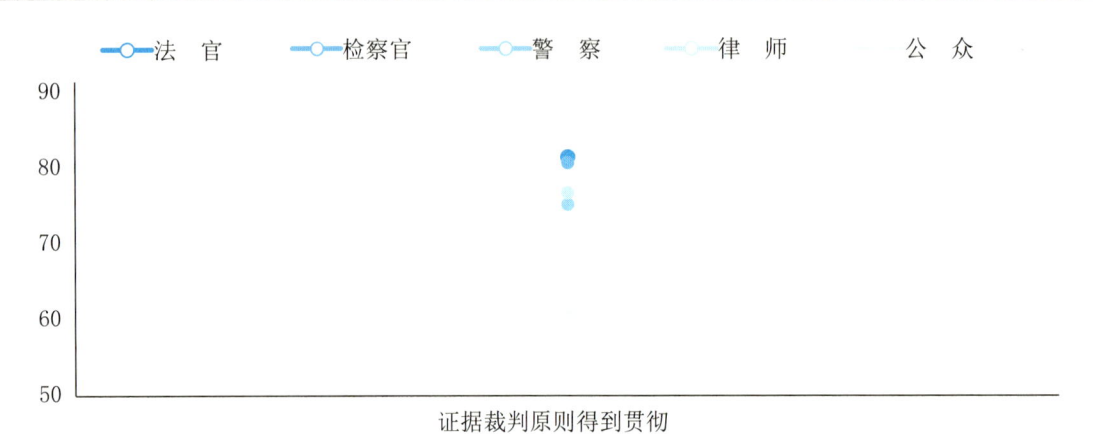

图 3-22　对指向警察/公安机关的"证据制度"下二级指标评分对比

指标 7：司法腐败遏制

在"司法腐败遏制"一级指标下，指向警察/公安机关的二级指标只有 1 个，即"警察远离腐败"。在五类群体中，警察对"司法腐败遏制"指标评分（72.9 分）最高，律师评分（60.5 分）最低。五类群体对指向警察/公安机关的"司法腐败遏制"一级指标的评分均值为 64.1 分。

表 3-24　对指向警察/公安机关的"司法腐败遏制"下二级指标评分

二级指标	法官	检察官	警察	律师	公众	均值
警察远离腐败	70.5	69.3	72.9	60.5	63.2	64.1

续表

二级指标	法官	检察官	警察	律师	公众	均值
司法腐败遏制	70.5	69.3	72.9	60.5	63.2	64.1

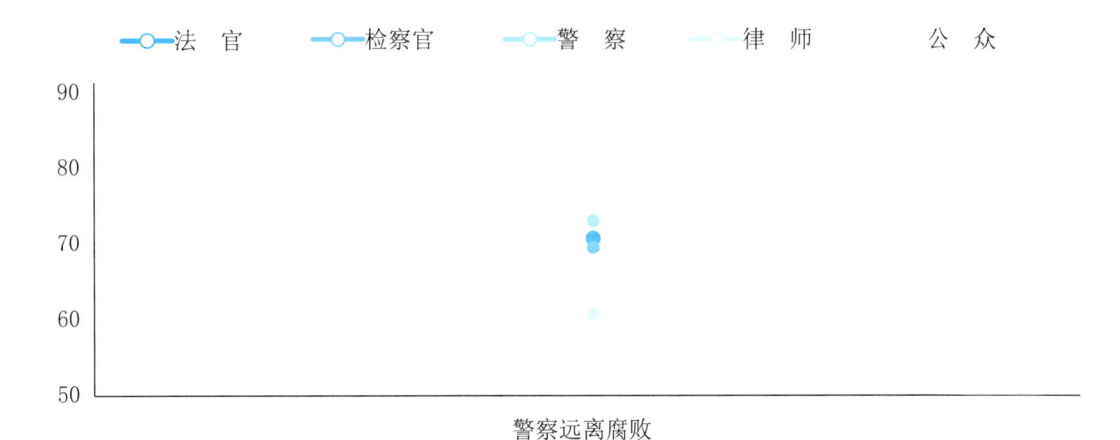

图 3-23 对指向警察/公安机关的"司法腐败遏制"下二级指标评分对比

指标 8：法律职业化

在"法律职业化"指标下，指向警察/公安机关的二级指标共有 2 个，分别为"法律职业人员获得职业培训"和"法律职业人员享有职业保障"。

以警察对某个二级指标的评分均值作为该指标得分。在 2 个二级指标中，"法律职业人员获得职业培训"指标得分（68.1 分）高于"法律职业人员享有职业保障"指标得分（56.8 分）。警察对指向警察/公安机关的"法律职业化"一级指标的评分均值为 62.4 分。

表 3-25 对指向警察/公安机关的"法律职业化"下二级指标评分

一级指标	法官	检察官	警察	律师	公众	均值
法律职业人员获得职业培训	/	/	68.1	/	/	68.1
法律职业人员享有职业保障	/	/	56.8	/	/	56.8
法律职业化	/	/	62.4	/	/	62.4

图 3-24 对指向警察/公安机关的"法律职业化"下二级指标评分对比

四、对律师的评价

本年度司法文明指标体系中,指向律师的一级指标共有 2 个,分别为"当事人诉讼权利"和"法律职业化"。

以五类群体对某个一级指标的评分均值作为该指标得分。在 2 个一级指标中,"法律职业化"指标得分(66.4 分)高于"当事人诉讼权利"指标得分(64.9 分)。

以某类群体对 2 个一级指标的评分均值作为该群体对律师的总评价。在五类群体中,检察官对律师总评价(69.3 分)最高,公众总评价(65.4 分)最低。五类群体对律师的总评分均值为 65.7 分。

表 3-26 对指向律师的一级指标评分

一级指标	法 官	检察官	警 察	律 师	公 众	均 值
当事人诉讼权利	71.5	73.0	67.0	61.3	64.3	64.9
法律职业化	65.2	65.5	62.4	70.0	66.4	66.4
总评价	68.4	69.3	64.7	65.7	65.4	65.7

纵向对比五类群体的一级指标评分。对"当事人诉讼权利"指标评分最高的是检察官,评分最低的是律师;对"法律职业化"指标评分最高的是律师,评分最低的是警察。

横向对比各群体内的指标评分。法官、检察官、警察对"当事人诉讼权利"指标的评分均高于对"法律职业化"指标的评分。律师、公众则反之。

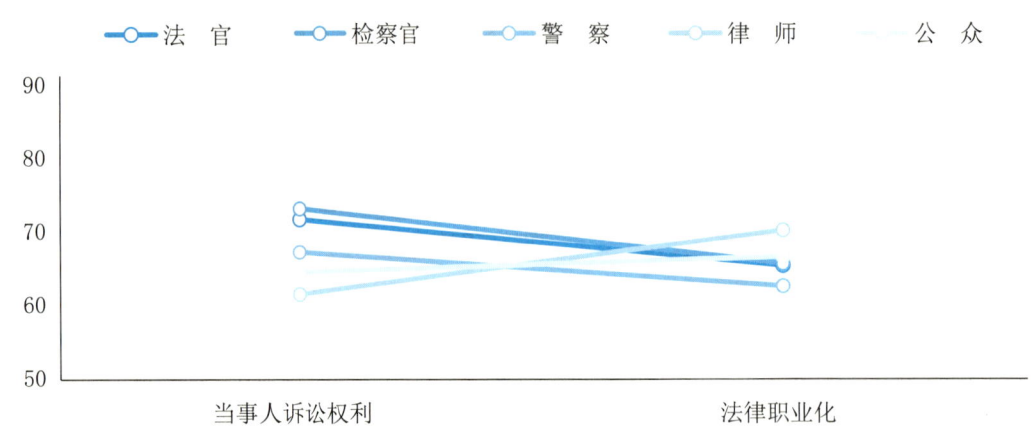

图 3-25 对指向律师的一级指标评分对比

指标 2:当事人诉讼权利

在"当事人诉讼权利"一级指标下,指向律师的二级指标只有 1 个,即"当事人享有获得辩护、代理的权利"。在五类群体中,检察官对"当事人诉讼权利"指标评分(73.0 分)最高,律师评分(61.3 分)最低。五类群体对指向律师的"当事人诉讼权利"一级指标的评分均值为 64.9 分。

表 3-27 对指向律师的"当事人诉讼权利"下二级指标评分

二级指标	法 官	检察官	警 察	律 师	公 众	均 值
当事人享有获得辩护、代理的权利	71.5	73.0	67.0	61.3	64.3	64.9
当事人诉讼权利	71.5	73.0	67.0	61.3	64.3	64.9

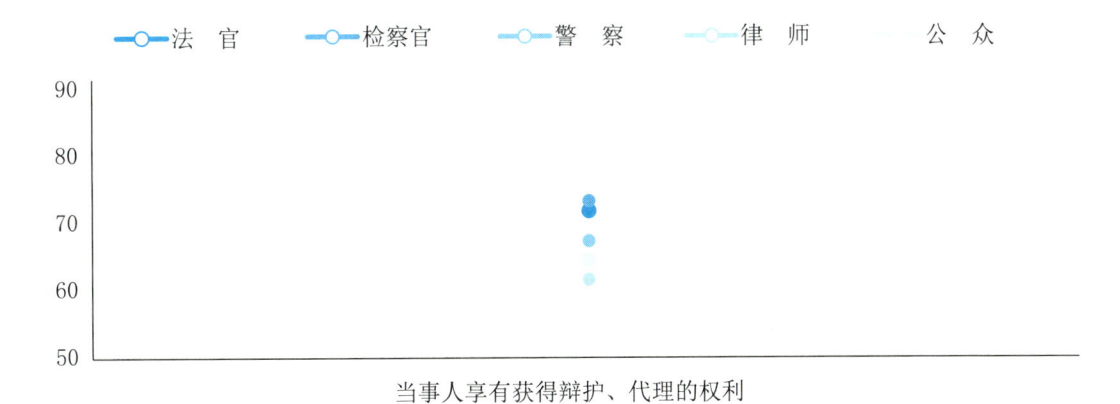

图 3-26 对指向律师的"当事人诉讼权利"下二级指标评分对比

指标 8：法律职业化

在"法律职业化"一级指标下，指向律师的二级指标共有 3 个，分别为"法律职业人员获得职业培训""法律职业人员遵守职业伦理规范""法律职业人员享有职业保障"。

以五类群体对某个二级指标的评分均值作为该指标得分。在 3 个二级指标中，"法律职业人员获得职业培训"指标得分（74.6 分）最高，"法律职业人员享有职业保障"指标得分（65.0 分）最低。

表 3-28 对指向律师的"法律职业化"下二级指标评分

二级指标	法官	检察官	警察	律师	公众	均值
法律职业人员获得职业培训	/	/	/	74.6	/	74.6
法律职业人员遵守职业伦理规范	65.2	65.5	62.4	70.6	66.4	66.5
法律职业人员享有职业保障	/	/	/	65.0	/	65.0
法律职业化	65.2	65.5	62.4	70.0	66.4	66.4

五类群体对律师"法律职业人员遵守职业伦理规范"的评价中，律师的评分最高（70.6 分），其次是公众（66.4 分），警察的评分最低（62.4 分）。五类群体的评分均值为 66.5 分。

"法律职业人员获得职业培训""法律职业人员享有职业保障"两个指标仅有律师群体的自评得分，分别为 74.6 分和 65.0 分。

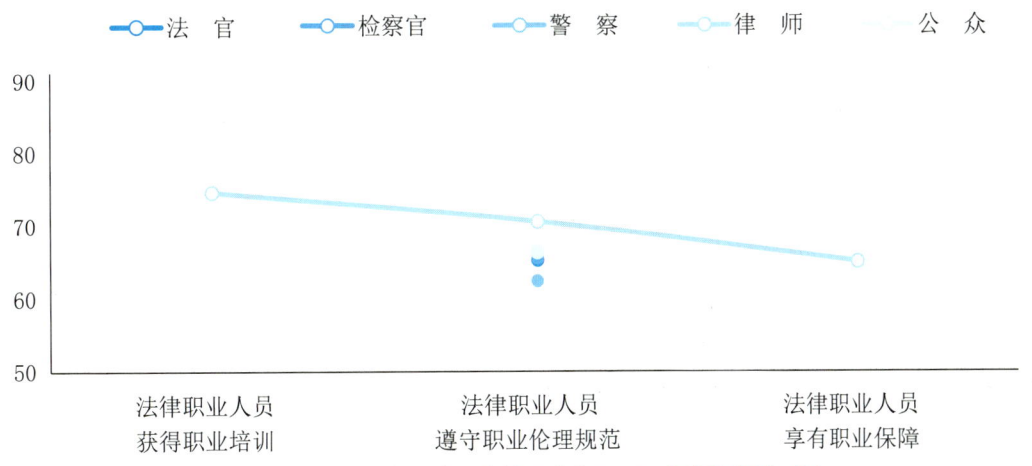

图 3-27 对指向律师的"法律职业化"下二级指标评分对比

第四章 受访群体背景变量分析

受访者的不同背景，如性别、年龄、职业等，对司法文明指标的得分可能会产生一定的影响。本章将通过对司法文明指标在不同背景变量下的得分进行检验，分析背景变量对于司法文明指标得分的影响。

一、法律职业群体背景变量分析

本部分将对职业卷的一级指标和二级指标在不同背景变量（包括职业，法官、检察官入额情况，性别，年龄，从业年限，学历，专业，政治面貌，区域）下的得分进行检验，分析不同背景的法律职业群体对同一指标的评价是否存在显著差异。

表4-1 职业卷背景变量分类

背景变量	变量类别
职 业	法官、检察官、警察、律师
法官、检察官入额情况	已入额法官、未入额法官、已入额检察官、未入额检察官
性 别	男、女
年 龄	25岁及以下、26~35岁、36~45岁、46~55岁、56岁及以上
从业年限	3年以下、3~10年、11~20年、20年以上
学 历	高中及以下、专科、本科、研究生/硕士、研究生/博士
专 业	法学专业、其他专业
政治面貌	中共党员、民主党派、无党派、共青团员、群众
区 域	东部、中部、西部、东北

参考国家统计局对我国四大经济区域的划分标准，本报告的区域划分如下：
东部（北京、天津、河北、上海、江苏、浙江、福建、山东、广东、海南）；
中部（山西、安徽、江西、河南、湖北、湖南）；
西部（内蒙古、广西、重庆、四川、贵州、云南、西藏、陕西、甘肃、青海、宁夏、新疆）；
东北（辽宁、吉林、黑龙江）。

背景变量1：职业

将司法文明指数评分与职业背景变量进行交叉分析。数据显示，法官评分（77.0分）最高，检察官（75.7分）次之，警察（71.6分）第三，律师（67.7分）最低。四类群体的评分均值为72.0分，警察、律师群体评分低于均值。经检验，各群体间评分在0.05的显著性水平上均存在差异。

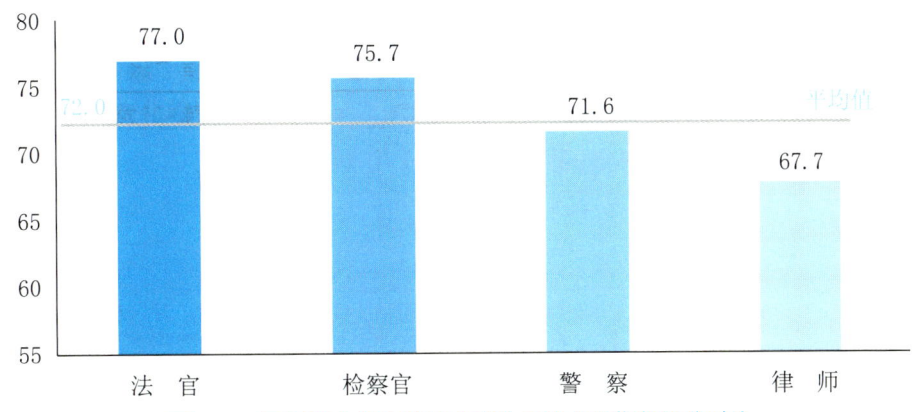

图 4-1 不同职业的法律职业群体司法文明指数评分对比

将一级指标评分与职业背景变量进行交叉分析。数据显示，9个一级指标中，[1]法官群体和检察官群体的评分均较高；警察群体在8个一级指标上的评分较低，"法律职业化"指标评分为最低分；律师群体在8个一级指标上的评分是最低的，但"法律职业化"指标评分却是最高的。

经检验，法官、检察官群体在除了"法律职业化"的8个一级指标上的评分高于警察、律师群体，在0.05的显著性水平上存在差异；律师群体在"法律职业化"指标上的评分则显著高于法官、检察官、警察群体。

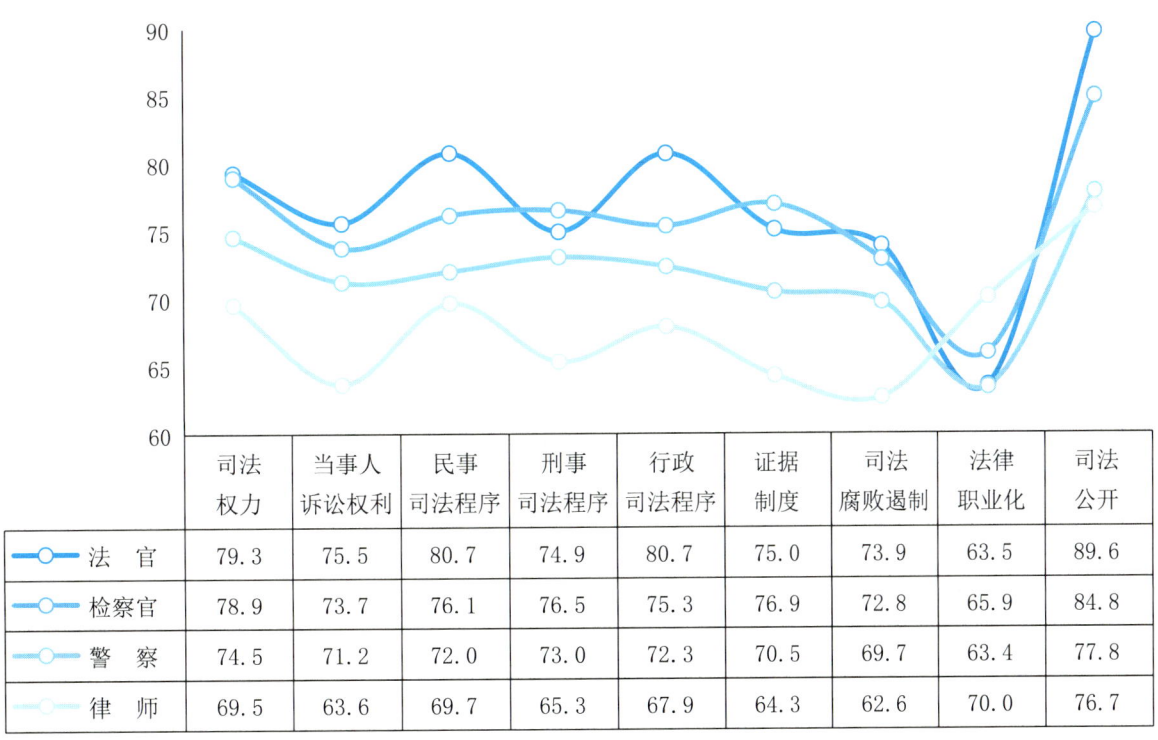

	司法权力	当事人诉讼权利	民事司法程序	刑事司法程序	行政司法程序	证据制度	司法腐败遏制	法律职业化	司法公开
法 官	79.3	75.5	80.7	74.9	80.7	75.0	73.9	63.5	89.6
检察官	78.9	73.7	76.1	76.5	75.3	76.9	72.8	65.9	84.8
警 察	74.5	71.2	72.0	73.0	72.3	70.5	69.7	63.4	77.8
律 师	69.5	63.6	69.7	65.3	67.9	64.3	62.6	70.0	76.7

图 4-2 不同职业的法律职业群体一级指标评分对比

将二级指标评分与职业背景变量进行交叉分析。数据显示，28个二级指标中，法官群体评分较高，律师群体评分较低。在13个指标上，法官群体的评分在各法律职业群体中是最高的；在23个指标上，律师群体的评分在各法律职业群体中是最低的。

---

[1] 因"司法文化"指标在职业卷中没有设置对应题目，故职业卷仅包括9个一级指标，下同。

表 4-2 不同职业的法律职业群体二级指标评分对比

指标名		法官	检察官	警察	律师	均值
指标 1：司法权力	1.1 司法权力依法行使	76.4	77.7	71.2	68.4	72.4
	1.2 司法权力独立行使	66.2	66.6	65.2	57.5	62.6
	1.3 司法权力公正行使	83.9	84.1	78.7	74.7	79.3
	1.4 司法权力主体受到信任与认同	79.9	80.5	77.6	71.0	76.0
	1.5 司法裁判受到信任与认同	90.2	85.7	80.0	76.1	81.7
指标 2：当事人诉讼权利	2.1 当事人享有不被强迫自证其罪的权利	72.4	72.1	72.9	63.5	68.9
	2.2 当事人享有获得辩护、代理的权利	77.3	77.9	71.9	64.7	71.3
	2.3 当事人享有证据性权利	74.1	71.6	70.0	64.6	69.0
	2.4 当事人享有获得救济的权利	78.4	73.3	70.0	61.7	69.1
指标 3：民事司法程序	3.1 民事审判符合公正要求	86.6	80.3	73.6	74.7	78.0
	3.2 民事诉讼中的调解自愿、合法	77.8	73.5	71.5	64.7	70.5
	3.3 民事诉讼裁判得到有效执行	77.8	74.5	70.9	69.6	72.5
指标 4：刑事司法程序	4.1 侦查措施及时合法	75.6	77.6	79.8	67.4	73.6
	4.2 审查起诉公正	68.6	75.4	67.1	61.9	67.0
	4.3 刑事审判公正及时	80.5	76.4	72.2	66.6	72.5
指标 5：行政司法程序	5.1 行政审判符合公正要求	83.5	77.7	73.0	67.6	74.0
	5.2 行政诉讼裁判得到有效执行	77.8	72.9	71.6	68.2	71.8
指标 6：证据制度	6.1 证据裁判原则得到贯彻	75.9	77.2	70.7	67.6	71.8
	6.2 证据依法得到采纳与排除	74.3	78.7	71.4	64.4	70.7
	6.3 证明过程得到合理规范	75.0	74.9	69.3	60.8	68.2
指标 7：司法腐败遏制	7.1 警察远离腐败	70.5	69.3	72.9	60.5	66.8
	7.2 检察官远离腐败	74.8	77.5	68.8	64.3	70.0
	7.3 法官远离腐败	76.2	71.7	67.4	63.1	68.3
指标 8：法律职业化	8.1 法律职业人员获得职业培训	68.6	70.9	68.1	74.6	71.3
	8.2 法律职业人员遵守职业伦理规范	65.2	65.5	62.4	70.6	66.8
	8.3 法律职业人员享有职业保障	56.7	61.4	59.7	65.0	61.5
指标 9：司法公开	9.1 司法过程依法公开	90.3	85.5	78.1	79.5	82.6
	9.2 裁判结果依法公开	89.0	84.2	77.6	73.8	79.7

背景变量 2：法官、检察官入额情况

2019 年，共有 1218 名法官、1195 名检察官接受了司法文明指数问卷中有关是否进入员额的调查，其中入额法官 746 名，未入额法官 472 名；入额检察官 561 名，未入额检察官 634 名。

将司法文明指数评分与法官、检察官入额情况背景变量进行交叉分析。数据显示，已入额法官的评分最高，为 77.4 分，其次是未入额法官（76.5 分），再次是已入额检察官（75.9 分），未入额检察官的评分（75.6 分）最低。经检验，已入额法官群体的评分在 0.05 的显著性水平上高于已入额检察官、未入额检察官群体的评分。

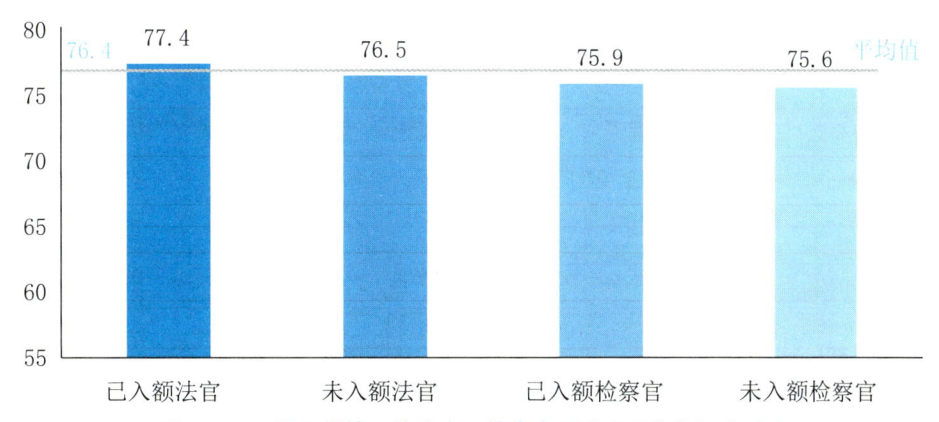

图 4-3 不同入额情况的法官、检察官司法文明指数评分对比

将一级指标评分与法官、检察官入额情况背景变量进行交叉分析。数据显示，9 个一级指标中，已入额法官群体评分较高，在 6 个指标上评分为最高；已入额检察官在 3 个指标上评分为最高。

已入额法官和未入额法官群体在"民事司法程序"和"行政司法程序"两个一级指标上的评分高于已入额检察官和未入额检察官群体，且在 0.05 的显著性水平上存在差异。

	司法权力	当事人诉讼权利	民事司法程序	刑事司法程序	行政司法程序	证据制度	司法腐败遏制	法律职业化	司法公开
已入额法官	79.6	75.8	81.1	75.0	81.0	75.4	74.1	64.3	90.6
未入额法官	78.9	75.4	80.3	74.9	80.2	74.7	73.8	62.2	88.3
已入额检察官	78.9	73.3	76.2	76.7	75.6	78.1	71.9	66.4	86.1
未入额检察官	79.1	74.2	76.2	76.4	75.1	76.1	73.8	65.7	83.8

图 4-4 不同入额情况的法官、检察官一级指标评分对比

将二级指标评分与法官、检察官入额情况背景变量进行交叉分析。数据显示，28 个二级指标中，已入额法官群体评分较高，已入额检察官和未入额检察官群体评分较低。已入额法官群体在 12 个指标上的评分为各群体中最高，已入额检察官和未入额检察官群体各在 9 个指标上的评分为各群体中最低。

表 4-3 不同入额情况的法官、检察官二级指标评分对比

指标名		法官		检察官		均值
		已入额	未入额	已入额	未入额	
指标 1：司法权力	1.1 司法权力依法行使	76.7	76.0	77.2	78.2	77.1
	1.2 司法权力独立行使	65.9	66.7	65.2	68.1	66.5
	1.3 司法权力公正行使	84.1	83.9	85.1	83.5	84.1

续表

指标名		法官		检察官		均值
		已入额	未入额	已入额	未入额	
指标1：司法权力	1.4 司法权力主体受到信任与认同	80.3	79.5	80.7	80.4	80.3
	1.5 司法裁判受到信任与认同	91.2	88.6	86.3	85.3	88.0
指标2：当事人诉讼权利	2.1 当事人享有不被强迫自证其罪的权利	72.6	72.3	70.7	73.4	72.3
	2.2 当事人享有获得辩护、代理的权利	77.5	77.4	78.4	77.8	77.7
	2.3 当事人享有证据性权利	74.2	74.0	71.4	71.8	72.9
	2.4 当事人享有获得救济的权利	78.8	77.8	72.9	73.8	75.9
指标3：民事司法程序	3.1 民事审判符合公正要求	87.1	86.0	80.9	80.0	83.6
	3.2 民事诉讼中的调解自愿、合法	77.8	78.1	73.2	74.1	75.8
	3.3 民事诉讼裁判得到有效执行	78.3	76.9	74.4	74.7	76.2
指标4：刑事司法程序	4.1 侦查措施及时合法	75.7	75.8	77.3	78.0	76.7
	4.2 审查起诉公正	68.5	68.9	76.1	74.9	72.0
	4.3 刑事审判公正及时	80.9	80.0	76.6	76.3	78.5
指标5：行政司法程序	5.1 行政审判符合公正要求	83.8	83.2	78.1	77.4	80.7
	5.2 行政诉讼裁判得到有效执行	78.1	77.3	73.1	72.8	75.4
指标6：证据制度	6.1 证据裁判原则得到贯彻	76.9	74.6	78.6	76.2	76.7
	6.2 证据依法得到采纳与排除	74.6	74.0	80.1	77.6	76.5
	6.3 证明过程得到合理规范	74.7	75.5	75.6	74.5	75.0
指标7：司法腐败遏制	7.1 警察远离腐败	70.7	70.5	68.1	70.4	70.0
	7.2 检察官远离腐败	75.1	74.8	77.5	77.8	76.3
	7.3 法官远离腐败	76.6	76.0	70.1	73.4	74.1
指标8：法律职业化	8.1 法律职业人员获得职业培训	71.5	64.1	73.5	68.8	69.8
	8.2 法律职业人员遵守职业伦理规范	64.9	65.7	64.3	66.7	65.4
	8.3 法律职业人员享有职业保障	56.4	56.8	61.2	61.6	59.0
指标9：司法公开	9.1 司法过程依法公开	91.4	88.9	87.1	84.3	88.0
	9.2 裁判结果依法公开	89.9	87.7	85.1	83.3	86.6

背景变量3：性别

将司法文明指数评分与性别背景变量进行交叉分析。数据显示，女性评分略高于男性。经检验，不同性别群体间评分在0.05的显著性水平上存在差异。不同性别群体评分均值为72.0分。

第四章 受访群体背景变量分析

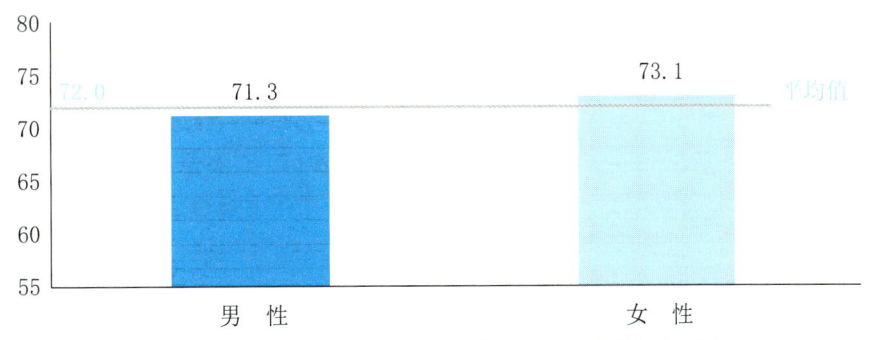

图 4-5 不同性别的法律职业群体司法文明指数评分对比

男性：71.3　女性：73.1　平均值：72.0

将一级指标评分与性别背景变量进行交叉分析。数据显示，9 个一级指标中，女性群体评分均高于男性群体。经检验，不同性别群体间对于 9 个一级指标的评分在 0.05 的显著性水平上均存在差异。

	司法权力	当事人诉讼权利	民事司法程序	刑事司法程序	行政司法程序	证据制度	司法腐败遏制	法律职业化	司法公开
男性	73.7	68.9	72.7	70.5	72.1	69.8	67.4	66.2	80.1
女性	75.4	70.6	75.1	71.8	74.0	70.8	69.8	67.1	82.7

图 4-6 不同性别的法律职业群体一级指标评分对比

将二级指标评分与性别背景变量进行交叉分析。数据显示，28 个二级指标中，女性群体评分较高。女性群体在 27 个指标上的评分均高于男性群体，男性群体仅在"法律职业人员获得职业培训"指标上的评分略高于女性群体。

表 4-4 不同性别的法律职业群体二级指标评分对比

指标名		男性	女性	均值
指标 1：司法权力	1.1 司法权力依法行使	71.8	73.4	72.4
	1.2 司法权力独立行使	61.8	63.9	62.6
	1.3 司法权力公正行使	78.6	80.3	79.3
	1.4 司法权力主体受到信任与认同	75.5	76.8	76.0
	1.5 司法裁判受到信任与认同	80.9	82.8	81.7

续表

	指标名	男 性	女 性	均 值
指标2：当事人诉讼权利	2.1 当事人享有不被强迫自证其罪的权利	68.2	70.0	68.9
	2.2 当事人享有获得辩护、代理的权利	71.0	71.9	71.3
	2.3 当事人享有证据性权利	68.1	70.4	69.0
	2.4 当事人享有获得救济的权利	68.4	70.1	69.1
指标3：民事司法程序	3.1 民事审判符合公正要求	76.9	79.7	78.0
	3.2 民事诉讼中的调解自愿、合法	69.3	72.4	70.5
	3.3 民事诉讼裁判得到有效执行	71.9	73.3	72.5
指标4：刑事司法程序	4.1 侦查措施及时合法	73.4	74.0	73.6
	4.2 审查起诉公正	66.4	67.8	67.0
	4.3 刑事审判公正及时	71.7	73.7	72.5
指标5：行政司法程序	5.1 行政审判符合公正要求	72.9	75.6	74.0
	5.2 行政诉讼裁判得到有效执行	71.3	72.5	71.8
指标6：证据制度	6.1 证据裁判原则得到贯彻	71.6	72.2	71.8
	6.2 证据依法得到采纳与排除	70.2	71.3	70.7
	6.3 证明过程得到合理规范	67.7	69.0	68.2
指标7：司法腐败遏制	7.1 警察远离腐败	66.1	67.9	66.8
	7.2 检察官远离腐败	69.0	71.5	70.0
	7.3 法官远离腐败	67.1	70.1	68.3
指标8：法律职业化	8.1 法律职业人员获得职业培训	71.5	71.1	71.3
	8.2 法律职业人员遵守职业伦理规范	65.8	68.4	66.8
	8.3 法律职业人员享有职业保障	61.3	61.7	61.5
指标9：司法公开	9.1 司法过程依法公开	81.6	84.1	82.6
	9.2 裁判结果依法公开	78.7	81.3	79.7

背景变量4：年龄

将司法文明指数评分与年龄背景变量进行交叉分析。数据显示，在五个年龄段的法律职业群体中，56岁及以上的法律职业群体评分较低，其他四个年龄段评分较高。56岁及以上的法律职业群体评分与其他年龄段的法律职业群体评分在0.05的显著性水平上均存在差异。五类群体的评分均值为72.0分。

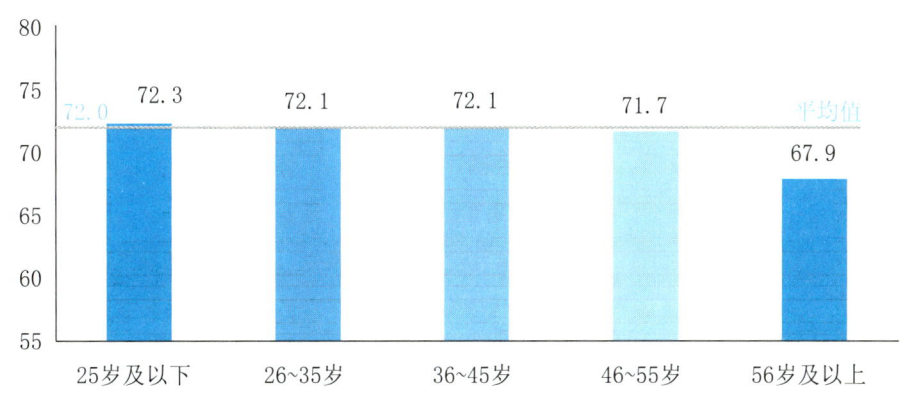

图 4-7 不同年龄的法律职业群体司法文明指数评分对比

将一级指标评分与年龄背景变量进行交叉分析。数据显示，56 岁及以上的法律职业群体在 7 个一级指标上的评分为最低分，其他年龄段的法律职业群体间评分的差距较小。经检验，56 岁及以上的法律职业群体在"当事人诉讼权利""民事司法程序""刑事司法程序""行政司法程序""证据制度"五个一级指标上的评分低于其他年龄段，且在 0.05 的显著性水平上存在差异。

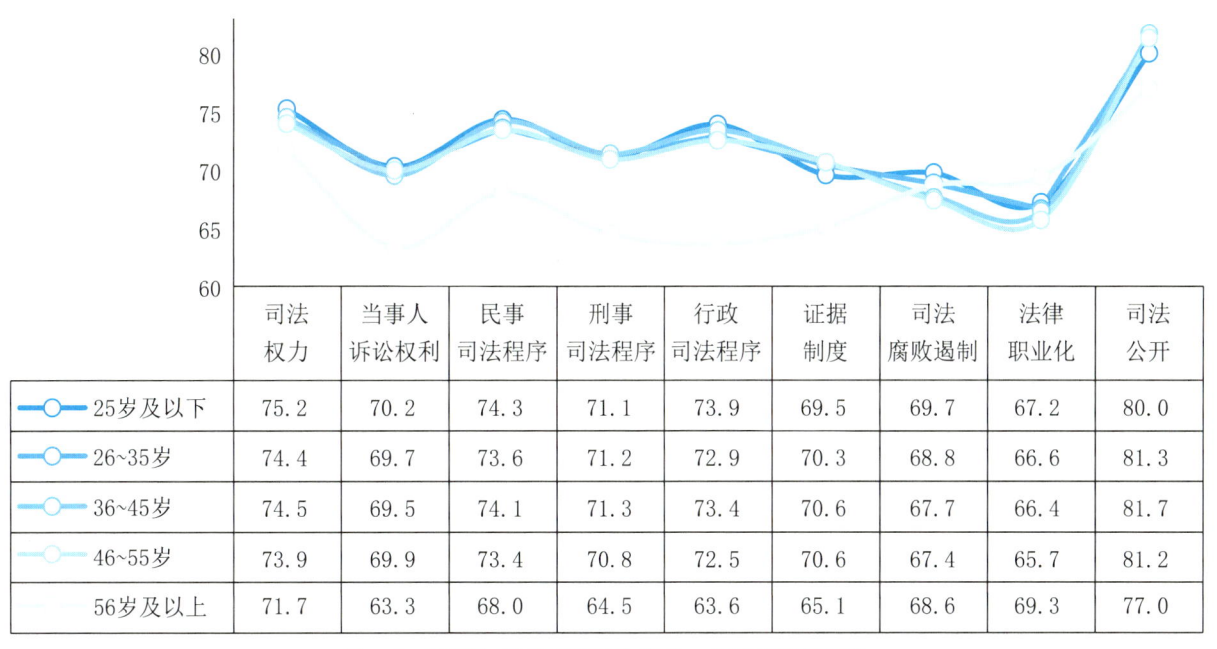

	司法权力	当事人诉讼权利	民事司法程序	刑事司法程序	行政司法程序	证据制度	司法腐败遏制	法律职业化	司法公开
25岁及以下	75.2	70.2	74.3	71.1	73.9	69.5	69.7	67.2	80.0
26~35岁	74.4	69.7	73.6	71.2	72.9	70.3	68.8	66.6	81.3
36~45岁	74.5	69.5	74.1	71.3	73.4	70.6	67.7	66.4	81.7
46~55岁	73.9	69.9	73.4	70.8	72.5	70.6	67.4	65.7	81.2
56岁及以上	71.7	63.3	68.0	64.5	63.6	65.1	68.6	69.3	77.0

图 4-8 不同年龄的法律职业群体一级指标评分对比

将二级指标评分与年龄背景变量进行交叉分析。数据显示，28 个二级指标中，25 岁及以下的法律职业群体和 36~45 岁的法律职业群体评分较高，56 岁及以上的法律职业群体评分较低。25 岁及以下的法律职业群体在 11 个指标上的评分为各群体中最高，36~45 岁的法律职业群体在 10 个指标上的评分为各群体中最高。56 岁及以上的法律职业群体在 23 个指标上的评分为各群体中最低。

表 4-5 不同年龄的法律职业群体二级指标评分对比

指标名		25岁及以下	26~35岁	36~45岁	46~55岁	56岁及以上	均值
指标1：司法权力	1.1 司法权力依法行使	73.4	72.5	72.6	71.2	68.5	72.4
	1.2 司法权力独立行使	65.3	63.0	61.5	61.9	60.8	62.7
	1.3 司法权力公正行使	79.2	79.1	80.0	79.1	74.3	79.3
	1.4 司法权力主体受到信任与认同	76.8	75.9	76.3	75.9	74.2	76.1
	1.5 司法裁判受到信任与认同	81.3	81.6	82.2	81.6	80.8	81.7
指标2：当事人诉讼权利	2.1 当事人享有不被强迫自证其罪的权利	69.0	69.3	69.0	68.0	62.0	68.9
	2.2 当事人享有获得辩护、代理的权利	69.6	71.4	71.7	72.0	68.8	71.4
	2.3 当事人享有证据性权利	72.1	69.0	67.7	70.0	63.0	69.0
	2.4 当事人享有获得救济的权利	70.3	68.9	69.4	69.5	59.4	69.1
指标3：民事司法程序	3.1 民事审判符合公正要求	77.9	78.3	78.6	77.6	65.0	78.0
	3.2 民事诉讼中的调解自愿、合法	71.0	70.2	70.8	70.9	68.9	70.5
	3.3 民事诉讼裁判得到有效执行	74.0	72.2	73.0	71.7	70.0	72.5
指标4：刑事司法程序	4.1 侦查措施及时合法	74.3	73.9	73.7	72.6	66.8	73.6
	4.2 审查起诉公正	66.5	67.2	67.1	66.9	62.0	67.0
	4.3 刑事审判公正及时	72.5	72.4	73.2	73.0	64.7	72.6
指标5：行政司法程序	5.1 行政审判符合公正要求	74.3	74.1	74.5	74.1	61.3	74.0
	5.2 行政诉讼裁判得到有效执行	73.5	71.7	72.2	70.9	65.9	71.8
指标6：证据制度	6.1 证据裁判原则得到贯彻	70.3	71.9	72.5	72.1	66.5	71.8
	6.2 证据依法得到采纳与排除	70.7	70.4	71.0	70.6	63.6	70.7
	6.3 证明过程得到合理规范	67.5	68.2	68.3	69.1	65.2	68.2
指标7：司法腐败遏制	7.1 警察远离腐败	68.9	67.1	66.2	65.5	65.5	66.8
	7.2 检察官远离腐败	70.5	70.4	69.4	69.3	71.8	70.0
	7.3 法官远离腐败	69.7	68.9	67.5	67.2	68.6	68.4
指标8：法律职业化	8.1 法律职业人员获得职业培训	65.1	71.6	73.4	71.1	66.9	71.3
	8.2 法律职业人员遵守职业伦理规范	70.6	66.9	65.5	65.7	72.7	66.9
	8.3 法律职业人员享有职业保障	65.8	61.4	60.3	60.2	68.5	61.5
指标9：司法公开	9.1 司法过程依法公开	81.1	82.8	83.3	82.4	78.0	82.6
	9.2 裁判结果依法公开	78.8	79.8	80.1	80.1	76.0	79.8

背景变量5：从业年限

将司法文明指数评分与从业年限背景变量进行交叉分析。数据显示，从业年限为11~20年的法律职业群体对司法文明指数评分最高,从业年限为 3 年以下的法律职业群体评分最低。经检验,在 0.05 的显著性水平上,从业年限为 3 年以下、3~10 年的法律职业群体评分显著低于从业年限为 11~20 年的法律职业群体。四类群体的评分均值为 72.0 分。

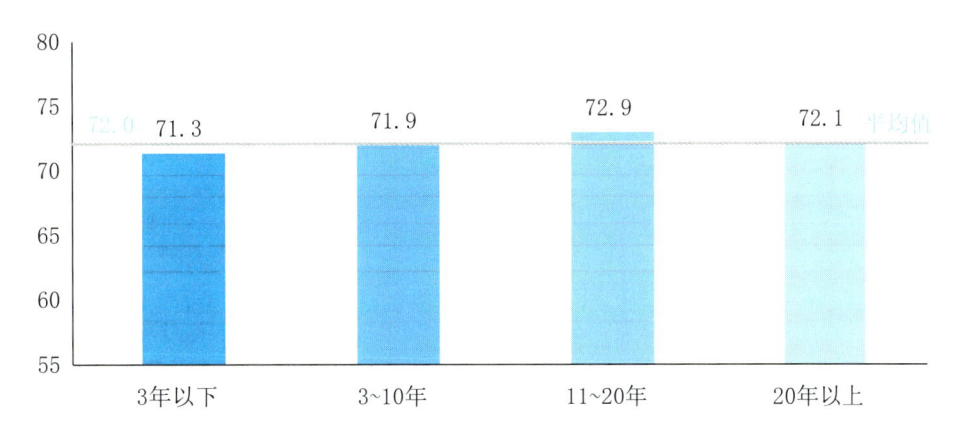

图 4-9 不同从业年限的法律职业群体司法文明指数评分对比

将一级指标评分与从业年限背景变量进行交叉分析。数据显示,从业年限为 20 年以上的法律职业群体对"司法腐败遏制""法律职业化"指标评分为最低分,但对其他 7 个指标评分较高。经检验,从业年限为 11~20 年的法律职业群体在"司法权力""当事人诉讼权利""民事司法程序""证据制度""司法公开"指标上的评分显著高于从业年限为 3 年以下、3~10 年的法律职业群体。而从业年限为 20 年以上的法律职业群体在"法律职业化"指标上的评分显著低于其他群体。

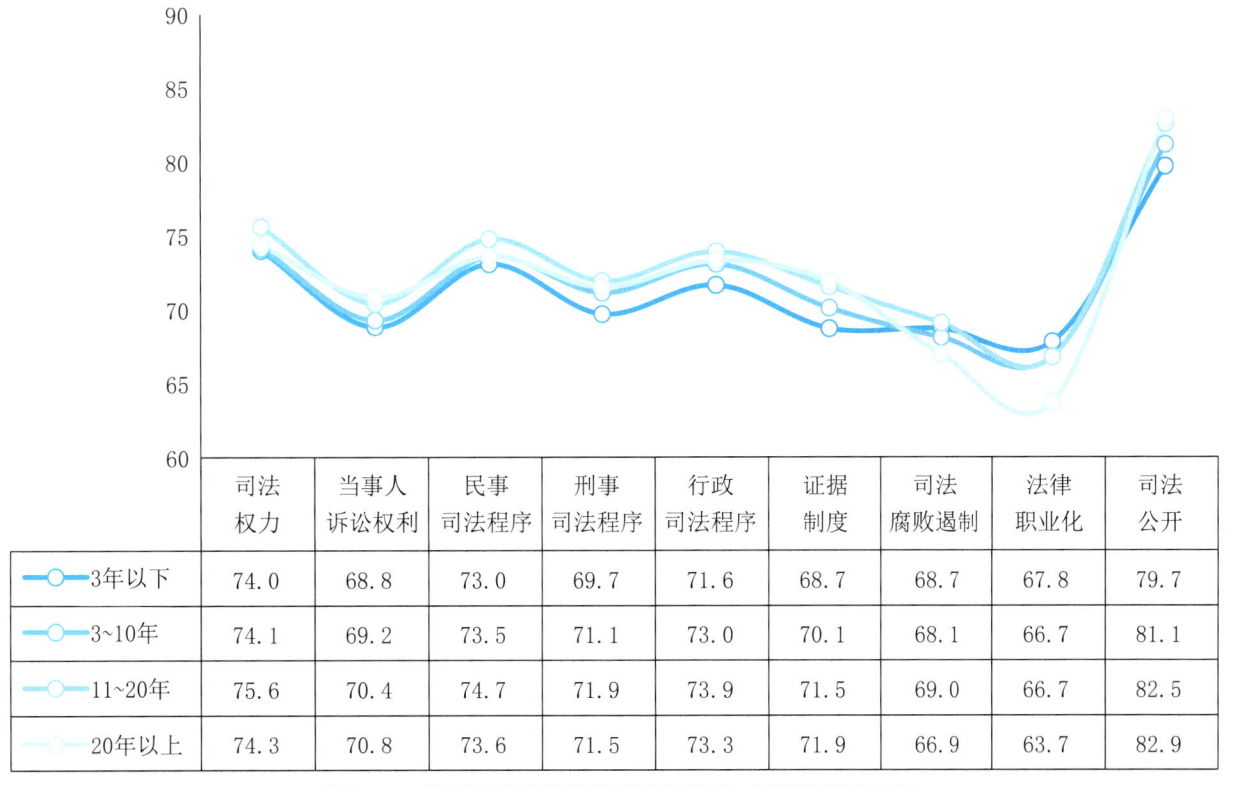

	司法权力	当事人诉讼权利	民事司法程序	刑事司法程序	行政司法程序	证据制度	司法腐败遏制	法律职业化	司法公开
3年以下	74.0	68.8	73.0	69.7	71.6	68.7	68.7	67.8	79.7
3~10年	74.1	69.2	73.5	71.1	73.0	70.1	68.1	66.7	81.1
11~20年	75.6	70.4	74.7	71.9	73.9	71.5	69.0	66.7	82.5
20年以上	74.3	70.8	73.6	71.5	73.3	71.9	66.9	63.7	82.9

图 4-10 不同从业年限的法律职业群体一级指标评分对比

将二级指标评分与从业年限背景变量进行交叉分析。数据显示,28 个二级指标中,从业年限为 11~20 年的法律职业群体评分较高,从业年限为 3 年以下的法律职业群体评分较低。从业年限为 11~20 年的法律职业群体在 14 个指标上的评分为各群体中最高，从业年限为 3 年以下的法律职业群体在 19 个指标上的评分为各群体中最低。

表 4-6　不同从业年限的法律职业群体二级指标评分对比

指标名		3年以下	3~10年	11~20年	20年以上	均值
指标 1：司法权力	1.1 司法权力依法行使	72.6	72.3	73.5	71.6	72.5
	1.2 司法权力独立行使	63.8	62.0	63.4	60.2	62.5
	1.3 司法权力公正行使	78.0	79.5	80.3	79.6	79.4
	1.4 司法权力主体受到信任与认同	75.4	75.6	77.2	77.0	76.1
	1.5 司法裁判受到信任与认同	80.1	81.3	83.5	83.2	81.8
指标 2：当事人诉讼权利	2.1 当事人享有不被强迫自证其罪的权利	67.9	68.9	69.6	68.6	68.8
	2.2 当事人享有获得辩护、代理的权利	68.9	71.3	72.7	73.3	71.4
	2.3 当事人享有证据性权利	70.5	68.3	68.7	70.1	69.0
	2.4 当事人享有获得救济的权利	67.9	68.5	70.5	71.2	69.1
指标 3：民事司法程序	3.1 民事审判符合公正要求	76.9	78.6	78.6	77.9	78.2
	3.2 民事诉讼中的调解自愿、合法	69.7	69.8	71.9	71.5	70.4
	3.3 民事诉讼裁判得到有效执行	72.6	72.2	73.7	71.3	72.5
指标 4：刑事司法程序	4.1 侦查措施及时合法	72.1	73.7	74.5	73.0	73.5
	4.2 审查起诉公正	65.9	67.1	67.5	67.9	67.0
	4.3 刑事审判公正及时	71.0	72.5	73.7	73.6	72.6
指标 5：行政司法程序	5.1 行政审判符合公正要求	72.4	74.3	74.7	74.9	74.1
	5.2 行政诉讼裁判得到有效执行	70.8	71.7	73.1	71.6	71.8
指标 6：证据制度	6.1 证据裁判原则得到贯彻	70.1	71.9	73.2	73.4	72.0
	6.2 证据依法得到采纳与排除	69.4	70.6	71.8	71.9	70.8
	6.3 证明过程得到合理规范	66.6	67.8	69.5	70.3	68.2
指标 7：司法腐败遏制	7.1 警察远离腐败	67.1	66.3	67.6	64.8	66.6
	7.2 检察官远离腐败	70.2	69.8	70.7	69.1	70.0
	7.3 法官远离腐败	68.9	68.1	68.9	66.8	68.3
指标 8：法律职业化	8.1 法律职业人员获得职业培训	67.5	72.9	73.3	68.2	71.4
	8.2 法律职业人员遵守职业伦理规范	70.8	66.4	65.9	63.9	66.9
	8.3 法律职业人员享有职业保障	65.0	60.9	60.9	58.9	61.5
指标 9：司法公开	9.1 司法过程依法公开	81.1	82.8	83.9	83.9	82.8
	9.2 裁判结果依法公开	78.2	79.5	81.2	81.8	79.9

背景变量 6：学历

将司法文明指数评分与学历背景变量进行交叉分析。数据显示，不同学历的法律职业群体中，学历为研究生/硕士、本科的法律职业群体的评分较高，学历为高中及以下、研究生/博士的法律职业群体的评分较低。不同学历群体的评分均值为 72.1 分。

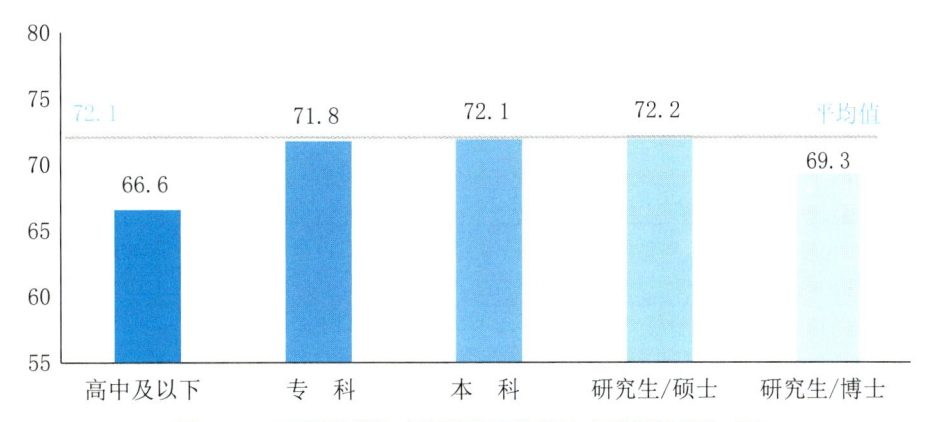

图 4-11 不同学历的法律职业群体司法文明指数评分对比

学历	高中及以下	专科	本科	研究生/硕士	研究生/博士
评分	66.6	71.8	72.1	72.2	69.3

平均值 72.1

将一级指标评分与学历背景变量进行交叉分析。数据显示，9 个一级指标中，学历为研究生/硕士和本科的法律职业群体的评分均较高；学历为高中及以下的法律职业群体在 7 个一级指标上的评分最低；学历为研究生/博士的法律职业群体在"司法权力"和"司法腐败遏制"两个指标上评分最低。

经检验，学历为研究生/博士的法律职业群体在"当事人诉讼权利"和"刑事司法程序"两个指标上，评分显著低于学历为专科、本科和研究生/硕士的法律职业群体；学历为高中及以下的法律职业群体在"证据制度"和"司法公开"两个指标上的评分显著低于学历为本科、研究生/硕士的法律职业群体。

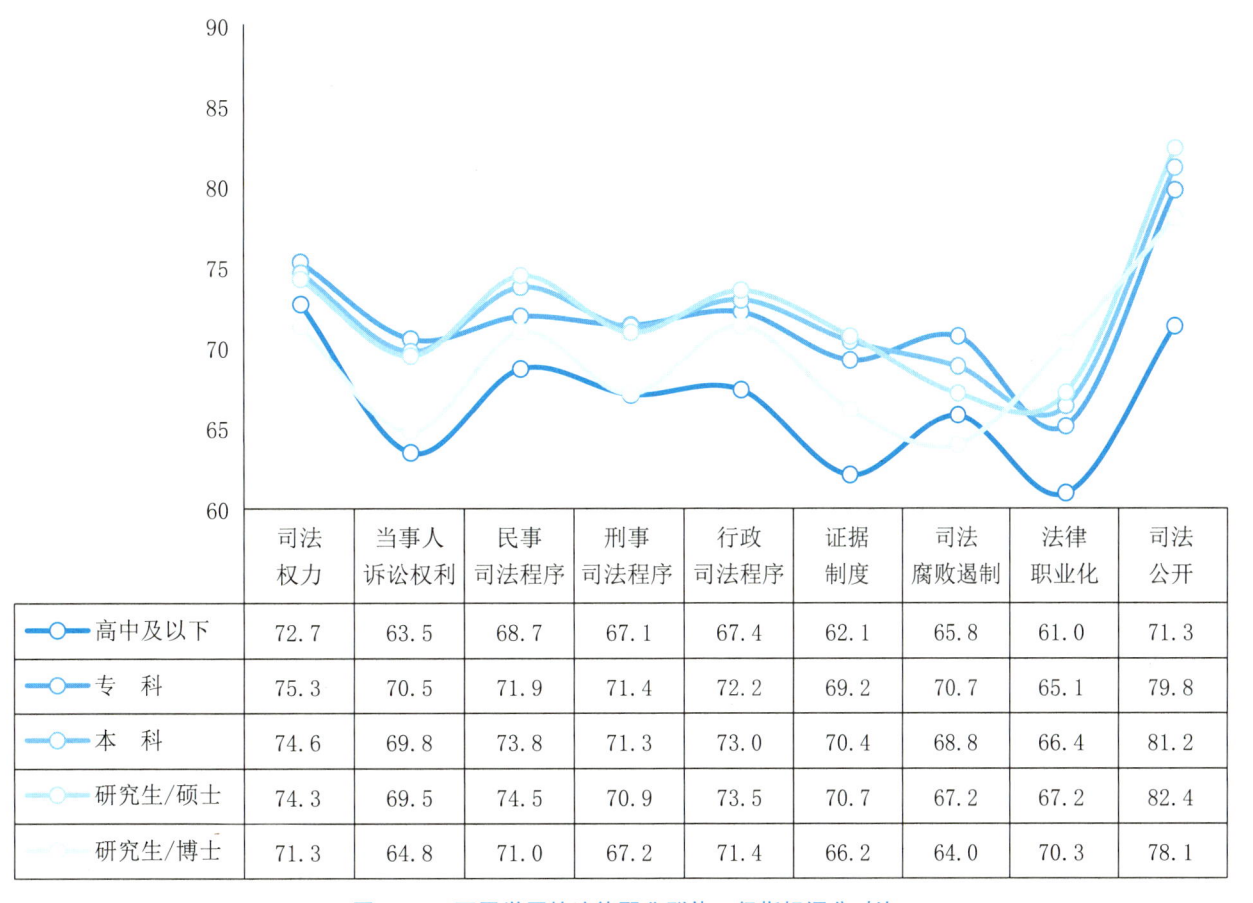

	司法权力	当事人诉讼权利	民事司法程序	刑事司法程序	行政司法程序	证据制度	司法腐败遏制	法律职业化	司法公开
高中及以下	72.7	63.5	68.7	67.1	67.4	62.1	65.8	61.0	71.3
专科	75.3	70.5	71.9	71.4	72.2	69.2	70.7	65.1	79.8
本科	74.6	69.8	73.8	71.3	73.0	70.4	68.8	66.4	81.2
研究生/硕士	74.3	69.5	74.5	70.9	73.5	70.7	67.2	67.2	82.4
研究生/博士	71.3	64.8	71.0	67.2	71.4	66.2	64.0	70.3	78.1

图 4-12 不同学历的法律职业群体一级指标评分对比

将二级指标评分与学历背景变量进行交叉分析。数据显示，28 个二级指标中，学历为研究生/硕士、专科的法律职业群体评分较高，学历为高中及以下的法律职业群体评分较低。学历为研究生/硕士的法律职业群体在12个指标上的评分为各群体中最高，学历为专科的法律职业群体在10个指标上的评分为各群体中最高。学历为高中及以下的法律职业群体在17个指标上的评分为各群体中最低。

表4-7 不同学历的法律职业群体二级指标评分对比

	指标名	高中及以下	专 科	本 科	研究生/硕士	研究生/博士	均 值
指标1：司法权力	1.1 司法权力依法行使	67.0	71.2	72.5	73.2	69.3	72.6
	1.2 司法权力独立行使	71.6	66.6	63.1	60.8	59.9	62.6
	1.3 司法权力公正行使	71.6	78.9	79.5	79.6	74.8	79.4
	1.4 司法权力主体受到信任与认同	75.9	78.4	76.3	75.5	73.8	76.2
	1.5 司法裁判受到信任与认同	77.4	81.6	81.8	82.3	78.8	81.8
指标2：当事人诉讼权利	2.1 当事人享有不被强迫自证其罪的权利	66.1	69.5	69.2	68.2	62.3	68.9
	2.2 当事人享有获得辩护、代理的权利	64.9	71.1	71.6	71.3	65.7	71.4
	2.3 当事人享有证据性权利	67.0	71.8	69.2	68.7	64.0	69.1
	2.4 当事人享有获得救济的权利	55.9	69.8	69.1	69.8	67.2	69.2
指标3：民事司法程序	3.1 民事审判符合公正要求	73.0	73.4	77.8	80.4	75.0	78.2
	3.2 民事诉讼中的调解自愿、合法	70.4	70.5	70.9	69.6	65.8	70.5
	3.3 民事诉讼裁判得到有效执行	62.6	72.0	72.5	73.4	72.3	72.7
指标4：刑事司法程序	4.1 侦查措施及时合法	71.3	76.8	74.1	72.1	66.3	73.6
	4.2 审查起诉公正	60.9	65.0	67.0	67.9	67.3	67.1
	4.3 刑事审判公正及时	69.1	72.5	72.7	72.8	68.0	72.6
指标5：行政司法程序	5.1 行政审判符合公正要求	72.2	72.3	74.0	75.2	71.3	74.2
	5.2 行政诉讼裁判得到有效执行	62.6	72.2	71.9	71.9	71.5	71.9
指标6：证据制度	6.1 证据裁判原则得到贯彻	63.5	68.8	71.8	73.1	67.9	71.9
	6.2 证据依法得到采纳与排除	64.3	69.7	70.9	71.0	67.6	70.8
	6.3 证明过程得到合理规范	58.5	69.1	68.5	68.1	63.0	68.3
指标7：司法腐败遏制	7.1 警察远离腐败	68.3	71.9	67.3	64.6	63.0	66.8
	7.2 检察官远离腐败	64.8	70.8	70.4	69.2	65.9	70.0
	7.3 法官远离腐败	64.3	69.4	68.7	67.7	63.0	68.4
指标8：法律职业化	8.1 法律职业人员获得职业培训	62.6	65.7	70.1	75.2	81.0	71.4
	8.2 法律职业人员遵守职业伦理规范	59.4	66.9	67.4	65.7	65.3	66.9
	8.3 法律职业人员享有职业保障	60.9	62.9	61.6	60.7	64.4	61.5
指标9：司法公开	9.1 司法过程依法公开	71.3	80.6	82.5	84.2	79.3	82.8
	9.2 裁判结果依法公开	71.3	78.9	79.8	80.6	76.9	79.9

背景变量7：专业

将司法文明指数评分与专业背景变量进行交叉分析。数据显示，法学专业背景和其他专业背景的两类群体评分持平，均为72.1分。经检验，两类群体的评分在0.05的显著性水平上不存在差异。

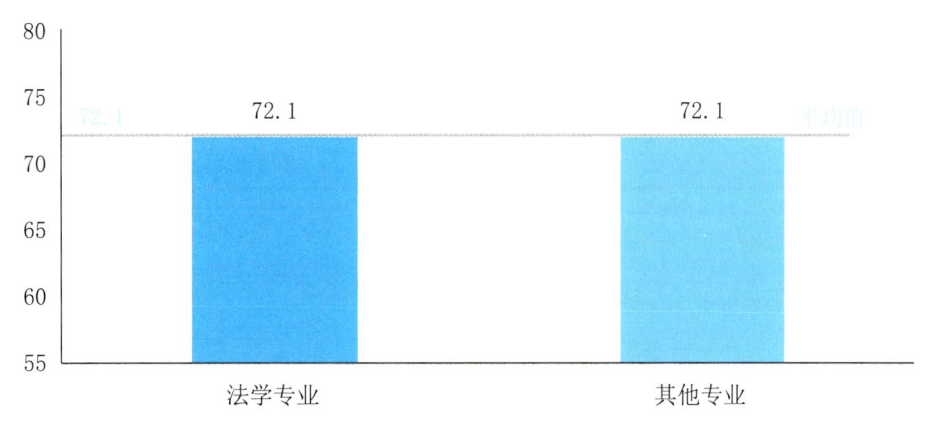

图4-13 不同专业的法律职业群体司法文明指数评分对比

将一级指标评分与专业背景变量进行交叉分析。数据显示，9个一级指标中，两类群体评分均相近，除"法律职业化"指标外，评分差距均在1.5分以下。法学专业群体对"法律职业化"指标的评分比其他专业群体高2.5分。

经检验，两类群体在"当事人诉讼权利""刑事司法程序""法律职业化""司法公开"这4个一级指标上的评分存在显著差异。

	司法权力	当事人诉讼权利	民事司法程序	刑事司法程序	行政司法程序	证据制度	司法腐败遏制	法律职业化	司法公开
法学专业	74.5	69.4	74.0	71.0	73.1	70.3	68.3	67.1	81.7
其他专业	75.0	70.8	73.4	72.0	73.0	70.9	69.0	64.6	80.3

图4-14 不同专业的法律职业群体一级指标评分对比

将二级指标评分与专业背景变量进行交叉分析。数据显示，28个二级指标中，法学专业群体和其他专业群体评分差距较小。其他专业群体在15个指标上的评分较高，法学专业群体在13个指标上的评分较高。

表 4-8　不同专业的法律职业群体二级指标评分对比

指标名		法学专业	其他专业	均值
指标1：司法权力	1.1 司法权力依法行使	72.7	72.2	72.6
	1.2 司法权力独立行使	62.2	64.1	62.6
	1.3 司法权力公正行使	79.4	79.6	79.5
	1.4 司法权力主体受到信任与认同	76.0	77.0	76.2
	1.5 司法裁判受到信任与认同	81.9	81.9	81.9
指标2：当事人诉讼权利	2.1 当事人享有不被强迫自证其罪的权利	68.4	71.1	68.9
	2.2 当事人享有获得辩护、代理的权利	71.5	71.7	71.5
	2.3 当事人享有证据性权利	68.9	70.1	69.1
	2.4 当事人享有获得救济的权利	69.1	70.2	69.3
指标3：民事司法程序	3.1 民事审判符合公正要求	78.7	76.6	78.3
	3.2 民事诉讼中的调解自愿、合法	70.5	70.9	70.5
	3.3 民事诉讼裁判得到有效执行	72.8	72.7	72.7
指标4：刑事司法程序	4.1 侦查措施及时合法	73.1	75.9	73.6
	4.2 审查起诉公正	67.0	67.8	67.2
	4.3 刑事审判公正及时	72.8	72.4	72.7
指标5：行政司法程序	5.1 行政审判符合公正要求	74.2	74.3	74.2
	5.2 行政诉讼裁判得到有效执行	72.0	71.7	71.9
指标6：证据制度	6.1 证据裁判原则得到贯彻	72.1	71.7	72.0
	6.2 证据依法得到采纳与排除	70.7	71.5	70.9
	6.3 证明过程得到合理规范	68.1	69.5	68.4
指标7：司法腐败遏制	7.1 警察远离腐败	66.1	69.5	66.8
	7.2 检察官远离腐败	70.2	69.7	70.1
	7.3 法官远离腐败	68.6	67.8	68.4
指标8：法律职业化	8.1 法律职业人员获得职业培训	72.2	68.3	71.4
	8.2 法律职业人员遵守职业伦理规范	67.4	64.8	66.9
	8.3 法律职业人员享有职业保障	61.7	60.6	61.5
指标9：司法公开	9.1 司法过程依法公开	83.4	80.9	82.9
	9.2 裁判结果依法公开	80.1	79.7	80.0

背景变量8：政治面貌

将司法文明指数评分与政治面貌背景变量进行交叉分析。数据显示，中共党员和共青团员群体评分较高，无党派和民主党派群体评分较低。

经检验，中共党员、共青团员与其他三类群体间评分在0.05的显著性水平上均存在差异。五类群体的评分均值为72.0分，民主党派、无党派群体和群众评分低于均值。

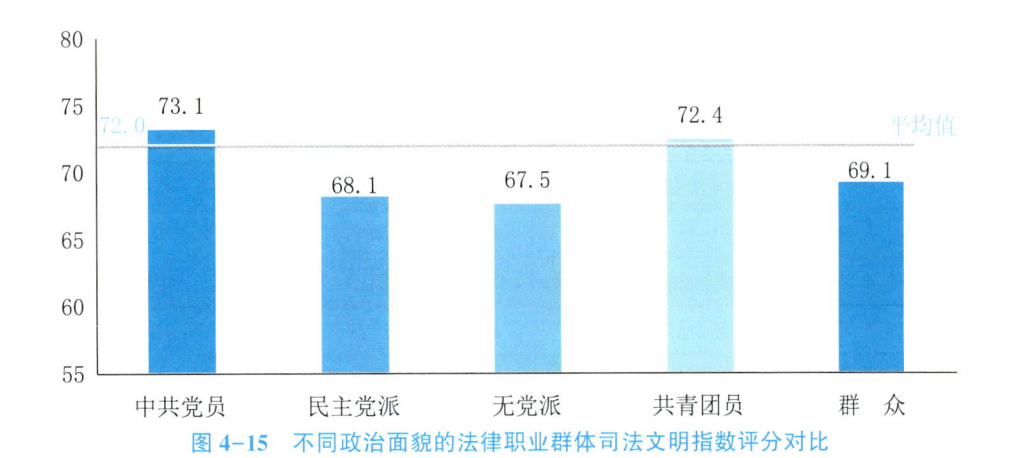

第四章 受访群体背景变量分析

图 4-15 不同政治面貌的法律职业群体司法文明指数评分对比

将一级指标评分与政治面貌背景变量进行交叉分析。数据显示，中共党员、共青团员群体在除"法律职业化"以外的 8 个指标上评分均较高。在"法律职业化"指标上，五类群体的评分差距较小。

经检验，中共党员、共青团员群体在"司法权力""当事人诉讼权利""民事司法程序""刑事司法程序""证据制度""司法腐败遏制"这 6 个一级指标上的评分高于民主党派、无党派群体和群众，且在 0.05 的显著性水平上存在差异。

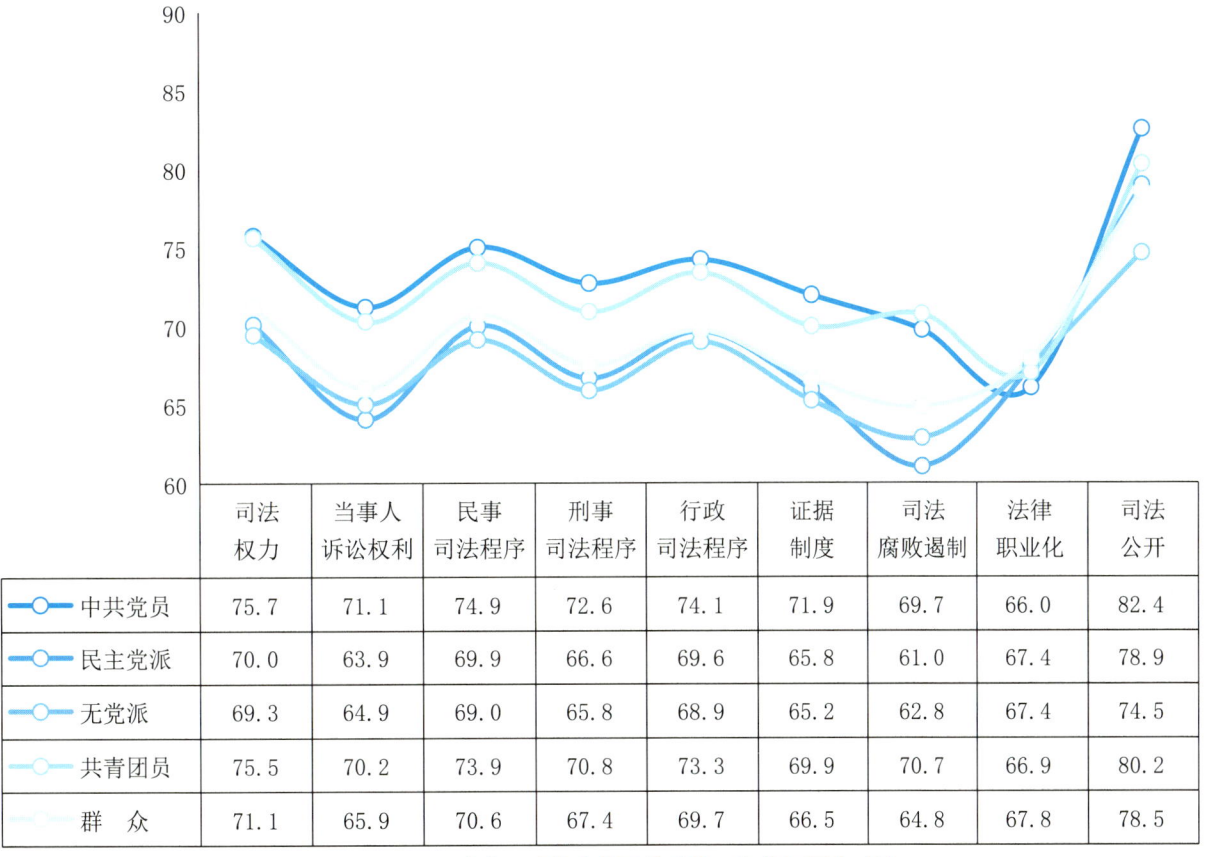

	司法权力	当事人诉讼权利	民事司法程序	刑事司法程序	行政司法程序	证据制度	司法腐败遏制	法律职业化	司法公开
中共党员	75.7	71.1	74.9	72.6	74.1	71.9	69.7	66.0	82.4
民主党派	70.0	63.9	69.9	66.6	69.6	65.8	61.0	67.4	78.9
无党派	69.3	64.9	69.0	65.8	68.9	65.2	62.8	67.4	74.5
共青团员	75.5	70.2	73.9	70.8	73.3	69.9	70.7	66.9	80.2
群众	71.1	65.9	70.6	67.4	69.7	66.5	64.8	67.8	78.5

图 4-16 不同政治面貌的法律职业群体一级指标评分对比

将二级指标评分与政治面貌背景变量进行交叉分析。数据显示，28 个二级指标中，中共党员群体评分较高，无党派群体评分较低。中共党员群体在 18 个指标上的评分为各群体中最高，无党派群体在 17 个指标上的评分为各群体中最低。

表 4-9 不同政治面貌的法律职业群体二级指标评分对比

指标名		中共党员	民主党派	无党派	共青团员	群众	均值
指标1：司法权力	1.1 司法权力依法行使	73.5	68.6	66.9	73.5	69.6	72.4
	1.2 司法权力独立行使	63.6	56.2	61.0	66.1	58.9	62.6
	1.3 司法权力公正行使	80.7	74.6	71.7	79.1	76.1	79.3
	1.4 司法权力主体受到信任与认同	77.3	72.8	71.2	77.1	72.6	76.0
	1.5 司法裁判受到信任与认同	83.2	77.7	75.8	81.6	78.1	81.7
指标2：当事人诉讼权利	2.1 当事人享有不被强迫自证其罪的权利	70.6	60.6	62.8	68.6	65.4	68.9
	2.2 当事人享有获得辩护、代理的权利	73.3	64.8	66.7	70.3	67.2	71.3
	2.3 当事人享有证据性权利	69.7	65.4	65.2	72.0	66.1	69.0
	2.4 当事人享有获得救济的权利	70.8	64.9	64.9	69.6	64.8	69.1
指标3：民事司法程序	3.1 民事审判符合公正要求	79.2	75.3	72.9	77.5	75.3	78.0
	3.2 民事诉讼中的调解自愿、合法	72.1	63.1	64.6	70.5	67.0	70.5
	3.3 民事诉讼裁判得到有效执行	73.4	71.4	69.5	73.8	69.6	72.5
指标4：刑事司法程序	4.1 侦查措施及时合法	75.5	66.7	66.1	73.6	69.6	73.6
	4.2 审查起诉公正	68.2	64.2	63.8	66.7	64.0	67.0
	4.3 刑事审判公正及时	74.2	68.8	67.4	72.1	68.7	72.5
指标5：行政司法程序	5.1 行政审判符合公正要求	75.6	70.7	68.3	74.2	69.9	73.9
	5.2 行政诉讼裁判得到有效执行	72.7	68.4	69.5	72.3	69.4	71.8
指标6：证据制度	6.1 证据裁判原则得到贯彻	73.1	69.1	67.2	70.6	69.2	71.8
	6.2 证据依法得到采纳与排除	72.2	66.4	66.9	71.0	66.7	70.6
	6.3 证明过程得到合理规范	70.2	62.0	61.3	68.1	63.6	68.2
指标7：司法腐败遏制	7.1 警察远离腐败	68.1	57.8	60.8	69.7	63.0	66.8
	7.2 检察官远离腐败	71.2	65.0	64.3	71.9	66.4	70.0
	7.3 法官远离腐败	69.6	60.2	63.2	70.5	65.0	68.3
指标8：法律职业化	8.1 法律职业人员获得职业培训	71.7	73.7	70.8	65.3	72.6	71.3
	8.2 法律职业人员遵守职业伦理规范	65.8	65.9	64.8	70.9	67.9	66.8
	8.3 法律职业人员享有职业保障	60.4	62.5	66.7	64.5	62.9	61.5
指标9：司法公开	9.1 司法过程依法公开	83.6	81.4	76.6	81.5	80.7	82.6
	9.2 裁判结果依法公开	81.3	76.4	72.5	79.0	76.4	79.7

背景变量9：区域

将司法文明指数评分与区域背景变量进行交叉分析。数据显示，东、中、西部群体评分持平，东北群体评分较低。经检验，各群体间评分在 0.05 的显著性水平上不存在差异。各群体的评分均值为 72.0 分。

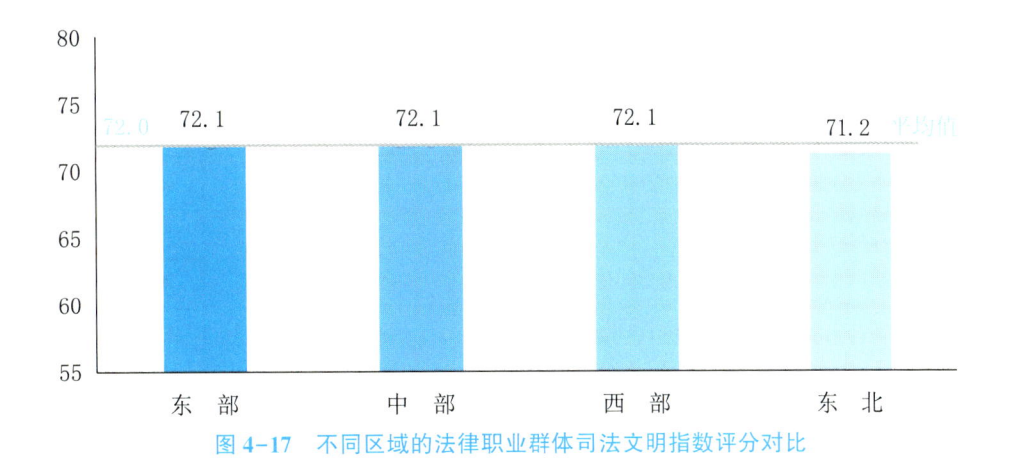

图 4-17 不同区域的法律职业群体司法文明指数评分对比

将一级指标评分与区域背景变量进行交叉分析。数据显示，9 个一级指标中，东部群体评分较高，东北群体评分较低，但差距较小，在 2.5 分以下。经检验，东部、西部群体在"司法权力""证据制度"这 2 个一级指标上的评分高于东北群体，且在 0.05 的显著性水平上存在差异；西部群体在"法律职业化"指标上的评分则显著低于其他三个区域的群体。

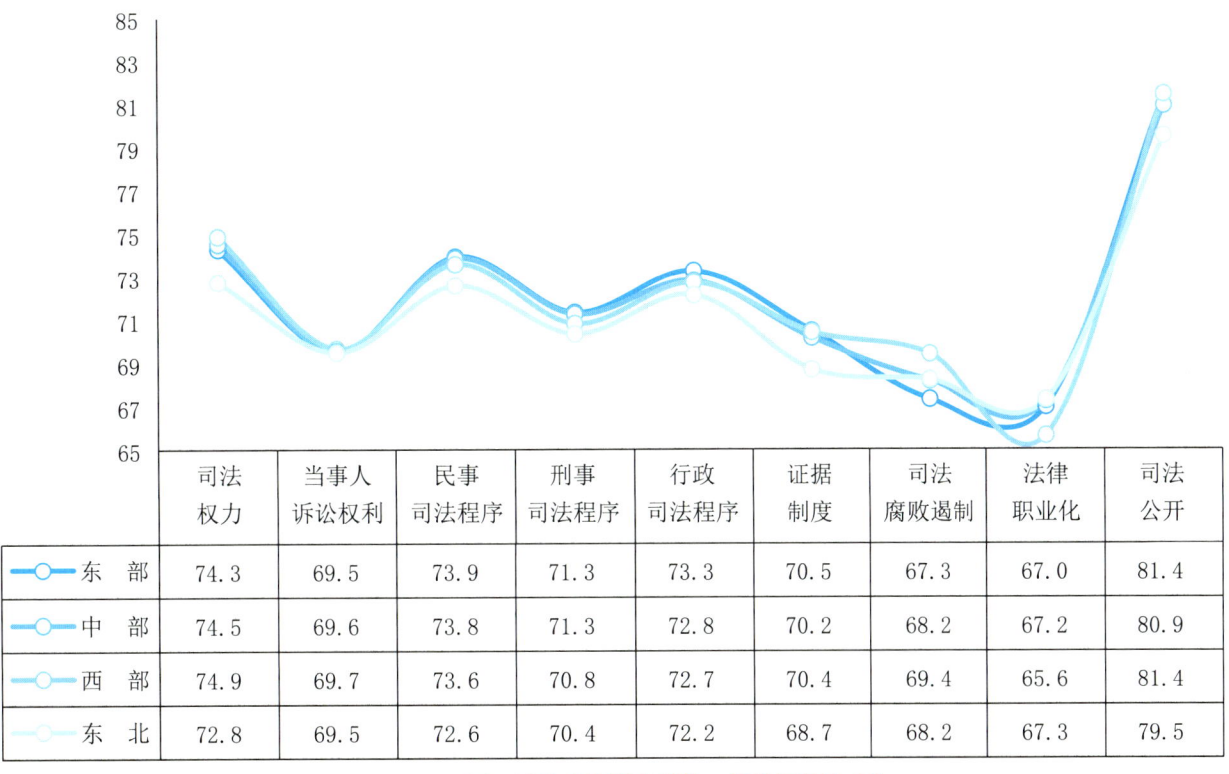

	司法权力	当事人诉讼权利	民事司法程序	刑事司法程序	行政司法程序	证据制度	司法腐败遏制	法律职业化	司法公开
东 部	74.3	69.5	73.9	71.3	73.3	70.5	67.3	67.0	81.4
中 部	74.5	69.6	73.8	71.3	72.8	70.2	68.2	67.2	80.9
西 部	74.9	69.7	73.6	70.8	72.7	70.4	69.4	65.6	81.4
东 北	72.8	69.5	72.6	70.4	72.2	68.7	68.2	67.3	79.5

图 4-18 不同区域的法律职业群体一级指标评分对比

将二级指标评分与区域背景变量进行交叉分析。数据显示，28 个二级指标中，东部群体评分较高，东北群体评分较低。东部群体在 9 个指标上的评分为各群体中最高，东北群体在 17 个指标上的评分为各群体中最低。

表 4-10 不同区域的法律职业群体二级指标评分对比

指标名		东部	中部	西部	东北	均值
指标1：司法权力	1.1 司法权力依法行使	72.7	72.4	72.5	71.3	72.4
	1.2 司法权力独立行使	61.6	62.4	64.0	61.7	62.6
	1.3 司法权力公正行使	79.4	79.9	79.6	76.3	79.3
	1.4 司法权力主体受到信任与认同	75.8	76.7	76.4	74.3	76.0
	1.5 司法裁判受到信任与认同	82.0	81.3	82.0	80.1	81.7
指标2：当事人诉讼权利	2.1 当事人享有不被强迫自证其罪的权利	68.4	68.4	69.4	69.9	68.9
	2.2 当事人享有获得辩护、代理的权利	72.1	71.9	70.8	70.0	71.3
	2.3 当事人享有证据性权利	68.4	68.6	69.7	69.2	69.0
	2.4 当事人享有获得救济的权利	69.3	69.4	68.8	69.0	69.1
指标3：民事司法程序	3.1 民事审判符合公正要求	79.4	77.6	77.7	75.0	78.0
	3.2 民事诉讼中的调解自愿、合法	70.6	70.7	70.1	71.1	70.5
	3.3 民事诉讼裁判得到有效执行	71.7	73.2	73.0	71.7	72.5
指标4：刑事司法程序	4.1 侦查措施及时合法	74.0	74.8	73.0	72.7	73.6
	4.2 审查起诉公正	67.4	66.3	67.0	66.7	67.0
	4.3 刑事审判公正及时	72.7	72.7	72.5	71.6	72.5
指标5：行政司法程序	5.1 行政审判符合公正要求	74.6	73.5	73.8	73.2	74.0
	5.2 行政诉讼裁判得到有效执行	71.9	72.1	71.6	71.1	71.8
指标6：证据制度	6.1 证据裁判原则得到贯彻	72.6	72.1	71.7	69.0	71.8
	6.2 证据依法得到采纳与排除	70.5	70.5	71.0	69.9	70.7
	6.3 证明过程得到合理规范	68.3	67.8	68.6	67.2	68.2
指标7：司法腐败遏制	7.1 警察远离腐败	65.3	66.5	68.2	67.3	66.8
	7.2 检察官远离腐败	69.1	69.7	70.9	70.0	70.0
	7.3 法官远离腐败	67.6	68.4	69.2	67.3	68.3
指标8：法律职业化	8.1 法律职业人员获得职业培训	72.9	73.5	69.0	70.9	71.3
	8.2 法律职业人员遵守职业伦理规范	66.9	66.7	66.9	66.8	66.8
	8.3 法律职业人员享有职业保障	61.2	61.5	61.1	64.2	61.5
指标9：司法公开	9.1 司法过程依法公开	83.0	82.2	83.0	80.5	82.6
	9.2 裁判结果依法公开	79.9	79.6	79.9	78.5	79.7

二、公众群体背景变量分析

本部分将对公众卷的一级指标和二级指标在不同背景变量（包括性别、年龄、学历、职业、政治面貌、参与诉讼情况、区域）下的得分进行检验，分析不同背景的公众对同一指标的评价是否存在显著差异。

表 4-11 公众卷背景变量分类

背景变量	变量类别
性　　别	男、女
年　　龄	25 岁及以下、26~35 岁、36~45 岁、46~55 岁、56 岁及以上
学　　历	初中及以下、高中/中专、本科/专科、研究生
职　　业	党政机关人员，事业单位（含学校、研究机构）人员，企业、服务业人员，进城务工人员，农民（含林牧渔业生产者），自由职业者，离退休人员，学生，无业，其他
政治面貌	中共党员、民主党派、无党派、共青团员、群众
参与诉讼情况	参与过诉讼、未参与过诉讼
区　　域	东部、中部、西部、东北

其中区域的划分标准同职业卷。

背景变量 1：性别

将司法文明指数评分与性别背景变量进行交叉分析。数据显示，女性评分略高于男性评分，且在 0.05 的显著性水平上存在差异。两类群体的评分均值为 66.8 分。

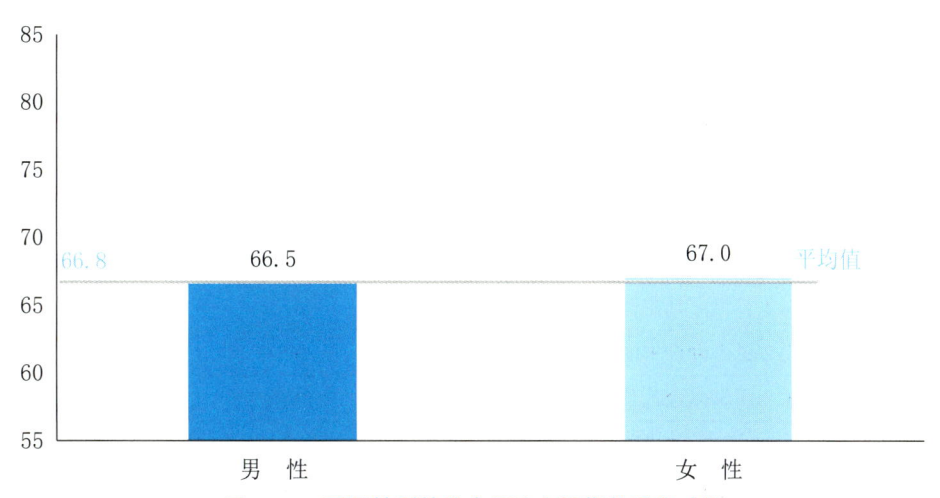

图 4-19 不同性别的公众司法文明指数评分对比

将一级指标评分与性别背景变量进行交叉分析。数据显示，不同性别群体对 10 个一级指标的评分相近。在"司法腐败遏制"和"法律职业化"这 2 个指标上分差稍大，女性群体比男性群体评分分别高 1.4 分和 1.6 分。

经检验，女性群体在"司法权力""刑事司法程序""证据制度""司法腐败遏制""法律职业化"这 5 个一级指标上的评分高于男性群体，且在 0.05 的显著性水平上存在差异。

	司法权力	当事人诉讼权利	民事司法程序	刑事司法程序	行政司法程序	证据制度	司法腐败遏制	法律职业化	司法公开	司法文化
男性	73.5	64.5	67.9	65.4	66.5	60.1	63.9	65.6	71.0	67.0
女性	74.0	64.1	68.2	65.9	66.6	60.7	65.3	67.2	70.5	67.2

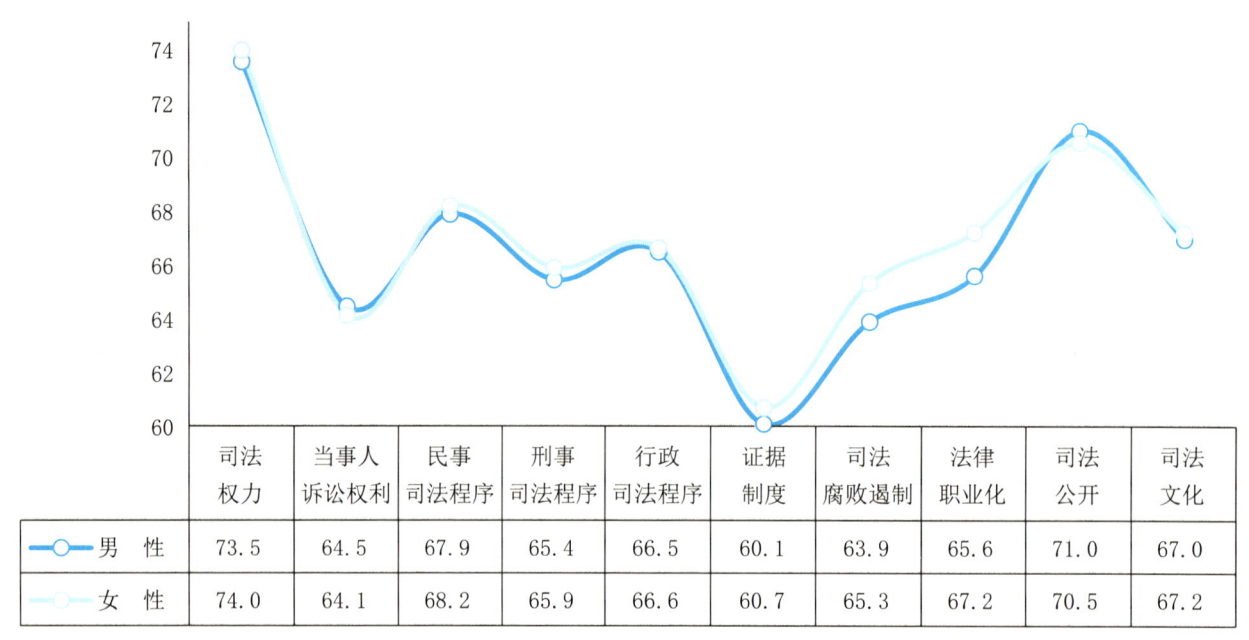

图 4-20 不同性别的公众一级指标评分对比

将二级指标评分与性别背景变量进行交叉分析。数据显示，20个二级指标中，女性群体评分较高，男性群体评分较低。女性群体在15个指标上的评分高于男性群体。

表 4-12 不同性别的公众二级指标评分对比

	指标名	男性	女性	均值
指标1：司法权力	1.4 司法权力主体受到信任与认同	71.4	72.1	71.7
	1.5 司法裁判受到信任与认同	75.7	75.8	75.8
指标2：当事人诉讼权利	2.2 当事人享有获得辩护、代理的权利	64.5	64.1	64.3
指标3：民事司法程序	3.1 民事审判符合公正要求	64.4	64.8	64.6
	3.2 民事诉讼中的调解自愿、合法	67.0	67.7	67.4
	3.3 民事诉讼裁判得到有效执行	72.2	72.0	72.1
指标4：刑事司法程序	4.1 侦查措施及时合法	67.4	68.2	67.8
	4.3 刑事审判公正及时	63.5	63.6	63.6
指标5：行政司法程序	5.2 行政诉讼裁判得到有效执行	66.5	66.6	66.6
指标6：证据制度	6.1 证据裁判原则得到贯彻	60.1	60.7	60.4
指标7：司法腐败遏制	7.1 警察远离腐败	62.4	64.0	63.2
	7.2 检察官远离腐败	65.4	66.7	66.0
	7.3 法官远离腐败	63.9	65.3	64.6
指标8：法律职业化	8.2 法律职业人员遵守职业伦理规范	65.6	67.2	66.4
指标9：司法公开	9.1 司法过程依法公开	70.8	70.2	70.5
	9.2 裁判结果依法公开	71.2	70.9	71.0
指标10：司法文化	10.1 公众参与司法的意识及程度	72.1	72.4	72.3
	10.2 公众诉诸司法的意识及程度	68.2	68.4	68.3
	10.3 公众接受司法裁判的意识及程度	65.4	65.4	65.4
	10.4 公众接受现代刑罚理念的意识及程度	62.1	62.5	62.3

背景变量 2：年龄

将司法文明指数评分与年龄背景变量进行交叉分析。数据显示，不同年龄段的公众评分相近，25 岁及以下的公众评分最高，46~55 岁的公众评分最低。五个年龄段的公众评分均值为 66.8 分。经检验，25 岁及以下的公众评分与其他年龄段的公众评分在 0.05 的显著性水平上均存在差异，26~35 岁的公众评分与 46~55 岁、56 岁及以上的公众评分在 0.05 的显著性水平上也均存在差异。

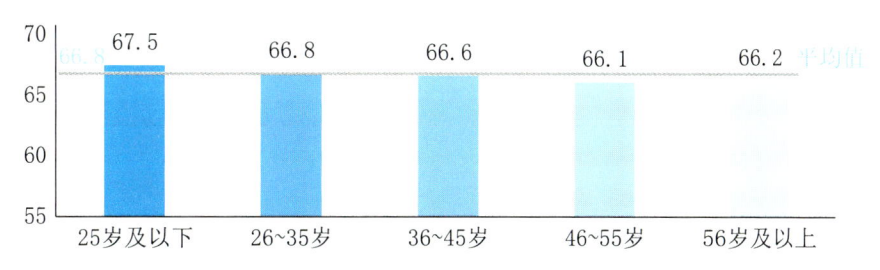

图 4-21 不同年龄的公众司法文明指数评分对比

将一级指标评分与年龄背景变量进行交叉分析。数据显示，不同年龄段的公众对 10 个一级指标评分相近，25 岁及以下的公众在 7 个指标上评分最高。五个年龄段的公众在"行政司法程序"指标上评分差距较大，25 岁及以下的公众评分最高，56 岁及以上的公众评分最低，分差为 2.9 分。

经检验，25 岁及以下的公众在"司法权力""民事司法程序""行政司法程序""司法公开""司法文化"这 5 个一级指标上的评分高于 46~55 岁、56 岁及以上的公众，且在 0.05 的显著性水平上存在差异；56 岁及以上的公众在"司法文化"指标上的评分则显著低于其他群体。

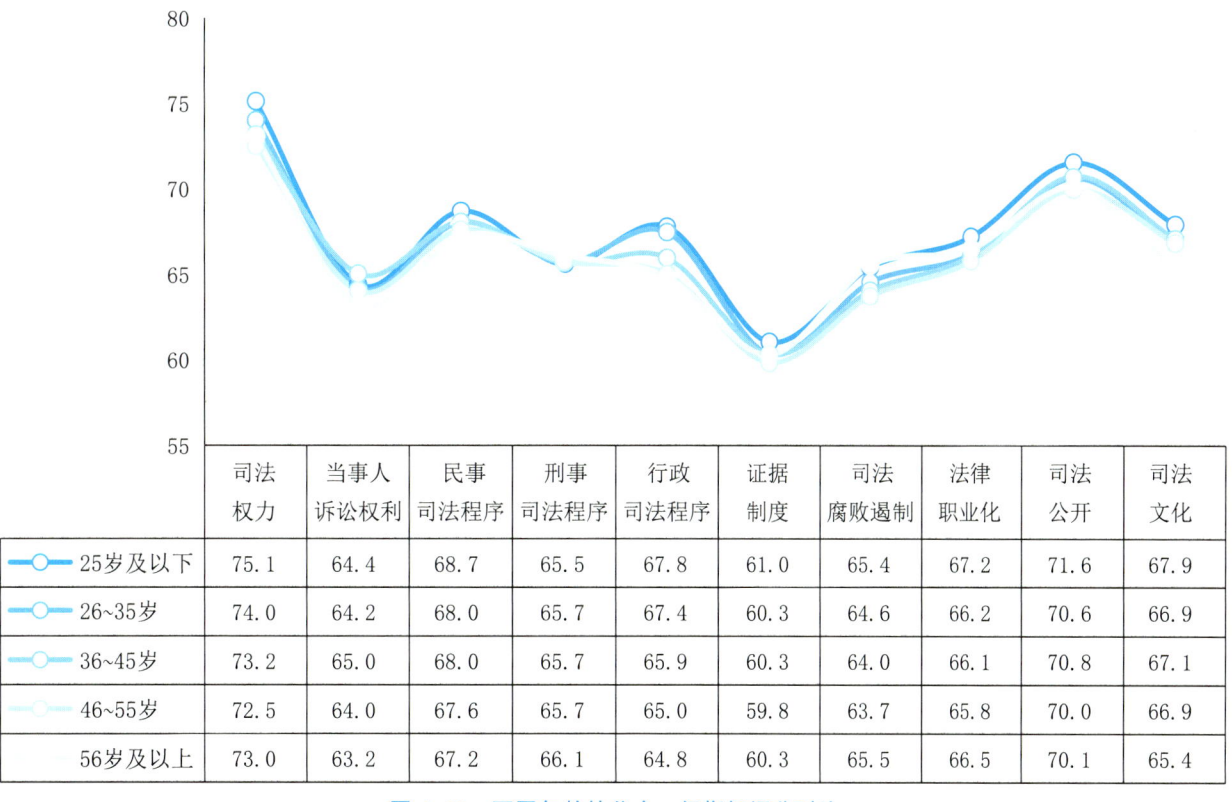

	司法权力	当事人诉讼权利	民事司法程序	刑事司法程序	行政司法程序	证据制度	司法腐败遏制	法律职业化	司法公开	司法文化
25岁及以下	75.1	64.4	68.7	65.5	67.8	61.0	65.4	67.2	71.6	67.9
26~35岁	74.0	64.2	68.0	65.7	67.4	60.3	64.6	66.2	70.6	66.9
36~45岁	73.2	65.0	68.0	65.7	65.9	60.3	64.0	66.1	70.8	67.1
46~55岁	72.5	64.0	67.6	65.7	65.0	59.8	63.7	65.8	70.0	66.9
56岁及以上	73.0	63.2	67.2	66.1	64.8	60.3	65.5	66.5	70.1	65.4

图 4-22 不同年龄的公众一级指标评分对比

将二级指标评分与年龄背景变量进行交叉分析。数据显示，20 个二级指标中，25 岁及以下的公众评分较高，46~55 岁的公众评分较低。25 岁及以下的公众在 14 个指标上的评分为各群体中最高，46~55 岁的公众在 9 个指标上的评分为各群体中最低。

表4-13 不同年龄的公众二级指标评分对比

	指标名	25岁及以下	26~35岁	36~45岁	46~55岁	56岁及以上	均值
指标1：司法权力	1.4 司法权力主体受到信任与认同	73.0	72.0	71.0	70.3	71.5	71.7
	1.5 司法裁判受到信任与认同	77.1	75.9	75.3	74.6	74.5	75.8
指标2：当事人诉讼权利	2.2 当事人享有获得辩护、代理的权利	64.4	64.2	65.0	64.0	63.2	64.3
指标3：民事司法程序	3.1 民事审判符合公正要求	65.4	64.7	64.5	64.4	63.0	64.6
	3.2 民事诉讼中的调解自愿、合法	67.4	67.1	67.6	67.5	67.6	67.4
	3.3 民事诉讼裁判得到有效执行	73.1	72.3	72.0	70.8	71.1	72.1
指标4：刑事司法程序	4.1 侦查措施及时合法	68.0	67.8	67.7	67.7	68.0	67.8
	4.3 刑事审判公正及时	63.1	63.6	63.6	63.8	64.2	63.6
指标5：行政司法程序	5.2 行政诉讼裁判得到有效执行	67.8	67.4	65.9	65.0	64.8	66.6
指标6：证据制度	6.1 证据裁判原则得到贯彻	61.0	60.3	60.3	59.8	60.3	60.4
指标7：司法腐败遏制	7.1 警察远离腐败	63.8	63.1	62.6	62.5	64.5	63.2
	7.2 检察官远离腐败	66.8	65.9	65.5	65.2	67.0	66.0
	7.3 法官远离腐败	65.6	64.6	64.0	63.5	65.1	64.6
指标8：法律职业化	8.2 法律职业人员遵守职业伦理规范	67.2	66.2	66.1	65.8	66.5	66.4
指标9：司法公开	9.1 司法过程依法公开	71.2	70.5	70.6	69.6	69.7	70.5
	9.2 裁判结果依法公开	71.9	70.8	70.9	70.4	70.6	71.0
指标10：司法文化	10.1 公众参与司法的意识及程度	74.3	71.7	72.1	72.0	69.1	72.3
	10.2 公众诉诸司法的意识及程度	67.7	68.1	68.9	69.1	67.0	68.3
	10.3 公众接受司法裁判的意识及程度	66.2	65.4	65.3	64.8	64.1	65.4
	10.4 公众接受现代刑罚理念的意识及程度	63.5	62.2	62.0	61.5	61.4	62.3

背景变量3：学历

将司法文明指数评分与学历背景变量进行交叉分析。数据显示，学历为初中及以下的公众评分最低，学历为研究生的公众评分最高。不同学历群体的评分均值为66.8分，学历为初中及以下、高中/中专的公众评分低于均值。

经检验，各群体间评分在0.05的显著性水平上均存在差异。

第四章 受访群体背景变量分析

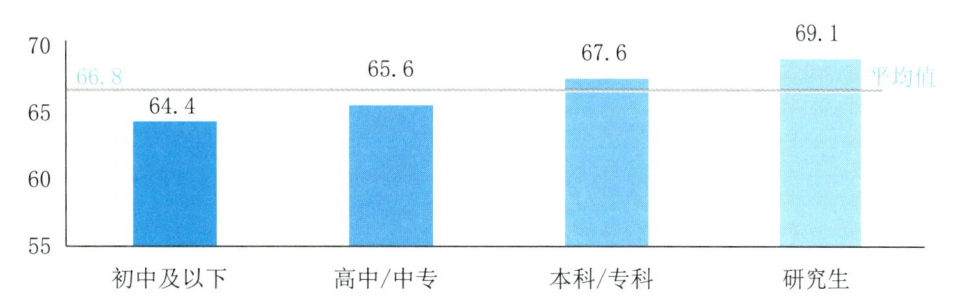

图 4-23 不同学历的公众司法文明指数评分对比

将一级指标评分与学历背景变量进行交叉分析。数据显示，学历为研究生的公众对 10 个一级指标的评分均为最高；学历为初中及以下、高中/中专的公众评分均较低。

经检验，学历为研究生的公众在"司法权力""当事人诉讼权利""证据制度""司法腐败遏制""司法公开""司法文化"这 6 个一级指标上的评分在 0.05 的显著性水平上高于其他三个群体；学历为本科/专科的公众在除"司法腐败遏制"以外的 9 个指标上的评分显著高于学历为初中及以下、高中/中专的公众。

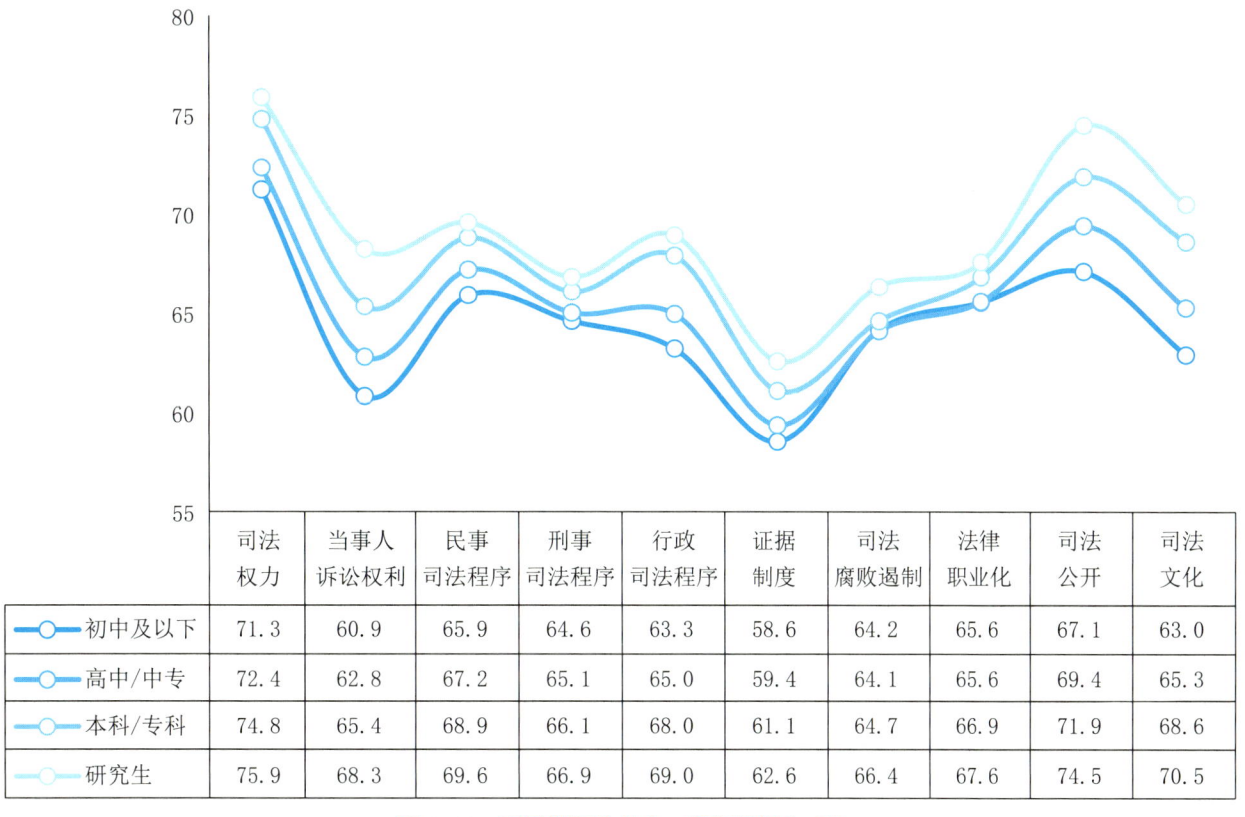

	司法权力	当事人诉讼权利	民事司法程序	刑事司法程序	行政司法程序	证据制度	司法腐败遏制	法律职业化	司法公开	司法文化
初中及以下	71.3	60.9	65.9	64.6	63.3	58.6	64.2	65.6	67.1	63.0
高中/中专	72.4	62.8	67.2	65.1	65.0	59.4	64.1	65.6	69.4	65.3
本科/专科	74.8	65.4	68.9	66.1	68.0	61.1	64.7	66.9	71.9	68.6
研究生	75.9	68.3	69.6	66.9	69.0	62.6	66.4	67.6	74.5	70.5

图 4-24 不同学历的公众一级指标评分对比

将二级指标评分与学历背景变量进行交叉分析。数据显示，20 个二级指标中，学历为研究生的公众评分较高，学历为初中及以下的公众评分较低。学历为研究生的公众在所有指标上的评分均为各群体中最高，学历为初中及以下的公众在 19 个指标上的评分为各群体中最低。

表 4-14 不同学历的公众二级指标评分对比

指标名		初中及以下	高中/中专	本科/专科	研究生	均 值
指标1：司法权力	1.4 司法权力主体受到信任与认同	69.8	70.5	72.7	73.5	71.8
	1.5 司法裁判受到信任与认同	72.8	74.3	77.0	78.3	75.8
指标2：当事人诉讼权利	2.2 当事人享有获得辩护、代理的权利	60.9	62.8	65.4	68.3	64.3
指标3：民事司法程序	3.1 民事审判符合公正要求	61.9	63.5	65.8	66.6	64.7
	3.2 民事诉讼中的调解自愿、合法	66.6	67.0	67.7	68.3	67.4
	3.3 民事诉讼裁判得到有效执行	69.3	71.2	73.1	74.0	72.1
指标4：刑事司法程序	4.1 侦查措施及时合法	66.3	66.8	68.5	69.1	67.8
	4.3 刑事审判公正及时	63.0	63.3	63.7	64.7	63.6
指标5：行政司法程序	5.2 行政诉讼裁判得到有效执行	63.3	65.0	68.0	69.0	66.6
指标6：证据制度	6.1 证据裁判原则得到贯彻	58.6	59.4	61.1	62.6	60.4
指标7：司法腐败遏制	7.1 警察远离腐败	63.5	62.7	63.0	65.1	63.2
	7.2 检察官远离腐败	65.2	65.7	66.2	68.1	66.1
	7.3 法官远离腐败	63.9	64.0	64.8	66.0	64.6
指标8：法律职业化	8.2 法律职业人员遵守职业伦理规范	65.6	65.6	66.9	67.6	66.4
指标9：司法公开	9.1 司法过程依法公开	66.9	69.4	71.6	74.0	70.5
	9.2 裁判结果依法公开	67.4	69.5	72.2	75.0	71.0
指标10：司法文化	10.1 公众参与司法的意识及程度	63.9	69.4	75.5	76.9	72.3
	10.2 公众诉诸司法的意识及程度	65.5	67.1	69.3	70.2	68.3
	10.3 公众接受司法裁判的意识及程度	61.6	63.3	66.8	69.8	65.4
	10.4 公众接受现代刑罚理念的意识及程度	60.8	61.2	62.9	65.2	62.3

背景变量4：职业

将司法文明指数评分与职业背景变量进行交叉分析。数据显示，党政机关人员、事业单位人员和学生的评分较高，进城务工人员、无业人员和农民的评分较低。十类群体的评分均值为 66.8 分。经检验，党政机关人员的评分高于事业单位人员，企业、服务业人员，进城务工人员，农民，自由职业者，离退休人员，学生，无业人员等八类群体，且均存在显著差异；事业单位人员和学生群体的评分高于企业、服务业人员，进城务工人员，农民，自由职业者，离退休人员，无业人员等六类群体，且存在显著差异。

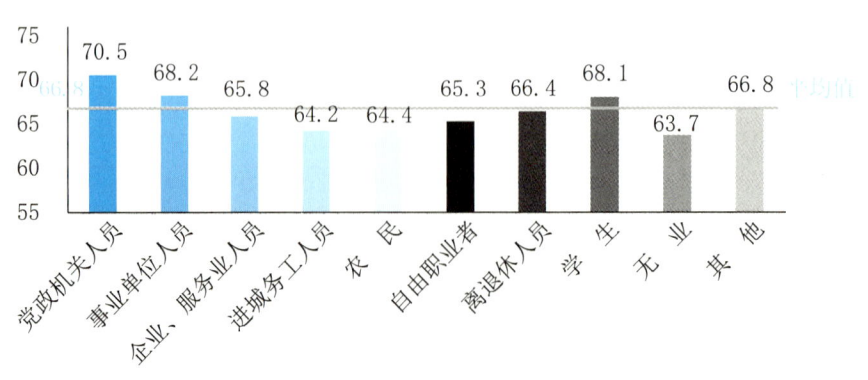

各类群体评分：党政机关人员 70.5，事业单位人员 68.2，企业、服务业人员 65.8，进城务工人员 64.2，农民 64.4，自由职业者 65.3，离退休人员 66.4，学生 68.1，无业 63.7，其他 66.8（平均值）。

图 4-25 不同职业的公众司法文明指数评分对比

将一级指标评分与职业背景变量进行交叉分析。数据显示，10个一级指标中，党政机关人员、事业单位人员和学生群体的评分均较高；进城务工人员的评分较低。

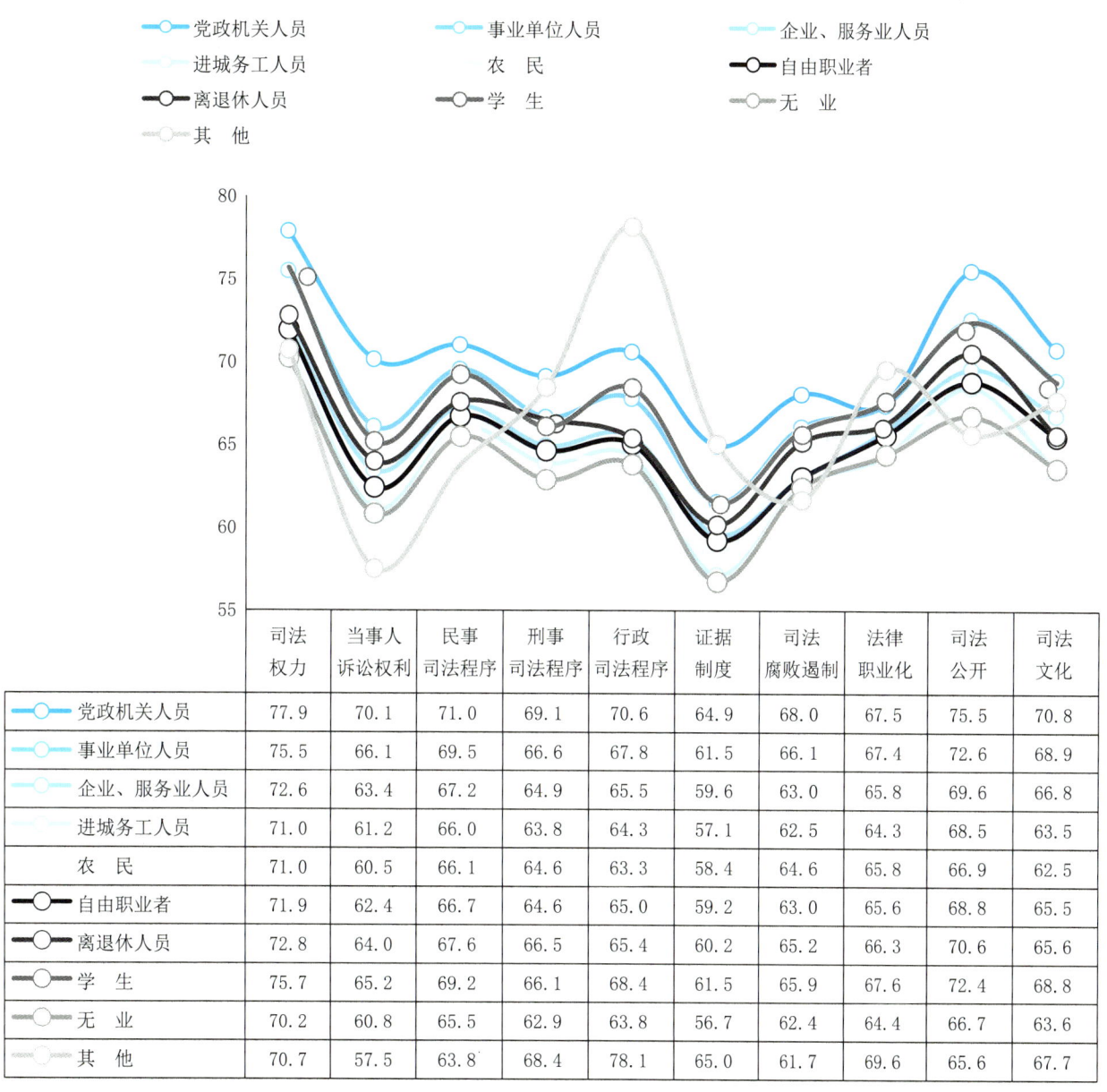

	司法权力	当事人诉讼权利	民事司法程序	刑事司法程序	行政司法程序	证据制度	司法腐败遏制	法律职业化	司法公开	司法文化
党政机关人员	77.9	70.1	71.0	69.1	70.6	64.9	68.0	67.5	75.5	70.8
事业单位人员	75.5	66.1	69.5	66.6	67.8	61.5	66.1	67.4	72.6	68.9
企业、服务业人员	72.6	63.4	67.2	64.9	65.5	59.6	63.0	65.8	69.6	66.8
进城务工人员	71.0	61.2	66.0	63.8	64.3	57.1	62.5	64.3	68.5	63.5
农民	71.0	60.5	66.1	64.6	63.3	58.4	64.6	65.8	66.9	62.5
自由职业者	71.9	62.4	66.7	64.6	65.0	59.2	63.0	65.6	68.8	65.5
离退休人员	72.8	64.0	67.5	66.5	65.4	60.2	65.2	66.3	70.6	65.6
学生	75.7	65.2	69.2	66.1	68.4	61.5	65.9	67.6	72.4	68.8
无业	70.2	60.8	65.5	62.9	63.8	56.7	62.4	64.4	66.7	63.6
其他	70.7	57.5	63.8	68.4	78.1	65.0	61.7	69.6	65.6	67.7

图 4-26 不同职业的公众一级指标评分对比

经检验，党政机关人员在除"法律职业化"以外的9个一级指标上的评分均高于事业单位人员，企业、服务业人员，进城务工人员，农民，自由职业者，离退休人员，学生，无业人员等群体，且在0.05的显著性水平上存在差异；事业单位人员、学生群体在所有指标上的评分均高于企业、服务业人员，进城务工人员和自由职业者群体，且存在显著差异。

将二级指标评分与职业背景变量进行交叉分析。数据显示，20个二级指标中，党政机关人员群体评分较高，其他人员群体评分较低。党政机关人员群体在15个指标上的评分为各群体中最高，其他人员群体在9个指标上的评分为各群体中最低。

表 4-15　不同职业的公众二级指标评分对比（1）

指标名		党政机关人员	事业单位人员	企业、服务业人员	进城务工人员	农民
指标 1：司法权力	1.4 司法权力主体受到信任与认同	75.3	73.5	70.5	69.0	69.3
	1.5 司法裁判受到信任与认同	80.4	77.4	74.7	73.0	72.8
指标 2：当事人诉讼权利	2.2 当事人享有获得辩护、代理的权利	70.1	66.1	63.4	61.2	60.5
指标 3：民事司法程序	3.1 民事审判符合公正要求	68.4	66.3	63.9	61.8	62.3
	3.2 民事诉讼中的调解自愿、合法	69.4	68.8	66.7	65.4	66.4
	3.3 民事诉讼裁判得到有效执行	75.2	73.4	71.1	70.7	69.5
指标 4：刑事司法程序	4.1 侦查措施及时合法	71.4	68.7	67.3	65.2	66.0
	4.3 刑事审判公正及时	66.8	64.5	62.5	62.5	63.1
指标 5：行政司法程序	5.2 行政诉讼裁判得到有效执行	70.6	67.8	65.5	64.3	63.3
指标 6：证据制度	6.1 证据裁判原则得到贯彻	64.9	61.5	59.6	57.1	58.4
指标 7：司法腐败遏制	7.1 警察远离腐败	67.0	64.6	61.3	61.4	63.7
	7.2 检察官远离腐败	69.4	67.8	64.5	63.9	65.7
	7.3 法官远离腐败	67.6	65.8	63.1	62.2	64.3
指标 8：法律职业化	8.2 法律职业人员遵守职业伦理规范	67.5	67.4	65.8	64.3	65.8
指标 9：司法公开	9.1 司法过程依法公开	75.4	72.1	69.2	68.6	66.6
	9.2 裁判结果依法公开	75.6	73.0	70.0	68.3	67.1
指标 10：司法文化	10.1 公众参与司法的意识及程度	78.6	76.0	71.6	65.2	62.8
	10.2 公众诉诸司法的意识及程度	71.1	70.0	69.3	65.5	65.6
	10.3 公众接受司法裁判的意识及程度	70.7	67.0	64.3	63.0	61.0
	10.4 公众接受现代刑罚理念的意识及程度	62.7	62.7	61.9	60.3	60.8

表 4-15　不同职业的公众二级指标评分对比（2）

指标名		自由职业者	离退休人员	学 生	无 业	其 他
指标 1：司法权力	1.4 司法权力主体受到信任与认同	69.8	71.3	73.8	68.5	67.1
	1.5 司法裁判受到信任与认同	74.0	74.2	77.6	71.9	74.4
指标 2：当事人诉讼权利	2.2 当事人享有获得辩护、代理的权利	62.4	64.0	65.2	60.8	57.5
指标 3：民事司法程序	3.1 民事审判符合公正要求	62.7	63.4	66.3	61.9	53.8
	3.2 民事诉讼中的调解自愿、合法	66.9	67.8	67.5	65.5	67.5
	3.3 民事诉讼裁判得到有效执行	70.5	71.4	73.8	68.9	70.0
指标 4：刑事司法程序	4.1 侦查措施及时合法	66.6	68.3	68.5	65.2	70.6
	4.3 刑事审判公正及时	62.7	64.7	63.7	60.6	66.3

续表

指标名		自由职业者	离退休人员	学 生	无 业	其 他
指标5：行政司法程序	5.2 行政诉讼裁判得到有效执行	65.0	65.4	68.4	63.8	78.1
指标6：证据制度	6.1 证据裁判原则得到贯彻	59.2	60.2	61.5	56.7	65.0
指标7：司法腐败遏制	7.1 警察远离腐败	61.8	63.9	64.2	60.8	62.5
	7.2 检察官远离腐败	64.1	66.9	67.3	63.7	61.3
	7.3 法官远离腐败	63.1	64.7	66.1	62.8	61.3
指标8：法律职业化	8.2 法律职业人员遵守职业伦理规范	65.6	66.3	67.6	64.4	69.6
指标9：司法公开	9.1 司法过程依法公开	68.7	70.0	72.2	66.7	65.0
	9.2 裁判结果依法公开	68.9	71.1	72.7	66.8	66.3
指标10：司法文化	10.1 公众参与司法的意识及程度	69.1	70.3	76.2	64.4	81.9
	10.2 公众诉诸司法的意识及程度	67.3	66.3	67.5	66.6	63.8
	10.3 公众接受司法裁判的意识及程度	63.5	64.0	67.2	61.9	66.3
	10.4 公众接受现代刑罚理念的意识及程度	62.0	61.7	64.3	61.5	58.8

背景变量5：政治面貌

将司法文明指数评分与政治面貌背景变量进行交叉分析。数据显示，中共党员、民主党派和共青团员群体的评分较高，无党派群体的评分最低。五类群体的评分均值为66.8分。经检验，中共党员与其他群体间评分在0.05的显著性水平上均存在差异；民主党派和共青团员群体评分显著高于无党派群体和群众。

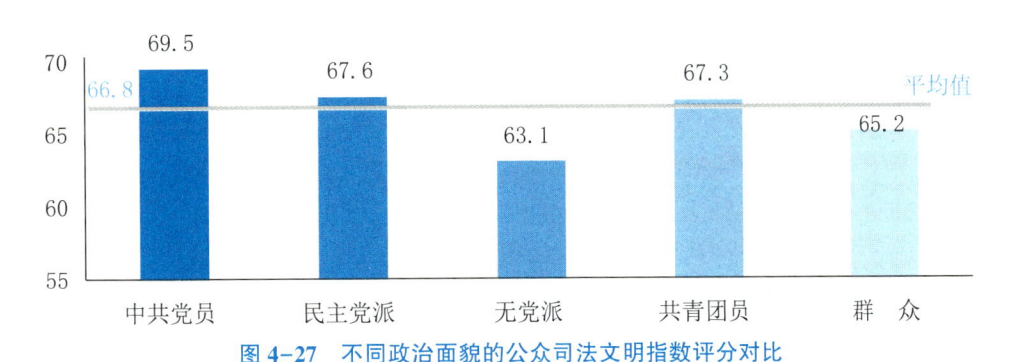

图4-27　不同政治面貌的公众司法文明指数评分对比

将一级指标评分与政治面貌背景变量进行交叉分析。数据显示，中共党员群体在10个一级指标上的评分均为最高分，而无党派群体和群众的评分较低。

经检验，中共党员群体对除了"法律职业化"以外的9个一级指标的评分均在0.05的显著性水平上高于无党派、共青团员群体和群众。

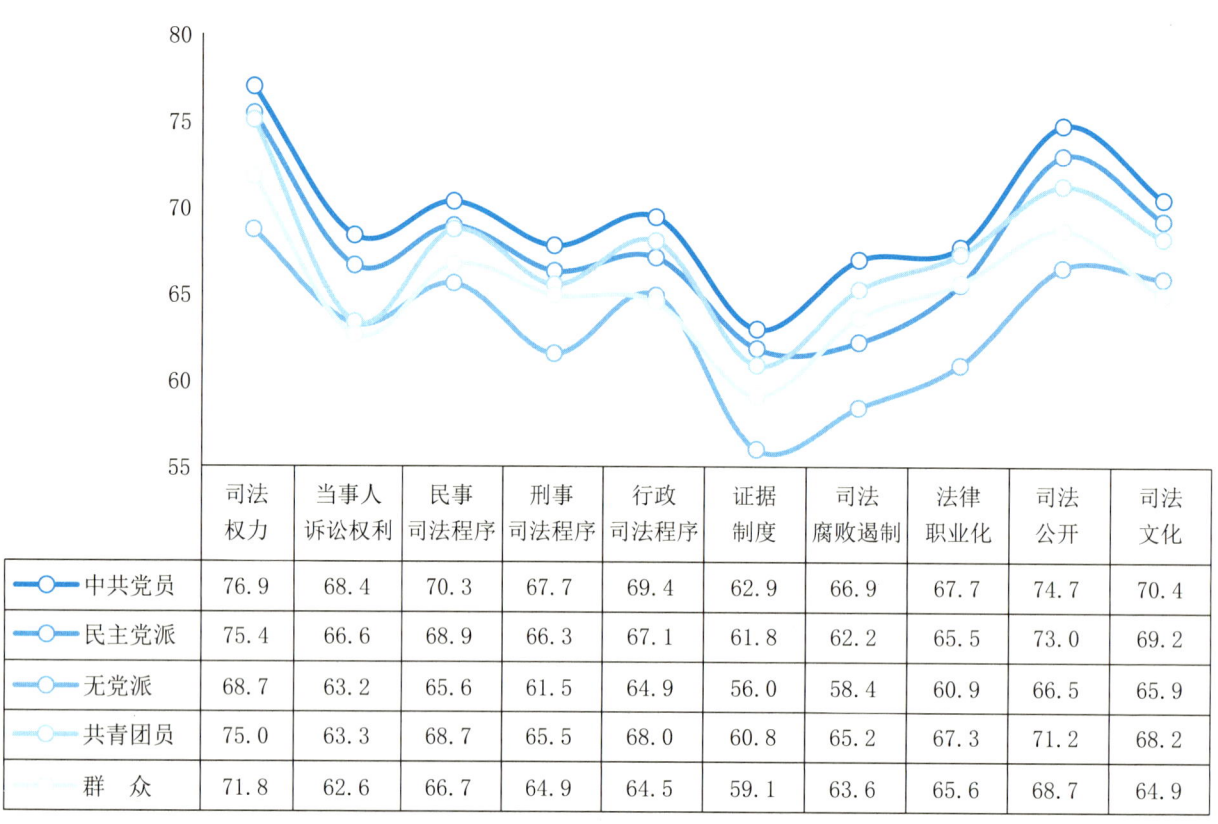

	司法权力	当事人诉讼权利	民事司法程序	刑事司法程序	行政司法程序	证据制度	司法腐败遏制	法律职业化	司法公开	司法文化
中共党员	76.9	68.4	70.3	67.7	69.4	62.9	66.9	67.7	74.7	70.4
民主党派	75.4	66.6	68.9	66.3	67.1	61.8	62.2	65.5	73.0	69.2
无党派	68.7	63.2	65.6	61.5	64.9	56.0	58.4	60.9	66.5	65.9
共青团员	75.0	63.3	68.7	65.5	68.0	60.8	65.2	67.3	71.2	68.2
群众	71.8	62.6	66.7	64.9	64.5	59.1	63.6	65.6	68.7	64.9

图 4-28　不同政治面貌的公众一级指标评分对比

将二级指标评分与政治面貌背景变量进行交叉分析。数据显示，20 个二级指标中，中共党员群体评分较高，无党派群体评分较低。中共党员群体在 19 个指标上的评分为各群体中最高，无党派群体在 15 个指标上的评分为各群体中最低。

表 4-16　不同政治面貌的公众二级指标评分对比

	指标名	中共党员	民主党派	无党派	共青团员	群众	均值
指标1：司法权力	1.4 司法权力主体受到信任与认同	74.7	72.4	66.5	73.0	69.9	71.8
	1.5 司法裁判受到信任与认同	79.1	78.4	70.8	77.0	73.6	75.8
指标2：当事人诉讼权利	2.2 当事人享有获得辩护、代理的权利	68.4	66.6	63.2	63.3	62.6	64.3
指标3：民事司法程序	3.1 民事审判符合公正要求	67.3	67.0	61.6	65.7	62.9	64.6
	3.2 民事诉讼中的调解自愿、合法	68.9	65.5	64.0	67.5	66.7	67.4
	3.3 民事诉讼裁判得到有效执行	74.7	74.2	71.1	72.9	70.4	72.1
指标4：刑事司法程序	4.1 侦查措施及时合法	70.1	67.8	64.5	68.0	66.6	67.8
	4.3 刑事审判公正及时	65.4	64.7	58.5	63.0	63.1	63.6
指标5：行政司法程序	5.2 行政诉讼裁判得到有效执行	69.4	67.1	64.9	68.0	64.5	66.6
指标6：证据制度	6.1 证据裁判原则得到贯彻	62.9	61.8	56.0	60.8	59.1	60.4

续表

指标名		中共党员	民主党派	无党派	共青团员	群 众	均 值
指标7：司法腐败遏制	7.1 警察远离腐败	65.6	61.4	57.0	63.4	62.3	63.3
	7.2 检察官远离腐败	68.4	63.7	60.1	66.6	65.0	66.1
	7.3 法官远离腐败	66.8	61.5	58.0	65.6	63.5	64.6
指标8：法律职业化	8.2 法律职业人员遵守职业伦理规范	67.7	65.5	60.9	67.3	65.6	66.4
指标9：司法公开	9.1 司法过程依法公开	74.5	72.5	66.9	70.7	68.5	70.5
	9.2 裁判结果依法公开	74.9	73.4	66.1	71.7	68.9	71.0
指标10：司法文化	10.1 公众参与司法的意识及程度	78.8	75.2	72.2	75.4	67.6	72.3
	10.2 公众诉诸司法的意识及程度	70.9	70.2	68.5	68.0	66.9	68.2
	10.3 公众接受司法裁判的意识及程度	68.8	69.8	62.4	66.2	63.3	65.4
	10.4 公众接受现代刑罚理念的意识及程度	63.3	61.7	60.3	63.0	61.6	62.3

背景变量6：参与诉讼情况

将司法文明指数评分与参与诉讼情况背景变量进行交叉分析。数据显示，曾参与过诉讼活动的公众评分略高于未参与过诉讼活动的公众。经检验，两类群体的评分不存在显著差异。两类群体的评分均值为66.8分。

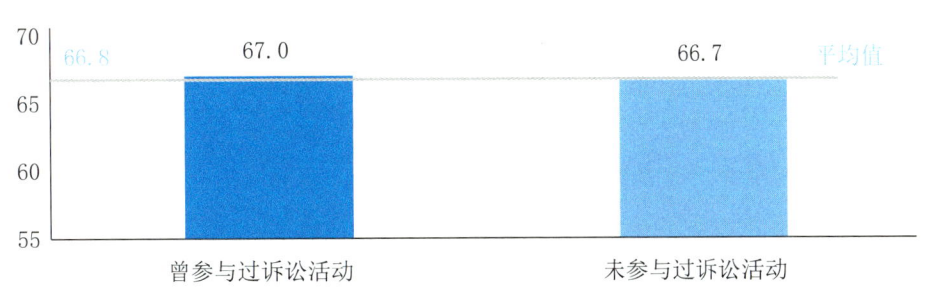

图4-29 不同参与诉讼情况的公众司法文明指数评分对比

将一级指标评分与参与诉讼情况背景变量进行交叉分析。数据显示，不同参与诉讼情况的公众对10个一级指标的评分相近。在"司法公开"和"当事人诉讼权利"这2个指标上，曾参与过诉讼活动的公众比未参与过诉讼活动的公众评分分别高2.7分和2.0分。在"司法腐败遏制"指标上，未参与过诉讼活动的公众比曾参与过诉讼活动的公众评分高2.1分。

经检验，曾参与过诉讼活动的公众在"司法权力""当事人诉讼权利""行政司法程序""司法公开""司法文化"这5个一级指标上的评分高于未参与过诉讼活动的公众，且在0.05的显著性水平上存在差异。

	司法权力	当事人诉讼权利	民事司法程序	刑事司法程序	行政司法程序	证据制度	司法腐败遏制	法律职业化	司法公开	司法文化
曾参与过诉讼活动	74.2	65.9	68.3	65.3	67.7	59.2	63.1	65.4	72.9	68.3
未参与过诉讼活动	73.7	63.8	68.0	65.8	66.2	60.8	65.1	66.7	70.2	66.7

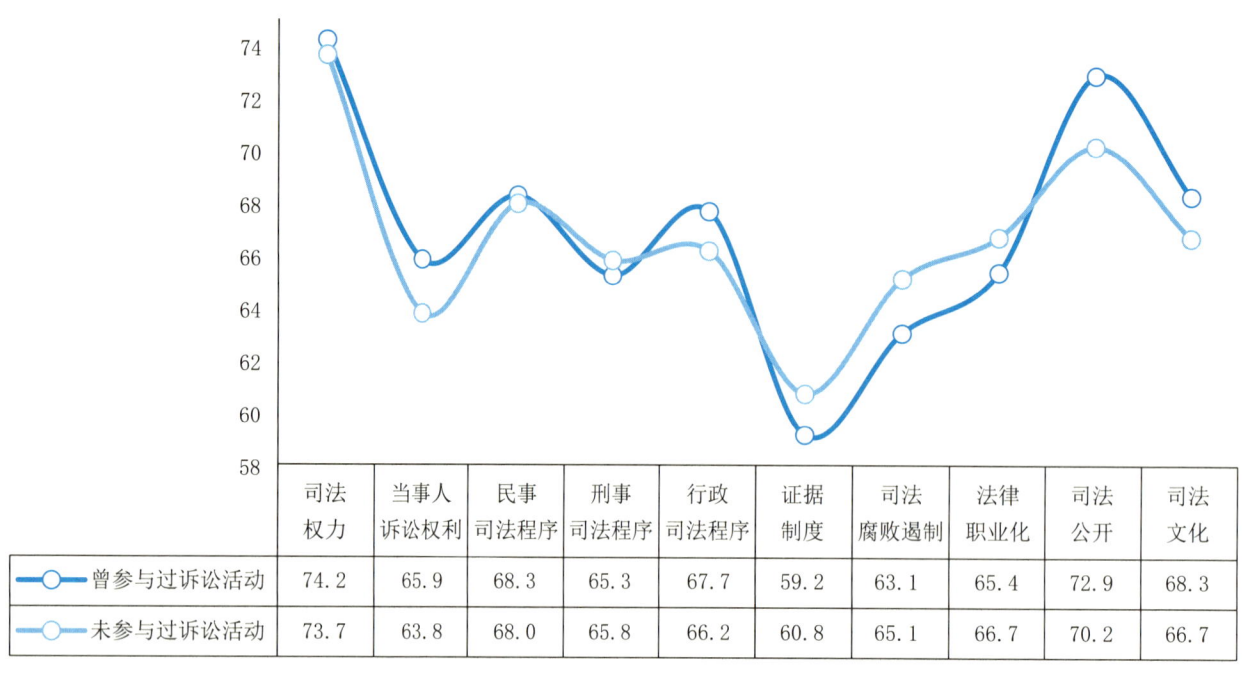

图 4-30　不同参与诉讼情况的公众一级指标评分对比

将二级指标评分与参与诉讼情况背景变量进行交叉分析。数据显示，20 个二级指标中，曾参与过诉讼活动的公众和未参与过诉讼活动的公众评分差距较小。曾参与过诉讼活动的公众在 12 个指标上的评分较高，未参与过诉讼活动的公众在 8 个指标上的评分较高。

表 4-17　不同参与诉讼情况的公众二级指标评分对比

	指标名	曾参与过诉讼活动	未参与过诉讼活动	均　值
指标 1：司法权力	1.4 司法权力主体受到信任与认同	71.9	71.7	71.8
	1.5 司法裁判受到信任与认同	76.5	75.6	75.8
指标 2：当事人诉讼权利	2.2 当事人享有获得辩护、代理的权利	65.9	63.8	64.3
指标 3：民事司法程序	3.1 民事审判符合公正要求	65.4	64.4	64.7
	3.2 民事诉讼中的调解自愿、合法	66.3	67.8	67.4
	3.3 民事诉讼裁判得到有效执行	73.3	71.8	72.1
指标 4：刑事司法程序	4.1 侦查措施及时合法	67.3	68.0	67.8
	4.3 刑事审判公正及时	63.2	63.7	63.6
指标 5：行政司法程序	5.2 行政诉讼裁判得到有效执行	67.7	66.2	66.6
指标 6：证据制度	6.1 证据裁判原则得到贯彻	59.2	60.8	60.4
指标 7：司法腐败遏制	7.1 警察远离腐败	61.9	63.6	63.2
	7.2 检察官远离腐败	64.8	66.5	66.1
	7.3 法官远离腐败	62.5	65.3	64.6
指标 8：法律职业化	8.2 法律职业人员遵守职业伦理规范	65.4	66.7	66.4
指标 9：司法公开	9.1 司法过程依法公开	72.9	69.9	70.6
	9.2 裁判结果依法公开	72.9	70.5	71.1

续表

指标名		曾参与过诉讼活动	未参与过诉讼活动	均 值
指标10：司法文化	10.1 公众参与司法的意识及程度	74.0	71.7	72.2
	10.2 公众诉诸司法的意识及程度	69.2	68.0	68.3
	10.3 公众接受司法裁判的意识及程度	67.0	65.0	65.5
	10.4 公众接受现代刑罚理念的意识及程度	63.0	62.2	62.4

背景变量7：区域

将司法文明指数评分与区域背景变量进行交叉分析。数据显示，四类区域群体评分相近，最大分差小于1分。东部群体评分最高，东北群体评分最低，各群体的评分均值为66.8分。经检验，东部、西部群体的评分在0.05的显著性水平上高于中部、东北群体。

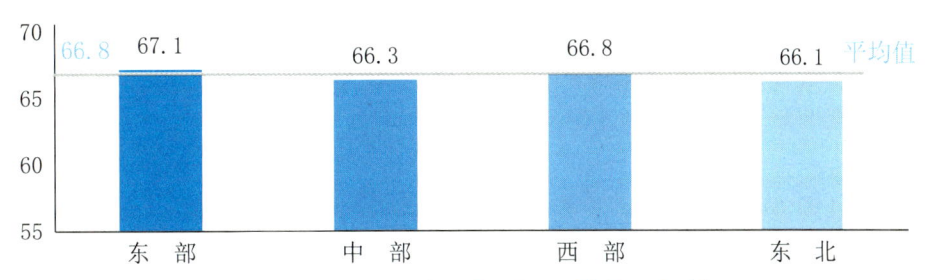

图4-31 不同区域的公众司法文明指数评分对比

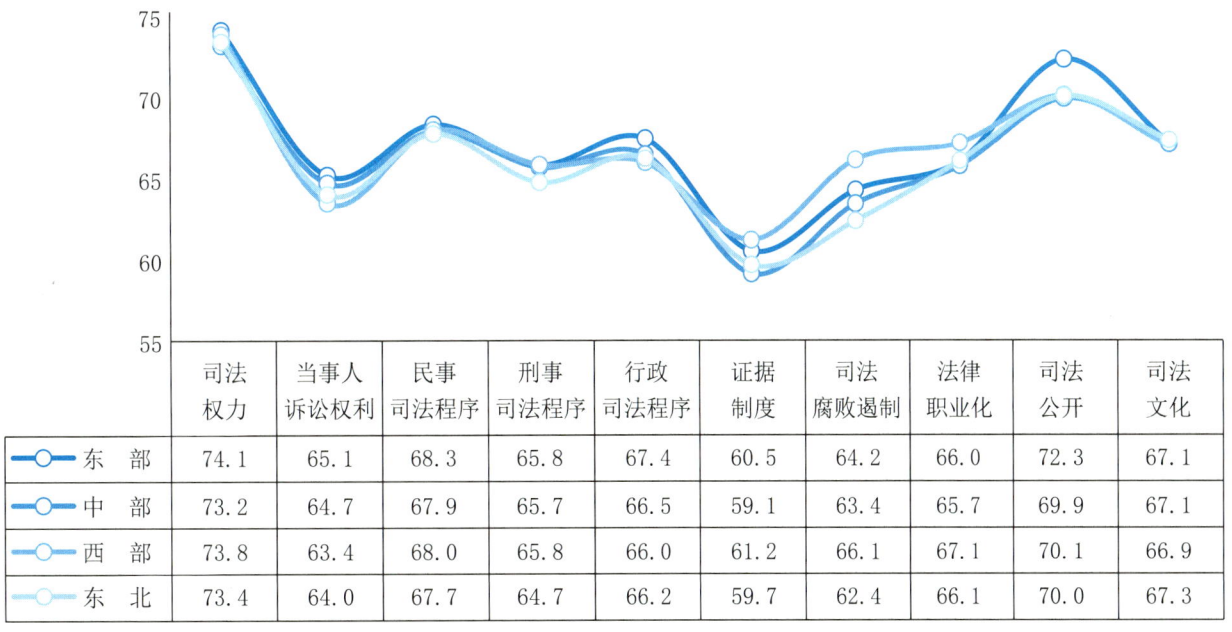

	司法权力	当事人诉讼权利	民事司法程序	刑事司法程序	行政司法程序	证据制度	司法腐败遏制	法律职业化	司法公开	司法文化
东 部	74.1	65.1	68.3	65.8	67.4	60.5	64.2	66.0	72.3	67.1
中 部	73.2	64.7	67.9	65.7	66.5	59.1	63.4	65.7	69.9	67.1
西 部	73.8	63.4	68.0	65.8	66.0	61.2	66.1	67.1	70.1	66.9
东 北	73.4	64.0	67.7	64.7	66.2	59.7	62.4	66.1	70.0	67.3

图4-32 不同区域的公众一级指标评分对比

将一级指标评分与区域背景变量进行交叉分析。数据显示，四类区域群体在10个一级指标上的评分相近，东部群体在6个指标上评分最高，西部群体在3个指标上评分最高。在"司法腐败遏制"指标上，西部群体评分最高，东部群体其次，中部较低，东北最低，不同区域群体分差最大，达3.8分。

经检验，西部群体在"司法腐败遏制""法律职业化"这2个一级指标上的评分高于其他三类群体，且在0.05的显著性水平上存在差异；东部群体在"司法公开"指标上的评分显著高于其他三类群体。

将二级指标评分与区域背景变量进行交叉分析。数据显示，20个二级指标中，东部群体和西部群体评分较高，东北群体评分较低。东部群体和西部群体各在8个指标上的评分为各群体中最高，东北群体在9个指标上的评分为各群体中最低。

表4-18 不同区域的公众二级指标评分对比

指标名		东部	中部	西部	东北	均值
指标1：司法权力	1.4 司法权力主体受到信任与认同	71.8	71.4	72.1	70.6	71.7
	1.5 司法裁判受到信任与认同	76.4	74.9	75.5	76.2	75.8
指标2：当事人诉讼权利	2.2 当事人享有获得辩护、代理的权利	65.1	64.7	63.4	64.0	64.3
指标3：民事司法程序	3.1 民事审判符合公正要求	64.5	64.8	64.7	64.8	64.6
	3.2 民事诉讼中的调解自愿、合法	67.6	67.2	67.6	66.3	67.4
	3.3 民事诉讼裁判得到有效执行	72.9	71.7	71.6	72.1	72.1
指标4：刑事司法程序	4.1 侦查措施及时合法	67.9	68.0	67.7	67.5	67.8
	4.3 刑事审判公正及时	63.7	63.4	63.9	62.0	63.6
指标5：行政司法程序	5.2 行政诉讼裁判得到有效执行	67.4	66.5	66.0	66.2	66.6
指标6：证据制度	6.1 证据裁判原则得到贯彻	60.5	59.1	61.2	59.7	60.4
指标7：司法腐败遏制	7.1 警察远离腐败	62.7	61.9	64.7	61.5	63.2
	7.2 检察官远离腐败	65.6	64.9	67.6	63.7	66.1
	7.3 法官远离腐败	64.4	63.4	66.0	61.9	64.6
指标8：法律职业化	8.2 法律职业人员遵守职业伦理规范	66.0	65.7	67.1	66.1	66.4
指标9：司法公开	9.1 司法过程依法公开	72.2	69.7	69.7	69.7	70.5
	9.2 裁判结果依法公开	72.4	70.1	70.4	70.4	71.0
指标10：司法文化	10.1 公众参与司法的意识及程度	71.9	73.1	72.0	73.2	72.3
	10.2 公众诉诸司法的意识及程度	68.3	67.8	68.2	69.3	68.3
	10.3 公众接受司法裁判的意识及程度	65.5	65.1	65.5	65.4	65.4
	10.4 公众接受现代刑罚理念的意识及程度	62.9	62.3	62.1	61.3	62.3

第五章　司法文明指标相关分析

本章通过对指标之间的相关性进行检验，以便发现指标之间的关系，为司法文明指数研究提供参考依据。我们用统计学中较为常用的 Pearson 相关系数度量指标间的线性相关程度，相关系数的值为两个变量 X、Y 协方差除以两个变量标准差的乘积，数学公式如下：

$$r(X, Y) = \frac{Cov(X, Y)}{\sqrt{Var[X]Var[Y]}}$$

其中，Cov（X, Y）为 X 与 Y 的协方差，Var [X] 为 X 的方差，Var [Y] 为 Y 的方差。

若两个指标间的 Pearson 相关系数 r 的绝对值大于一定值，且通过显著性检验（本章中所有相关系数 r 的 P 值均小于 0.01 的显著性水平），即可认为两者间存在线性相关关系。相关系数 r 的取值范围为 -1 到 1，r > 0 为正相关，r < 0 为负相关。|r| 越接近于 1，说明相关性越强；越接近于 0，说明相关性越弱。

两个指标间的相关系数 r 的绝对值体现的相关程度如下：

表 5-1　相关系数 r 的取值范围及指代意义[1]

r 绝对值（|r|）	相关程度
[0.0, 0.2]	极弱相关或无相关
(0.2, 0.4]	弱相关
(0.4, 0.6]	中等程度相关
(0.6, 0.8]	强相关
(0.8, 1.0]	极强相关

本章先进行一级指标间相关分析，然后进行一级指标下的二级指标间、一级指标下的二级指标与本一级指标间相关分析。

若一级指标间相关系数大于 0.6（职业卷）或 0.4（公众卷，因公众卷各一级指标间相关系数均小于 0.6，故相关分析界限设定为 0.4），则继续进行一级指标下的二级指标与有关一级指标间相关分析、一级指标下的二级指标与有关一级指标下的二级指标间相关分析。

若二级指标间相关系数大于 0.6（职业卷）或 0.4（公众卷），则继续进行具体题目间相关分析。

---

[1] 中括号表示包含边界值，小括号表示不包含边界值。

分析逻辑图如下：

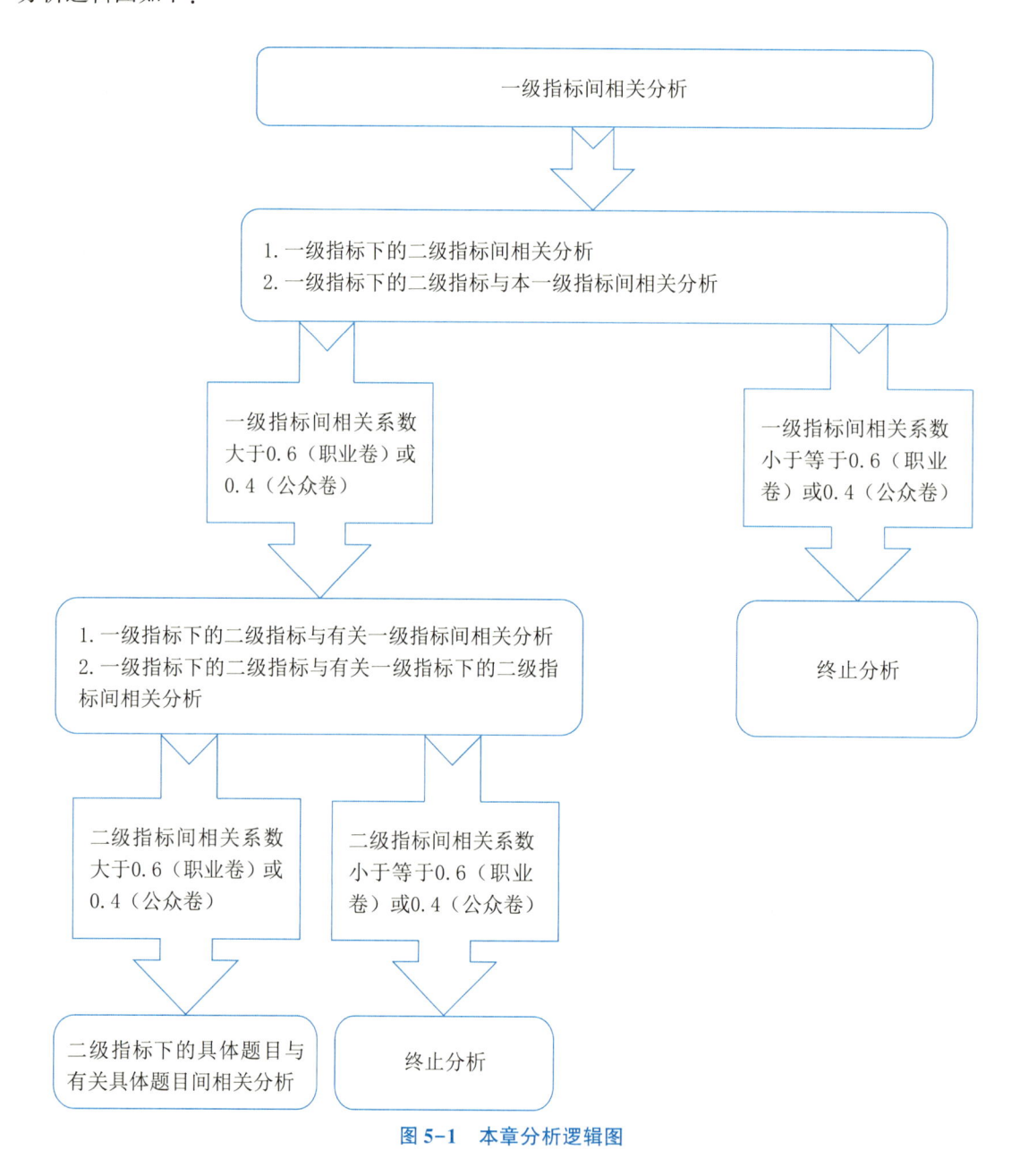

```
                    ┌─────────────────────────┐
                    │   一级指标间相关分析    │
                    └───────────┬─────────────┘
                                ▼
┌─────────────────────────────────────────────────────────┐
│ 1. 一级指标下的二级指标间相关分析                       │
│ 2. 一级指标下的二级指标与本一级指标间相关分析           │
└──────────────┬──────────────────────────┬───────────────┘
               ▼                          ▼
   ┌───────────────────────┐   ┌───────────────────────┐
   │ 一级指标间相关系数    │   │ 一级指标间相关系数    │
   │ 大于0.6（职业卷）或   │   │ 小于等于0.6（职业     │
   │ 0.4（公众卷）         │   │ 卷）或0.4（公众卷）   │
   └───────────┬───────────┘   └───────────┬───────────┘
               ▼                           ▼
┌─────────────────────────────────────┐ ┌──────────┐
│ 1. 一级指标下的二级指标与有关一级   │ │ 终止分析 │
│    指标间相关分析                   │ └──────────┘
│ 2. 一级指标下的二级指标与有关一级   │
│    指标下的二级指标间相关分析       │
└──────┬──────────────────────┬───────┘
       ▼                      ▼
┌─────────────────┐  ┌─────────────────┐
│ 二级指标间相关  │  │ 二级指标间相关  │
│ 系数大于0.6     │  │ 系数小于等于0.6 │
│ （职业卷）或    │  │ （职业卷）或    │
│ 0.4（公众卷）   │  │ 0.4（公众卷）   │
└────────┬────────┘  └────────┬────────┘
         ▼                    ▼
┌─────────────────┐      ┌──────────┐
│ 二级指标下的具  │      │ 终止分析 │
│ 体题目与有关具  │      └──────────┘
│ 体题目间相关分析│
└─────────────────┘
```

图 5-1　本章分析逻辑图

一、职业卷各指标间的相关性分析

本部分对职业卷涉及的9个一级指标进行相关分析。因指标10"司法文化"在职业卷中未设置对应题目，故职业卷仅包括9个一级指标。

分析结果显示，"司法权力"与除"法律职业化"指标外其他7个指标的相关系数均在0.6以上，存在强相关关系；"当事人诉讼权利"与"民事司法程序""刑事司法程序""证据制度"指标存在强相关关系；"民事司法程序"与"刑事司法程序""行政司法程序""证据制度"指标存在强相关关系；"刑事司法程序"与"行政司法程序""证据制度"指标存在强相关关系；"行政司法程序"与"证据制度"指标存在强相关关系；"证据制度"与"司法公开"指标存在强相关关系。

"当事人诉讼权利"与"行政司法程序""司法腐败遏制""司法公开"指标之间的相关系数在0.4~

0.6 之间，具有中等程度相关性；"民事司法程序"与"司法腐败遏制""司法公开"指标具有中等程度相关性；"刑事司法程序"与"司法腐败遏制""司法公开"指标具有中等程度相关性；"行政司法程序"与"司法公开"指标具有中等程度相关性；"证据制度"与"司法腐败遏制"指标具有中等程度相关性。

表 5-2 职业卷一级指标间相关系数

一级指标	司法权力	当事人诉讼权利	民事司法程序	刑事司法程序	行政司法程序	证据制度	司法腐败遏制	法律职业化	司法公开
司法权力	1								
当事人诉讼权利	0.742	1							
民事司法程序	0.740	0.637	1						
刑事司法程序	0.761	0.765	0.688	1					
行政司法程序	0.681	0.591	0.776	0.619	1				
证据制度	0.735	0.752	0.606	0.735	0.605	1			
司法腐败遏制	0.647	0.552	0.479	0.572	0.351	0.423	1		
法律职业化	0.205	0.107	0.147	0.110	0.103	0.065	0.227	1	
司法公开	0.702	0.582	0.590	0.552	0.557	0.624	0.367	0.121	1

指标 1：司法权力

对"司法权力"下的 5 个二级指标进行相关分析。分析结果显示，"司法权力主体受到信任与认同"与"司法裁判受到信任与认同"指标间的相关系数为 0.683，呈现强相关性。

"司法权力依法行使"与"司法权力公正行使""司法权力主体受到信任与认同""司法裁判受到信任与认同"指标间的相关系数在 0.4~0.6 之间，具有中等程度相关性；"司法权力独立行使"与"司法权力主体受到信任与认同"指标具有中等程度相关性；"司法权力公正行使"与"司法权力主体受到信任与认同""司法裁判受到信任与认同"指标具有中等程度相关性。

表 5-3 "司法权力"下的二级指标间相关系数

二级指标	司法权力依法行使	司法权力独立行使	司法权力公正行使	司法权力主体受到信任与认同	司法裁判受到信任与认同
司法权力依法行使	1				
司法权力独立行使	0.311	1			
司法权力公正行使	0.564	0.269	1		
司法权力主体受到信任与认同	0.526	0.451	0.482	1	
司法裁判受到信任与认同	0.585	0.367	0.528	0.683	1

将"司法权力"下的二级指标与"司法权力"指标进行相关性检验，相关系数均在 0.6 以上，呈现出强相关性。其中"司法权力主体受到信任与认同""司法裁判受到信任与认同"与"司法权力"指标的相关系数分别为 0.818、0.821，呈现出极强的相关性，表示"司法权力"下的二级指标与"司法权力"指标的一致性较好。

"司法权力"与"当事人诉讼权利""民事司法程序""刑事司法程序""行政司法程序""证据制度""司法腐败遏制""司法公开"这 7 个一级指标存在强相关关系，故用"司法权力"下的二级指标与这些指标进行相关性检验，结果显示也具有一定的相关性。其中，"司法权力依法行使"与"当事人诉讼权利""民事司法程序""刑事司法程序""证据制度"存在强相关关系；与"行政司法程序""司法公开"具有中等程度相关性。"司法权力独立行使"与"司法腐败遏制"存在强相关关系；与"当事人诉讼权利""民事司法程序""刑事司法程序"具有中等程度相关性。"司法权力公正行使"与"民事司法程序"存在强相关关系；与"当事人诉讼权利""刑事司法程序""行政司法程序""证据制度""司法公开"具有中等程度相关性。"司法权力主体受到信任与认同"与"当事人诉讼权利""刑事司法程序""证据制度""司法公开"存在强相关关系；与"民事司法程序""行政司法程序""司法腐败遏制"具有中等程度相关性。"司法裁判受到信任与认同"与"当事人诉讼权利""民事司法程序""证据制度""司法公开"存在强相关关系；与"刑事司法程序""行政司法程序""司法腐败遏制"具有中等程度相关性。

表 5-4 "司法权力"下的二级指标与有关一级指标间相关系数[1]

二级指标	司法权力	当事人诉讼权利	民事司法程序	刑事司法程序	行政司法程序	证据制度	司法腐败遏制	司法公开
司法权力依法行使	0.760	0.616	0.600	0.646	0.595	0.682	0.352	0.547
司法权力独立行使	0.670	0.503	0.433	0.507	0.329	0.362	0.749	0.299
司法权力公正行使	0.737	0.496	0.605	0.559	0.583	0.542	0.342	0.468
司法权力主体受到信任与认同	0.818	0.603	0.569	0.607	0.539	0.611	0.497	0.642
司法裁判受到信任与认同	0.821	0.611	0.626	0.585	0.581	0.647	0.435	0.761

将"司法权力"下的二级指标与有关一级指标下的二级指标进行相关性检验。结果显示：

"司法权力依法行使"与"刑事司法程序"指标下的"审查起诉公正"以及"证据制度"指标下的"证据依法得到采纳与排除"存在强相关关系；与"当事人诉讼权利"指标下的"当事人享有获得辩护、代理的权利""当事人享有证据性权利""当事人享有获得救济的权利"相关系数在 0.4~0.6 之间，具有中等程度相关性；与"民事司法程序"指标下的"民事审判符合公正要求""民事诉讼裁判得到有效执行"具有中等程度相关性；与"刑事司法程序"指标下的"刑事审判公正及时"具有中等程度相关性；与"行政司法程序"指标下的所有二级指标具有中等程度相关性；与"证据制度"指标下的"证据裁判原则得到贯彻""证明过程得到合理规范"具有中等程度相关性；与"司法公开"指标下的所有二级指标具有中等程度相关性。

"司法权力独立行使"与"司法腐败遏制"指标下的所有二级指标存在强相关关系；与"当事人诉讼权利"指标下的"当事人享有不被强迫自证其罪的权利""当事人享有获得辩护、代理的权利"相关系数在 0.4~0.6 之间，具有中等程度相关性；与"民事司法程序"指标下的"民事诉讼中的调解自愿、合法"具有中等程度相关性；与"刑事司法程序"指标下的"侦查措施及时合法""刑事审判公正及时"具有中等程度相关性；与"证据制度"指标下的"证明过程得到合理规范"具有中等程度相关性。

"司法权力公正行使"与"当事人诉讼权利"指标下的"当事人享有获得辩护、代理的权利""当事人享有获得救济的权利"相关系数在 0.4~0.6 之间，具有中等程度相关性；与"民事司法程序"指标下的"民事审判符合公正要求""民事诉讼裁判得到有效执行"具有中等程度相关性；与"刑事司法程序"指标下的"刑事审判公正及时"具有中等程度相关性；与"行政司法程序"指标下的所有二级指标具有中等程度相关性；与"证据制度"指标下的"证据依法得到采纳与排除""证明过程得到合理规范"具有中等程度相关性；与"司法公开"指标下的所有二级指标具有中等程度相关性。

---

[1] 本表仅选取和"司法权力"强关联（｜r｜>0.6）的一级指标，与"司法权力"下的二级指标进行相关分析，下同。

"司法权力主体受到信任与认同"与"司法公开"指标下的"裁判结果依法公开"存在强相关关系；与"当事人诉讼权利"指标下的"当事人享有获得辩护、代理的权利""当事人享有证据性权利""当事人享有获得救济的权利"相关系数在0.4~0.6之间，具有中等程度相关性；与"民事司法程序"指标下的"民事审判符合公正要求""民事诉讼裁判得到有效执行"具有中等程度相关性；与"刑事司法程序""行政司法程序""证据制度""司法腐败遏制"指标下的所有二级指标具有中等程度相关性；与"司法公开"指标下的"司法过程依法公开"具有中等程度相关性。

"司法裁判受到信任与认同"与"司法公开"指标下的所有二级指标存在强相关关系；与"当事人诉讼权利"指标下的"当事人享有获得辩护、代理的权利""当事人享有证据性权利""当事人享有获得救济的权利"相关系数在0.4~0.6之间，具有中等程度相关性；与"民事司法程序"指标下的"民事审判符合公正要求""民事诉讼裁判得到有效执行"具有中等程度相关性；与"刑事司法程序"指标下的"审查起诉公正""刑事审判公正及时"具有中等程度相关性；与"行政司法程序""证据制度"指标下的所有二级指标具有中等程度相关性；与"司法腐败遏制"指标下的"检察官远离腐败""法官远离腐败"具有中等程度相关性。

表5-5 "司法权力"下的二级指标与有关二级指标间相关系数

指标名		司法权力依法行使	司法权力独立行使	司法权力公正行使	司法权力主体受到信任与认同	司法裁判受到信任与认同
当事人诉讼权利	当事人享有不被强迫自证其罪的权利	0.271	0.447	0.215	0.320	0.272
	当事人享有获得辩护、代理的权利	0.457	0.427	0.406	0.455	0.477
	当事人享有证据性权利	0.504	0.260	0.382	0.432	0.444
	当事人享有获得救济的权利	0.529	0.320	0.423	0.521	0.557
民事司法程序	民事审判符合公正要求	0.516	0.196	0.598	0.409	0.504
	民事诉讼中的调解自愿、合法	0.291	0.484	0.278	0.366	0.358
	民事诉讼裁判得到有效执行	0.492	0.263	0.427	0.464	0.495
刑事司法程序	侦查措施及时合法	0.346	0.540	0.345	0.460	0.387
	审查起诉公正	0.602	0.173	0.388	0.416	0.409
	刑事审判公正及时	0.546	0.461	0.566	0.530	0.560
行政司法程序	行政审判符合公正要求	0.532	0.305	0.581	0.457	0.508
	行政诉讼裁判得到有效执行	0.483	0.256	0.407	0.466	0.485
证据制度	证据裁判原则得到贯彻	0.506	0.118	0.375	0.403	0.469
	证据依法得到采纳与排除	0.659	0.304	0.519	0.553	0.573
	证明过程得到合理规范	0.525	0.480	0.449	0.561	0.562
司法腐败遏制	警察远离腐败	0.301	0.717	0.308	0.469	0.370
	检察官远离腐败	0.356	0.691	0.336	0.472	0.429
	法官远离腐败	0.344	0.718	0.331	0.470	0.440
司法公开	司法过程依法公开	0.476	0.230	0.408	0.559	0.670
	裁判结果依法公开	0.563	0.338	0.482	0.662	0.777

对"司法权力"二级指标下的具体题目进行分析，检验二级指标下具体题目与其他强相关指标下具体题目之间的相关性。

将"司法权力依法行使"指标下具体题目与"审查起诉公正""证据依法得到采纳与排除"指标下具体题目进行相关性检验。ZY12（在您所在地区，法院依法行使审判权的可能性有多大？）与ZY14、ZY13的相关系数分别为0.423和0.511，具有中等程度相关性。ZY22（在您所在地区，对于被批准逮捕后不再具有社会危险性的犯罪嫌疑人，检察机关依法予以变更或者解除逮捕措施的可能性有多大？）与ZY14、ZY24、ZY13、ZY29的相关系数分别为0.513、0.493、0.458、0.463，具有中等程度相关性。

将"司法权力独立行使"指标下具体题目（ZY8：在您所在地区，法官办案受到本院领导干涉的可能性有多大？ZY9.1：在您所在地区，法院办案受到党政机关干涉的可能性有多大？ZY9.2：在您所在地区，检察院办案受到党政机关干涉的可能性有多大？）与"警察远离腐败""检察官远离腐败""法官远离腐败"指标下具体题目进行相关性检验，相关系数均在0.6以上，说明指标下具体题目间均存在强相关关系。

将"司法权力主体受到信任与认同"指标下具体题目与"裁判结果依法公开"指标下具体题目进行相关性检验。ZY31.1（您对自己所在地区法官队伍的总体满意程度如何？）与ZY32.3相关系数为0.617，存在强相关关系；与ZY32.2相关系数为0.597，具有中等程度相关性。ZY31.2（您对自己所在地区检察官队伍的总体满意程度如何？）和ZY31.3（您对自己所在地区警察队伍的总体满意程度如何？）均与ZY32.2、ZY32.3具有中等程度相关性。

将"司法裁判受到信任与认同"指标下具体题目（ZY33.1：在您所在地区，法院审判过程公正的可能性有多大？ZY33.2：在您所在地区，法院判决结果公正的可能性有多大？）与"司法过程依法公开""裁判结果依法公开"指标下具体题目进行相关性检验，相关系数均在0.6以上，说明指标下具体题目间均存在强相关关系。

表5-6 "司法权力"下的具体题目与有关具体题目间相关系数[1]

刑事司法程序		司法权力依法行使	
		ZY12	ZY22
审查起诉公正	ZY14 在您所在地区，对于公安机关移送审查起诉的案件，检察机关经过审查后认为犯罪情节轻微，依照刑法规定不需要判处刑罚或者可以免除刑罚的，其作出不起诉决定的可能性有多大？	0.423	0.513
	ZY24 在您所在地区，对于公安机关移送审查起诉的案件，检察机关经过审查后认为证据不足，直接作出不起诉决定的可能性有多大？	0.255	0.493
证据制度		司法权力依法行使	
		ZY12	ZY22
证据依法得到采纳与排除	ZY13 在您所在地区，在审查起诉时如果发现有利于犯罪嫌疑人的证据，检察院及时调取该证据的可能性有多大？	0.511	0.458
	ZY29 辩护律师向法庭申请排除非法口供，并履行了初步证明责任，而公诉人未证明取证合法的，法官排除该证据的可能性有多大？	0.389	0.463

司法腐败遏制		司法权力独立行使		
		ZY8	ZY9.1	ZY9.2
警察远离腐败	ZY6.3 在您所在地区，警察办"关系案"的可能性有多大？	0.645	0.634	0.619
	ZY7.3 在您所在地区，警察收受贿赂的可能性有多大？	0.666	0.656	0.638

[1] 本表仅选取上表中强关联（|r|>0.6）的二级指标，进行具体题目间的相关分析，下同。

续表

司法腐败遏制		司法权力独立行使		
		ZY8	ZY9.1	ZY9.2
检察官远离腐败	ZY6.2 在您所在地区，检察官办"关系案"的可能性有多大？	0.627	0.602	0.606
	ZY7.2 在您所在地区，检察官收受贿赂的可能性有多大？	0.646	0.617	0.621
法官远离腐败	ZY6.1 在您所在地区，法官办"关系案"的可能性有多大？	0.672	0.635	0.612
	ZY7.1 在您所在地区，法官收受贿赂的可能性有多大？	0.693	0.651	0.621
司法公开		司法权力主体受到信任与认同		
		ZY31.1	ZY31.2	ZY31.3
裁判结果依法公开	ZY32.2 在您所在地区，法院依法及时公开判决书的可能性有多大？	0.597	0.578	0.477
	ZY32.3 在您所在地区，法院判决书对证据采纳与排除的理由予以充分说明的可能性有多大？	0.617	0.580	0.565
司法公开		司法裁判受到信任与认同		
		ZY33.1	ZY33.2	
司法过程依法公开	ZY32.1 在您所在地区，法院允许公众旁听审判的可能性有多大？	0.668	0.636	
裁判结果依法公开	ZY32.2 在您所在地区，法院依法及时公开判决书的可能性有多大？	0.714	0.684	
	ZY32.3 在您所在地区，法院判决书对证据采纳与排除的理由予以充分说明的可能性有多大？	0.720	0.730	

指标2：当事人诉讼权利

对"当事人诉讼权利"下的4个二级指标进行相关分析。分析结果显示，"当事人享有不被强迫自证其罪的权利"与"当事人享有获得辩护、代理的权利"指标具有中等程度相关性；"当事人享有证据性权利"与"当事人享有获得救济的权利"指标具有中等程度相关性。

表5-7 "当事人诉讼权利"下的二级指标间相关系数

二级指标	当事人享有不被强迫自证其罪的权利	当事人享有获得辩护、代理的权利	当事人享有证据性权利	当事人享有获得救济的权利
当事人享有不被强迫自证其罪的权利	1			
当事人享有获得辩护、代理的权利	0.407	1		
当事人享有证据性权利	0.209	0.369	1	
当事人享有获得救济的权利	0.261	0.389	0.468	1

将"当事人诉讼权利"下的二级指标与"当事人诉讼权利"指标进行相关性检验，相关系数均在0.6以上，呈现出强相关性，表示"当事人诉讼权利"下的二级指标与"当事人诉讼权利"指标的一致性较好。

"当事人诉讼权利"与"司法权力""民事司法程序""刑事司法程序""证据制度"这4个一级指标存在强相关关系，故用"当事人诉讼权利"下的二级指标与这些指标进行相关性检验，结果显示也具有一定的相关性。其中，"当事人享有不被强迫自证其罪的权利"与"司法权力""刑事司法程序"具有中等程度相关性。"当事人享有获得辩护、代理的权利"与"刑事司法程序""证据制度"存在强相关关系；与"司法权力""民事司法程序"具有中等程度相关性。"当事人享有证据性权利"与"司法权力""民事司法程序""刑事司法程序""证据制度"具有中等程度相关性。"当事人享有获得救济的权利"与"司法权力""证据制度"存在强相关关系；与"民事司法程序""刑事司法程序"具有中等程度相关性。

表5-8 "当事人诉讼权利"下的二级指标与有关一级指标间相关系数

二级指标	当事人诉讼权利	司法权力	民事司法程序	刑事司法程序	证据制度
当事人享有不被强迫自证其罪的权利	0.655	0.412	0.345	0.536	0.348
当事人享有获得辩护、代理的权利	0.724	0.586	0.495	0.619	0.610
当事人享有证据性权利	0.728	0.522	0.437	0.486	0.560
当事人享有获得救济的权利	0.754	0.609	0.549	0.561	0.642

将"当事人诉讼权利"下的二级指标与有关一级指标下的二级指标进行相关性检验。结果显示：

"当事人享有不被强迫自证其罪的权利"与"刑事司法程序"指标下的"侦查措施及时合法"存在强相关关系；与"司法权力"指标下的"司法权力独立行使"相关系数在0.4~0.6之间，具有中等程度相关性；与"民事司法程序"指标下的"民事诉讼中的调解自愿、合法"具有中等程度相关性；与"刑事司法程序"指标下的"刑事审判公正及时"具有中等程度相关性；与"证据制度"指标下的"证明过程得到合理规范"具有中等程度相关性。

"当事人享有获得辩护、代理的权利"与"证据制度"指标下的"证明过程得到合理规范"存在强相关关系；与"司法权力"指标下的所有二级指标相关系数在0.4~0.6之间，具有中等程度相关性；与"民事司法程序"指标下的"民事诉讼中的调解自愿、合法"具有中等程度相关性；与"刑事司法程序"指标下的"侦查措施及时合法""刑事审判公正及时"具有中等程度相关性；与"证据制度"指标下的"证据依法得到采纳与排除"具有中等程度相关性。

"当事人享有证据性权利"与"司法权力"指标下的"司法权力依法行使""司法权力主体受到信任与认同""司法裁判受到信任与认同"相关系数在0.4~0.6之间，具有中等程度相关性；与"民事司法程序"指标下的"民事诉讼裁判得到有效执行"具有中等程度相关性；与"刑事司法程序"指标下的"审查起诉公正""刑事审判公正及时"具有中等程度相关性；与"证据制度"指标下的"证据依法得到采纳与排除""证明过程得到合理规范"具有中等程度相关性。

"当事人享有获得救济的权利"与"司法权力"指标下的"司法权力依法行使""司法权力公正行使""司法权力主体受到信任与认同""司法裁判受到信任与认同"相关系数在0.4~0.6之间，具有中等程度相关性；与"民事司法程序"指标下的"民事审判符合公正要求""民事诉讼裁判得到有效执行"具有中等程度相关性；与"刑事司法程序"指标下的"审查起诉公正""刑事审判公正及时"具有中等程度相关性；与"证据制度"指标下的所有二级指标具有中等程度相关性。

表5-9 "当事人诉讼权利"下的二级指标与有关二级指标间相关系数

指标名		当事人享有不被强迫自证其罪的权利	当事人享有获得辩护、代理的权利	当事人享有证据性权利	当事人享有获得救济的权利
司法权力	司法权力依法行使	0.271	0.457	0.504	0.529
	司法权力独立行使	0.447	0.427	0.260	0.320
	司法权力公正行使	0.215	0.406	0.382	0.423
	司法权力主体受到信任与认同	0.320	0.455	0.432	0.521
	司法裁判受到信任与认同	0.272	0.477	0.444	0.557
民事司法程序	民事审判符合公正要求	0.155	0.335	0.329	0.412
	民事诉讼中的调解自愿、合法	0.439	0.443	0.219	0.302
	民事诉讼裁判得到有效执行	0.156	0.295	0.404	0.480

续表

指标名		当事人享有不被强迫自证其罪的权利	当事人享有获得辩护、代理的权利	当事人享有证据性权利	当事人享有获得救济的权利
刑事司法程序	侦查措施及时合法	0.620	0.548	0.261	0.320
	审查起诉公正	0.206	0.365	0.451	0.482
	刑事审判公正及时	0.412	0.518	0.411	0.497
证据制度	证据裁判原则得到贯彻	0.178	0.354	0.375	0.473
	证据依法得到采纳与排除	0.281	0.466	0.524	0.590
	证明过程得到合理规范	0.407	0.699	0.489	0.529

对"当事人诉讼权利"二级指标下的具体题目进行分析,检验二级指标下具体题目与其他强相关指标下具体题目之间的相关性。

将"当事人享有不被强迫自证其罪的权利"指标下具体题目与"侦查措施及时合法"指标下具体题目进行相关性检验,相关系数均在 0.4~0.6 之间,具有中等程度相关性。ZY17(在您所在地区的侦查讯问中,警察要求犯罪嫌疑人自证其罪的可能性有多大?)与 ZY15、ZY16、ZY23 的相关系数分别为 0.567、0.552、0.488。

将"当事人享有获得辩护、代理的权利"指标下具体题目与"证明过程得到合理规范"指标下具体题目进行相关性检验,部分题目相关系数在 0.6 以上,题目间存在强相关关系。其中,ZY18(在您所在地区,律师行使辩护权得到保障的可能性有多大?)与 ZY30.1、ZY30.2 的相关系数分别为 0.457、0.493,具有中等程度相关性。ZY4.3(在您所在地区,律师执业时被追究"律师伪证罪"的可能性有多大?)与 ZY4.2 的相关系数为 0.622,存在强相关关系;与 ZY4.1 的相关系数为 0.541,具有中等程度相关性。ZY4.4(在您所在地区,律师办案过程中被公检法人员羞辱的可能性有多大?)与 ZY4.2 的相关系数为 0.657,存在强相关关系;与 ZY4.1 的相关系数为 0.580,具有中等程度相关性。

表 5-10 "当事人诉讼权利"下的具体题目与有关具体题目间相关系数

刑事司法程序		当事人享有不被强迫自证其罪的权利		
		ZY17		
侦查措施及时合法	ZY15 在您所在地区,警察对犯罪嫌疑人刑讯逼供的可能性有多大?	0.567		
	ZY16 在您所在地区,犯罪嫌疑人被超期羁押的可能性有多大?	0.552		
	ZY23 在您所在地区,侦查机关滥用权力进行非法监听的可能性有多大?	0.488		
证据制度		当事人享有获得辩护、代理的权利		
		ZY18	ZY4.3	ZY4.4
证明过程得到合理规范	ZY30.1 在您所在地区,庭审经过侦查人员出庭作证才作出判决的可能性有多大?	0.457	0.154	0.257
	ZY30.2 在您所在地区,庭审经过证人证言在法庭上得到质证才作出判决的可能性有多大?	0.493	0.144	0.260
	ZY4.1 在您所在地区,律师调查取证权行使受到限制的可能性有多大?	0.265	0.541	0.580
	ZY4.2 在您所在地区,庭审中的律师质证权行使受到限制的可能性有多大?	0.315	0.622	0.657

指标 3：民事司法程序

对"民事司法程序"下的 3 个二级指标进行相关分析。分析结果显示，"民事审判符合公正要求"与"民事诉讼裁判得到有效执行"指标间的相关系数为 0.417，具有中等程度相关性。

表 5-11 "民事司法程序"下的二级指标间相关系数

二级指标	民事审判符合公正要求	民事诉讼中的调解自愿、合法	民事诉讼裁判得到有效执行
民事审判符合公正要求	1		
民事诉讼中的调解自愿、合法	0.231	1	
民事诉讼裁判得到有效执行	0.417	0.203	1

将"民事司法程序"下的二级指标与"民事司法程序"指标进行相关性检验，相关系数均在 0.6 以上，呈现出强相关性，表示"民事司法程序"下的二级指标与"民事司法程序"指标的一致性较好。

"民事司法程序"与"司法权力""当事人诉讼权利""刑事司法程序""行政司法程序""证据制度"这 5 个一级指标存在强相关关系，故用"民事司法程序"下的二级指标与这些指标进行相关性检验，结果显示也具有一定的相关性。其中，"民事审判符合公正要求"与"行政司法程序"存在强相关关系；与"司法权力""当事人诉讼权利""刑事司法程序""证据制度"的相关系数在 0.4~0.6 之间，具有中等程度相关性。"民事诉讼中的调解自愿、合法"与"司法权力""当事人诉讼权利""刑事司法程序"具有中等程度相关性。"民事诉讼裁判得到有效执行"与"行政司法程序"存在强相关关系；与"司法权力""当事人诉讼权利""刑事司法程序""证据制度"具有中等程度相关性。

表 5-12 "民事司法程序"下的二级指标与有关一级指标间相关系数

二级指标	民事司法程序	司法权力	当事人诉讼权利	刑事司法程序	行政司法程序	证据制度
民事审判符合公正要求	0.775	0.572	0.430	0.538	0.727	0.485
民事诉讼中的调解自愿、合法	0.660	0.479	0.483	0.539	0.309	0.353
民事诉讼裁判得到有效执行	0.733	0.554	0.472	0.408	0.643	0.477

将"民事司法程序"下的二级指标与有关一级指标下的二级指标进行相关性检验。结果显示：

"民事审判符合公正要求"与"刑事司法程序"指标下的"刑事审判公正及时"以及"行政司法程序"指标下的"行政审判符合公正要求"存在强相关关系；与"司法权力"指标下的"司法权力依法行使""司法权力公正行使""司法权力主体受到信任与认同""司法裁判受到信任与认同"相关系数在 0.4~0.6 之间，具有中等程度相关性；与"当事人诉讼权利"指标下的"当事人享有获得救济的权利"具有中等程度相关性；与"行政司法程序"指标下的"行政诉讼裁判得到有效执行"具有中等程度相关性；与"证据制度"指标下的"证据依法得到采纳与排除"具有中等程度相关性。

"民事诉讼中的调解自愿、合法"与"司法权力"指标下的"司法权力独立行使"相关系数在 0.4~0.6 之间，具有中等程度相关性；与"当事人诉讼权利"指标下的"当事人享有不被强迫自证其罪的权利""当事人享有获得辩护、代理的权利"具有中等程度相关性；与"刑事司法程序"指标下的"侦查措施及时合法""刑事审判公正及时"具有中等程度相关性；与"证据制度"指标下的"证明过程得到合理规范"具有中等程度相关性。

"民事诉讼裁判得到有效执行"与"行政司法程序"指标下的"行政诉讼裁判得到有效执行"的相关系数为 0.693，存在强相关关系；与"司法权力"指标下的"司法权力依法行使""司法权力公正行使"司法权力主体受到信任与认同""司法裁判受到信任与认同"相关系数在0.4~0.6之间，具有中等程度相关性；与"当事人诉讼权利"指标下的"当事人享有证据性权利""当事人享有获得救济的权利"具有中等程度相关性；与"刑事司法程序"指标下的"刑事审判公正及时"具有中等程度相关性；与"行政司法程序"指标下的"行政审判符合公正要求"具有中等程度相关性；与"证据制度"指标下的"证据依法得到采纳与排除""证明过程得到合理规范"具有中等程度相关性。

表5-13 "民事司法程序"下的二级指标与有关二级指标间相关系数

指标名		民事审判符合公正要求	民事诉讼中的调解自愿、合法	民事诉讼裁判得到有效执行
司法权力	司法权力依法行使	0.516	0.291	0.492
	司法权力独立行使	0.196	0.484	0.263
	司法权力公正行使	0.598	0.278	0.427
	司法权力主体受到信任与认同	0.409	0.366	0.464
	司法裁判受到信任与认同	0.504	0.358	0.495
当事人诉讼权利	当事人享有不被强迫自证其罪的权利	0.155	0.439	0.156
	当事人享有获得辩护、代理的权利	0.335	0.443	0.295
	当事人享有证据性权利	0.329	0.219	0.404
	当事人享有获得救济的权利	0.412	0.302	0.480
刑事司法程序	侦查措施及时合法	0.227	0.568	0.207
	审查起诉公正	0.349	0.183	0.333
	刑事审判公正及时	0.680	0.497	0.408
行政司法程序	行政审判符合公正要求	0.791	0.296	0.424
	行政诉讼裁判得到有效执行	0.430	0.228	0.693
证据制度	证据裁判原则得到贯彻	0.365	0.148	0.333
	证据依法得到采纳与排除	0.465	0.299	0.443
	证明过程得到合理规范	0.371	0.433	0.406

对"民事司法程序"二级指标下的具体题目进行分析，检验二级指标下具体题目与其他强相关指标下具体题目之间的相关性。

将"民事审判符合公正要求"指标下具体题目与"刑事审判公正及时""行政审判符合公正要求"指标下具体题目进行相关性检验。ZY11.1（在您所在地区，法院对民事诉讼中贫富不同的当事人"不偏不倚"的可能性有多大？）与ZY11.2、ZY11.3的相关系数分别为0.835、0.791，存在强相关关系。

将"民事诉讼裁判得到有效执行"指标下具体题目与"行政诉讼裁判得到有效执行"指标下具体题目进行相关性检验，ZY21.1（在您所在地区，民事案件生效判决得到有效执行的可能性有多大？）与ZY21.2的相关系数为0.693，存在强相关关系。

表 5-14 "民事司法程序"下的具体题目与有关具体题目间相关系数

刑事司法程序			民事审判符合公正要求
			ZY11.1
刑事审判公正及时	ZY25	在您所在地区,刑事案件审判久拖不决的可能性有多大?	0.202
	ZY11.2	在您所在地区,法院对刑事诉讼控辩双方"不偏不倚"的可能性有多大?	0.835
行政司法程序			民事审判符合公正要求
			ZY11.1
行政审判符合公正要求	ZY11.3	在您所在地区,法院对行政诉讼原告与被告"不偏不倚"的可能性有多大?	0.791
行政司法程序			民事诉讼裁判得到有效执行
			ZY21.1
行政诉讼裁判得到有效执行	ZY21.2	在您所在地区,行政诉讼中行政机关败诉的生效判决得到有效执行的可能性有多大?	0.693

指标 4:刑事司法程序

对"刑事司法程序"下的 3 个二级指标进行相关分析。分析结果显示,"侦查措施及时合法"与"刑事审判公正及时"指标的相关系数为 0.551,具有中等程度相关性。

表 5-15 "刑事司法程序"下的二级指标间相关系数

二级指标	侦查措施及时合法	审查起诉公正	刑事审判公正及时
侦查措施及时合法	1		
审查起诉公正	0.243	1	
刑事审判公正及时	0.551	0.381	1

将"刑事司法程序"下的二级指标与"刑事司法程序"指标进行相关性检验,"刑事司法程序"与"刑事审判公正及时"的相关系数为 0.829,呈现出极强的相关性;与"侦查措施及时合法""审查起诉公正"呈现出强相关性,表示"刑事司法程序"下的二级指标与"刑事司法程序"指标的一致性较好。"刑事司法程序"与"司法权力""当事人诉讼权利""民事司法程序""行政司法程序""证据制度"这 5 个一级指标存在强相关关系,故用"刑事司法程序"下的二级指标与这些指标进行相关性检验,结果显示也具有一定的相关性。其中,"侦查措施及时合法"与"当事人诉讼权利"的相关系数为 0.602,存在强相关关系;与"司法权力""民事司法程序""证据制度"的相关系数在 0.4~0.6 之间,具有中等程度相关性。"审查起诉公正"与"证据制度"的相关系数为 0.649,存在强相关关系;与"司法权力""当事人诉讼权利""行政司法程序"具有中等程度相关性。"刑事审判公正及时"与"司法权力""当事人诉讼权利""民事司法程序""行政司法程序"指标均存在强相关关系;与"证据制度"具有中等程度相关性。

第五章 司法文明指标相关分析

表 5-16 "刑事司法程序"下的二级指标与有关一级指标间相关系数

二级指标	刑事司法程序	司法权力	当事人诉讼权利	民事司法程序	行政司法程序	证据制度
侦查措施及时合法	0.777	0.558	0.602	0.462	0.318	0.453
审查起诉公正	0.707	0.505	0.529	0.399	0.437	0.649
刑事审判公正及时	0.829	0.700	0.639	0.737	0.683	0.596

将"刑事司法程序"下的二级指标与有关一级指标下的二级指标进行相关性检验。结果显示：

"侦查措施及时合法"与"当事人诉讼权利"指标下的"当事人享有不被强迫自证其罪的权利"的相关系数为0.620，存在强相关关系；与"司法权力"指标下的"司法权力独立行使""司法权力主体受到信任与认同"相关系数在0.4~0.6之间，具有中等程度相关性；与"当事人诉讼权利"指标下的"当事人享有获得辩护、代理的权利"具有中等程度相关性；与"民事司法程序"指标下的"民事诉讼中的调解自愿、合法"具有中等程度相关性；与"证据制度"指标下的"证明过程得到合理规范"具有中等程度相关性。

"审查起诉公正"与"司法权力"指标下的"司法权力依法行使"以及"证据制度"指标下的"证据依法得到采纳与排除"存在强相关关系；与"司法权力"指标下的"司法权力主体受到信任与认同""司法裁判受到信任与认同"相关系数在0.4~0.6之间，具有中等程度相关性；与"当事人诉讼权利"指标下的"当事人享有证据性权利""当事人享有获得救济的权利"具有中等程度相关性；与"证据制度"指标下的"证据裁判原则得到贯彻""证明过程得到合理规范"具有中等程度相关性。

"刑事审判公正及时"与"民事司法程序"指标下的"民事审判符合公正要求"以及"行政司法程序"指标下的"行政审判符合公正要求"存在强相关关系；与"司法权力""当事人诉讼权利"指标下的所有二级指标相关系数均在0.4~0.6之间，具有中等程度相关性；与"民事司法程序"指标下的"民事诉讼中的调解自愿、合法""民事诉讼裁判得到有效执行"具有中等程度相关性；与"行政司法程序"指标下的"行政诉讼裁判得到有效执行"具有中等程度相关性；与"证据制度"指标下的"证据依法得到采纳与排除""证明过程得到合理规范"具有中等程度相关性。

表 5-17 "刑事司法程序"下的二级指标与有关二级指标间相关系数

指标名		侦查措施及时合法	审查起诉公正	刑事审判公正及时
司法权力	司法权力依法行使	0.346	0.602	0.546
	司法权力独立行使	0.540	0.173	0.461
	司法权力公正行使	0.345	0.388	0.566
	司法权力主体受到信任与认同	0.460	0.416	0.530
	司法裁判受到信任与认同	0.387	0.409	0.560
当事人诉讼权利	当事人享有不被强迫自证其罪的权利	0.620	0.206	0.412
	当事人享有获得辩护、代理的权利	0.548	0.365	0.518
	当事人享有证据性权利	0.261	0.451	0.411
	当事人享有获得救济的权利	0.320	0.482	0.497
民事司法程序	民事审判符合公正要求	0.227	0.349	0.680
	民事诉讼中的调解自愿、合法	0.568	0.183	0.497
	民事诉讼裁判得到有效执行	0.207	0.333	0.408

续表

指标名		侦查措施及时合法	审查起诉公正	刑事审判公正及时
行政司法程序	行政审判符合公正要求	0.293	0.393	0.718
	行政诉讼裁判得到有效执行	0.249	0.352	0.433
证据制度	证据裁判原则得到贯彻	0.229	0.501	0.365
	证据依法得到采纳与排除	0.377	0.652	0.545
	证明过程得到合理规范	0.521	0.455	0.569

对"刑事司法程序"二级指标下的具体题目进行分析，检验二级指标下具体题目与其他强相关指标下具体题目之间的相关性。

将"侦查措施及时合法"指标下具体题目与"当事人享有不被强迫自证其罪的权利"指标下具体题目进行相关性检验。ZY15（在您所在地区，警察对犯罪嫌疑人刑讯逼供的可能性有多大？），ZY16（在您所在地区，犯罪嫌疑人被超期羁押的可能性有多大？），ZY23（在您所在地区，侦查机关滥用权力进行非法监听的可能性有多大？）与ZY17的相关系数分别为0.567、0.552、0.488，具有中等程度相关性。

将"审查起诉公正"指标下具体题目与"司法权力依法行使""证据依法得到采纳与排除"指标下具体题目进行相关性检验。ZY14（在您所在地区，对于公安机关移送审查起诉的案件，检察机关经过审查后认为犯罪情节轻微，依照刑法规定不需要判处刑罚或者可以免除刑罚的，其作出不起诉决定的可能性有多大？）与ZY13的相关系数为0.636，存在强相关关系，与ZY12、ZY22、ZY29具有中等程度相关性。ZY24（在您所在地区，对于公安机关移送审查起诉的案件，检察机关经过审查后认为证据不足，直接作出不起诉决定的可能性有多大？）与ZY22、ZY29的相关系数分别为0.493、0.437，具有中等程度相关性。

将"刑事审判公正及时"指标下具体题目与"民事审判符合公正要求""行政审判符合公正要求"指标下具体题目进行相关性检验。ZY11.2（在您所在地区，法院对刑事诉讼控辩双方"不偏不倚"的可能性有多大？）与ZY11.1的相关系数为0.853，存在极强相关关系；与ZY11.3的相关系数为0.860，存在极强相关关系。

表5-18 "刑事司法程序"下的具体题目与有关具体题目间相关系数

当事人诉讼权利		侦查措施及时合法		
		ZY15	ZY16	ZY23
当事人享有不被强迫自证其罪的权利	ZY17 在您所在地区的侦查讯问中，警察要求犯罪嫌疑人自证其罪的可能性有多大？	0.567	0.552	0.488
司法权力		审查起诉公正		
		ZY14		ZY24
司法权力依法行使	ZY12 在您所在地区，法院依法行使审判权的可能性有多大？	0.423		0.255
	ZY22 在您所在地区，对于被批准逮捕后不再具有社会危险性的犯罪嫌疑人，检察机关依法予以变更或者解除逮捕措施的可能性有多大？	0.513		0.493
证据制度		审查起诉公正		
		ZY14		ZY24
证据依法得到采纳与排除	ZY13 在您所在地区，在审查起诉时如果发现有利于犯罪嫌疑人的证据，检察院及时调取该证据的可能性有多大？	0.636		0.385
	ZY29 辩护律师向法庭申请排除非法口供，并履行了初步证明责任，而公诉人未证明取证合法的，法官排除该证据的可能性有多大？	0.471		0.437

民事司法程序		刑事审判公正及时	
		ZY25	ZY11.2
民事审判符合公正要求	ZY11.1 在您所在地区，法院对民事诉讼中贫富不同的当事人"不偏不倚"的可能性有多大？	0.202	0.835

行政司法程序		刑事审判公正及时	
		ZY25	ZY11.2
行政审判符合公正要求	ZY11.3 在您所在地区，法院对行政诉讼原告与被告"不偏不倚"的可能性有多大？	0.292	0.860

指标 5：行政司法程序

对"行政司法程序"下的 2 个二级指标进行相关分析。分析结果显示，2 个二级指标之间相关系数为 0.461，具有中等程度相关性。

表 5-19 "行政司法程序"下的二级指标间相关系数

二级指标	行政审判符合公正要求	行政诉讼裁判得到有效执行
行政审判符合公正要求	1	
行政诉讼裁判得到有效执行	0.461	1

将"行政司法程序"下的二级指标与"行政司法程序"指标进行相关性检验，相关系数均在 0.8 以上，呈现出极强的相关性，表示"行政司法程序"下的二级指标与"行政司法程序"指标的一致性较好。

"行政司法程序"与"司法权力""民事司法程序""刑事司法程序""证据制度"这 4 个一级指标存在强相关关系，故用"行政司法程序"下的二级指标与这些指标进行相关性检验，结果显示也具有一定的相关性。其中，"行政审判符合公正要求"与"司法权力""民事司法程序""刑事司法程序"的相关系数分别为 0.618、0.706、0.603，存在强相关关系；与"证据制度"的相关系数为 0.537，具有中等程度相关性。"行政诉讼裁判得到有效执行"与"民事司法程序"的相关系数为 0.616，存在强相关关系；与"司法权力""刑事司法程序""证据制度"具有中等程度相关性。

表 5-20 "行政司法程序"下的二级指标与有关一级指标间相关系数

二级指标	行政司法程序	司法权力	民事司法程序	刑事司法程序	证据制度
行政审判符合公正要求	0.874	0.618	0.706	0.603	0.537
行政诉讼裁判得到有效执行	0.835	0.542	0.616	0.446	0.496

将"行政司法程序"下的二级指标与有关一级指标下的二级指标进行相关性检验。结果显示：

"行政审判符合公正要求"与"民事司法程序"指标下的"民事审判符合公正要求"的相关系数为 0.791，与"刑事司法程序"指标下的"刑事审判公正及时"的相关系数为 0.718，均存在强相关关系；与"司法权力"指标下的"司法权力依法行使""司法权力公正行使""司法权力主体受到信任与认同""司法裁判受到信任与认同"相关系数在 0.4~0.6 之间，具有中等程度相关性；与"民事司法程序"指标下的"民事诉讼裁判得到有效执行"具有中等程度相关性；与"证据制度"指标下的"证据依法得到采纳与排除""证明过程得到合理规范"具有中等程度相关性。

"行政诉讼裁判得到有效执行"与"民事司法程序"指标下的"民事诉讼裁判得到有效执行"的相关系数为 0.693，存在强相关关系；与"司法权力"指标下的"司法权力依法行使""司法权力公正行使""司法权力主体受到信任与认同""司法裁判受到信任与认同"相关系数在 0.4~0.6 之间，具有中等程度相关性；与"民事司法程序"指标下的"民事审判符合公正要求"具有中等程度相关性；与"刑事司法程序"指标下的"刑事审判公正及时"具有中等程度相关性；与"证据制度"指标下的"证据依法得到采纳与排除""证明过程得到合理规范"具有中等程度相关性。

表 5-21 "行政司法程序"下的二级指标与有关二级指标间相关系数

	指标名	行政审判符合公正要求	行政诉讼裁判得到有效执行
司法权力	司法权力依法行使	0.532	0.483
	司法权力独立行使	0.305	0.256
	司法权力公正行使	0.581	0.407
	司法权力主体受到信任与认同	0.457	0.466
	司法裁判受到信任与认同	0.508	0.485
民事司法程序	民事审判符合公正要求	0.791	0.430
	民事诉讼中的调解自愿、合法	0.296	0.228
	民事诉讼裁判得到有效执行	0.424	0.693
刑事司法程序	侦查措施及时合法	0.293	0.249
	审查起诉公正	0.393	0.352
	刑事审判公正及时	0.718	0.433
证据制度	证据裁判原则得到贯彻	0.367	0.358
	证据依法得到采纳与排除	0.517	0.465
	证明过程得到合理规范	0.446	0.407

对"行政司法程序"二级指标下的具体题目进行分析，检验二级指标下具体题目与其他强相关指标下具体题目之间的相关性。

将"行政审判符合公正要求"指标下具体题目与"民事审判符合公正要求""刑事审判公正及时"指标下具体题目进行相关性检验。ZY11.3（在您所在地区，法院对行政诉讼原告与被告"不偏不倚"的可能性有多大？）与 ZY11.1、ZY11.2 的相关系数分别为 0.791、0.850，分别存在强相关关系和极强相关关系。

将"行政诉讼裁判得到有效执行"指标下具体题目与"民事诉讼裁判得到有效执行"指标下具体题目进行相关性检验。ZY21.2（在您所在地区，行政诉讼中行政机关败诉的生效判决得到有效执行的可能性有多大？）与 ZY21.1 的相关系数为 0.693，存在强相关关系。

表 5-22 "行政司法程序"下的具体题目与有关具体题目间相关系数

民事司法程序		行政审判符合公正要求
		ZY11.3
民事审判符合公正要求	ZY11.1 在您所在地区，法院对民事诉讼中贫富不同的当事人"不偏不倚"的可能性有多大？	0.791

刑事司法程序		行政审判符合公正要求
		ZY11.3
刑事审判公正及时	ZY25 在您所在地区，刑事案件审判久拖不决的可能性有多大？	0.250
	ZY11.2 在您所在地区，法院对刑事诉讼控辩双方"不偏不倚"的可能性有多大？	0.850
民事司法程序		行政诉讼裁判得到有效执行
		ZY21.2
民事诉讼裁判得到有效执行	ZY21.1 在您所在地区，民事案件生效判决得到有效执行的可能性有多大？	0.693

指标6：证据制度

对"证据制度"下的3个二级指标进行相关分析。分析结果显示，3个二级指标之间相关系数均在0.4~0.6之间，具有中等程度相关性。"证据裁判原则得到贯彻"与"证据依法得到采纳与排除""证明过程得到合理规范"指标间的相关系数分别为0.578、0.420；"证据依法得到采纳与排除"与"证明过程得到合理规范"指标间的相关系数为0.579。

表5-23 "证据制度"下的二级指标间相关系数

二级指标	证据裁判原则得到贯彻	证据依法得到采纳与排除	证明过程得到合理规范
证据裁判原则得到贯彻	1		
证据依法得到采纳与排除	0.578	1	
证明过程得到合理规范	0.420	0.579	1

将"证据制度"下的二级指标与"证据制度"指标进行相关性检验，相关系数均在0.8以上，呈现出极强的相关性，表示"证据制度"下的二级指标与"证据制度"指标的一致性较好。

"证据制度"与"司法权力""当事人诉讼权利""民事司法程序""刑事司法程序""行政司法程序""司法公开"6个一级指标存在强相关关系，故用"证据制度"下的二级指标与这些指标进行相关性检验，结果显示也具有一定的相关性。其中，"证据裁判原则得到贯彻"与"司法权力""当事人诉讼权利""刑事司法程序""行政司法程序""司法公开"具有中等程度相关性。"证据依法得到采纳与排除"与"司法权力""当事人诉讼权利""刑事司法程序"存在强相关关系；与"民事司法程序""行政司法程序""司法公开"具有中等程度相关性。"证明过程得到合理规范"与"司法权力""当事人诉讼权利""刑事司法程序"存在强相关关系；与"民事司法程序""行政司法程序""司法公开"具有中等程度相关性。

表5-24 "证据制度"下的二级指标与有关一级指标间相关系数

二级指标	证据制度	司法权力	当事人诉讼权利	民事司法程序	刑事司法程序	行政司法程序	司法公开
证据裁判原则得到贯彻	0.806	0.475	0.484	0.392	0.474	0.425	0.461
证据依法得到采纳与排除	0.872	0.672	0.652	0.557	0.681	0.576	0.550
证明过程得到合理规范	0.802	0.678	0.731	0.557	0.668	0.500	0.538

将"证据制度"下的二级指标与有关一级指标下的二级指标进行相关性检验。结果显示：

"证据裁判原则得到贯彻"与"司法权力"指标下的"司法权力依法行使""司法权力主体受到信

任与认同""司法裁判受到信任与认同"具有中等程度相关性；与"当事人诉讼权利"指标下的"当事人享有获得救济的权利"具有中等程度相关性；与"刑事司法程序"指标下的"审查起诉公正"具有中等程度相关性；与"司法公开"指标下的所有二级指标具有中等程度相关性。

"证据依法得到采纳与排除"与"司法权力"指标下的"司法权力依法行使"以及"刑事司法程序"指标下的"审查起诉公正"存在强相关关系；与"司法权力"指标下的"司法权力公正行使""司法权力主体受到信任与认同""司法裁判受到信任与认同"具有中等程度相关性；与"当事人诉讼权利"指标下的"当事人享有获得辩护、代理的权利""当事人享有证据性权利""当事人享有获得救济的权利"具有中等程度相关性；与"民事司法程序"指标下的"民事审判符合公正要求""民事诉讼裁判得到有效执行"具有中等程度相关性；与"刑事司法程序"指标下的"刑事审判公正及时"具有中等程度相关性；与"行政司法程序""司法公开"指标下的所有二级指标具有中等程度相关性。

"证明过程得到合理规范"与"当事人诉讼权利"指标下的"当事人享有获得辩护、代理的权利"存在强相关关系；与"司法权力"指标下的所有二级指标具有中等程度相关性；与"当事人诉讼权利"指标下的"当事人享有不被强迫自证其罪的权利""当事人享有证据性权利""当事人享有获得救济的权利"具有中等程度相关性；与"民事司法程序"指标下的"民事诉讼中的调解自愿、合法""民事诉讼裁判得到有效执行"具有中等程度相关性；与"刑事司法程序""行政司法程序""司法公开"指标下的所有二级指标具有中等程度相关性。

表5-25 "证据制度"下的二级指标与有关二级指标间相关系数

指标名		证据裁判原则得到贯彻	证据依法得到采纳与排除	证明过程得到合理规范
司法权力	司法权力依法行使	0.506	0.659	0.525
	司法权力独立行使	0.118	0.304	0.480
	司法权力公正行使	0.375	0.519	0.449
	司法权力主体受到信任与认同	0.403	0.553	0.561
	司法裁判受到信任与认同	0.469	0.573	0.562
当事人诉讼权利	当事人享有不被强迫自证其罪的权利	0.178	0.281	0.407
	当事人享有获得辩护、代理的权利	0.354	0.466	0.699
	当事人享有证据性权利	0.375	0.524	0.489
	当事人享有获得救济的权利	0.473	0.590	0.529
民事司法程序	民事审判符合公正要求	0.365	0.465	0.371
	民事诉讼中的调解自愿、合法	0.148	0.299	0.433
	民事诉讼裁判得到有效执行	0.333	0.443	0.406
刑事司法程序	侦查措施及时合法	0.229	0.377	0.521
	审查起诉公正	0.501	0.652	0.455
	刑事审判公正及时	0.365	0.545	0.569
行政司法程序	行政审判符合公正要求	0.367	0.517	0.446
	行政诉讼裁判得到有效执行	0.358	0.465	0.407
司法公开	司法过程依法公开	0.409	0.463	0.445
	裁判结果依法公开	0.467	0.582	0.578

对"证据制度"二级指标下的具体题目进行分析，检验二级指标下具体题目与其他强相关指标下具体题目之间的相关性。

将"证据依法得到采纳与排除"指标下具体题目与"司法权力依法行使""审查起诉公正"指标下具体题目进行相关性检验。ZY13（在您所在地区，在审查起诉时如果发现有利于犯罪嫌疑人的证据，检察院及时调取该证据的可能性有多大？）与ZY14存在强相关关系；与ZY12、ZY22具有中等程度相关性。ZY29（辩护律师向法庭申请排除非法口供，并履行了初步证明责任，而公诉人未证明取证合法的，法官排除该证据的可能性有多大？）与ZY22、ZY14、ZY24具有中等程度相关性。

将"证明过程得到合理规范"指标下具体题目与"当事人享有获得辩护、代理的权利"指标下具体题目进行相关性检验。ZY30.1（在您所在地区，庭审经过侦查人员出庭作证才作出判决的可能性有多大？）与ZY18具有中等程度相关性；ZY30.2（在您所在地区，庭审经过证人证言在法庭上得到质证才作出判决的可能性有多大？）与ZY18具有中等程度相关性；ZY4.1（在您所在地区，律师调查取证权行使受到限制的可能性有多大？）与ZY4.3、ZY4.4具有中等程度相关性；ZY4.2（在您所在地区，庭审中的律师质证权行使受到限制的可能性有多大？）与ZY4.3、ZY4.4存在强相关关系。

表5-26 "证据制度"下的具体题目与有关具体题目间相关系数

司法权力		证据依法得到采纳与排除	
		ZY13	ZY29
司法权力依法行使	ZY12 在您所在地区，法院依法行使审判权的可能性有多大？	0.511	0.389
	ZY22 在您所在地区，对于被批准逮捕后不再具有社会危险性的犯罪嫌疑人，检察机关依法予以变更或者解除逮捕措施的可能性有多大？	0.458	0.463
刑事司法程序		证据依法得到采纳与排除	
		ZY13	ZY29
审查起诉公正	ZY14 在您所在地区，对于公安机关移送审查起诉的案件，检察机关经过审查后认为犯罪情节轻微，依照刑法规定不需要判处刑罚或者可以免除刑罚的，其作出不起诉决定的可能性有多大？	0.636	0.471
	ZY24 在您所在地区，对于公安机关移送审查起诉的案件，检察机关经过审查后认为证据不足，直接作出不起诉决定的可能性有多大？	0.385	0.437
当事人诉讼权利		证明过程得到合理规范			
		ZY30.1	ZY30.2	ZY4.1	ZY4.2
当事人享有获得辩护、代理的权利	ZY18 在您所在地区，律师行使辩护权得到保障的可能性有多大？	0.457	0.493	0.265	0.315
	ZY4.3 在您所在地区，律师执业时被追究"律师伪证罪"的可能性有多大？	0.154	0.144	0.541	0.622
	ZY4.4 在您所在地区，律师办案过程中被公检法人员羞辱的可能性有多大？	0.257	0.260	0.580	0.657

指标7：司法腐败遏制

对"司法腐败遏制"下的3个二级指标进行相关分析。分析结果显示，3个二级指标之间相关系数较高，均超过0.8，呈现极强的相关性。

表5-27 "司法腐败遏制"下的二级指标间相关系数

二级指标	警察远离腐败	检察官远离腐败	法官远离腐败
警察远离腐败	1		
检察官远离腐败	0.802	1	
法官远离腐败	0.837	0.900	1

将"司法腐败遏制"下的二级指标与"司法腐败遏制"指标进行相关性检验，相关系数均在0.8以上，呈现出极强的相关性，表示"司法腐败遏制"下的二级指标与"司法腐败遏制"指标的一致性较好。

"司法腐败遏制"与"司法权力"这一一级指标存在强相关关系，故用"司法腐败遏制"下的二级指标与该指标进行相关性检验，结果显示相关系数均大于0.4。其中，"警察远离腐败"与"司法权力"的相关系数为0.592，具有中等程度相关性。"检察官远离腐败"与"司法权力"的相关系数为0.620，存在强相关关系。"法官远离腐败"与"司法权力"的相关系数为0.628，存在强相关关系。

表5-28 "司法腐败遏制"下的二级指标与有关一级指标间相关系数

二级指标	司法腐败遏制	司法权力
警察远离腐败	0.932	0.592
检察官远离腐败	0.948	0.620
法官远离腐败	0.962	0.628

将"司法腐败遏制"下的二级指标与有关一级指标下的二级指标进行相关性检验。结果显示：

"警察远离腐败"与"司法权力"指标下的"司法权力独立行使"存在强相关关系；与"司法权力"指标下的"司法权力主体受到信任与认同"具有中等程度相关性。

"检察官远离腐败"与"司法权力"指标下的"司法权力独立行使"存在强相关关系；与"司法权力"指标下的"司法权力主体受到信任与认同""司法裁判受到信任与认同"具有中等程度相关性。

"法官远离腐败"与"司法权力"指标下的"司法权力独立行使"存在强相关关系；与"司法权力"指标下的"司法权力主体受到信任与认同""司法裁判受到信任与认同"具有中等程度相关性。

表5-29 "司法腐败遏制"下的二级指标与有关二级指标间相关系数

指标名		警察远离腐败	检察官远离腐败	法官远离腐败
司法权力	司法权力依法行使	0.301	0.356	0.344
	司法权力独立行使	0.717	0.691	0.718
	司法权力公正行使	0.308	0.336	0.331
	司法权力主体受到信任与认同	0.469	0.472	0.470
	司法裁判受到信任与认同	0.370	0.429	0.440

对"司法腐败遏制"二级指标下的具体题目进行分析，检验二级指标下具体题目与其他强相关指标下具体题目之间的相关性。结果显示："警察/检察官/法官远离腐败"指标下的6个题目（ZY6.1/ZY6.2/ZY6.3：在您所在地区，法官/检察官/警察办"关系案"的可能性有多大？ZY7.1/ZY7.2/ZY7.3：在您所在地区，法官/检察官/警察收受贿赂的可能性有多大？）均与"司法权力独立行使"指标下的ZY8、ZY9.1、ZY9.2存在强相关关系。

表5-30 "司法腐败遏制"下的具体题目与有关具体题目间相关系数

司法权力		警察远离腐败		检察官远离腐败		法官远离腐败	
		ZY6.3	ZY7.3	ZY6.2	ZY7.2	ZY6.1	ZY7.1
司法权力独立行使	ZY8 在您所在地区，法官办案受到本院领导干涉的可能性有多大？	0.645	0.666	0.627	0.646	0.672	0.693
	ZY9.1 在您所在地区，法院办案受到党政机关干涉的可能性有多大？	0.634	0.656	0.602	0.617	0.635	0.651
	ZY9.2 在您所在地区，检察院办案受到党政机关干涉的可能性有多大？	0.619	0.638	0.606	0.621	0.612	0.621

指标8：法律职业化

对"法律职业化"下的3个二级指标进行相关分析。分析结果显示，3个二级指标之间相关系数较低，均未超过0.4，呈现弱相关或无相关。

表5-31 "法律职业化"下的二级指标间相关系数

二级指标	法律职业人员获得职业培训	法律职业人员遵守职业伦理规范	法律职业人员享有职业保障
法律职业人员获得职业培训	1		
法律职业人员遵守职业伦理规范	0.036	1	
法律职业人员享有职业保障	0.126	0.341	1

将"法律职业化"下的二级指标与"法律职业化"指标进行相关性检验，"法律职业化"与"法律职业人员获得职业培训"的相关系数为0.798，存在强相关关系；与"法律职业人员遵守职业伦理规范""法律职业人员享有职业保障"具有中等程度相关性。表示"法律职业人员获得职业培训"指标与"法律职业化"指标的一致性较好；"法律职业人员遵守职业伦理规范""法律职业人员享有职业保障"与"法律职业化"指标的一致性尚可。

由于"法律职业化"与其他一级指标的相关系数均小于0.6，未呈现强相关性，故不进行"法律职业化"下的二级指标与其他一级指标，以及与其他指标下的具体题目的相关性检验。

表5-32 "法律职业化"下的二级指标与有关一级指标间相关系数

二级指标	法律职业化
法律职业人员获得职业培训	0.798
法律职业人员遵守职业伦理规范	0.526
法律职业人员享有职业保障	0.586

指标9：司法公开

对"司法公开"下的2个二级指标进行相关分析。分析结果显示，2个二级指标之间相关系数为0.805，呈现极强的相关性。

表 5-33 "司法公开"下的二级指标间相关系数

二级指标	司法过程依法公开	裁判结果依法公开
司法过程依法公开	1	
裁判结果依法公开	0.805	1

将"司法公开"下的二级指标与"司法公开"指标进行相关性检验，相关系数均在 0.9 以上，呈现出极强的相关性，表示"司法公开"下的二级指标与"司法公开"指标的一致性较好。

"司法公开"与"司法权力""证据制度"两个一级指标存在强相关关系，故用"司法公开"下的二级指标与这两个指标进行相关性检验，结果显示也具有一定的相关性。其中，"司法过程依法公开"与"司法权力"的相关系数为 0.604，存在强相关关系；与"证据制度"的相关系数为 0.531，具有中等程度相关性。"裁判结果依法公开"与"司法权力"的相关系数为 0.731，与"证据制度"的相关系数为 0.656，均存在强相关关系。

表 5-34 "司法公开"下的二级指标与有关一级指标间相关系数

二级指标	司法公开	司法权力	证据制度
司法过程依法公开	0.950	0.604	0.531
裁判结果依法公开	0.950	0.731	0.656

将"司法公开"下的二级指标与有关一级指标下的二级指标进行相关性检验。结果显示：

"司法过程依法公开"与"司法权力"指标下的"司法裁判受到信任与认同"存在强相关关系；与"司法权力"指标下的"司法权力依法行使""司法权力公正行使""司法权力主体受到信任与认同"具有中等程度相关性；与"证据制度"指标下的所有二级指标具有中等程度相关性。

"裁判结果依法公开"与"司法权力"指标下的"司法权力主体受到信任与认同""司法裁判受到信任与认同"存在强相关关系；与"司法权力"指标下的"司法权力依法行使""司法权力公正行使"具有中等程度相关性；与"证据制度"指标下的所有二级指标具有中等程度相关性。

表 5-35 "司法公开"下的二级指标与有关二级指标间相关系数

	指标名	司法过程依法公开	裁判结果依法公开
司法权力	司法权力依法行使	0.476	0.563
	司法权力独立行使	0.230	0.338
	司法权力公正行使	0.408	0.482
	司法权力主体受到信任与认同	0.559	0.662
	司法裁判受到信任与认同	0.670	0.777
证据制度	证据裁判原则得到贯彻	0.409	0.467
	证据依法得到采纳与排除	0.463	0.582
	证明过程得到合理规范	0.445	0.578

对"司法公开"二级指标下的具体题目进行分析，检验二级指标下具体题目与其他强相关指标下具体题目之间的相关性。

将"司法过程依法公开"指标下具体题目与"司法裁判受到信任与认同"指标下具体题目进行相关性检验。ZY32.1（在您所在地区，法院允许公众旁听审判的可能性有多大？）与 ZY33.1、ZY33.2 均存在强相关关系。

将"裁判结果依法公开"指标下具体题目与"司法权力主体受到信任与认同""司法裁判受到信任与认同"指标下具体题目进行相关性检验。ZY32.2（在您所在地区，法院依法及时公开判决书的可能性有多大？）与 ZY33.1、ZY33.2 存在强相关关系；与 ZY31.1、ZY31.2、ZY31.3 具有中等程度相关性。ZY32.3（在您所在地区，法院判决书对证据采纳与排除的理由予以充分说明的可能性有多大？）与 ZY31.1、ZY33.1、ZY33.2 存在强相关关系；与 ZY31.2、ZY31.3 具有中等程度相关性。

表 5-36 "司法公开"下的具体题目与有关具体题目间相关系数

司法权力		司法过程依法公开
		ZY32.1
司法裁判受到信任与认同	ZY33.1 在您所在地区，法院审判过程公正的可能性有多大？	0.668
	ZY33.2 在您所在地区，法院判决结果公正的可能性有多大？	0.636

司法权力		裁判结果依法公开	
		ZY32.2	ZY32.3
司法权力主体受到信任与认同	ZY31.1 您对自己所在地区法官队伍的总体满意程度如何？	0.597	0.617
	ZY31.2 您对自己所在地区检察官队伍的总体满意程度如何？	0.578	0.580
	ZY31.3 您对自己所在地区警察队伍的总体满意程度如何？	0.477	0.565
司法裁判受到信任与认同	ZY33.1 在您所在地区，法院审判过程公正的可能性有多大？	0.714	0.720
	ZY33.2 在您所在地区，法院判决结果公正的可能性有多大？	0.684	0.730

二、公众卷各指标间的相关性分析

本部分对公众卷涉及的 10 个一级指标进行相关分析。分析结果显示，10 个一级指标之间的相关系数均小于 0.6，公众卷的一级指标之间不存在强相关关系。指标间的相关系数在 0.4~0.6 之间，具有中等程度相关性的一级指标有："司法权力"与"民事司法程序""刑事司法程序""司法腐败遏制""法律职业化""司法公开""司法文化"；"民事司法程序"与"刑事司法程序""行政司法程序"；"刑事司法程序"与"证据制度""司法腐败遏制""法律职业化"；"证据制度"与"司法腐败遏制"；"司法腐败遏制"与"法律职业化"。

表 5-37 公众卷一级指标间相关系数

一级指标	司法权力	当事人诉讼权利	民事司法程序	刑事司法程序	行政司法程序	证据制度	司法腐败遏制	法律职业化	司法公开	司法文化
司法权力	1									
当事人诉讼权利	0.380	1								
民事司法程序	0.524	0.368	1							
刑事司法程序	0.426	0.275	0.493	1						
行政司法程序	0.375	0.264	0.443	0.244	1					
证据制度	0.338	0.208	0.369	0.446	0.226	1				
司法腐败遏制	0.407	0.184	0.364	0.459	0.176	0.413	1			

续表

一级指标	司法权力	当事人诉讼权利	民事司法程序	刑事司法程序	行政司法程序	证据制度	司法腐败遏制	法律职业化	司法公开	司法文化
法律职业化	0.447	0.209	0.397	0.443	0.217	0.380	0.562	1		
司法公开	0.582	0.341	0.381	0.290	0.293	0.224	0.231	0.273	1	
司法文化	0.421	0.312	0.357	0.236	0.235	0.139	0.168	0.242	0.366	1

指标1：司法权力

对"司法权力"下的2个二级指标进行相关分析。分析结果显示，2个二级指标之间相关系数为0.517，具有中等程度相关性。

表5-38 "司法权力"下的二级指标间相关系数

二级指标	司法权力主体受到信任与认同	司法裁判受到信任与认同
司法权力主体受到信任与认同	1	
司法裁判受到信任与认同	0.517	1

将"司法权力"下的二级指标与"司法权力"指标进行相关性检验，相关系数均在0.8以上，呈现出极强的相关性，表示"司法权力"下的二级指标与"司法权力"指标的一致性较好。

"司法权力"与"民事司法程序""刑事司法程序""司法腐败遏制""法律职业化""司法公开""司法文化"6个一级指标具有中等程度相关性，故用"司法权力"下的二级指标与这些指标进行相关性检验，结果显示也具有一定的相关性。其中，"司法权力主体受到信任与认同"与"民事司法程序""法律职业化""司法公开"具有中等程度相关性；"司法裁判受到信任与认同"与"民事司法程序""司法公开"具有中等程度相关性。

表5-39 "司法权力"下的二级指标与有关一级指标间相关系数

二级指标	司法权力	民事司法程序	刑事司法程序	司法腐败遏制	法律职业化	司法公开	司法文化
司法权力主体受到信任与认同	0.864	0.428	0.379	0.386	0.402	0.469	0.355
司法裁判受到信任与认同	0.878	0.483	0.363	0.324	0.377	0.543	0.378

将"司法权力"下的二级指标与有关一级指标下的二级指标进行相关性检验。结果显示：

"司法权力主体受到信任与认同"与"刑事司法程序"指标下的"侦查措施及时合法"具有中等程度相关性；与"法律职业化"指标下的"法律职业人员遵守职业伦理规范"具有中等程度相关性；与"司法公开"指标下的所有二级指标具有中等程度相关性。

"司法裁判受到信任与认同"与"民事司法程序"指标下的"民事诉讼裁判得到有效执行"具有中等程度相关性；与"司法公开"指标下的所有二级指标具有中等程度相关性。

表5-40 "司法权力"下的二级指标与有关二级指标间相关系数

	指标名	司法权力主体受到信任与认同	司法裁判受到信任与认同
民事司法程序	民事审判符合公正要求	0.291	0.328
	民事诉讼中的调解自愿、合法	0.262	0.251

续表

指标名		司法权力主体受到信任与认同	司法裁判受到信任与认同
民事司法程序	民事诉讼裁判得到有效执行	0.317	0.403
刑事司法程序	侦查措施及时合法	0.409	0.396
	刑事审判公正及时	0.249	0.235
司法腐败遏制	警察远离腐败	0.362	0.288
	检察官远离腐败	0.356	0.307
	法官远离腐败	0.346	0.299
法律职业化	法律职业人员遵守职业伦理规范	0.402	0.377
司法公开	司法过程依法公开	0.431	0.493
	裁判结果依法公开	0.443	0.518
司法文化	公众参与司法的意识及程度	0.253	0.233
	公众诉诸司法的意识及程度	0.244	0.299
	公众接受司法裁判的意识及程度	0.265	0.285
	公众接受现代刑罚理念的意识及程度	0.018	0.019

对"司法权力"二级指标下的具体题目进行分析，检验二级指标下具体题目与其他中等程度相关指标下具体题目之间的相关性。

"司法权力主体受到信任与认同"指标下具体题目与"司法过程依法公开""裁判结果依法公开"指标下具体题目具有中等程度相关性。具体而言，GZ4.1（您对自己所在地区法官队伍的总体满意程度如何？）与GZ5.1、GZ5.2具有中等程度相关性；GZ4.2（您对自己所在地区检察官队伍的总体满意程度如何？）与GZ5.2具有中等程度相关性。

"司法裁判受到信任与认同"指标下具体题目与"司法过程依法公开""裁判结果依法公开"指标下具体题目具有中等程度相关性。具体而言，GZ6.1（在您所在地区，法院审判过程公正的可能性有多大？）与GZ5.1、GZ5.2具有中等程度相关性；GZ6.2（在您所在地区，法院判决结果公正的可能性有多大？）与GZ5.1、GZ5.2具有中等程度相关性。

表5-41 "司法权力"下的具体题目与有关具体题目间相关系数

	刑事司法程序	司法权力主体受到信任与认同		
		GZ4.1	GZ4.2	GZ4.3
侦查措施及时合法	GZ12 在您所在地区，警察对犯罪嫌疑人刑讯逼供的可能性有多大？	0.231	0.245	0.278
	GZ17 在您所在地区，刑事案件立案后，公安机关及时侦查的可能性有多大？	0.317	0.320	0.327
	法律职业化	司法权力主体受到信任与认同		
		GZ4.1	GZ4.2	GZ4.3
法律职业人员遵守职业伦理规范	GZ3.1 在您所在地区，律师虚假承诺的可能性有多大？	0.245	0.273	0.261
	GZ3.2 在您所在地区，律师与法官有不正当利益往来的可能性有多大？	0.301	0.312	0.298
	GZ3.3 在您所在地区，律师尽职尽责为委托人服务的可能性有多大？	0.201	0.188	0.165

续表

司法公开		司法权力主体受到信任与认同		
		GZ4.1	GZ4.2	GZ4.3
司法过程 依法公开	GZ5.1 在您所在地区，法院允许公众旁听审判的可能性有多大？	0.413	0.391	0.361
裁判结果 依法公开	GZ5.2 在您所在地区，法院依法及时公开判决书的可能性有多大？	0.411	0.411	0.375

民事司法程序		司法裁判受到信任与认同	
		GZ6.1	GZ6.2
民事诉讼 裁判得到 有效执行	GZ16.1 在您所在地区，民事案件生效判决得到有效执行的可能性有多大？	0.395	0.366

司法公开		司法裁判受到信任与认同	
		GZ6.1	GZ6.2
司法过程 依法公开	GZ5.1 在您所在地区，法院允许公众旁听审判的可能性有多大？	0.483	0.449
裁判结果 依法公开	GZ5.2 在您所在地区，法院依法及时公开判决书的可能性有多大？	0.482	0.495

指标2：当事人诉讼权利

"当事人诉讼权利"下仅有"当事人享有获得辩护、代理的权利"一个二级指标，故不进行"当事人诉讼权利"下的二级指标间的相关分析。

由于"当事人诉讼权利"与其他一级指标的相关系数均小于0.4，未呈现中等程度及以上相关性，故不进行"当事人诉讼权利"下的二级指标与其他一级指标、二级指标，以及与其他指标下的具体题目的相关性检验。

指标3：民事司法程序

对"民事司法程序"下的3个二级指标进行相关分析。分析结果显示，3个二级指标之间相关系数较低，均未超过0.4，呈现弱相关或无相关。

表5-42 "民事司法程序"下的二级指标间相关系数

二级指标	民事审判符合公正要求	民事诉讼中的调解自愿、合法	民事诉讼裁判得到有效执行
民事审判符合公正要求	1		
民事诉讼中的调解自愿、合法	0.132	1	
民事诉讼裁判得到有效执行	0.259	0.169	1

将"民事司法程序"下的二级指标与"民事司法程序"指标进行相关性检验，相关系数均在0.6以上，呈现出强相关性，表示"民事司法程序"下的二级指标与"民事司法程序"指标的一致性较好。

"民事司法程序"与"司法权力""刑事司法程序""行政司法程序"这3个一级指标具有中等程度相关性，故用"民事司法程序"下的二级指标与这些指标进行相关性检验，结果显示也具有一定的相关性。其中，"民事诉讼中的调解自愿、合法"与"刑事司法程序"具有中等程度相关性；"民事诉讼裁判得到有效执行"与"司法权力""行政司法程序"具有中等程度相关性。

表 5-43 "民事司法程序"下的二级指标与有关一级指标间相关系数

二级指标	民事司法程序	司法权力	刑事司法程序	行政司法程序
民事审判符合公正要求	0.715	0.356	0.205	0.256
民事诉讼中的调解自愿、合法	0.626	0.294	0.536	0.148
民事诉讼裁判得到有效执行	0.687	0.415	0.276	0.505

将"民事司法程序"下的二级指标与有关一级指标下的二级指标进行相关性检验。结果显示:

"民事诉讼中的调解自愿、合法"与"刑事司法程序"指标下的"侦查措施及时合法""刑事审判公正及时"具有中等程度相关性。

"民事诉讼裁判得到有效执行"与"司法权力"指标下的"司法裁判受到信任与认同"以及"行政司法程序"指标下的"行政诉讼裁判得到有效执行"具有中等程度相关性。

表 5-44 "民事司法程序"下的二级指标与有关二级指标间相关系数

指标名		民事审判符合公正要求	民事诉讼中的调解自愿、合法	民事诉讼裁判得到有效执行
司法权力	司法权力主体受到信任与认同	0.291	0.262	0.317
	司法裁判受到信任与认同	0.328	0.251	0.403
刑事司法程序	侦查措施及时合法	0.229	0.427	0.325
	刑事审判公正及时	0.128	0.474	0.159
行政司法程序	行政诉讼裁判得到有效执行	0.256	0.148	0.505

对"民事司法程序"二级指标下的具体题目进行分析,检验二级指标下具体题目与其他中等程度相关指标下具体题目之间的相关性。

"民事诉讼中的调解自愿、合法"指标下具体题目与"侦查措施及时合法""刑事审判公正及时"指标下具体题目具有中等程度相关性。具体而言,GZ15(在您所在地区的民事诉讼中,法官强迫或变相强迫当事人接受调解的可能性有多大?)与GZ12、GZ14具有中等程度相关性。

"民事诉讼裁判得到有效执行"指标下具体题目与"行政诉讼裁判得到有效执行"指标下具体题目具有中等程度相关性。具体而言,GZ16.1(在您所在地区,民事案件生效判决得到有效执行的可能性有多大?)与GZ16.2具有中等程度相关性。

表 5-45 "民事司法程序"下的具体题目与有关具体题目间相关系数

刑事司法程序		民事诉讼中的调解自愿、合法
		GZ15
侦查措施及时合法	GZ12 在您所在地区,警察对犯罪嫌疑人刑讯逼供的可能性有多大?	0.433
	GZ17 在您所在地区,刑事案件立案后,公安机关及时侦查的可能性有多大?	0.222
刑事审判公正及时	GZ14 在您所在地区,刑事案件审判久拖不决的可能性有多大?	0.474

司法权力		民事诉讼裁判得到有效执行
		GZ16.1
司法裁判受到信任与认同	GZ6.1 在您所在地区，法院审判过程公正的可能性有多大？	0.395
	GZ6.2 在您所在地区，法院判决结果公正的可能性有多大？	0.366
行政司法程序		民事诉讼裁判得到有效执行
		GZ16.1
行政诉讼裁判得到有效执行	GZ16.2 在您所在地区，行政诉讼中行政机关败诉的生效判决得到有效执行的可能性有多大？	0.505

指标4：刑事司法程序

对"刑事司法程序"下的2个二级指标进行相关分析。分析结果显示，2个二级指标之间相关系数为0.422，具有中等程度相关性。

表5-46 "刑事司法程序"下的二级指标间相关系数

二级指标	侦查措施及时合法	刑事审判公正及时
侦查措施及时合法	1	
刑事审判公正及时	0.422	1

将"刑事司法程序"下的二级指标与"刑事司法程序"指标进行相关性检验，相关系数均在0.8以上，呈现出极强的相关性，表示"刑事司法程序"下的二级指标与"刑事司法程序"指标的一致性较好。

"刑事司法程序"与"司法权力""民事司法程序""证据制度""司法腐败遏制""法律职业化"这5个一级指标具有中等程度相关性，故用"刑事司法程序"下的二级指标与这些指标进行相关性检验，结果显示也具有一定的相关性。其中，"侦查措施及时合法"与"司法权力""民事司法程序""司法腐败遏制""法律职业化"具有中等程度相关性；"刑事审判公正及时"与有关一级指标的相关系数均小于0.4，呈现弱相关。

表5-47 "刑事司法程序"下的二级指标与有关一级指标间相关系数

二级指标	刑事司法程序	司法权力	民事司法程序	证据制度	司法腐败遏制	法律职业化
侦查措施及时合法	0.804	0.462	0.477	0.382	0.412	0.410
刑事审判公正及时	0.878	0.278	0.368	0.373	0.368	0.346

将"刑事司法程序"下的二级指标与有关一级指标下的二级指标进行相关性检验。结果显示：

"侦查措施及时合法"与"司法权力"指标下的"司法权力主体受到信任与认同"具有中等程度相关性；与"民事司法程序"指标下的"民事诉讼中的调解自愿、合法"具有中等程度相关性；与"法律职业化"指标下的"法律职业人员遵守职业伦理规范"具有中等程度相关性。

"刑事审判公正及时"与"民事司法程序"指标下的"民事诉讼中的调解自愿、合法"具有中等程度相关性。

表 5-48 "刑事司法程序"下的二级指标与有关二级指标间相关系数

指标名		侦查措施及时合法	刑事审判公正及时
司法权力	司法权力主体受到信任与认同	0.409	0.249
	司法裁判受到信任与认同	0.396	0.235
民事司法程序	民事审判符合公正要求	0.229	0.128
	民事诉讼中的调解自愿、合法	0.427	0.474
	民事诉讼裁判得到有效执行	0.325	0.159
证据制度	证据裁判原则得到贯彻	0.382	0.373
司法腐败遏制	警察远离腐败	0.394	0.339
	检察官远离腐败	0.374	0.341
	法官远离腐败	0.367	0.335
法律职业化	法律职业人员遵守职业伦理规范	0.410	0.346

对"刑事司法程序"二级指标下的具体题目进行分析，检验二级指标下具体题目与其他中等程度相关指标下具体题目之间的相关性。

"侦查措施及时合法"指标下具体题目与"民事诉讼中的调解自愿、合法"指标下具体题目具有中等程度相关性。具体而言，GZ12（在您所在地区，警察对犯罪嫌疑人刑讯逼供的可能性有多大？）与GZ15 具有中等程度相关性。

"刑事审判公正及时"指标下具体题目与"民事诉讼中的调解自愿、合法"指标下具体题目具有中等程度相关性。具体而言，GZ14（在您所在地区，刑事案件审判久拖不决的可能性有多大？）与 GZ15 具有中等程度相关性。

表 5-49 "刑事司法程序"下的具体题目与有关具体题目间相关系数

司法权力		侦查措施及时合法	
		GZ12	GZ17
司法权力主体受到信任与认同	GZ4.1 您对自己所在地区法官队伍的总体满意程度如何？	0.231	0.317
	GZ4.2 您对自己所在地区检察官队伍的总体满意程度如何？	0.245	0.320
	GZ4.3 您对自己所在地区警察队伍的总体满意程度如何？	0.278	0.327

民事司法程序		侦查措施及时合法	
		GZ12	GZ17
民事诉讼中的调解自愿、合法	GZ15 在您所在地区的民事诉讼中，法官强迫或变相强迫当事人接受调解的可能性有多大？	0.433	0.222

法律职业化		侦查措施及时合法	
		GZ12	GZ17
法律职业人员遵守职业伦理规范	GZ3.1 在您所在地区，律师虚假承诺的可能性有多大？	0.340	0.186
	GZ3.2 在您所在地区，律师与法官有不正当利益往来的可能性有多大？	0.372	0.216
	GZ3.3 在您所在地区，律师尽职尽责为委托人服务的可能性有多大？	0.045	0.155

续表

民事司法程序		刑事审判公正及时
		GZ14
民事诉讼中的调解自愿、合法	GZ15 在您所在地区的民事诉讼中，法官强迫或变相强迫当事人接受调解的可能性有多大？	0.474

指标 5：行政司法程序

"行政司法程序"下仅有"行政诉讼裁判得到有效执行"一个二级指标，故不进行"行政司法程序"下的二级指标间的相关分析。

"行政司法程序"与"民事司法程序"这一一级指标具有中等程度相关性，故用"行政司法程序"下的二级指标与该指标进行相关性检验，结果显示相关系数为0.443，具有中等程度相关性。

表 5-50　"行政司法程序"下的二级指标与有关一级指标间相关系数

二级指标	民事司法程序
行政诉讼裁判得到有效执行	0.443

将"行政司法程序"下的二级指标与有关一级指标下的二级指标进行相关性检验。结果显示："行政诉讼裁判得到有效执行"与"民事司法程序"指标下的"民事诉讼裁判得到有效执行"的相关系数为0.505，具有中等程度相关性。

表 5-51　"行政司法程序"下的二级指标与有关二级指标间相关系数

	指标名	行政诉讼裁判得到有效执行
民事司法程序	民事审判符合公正要求	0.256
	民事诉讼中的调解自愿、合法	0.148
	民事诉讼裁判得到有效执行	0.505

对"行政司法程序"二级指标下的具体题目进行分析，检验二级指标下具体题目与其他中等程度相关指标下具体题目之间的相关性。

"行政诉讼裁判得到有效执行"指标下具体题目与"民事诉讼裁判得到有效执行"指标下具体题目具有中等程度相关性。具体而言，GZ16.2（在您所在地区，行政诉讼中行政机关败诉的生效判决得到有效执行的可能性有多大？）与GZ16.1具有中等程度相关性。

表 5-52　"行政司法程序"下的具体题目与有关具体题目间相关系数

民事司法程序		行政诉讼裁判得到有效执行
		GZ16.2
民事诉讼裁判得到有效执行	GZ16.1 在您所在地区，民事案件生效判决得到有效执行的可能性有多大？	0.505

指标 6：证据制度

"证据制度"下仅有"证据裁判原则得到贯彻"一个二级指标，故不进行"证据制度"下的二级指标间的相关分析。

"证据制度"与"刑事司法程序""司法腐败遏制"这 2 个一级指标具有中等程度相关性,故用"证据制度"下的二级指标与这两个指标进行相关性检验,结果显示相关系数分别为 0.446、0.413,具有中等程度相关性。

表 5-53　"证据制度"下的二级指标与有关一级指标间相关系数

二级指标	刑事司法程序	司法腐败遏制
证据裁判原则得到贯彻	0.446	0.413

将"证据制度"下的二级指标与有关一级指标下的二级指标进行相关性检验。结果显示:"证据裁判原则得到贯彻"与有关一级指标下的二级指标均呈现弱相关,故不进行二级指标下具体题目的相关性检验。

表 5-54　"证据制度"下的二级指标与有关二级指标间相关系数

指标名		证据裁判原则得到贯彻
刑事司法程序	侦查措施及时合法	0.382
	刑事审判公正及时	0.373
司法腐败遏制	警察远离腐败	0.384
	检察官远离腐败	0.375
	法官远离腐败	0.378

指标 7:司法腐败遏制

对"司法腐败遏制"下的 3 个二级指标进行相关分析。分析结果显示,3 个二级指标之间相关系数较高,均超过 0.6,呈现强相关性和极强的相关性。

表 5-55　"司法腐败遏制"下的二级指标间相关系数

二级指标	警察远离腐败	检察官远离腐败	法官远离腐败
警察远离腐败	1		
检察官远离腐败	0.739	1	
法官远离腐败	0.725	0.839	1

将"司法腐败遏制"下的二级指标与"司法腐败遏制"指标进行相关性检验,相关系数均在 0.8 以上,呈现出极强的相关性,表示"司法腐败遏制"下的二级指标与"司法腐败遏制"指标的一致性较好。

"司法腐败遏制"与"司法权力""刑事司法程序""证据制度""法律职业化"这 4 个一级指标具有中等程度相关性,故用"司法腐败遏制"下的二级指标与这些指标进行相关性检验,结果显示也具有一定的相关性。其中,"警察远离腐败""检察官远离腐败""法官远离腐败"均与"刑事司法程序""法律职业化"具有中等程度相关性。

表 5-56 "司法腐败遏制"下的二级指标与有关一级指标间相关系数

二级指标	司法腐败遏制	司法权力	刑事司法程序	证据制度	法律职业化
警察远离腐败	0.896	0.372	0.430	0.384	0.489
检察官远离腐败	0.933	0.380	0.421	0.375	0.528
法官远离腐败	0.929	0.370	0.413	0.378	0.535

将"司法腐败遏制"下的二级指标与有关一级指标下的二级指标进行相关性检验。结果显示："警察远离腐败""检察官远离腐败""法官远离腐败"均与"法律职业化"指标下的"法律职业人员遵守职业伦理规范"具有中等程度相关性。

表 5-57 "司法腐败遏制"下的二级指标与有关二级指标间相关系数

	指标名	警察远离腐败	检察官远离腐败	法官远离腐败
司法权力	司法权力主体受到信任与认同	0.362	0.356	0.346
	司法裁判受到信任与认同	0.288	0.307	0.299
刑事司法程序	侦查措施及时合法	0.394	0.374	0.367
	刑事审判公正及时	0.339	0.341	0.335
证据制度	证据裁判原则得到贯彻	0.384	0.375	0.378
法律职业化	法律职业人员遵守职业伦理规范	0.489	0.528	0.535

对"司法腐败遏制"二级指标下的具体题目进行分析，检验二级指标下具体题目与其他中等程度相关指标下具体题目之间的相关性。

"警察远离腐败""检察官远离腐败""法官远离腐败"这3个指标下具体题目均与"法律职业人员遵守职业伦理规范"指标下具体题目具有中等程度相关性。具体而言，GZ2.3（在您所在地区，警察收受贿赂的可能性有多大?）与GZ3.1、GZ3.2具有中等程度相关性。GZ2.2（在您所在地区，检察官收受贿赂的可能性有多大?）与GZ3.1、GZ3.2具有中等程度相关性。GZ2.1（在您所在地区，法官收受贿赂的可能性有多大?）与GZ3.1、GZ3.2具有中等程度相关性。

表 5-58 "司法腐败遏制"下的具体题目与有关具体题目间相关系数

法律职业化		警察远离腐败 GZ2.3	检察官远离腐败 GZ2.2	法官远离腐败 GZ2.1
法律职业人员遵守职业伦理规范	GZ3.1 在您所在地区，律师虚假承诺的可能性有多大？	0.505	0.518	0.531
	GZ3.2 在您所在地区，律师与法官有不正当利益往来的可能性有多大？	0.554	0.590	0.592
	GZ3.3 在您所在地区，律师尽职尽责为委托人服务的可能性有多大？	-0.035	-0.004	-0.005

指标8：法律职业化

"法律职业化"下仅有"法律职业人员遵守职业伦理规范"一个二级指标，故不进行"法律职业化"下的二级指标间的相关分析。

"法律职业化"与"司法权力""刑事司法程序""司法腐败遏制"这3个二级指标具有中等程度相

关性，故用"法律职业化"下的二级指标与这些指标进行相关性检验，结果显示相关系数分别为 0.447、0.443、0.562，均具有中等程度相关性。

表 5-59 "法律职业化"下的二级指标与有关一级指标间相关系数

二级指标	法律职业化	司法权力	刑事司法程序	司法腐败遏制
法律职业人员遵守职业伦理规范	1.000	0.447	0.443	0.562

将"法律职业化"下的二级指标与有关一级指标下的二级指标进行相关性检验。结果显示："法律职业人员遵守职业伦理规范"与"司法权力"指标下的"司法权力主体受到信任与认同"具有中等程度相关性；与"刑事司法程序"指标下的"侦查措施及时合法"具有中等程度相关性；与"司法腐败遏制"指标下的所有二级指标具有中等程度相关性。

表 5-60 "法律职业化"下的二级指标与有关二级指标间相关系数

	指标名	法律职业人员遵守职业伦理规范
司法权力	司法权力主体受到信任与认同	0.402
	司法裁判受到信任与认同	0.377
刑事司法程序	侦查措施及时合法	0.410
	刑事审判公正及时	0.346
司法腐败遏制	警察远离腐败	0.489
	检察官远离腐败	0.528
	法官远离腐败	0.535

对"法律职业化"二级指标下的具体题目进行分析，检验二级指标下具体题目与其他中等程度相关指标下具体题目之间的相关性。

"法律职业人员遵守职业伦理规范"指标下具体题目与"警察远离腐败""检察官远离腐败""法官远离腐败"指标下具体题目具有中等程度相关性。具体而言，GZ3.1（在您所在地区，律师虚假承诺的可能性有多大？）与 GZ2.3、GZ2.2、GZ2.1 具有中等程度相关性；GZ3.2（在您所在地区，律师与法官有不正当利益往来的可能性有多大？）与 GZ2.3、GZ2.2、GZ2.1 具有中等程度相关性。

表 5-61 "法律职业化"下的具体题目与有关具体题目间相关系数

司法权力		法律职业人员遵守职业伦理规范		
		GZ3.1	GZ3.2	GZ3.3
司法权力主体受到信任与认同	GZ4.1 您对自己所在地区法官队伍的总体满意程度如何？	0.245	0.301	0.201
	GZ4.2 您对自己所在地区检察官队伍的总体满意程度如何？	0.273	0.312	0.188
	GZ4.3 您对自己所在地区警察队伍的总体满意程度如何？	0.261	0.298	0.165
刑事司法程序		法律职业人员遵守职业伦理规范		
		GZ3.1	GZ3.2	GZ3.3
侦查措施及时合法	GZ12 在您所在地区，警察对犯罪嫌疑人刑讯逼供的可能性有多大？	0.340	0.372	0.045
	GZ17 在您所在地区，刑事案件立案后，公安机关及时侦查的可能性有多大？	0.186	0.216	0.155

续表

司法腐败遏制		法律职业人员遵守职业伦理规范		
		GZ3.1	GZ3.2	GZ3.3
警察远离腐败	GZ2.3 在您所在地区，警察收受贿赂的可能性有多大？	0.505	0.554	-0.035
检察官远离腐败	GZ2.2 在您所在地区，检察官收受贿赂的可能性有多大？	0.518	0.590	-0.004
法官远离腐败	GZ2.1 在您所在地区，法官收受贿赂的可能性有多大？	0.531	0.592	-0.005

指标9：司法公开

对"司法公开"下的2个二级指标进行相关分析。分析结果显示，2个二级指标之间相关系数为0.732，呈现强相关性。

表5-62 "司法公开"下的二级指标间相关系数

二级指标	司法过程依法公开	裁判结果依法公开
司法过程依法公开	1	
裁判结果依法公开	0.732	1

将"司法公开"下的二级指标与"司法公开"指标进行相关性检验，相关系数均在0.9以上，呈现出极强的相关性，表示"司法公开"下的二级指标与"司法公开"指标的一致性较好。

"司法公开"与"司法权力"这一一级指标具有中等程度相关性，故用"司法公开"下的二级指标与该指标进行相关性检验，结果显示相关系数分别为0.531、0.552，均具有中等程度相关性。

表5-63 "司法公开"下的二级指标与有关一级指标间相关系数

二级指标	司法公开	司法权力
司法过程依法公开	0.930	0.531
裁判结果依法公开	0.931	0.552

将"司法公开"下的二级指标与有关一级指标下的二级指标进行相关性检验。结果显示："司法过程依法公开"与"司法权力"指标下的"司法权力主体受到信任与认同""司法裁判受到信任与认同"具有中等程度相关性；"裁判结果依法公开"与"司法权力"指标下的"司法权力主体受到信任与认同""司法裁判受到信任与认同"具有中等程度相关性。

表5-64 "司法公开"下的二级指标与有关二级指标间相关系数

	指标名	司法过程依法公开	裁判结果依法公开
司法权力	司法权力主体受到信任与认同	0.431	0.443
	司法裁判受到信任与认同	0.493	0.518

对"司法公开"二级指标下的具体题目进行分析，检验二级指标下具体题目与其他中等程度相关指标下具体题目之间的相关性。

"司法过程依法公开"指标下具体题目与"司法权力主体受到信任与认同""司法裁判受到信任与认同"指标下具体题目具有中等程度相关性。具体而言，GZ5.1（在您所在地区，法院允许公众旁听审判的可能性有多大？）与GZ4.1、GZ6.1、GZ6.2具有中等程度相关性。

"裁判结果依法公开"指标下具体题目与"司法权力主体受到信任与认同""司法裁判受到信任与认同"指标下具体题目具有中等程度相关性。具体而言，GZ5.2（在您所在地区，法院依法及时公开判决书的可能性有多大？）与GZ4.1、GZ4.2、GZ6.1、GZ6.2具有中等程度相关性。

表5-65 "司法公开"下的具体题目与有关具体题目间相关系数

司法权力		司法过程依法公开	裁判结果依法公开
		GZ5.1	GZ5.2
司法权力主体受到信任与认同	GZ4.1 您对自己所在地区法官队伍的总体满意程度如何？	0.413	0.411
	GZ4.2 您对自己所在地区检察官队伍的总体满意程度如何？	0.391	0.411
	GZ4.3 您对自己所在地区警察队伍的总体满意程度如何？	0.361	0.375
司法裁判受到信任与认同	GZ6.1 在您所在地区，法院审判过程公正的可能性有多大？	0.483	0.482
	GZ6.2 在您所在地区，法院判决结果公正的可能性有多大？	0.449	0.495

指标10：司法文化

对"司法文化"下的4个二级指标进行相关分析。分析结果显示，4个二级指标之间相关系数较低，均未超过0.4，呈现弱相关或无相关。

表5-66 "司法文化"下的二级指标间相关系数

二级指标	公众参与司法的意识及程度	公众诉诸司法的意识及程度	公众接受司法裁判的意识及程度	公众接受现代刑罚理念的意识及程度
公众参与司法的意识及程度	1			
公众诉诸司法的意识及程度	0.206	1		
公众接受司法裁判的意识及程度	0.207	0.216	1	
公众接受现代刑罚理念的意识及程度	0.016	-0.014	0.041	1

将"司法文化"下的二级指标与"司法文化"指标进行相关性检验。"公众参与司法的意识及程度""公众诉诸司法的意识及程度""公众接受司法裁判的意识及程度"指标与"司法文化"指标间的相关系数均在0.6以上，呈现强相关性。"公众接受现代刑罚理念的意识及程度"指标与"司法文化"指标间的相关系数为0.317，呈现弱相关性。表示"公众参与司法的意识及程度""公众诉诸司法的意识及程度""公众接受司法裁判的意识及程度"指标与"司法文化"指标的一致性较好，但"公众接受现代刑罚理念的意识及程度"指标与"司法文化"指标的一致性不佳。

"司法文化"与"司法权力"这一一级指标具有中等程度相关性，故用"司法文化"下的二级指标与该指标进行相关性检验，结果显示均为弱相关和无相关。故不进行相关指标下二级指标以及具体题目间的相关性检验。

表 5-67 "司法文化"下的二级指标与有关一级指标间相关系数

二级指标	司法文化	司法权力
公众参与司法的意识及程度	0.683	0.278
公众诉诸司法的意识及程度	0.623	0.313
公众接受司法裁判的意识及程度	0.662	0.316
公众接受现代刑罚理念的意识及程度	0.317	0.021

第六章 对司法主体满意度相关分析

本章将对司法主体满意度题目与各个题目得分进行相关分析，了解司法过程中的哪些因素可能与对司法主体满意度存在相关性。

一、职业卷对各司法主体满意度相关分析

（一）对法官满意度

职业卷中对法官满意度题目为 Q31.1（您对自己所在地区法官队伍的总体满意程度如何？），将该题与问卷中对法官/法院评价的题目进行相关分析。

分析结果显示，对法官满意度题目与 Q33.1（在您所在地区，法院审判过程公正的可能性有多大？）、Q33.2（在您所在地区，法院判决结果公正的可能性有多大？）和 Q32.3（在您所在地区，法院判决书对证据采纳与排除的理由予以充分说明的可能性有多大？）的相关系数均在 0.6 以上，且 P 值均小于 0.01 的显著性水平，说明存在强相关关系。

对法官满意度题目与 Q12、Q8、Q10.1、Q26.1、Q26.2、Q26.3、Q11.1、Q21.1、Q11.2、Q11.3、Q21.2、Q29、Q30.1、Q30.2、Q6.1、Q7.1、Q32.1、Q32.2 的相关系数（绝对值）均在 0.4~0.6 之间，且 P 值均小于 0.01 的显著性水平，呈现中等程度相关性。

表 6-1 法律职业群体对法官满意度和各个题目间相关系数及各题目得分表

Q31.1 您对自己所在地区法官队伍的总体满意程度如何？		
相关分析题目	相关系数	题目得分
Q12 在您所在地区，法院依法行使审判权的可能性有多大？	0.474	79.3
Q8 在您所在地区，法官办案受到本院领导干涉的可能性有多大？	-0.407	64.4
Q9.1 在您所在地区，法院办案受到党政机关干涉的可能性有多大？	-0.369	62.0
Q10.1 在您所在地区，法院公正办案的可能性有多大？	0.463	80.4
Q33.1 在您所在地区，法院审判过程公正的可能性有多大？	0.655	82.6
Q33.2 在您所在地区，法院判决结果公正的可能性有多大？	0.667	81.2
Q19 在您所在地区的刑事审判中，如果被告人要求证人出庭作证，法官传唤该证人出庭作证的可能性有多大？	0.398	69.1
Q26.1 在您所在地区，对确有错误的民事案件生效判决，法院启动再审程序予以纠正的可能性有多大？	0.465	70.0
Q26.2 在您所在地区，对确有错误的刑事案件生效判决，法院启动再审程序予以纠正的可能性有多大？	0.465	70.2
Q26.3 在您所在地区，对确有错误的行政案件生效判决，法院启动再审程序予以纠正的可能性有多大？	0.472	68.1
Q11.1 在您所在地区，法院对民事诉讼中贫富不同的当事人"不偏不倚"的可能性有多大？	0.429	78.1

续表

Q31.1 您对自己所在地区法官队伍的总体满意程度如何?		
相关分析题目	相关系数	题目得分
Q20 在您所在地区的民事诉讼中,法官强迫或变相强迫当事人接受调解的可能性有多大?	-0.353	70.7
Q21.1 在您所在地区,民事案件生效判决得到有效执行的可能性有多大?	0.451	72.6
Q25 在您所在地区,刑事案件审判久拖不决的可能性有多大?	-0.363	69.1
Q11.2 在您所在地区,法院对刑事诉讼控辩双方"不偏不倚"的可能性有多大?	0.443	76.3
Q11.3 在您所在地区,法院对行政诉讼原告与被告"不偏不倚"的可能性有多大?	0.436	74.2
Q21.2 在您所在地区,行政诉讼中行政机关败诉的生效判决得到有效执行的可能性有多大?	0.446	72.0
Q28 在您所在地区,认定被告人有罪的证据不足,法院"宁可错放,也不错判"的可能性有多大?	0.288	66.0
Q27 在您所在地区,您觉得"打官司就是打证据"的可能性有多大?	0.361	77.6
Q29 辩护律师向法庭申请排除非法口供,并履行了初步证明责任,而公诉人未证明取证合法的,法官排除该证据的可能性有多大?	0.416	67.6
Q30.1 在您所在地区,庭审经过侦查人员出庭作证才作出判决的可能性有多大?	0.486	72.4
Q30.2 在您所在地区,庭审经过证人证言在法庭上得到质证才作出判决的可能性有多大?	0.509	74.8
Q4.2 在您所在地区,庭审中的律师质证权行使受到限制的可能性有多大?	-0.277	68.8
Q6.1 在您所在地区,法官办"关系案"的可能性有多大?	-0.436	67.8
Q7.1 在您所在地区,法官收受贿赂的可能性有多大?	-0.452	69.4
Q32.1 在您所在地区,法院允许公众旁听审判的可能性有多大?	0.566	82.7
Q32.2 在您所在地区,法院依法及时公开判决书的可能性有多大?	0.597	81.7
Q32.3 在您所在地区,法院判决书对证据采纳与排除的理由予以充分说明的可能性有多大?	0.617	78.1

将相关系数和各题目得分绘制成散点图进行分析。从图中可知,对法官满意度题目得分与 Q33.1(在您所在地区,法院审判过程公正的可能性有多大?),Q33.2(在您所在地区,法院判决结果公正的可能性有多大?)和 Q32.2(在您所在地区,法院依法及时公开判决书的可能性有多大?)三题得分的相关系数较大,且该三题得分较高。

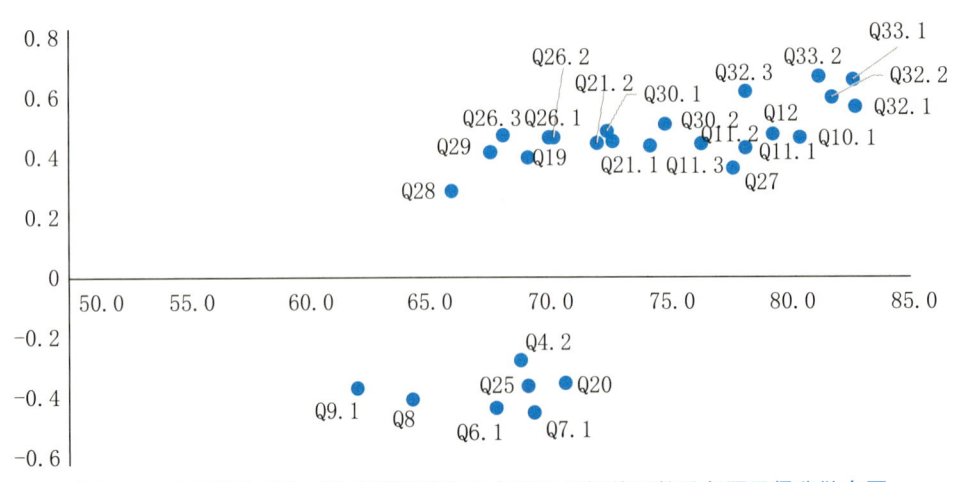

图 6-1 法律职业群体对法官满意度和各个题目间相关系数及各题目得分散点图

接下来将对法官满意度题目 Q31.1 分别与 Q33.1、Q33.2、Q32.2 进行交叉分析。

Q31.1（您对自己所在地区法官队伍的总体满意程度如何？）与 Q33.1（在您所在地区，法院审判过程公正的可能性有多大？）的交叉分析数据表明，受访者对法官满意度与对法院审判过程公正可能性认知之间存在一定的关联。

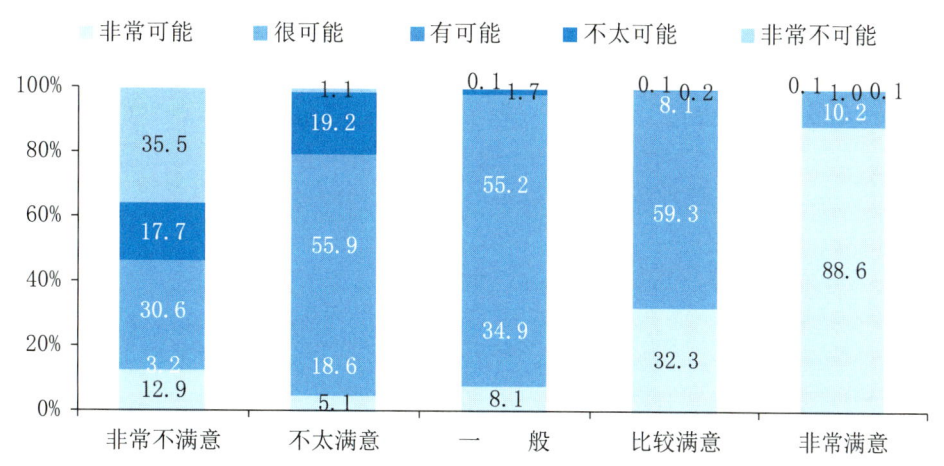

表 6-2 对法官满意度和对法院审判过程公正可能性认知之间的交叉分析表[1]

			Q33.1 在您所在地区，法院审判过程公正的可能性有多大？					总　计
			非常不可能	不太可能	有可能	很可能	非常可能	
Q31.1 您对自己所在地区法官队伍的总体满意程度如何？	非常不满意	计数	22	11	19	2	8	62
		占比	35.5%	17.7%	30.6%	3.2%	12.9%	100.0%
	不太满意	计数	2	34	99	33	9	177
		占比	1.1%	19.2%	55.9%	18.6%	5.1%	100.0%
	一　般	计数	2	26	863	545	126	1 562
		占比	0.1%	1.7%	55.2%	34.9%	8.1%	100.0%
	比较满意	计数	2	7	251	1 844	1 003	3 107
		占比	0.1%	0.2%	8.1%	59.3%	32.3%	100.0%
	非常满意	计数	1	1	12	124	1 074	1 212
		占比	0.1%	0.1%	1.0%	10.2%	88.6%	100.0%
总　计		计数	29	79	1 244	2 548	2 220	6 120
		占比	0.5%	1.3%	20.3%	41.6%	36.3%	100.0%

若将选项"非常可能""很可能"和"有可能"合并为"可能"，将选项"不太可能"和"非常不可能"合并为"不可能"，则得数据如下：

对法官满意度为"非常不满意"的受访者中，认为法院审判过程不可能公正的比例为 53.2%；对法官满意度为"不太满意"的受访者中，认为法院审判过程不可能公正的比例为 20.3%；对法官满意度为"一般"的受访者中，认为法院审判过程不可能公正的比例为 1.8%；对法官满意度为"比较满意"的受访者中，认为法院审判过程不可能公正的比例为 0.3%；对法官满意度为"非常满意"的受访者中，认为法院审判过程不可能公正的比例为 0.2%。

图 6-2 对法官满意度和对法院审判过程公正可能性认知之间的交叉分析图

---

[1] 表中的"占比"为各种可能性选项在满意度中的占比。由于存在漏答或拒答情况，故题目的总计样本量可能与问卷样本量不一致。下同。

Q31.1（您对自己所在地区法官队伍的总体满意程度如何？）与 Q33.2（在您所在地区，法院判决结果公正的可能性有多大？）的交叉分析数据表明，受访者对法官满意度与对法院判决结果公正可能性认知之间存在一定的关联。

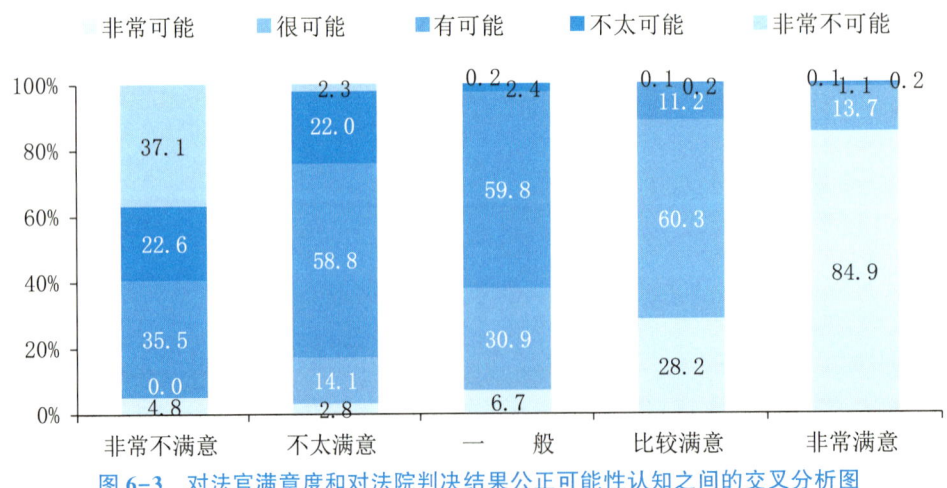

表 6-3 对法官满意度和对法院判决结果公正可能性认知之间的交叉分析表

			Q33.2 在您所在地区，法院判决结果公正的可能性有多大？					总 计
			非常不可能	不太可能	有可能	很可能	非常可能	
Q31.1 您对自己所在地区法官队伍的总体满意程度如何？	非常不满意	计数	23	14	22	0	3	62
		占比	37.1%	22.6%	35.5%	0.0%	4.8%	100.0%
	不太满意	计数	4	39	104	25	5	177
		占比	2.3%	22.0%	58.8%	14.1%	2.8%	100.0%
	一 般	计数	3	38	934	483	104	1 562
		占比	0.2%	2.4%	59.8%	30.9%	6.7%	100.0%
	比较满意	计数	4	5	347	1 872	875	3 103
		占比	0.1%	0.2%	11.2%	60.3%	28.2%	100.0%
	非常满意	计数	1	3	13	166	1 029	1 212
		占比	0.1%	0.2%	1.1%	13.7%	84.9%	100.0%
总 计		计数	35	99	1 420	2 546	2 016	6 116
		占比	0.6%	1.6%	23.2%	41.6%	33.0%	100.0%

若将选项"非常可能""很可能"和"有可能"合并为"可能"，将选项"不太可能"和"非常不可能"合并为"不可能"，则得数据如下：

对法官满意度为"非常不满意"的受访者中，认为法院判决结果不可能公正的比例为 59.7%；对法官满意度为"不太满意"的受访者中，认为法院判决结果不可能公正的比例为 24.3%；对法官满意度为"一般"的受访者中，认为法院判决结果不可能公正的比例为 2.6%；对法官满意度为"比较满意"的受访者中，认为法院判决结果不可能公正的比例为 0.3%；对法官满意度为"非常满意"的受访者中，认为法院判决结果不可能公正的比例为 0.3%。

图 6-3 对法官满意度和对法院判决结果公正可能性认知之间的交叉分析图

Q31.1（您对自己所在地区法官队伍的总体满意程度如何？）与 Q32.2（在您所在地区，法院依法及时公开判决书的可能性有多大?)的交叉分析数据表明,受访者对法官满意度与对法院依法及时公开判决书可能性认知之间存在一定的关联。

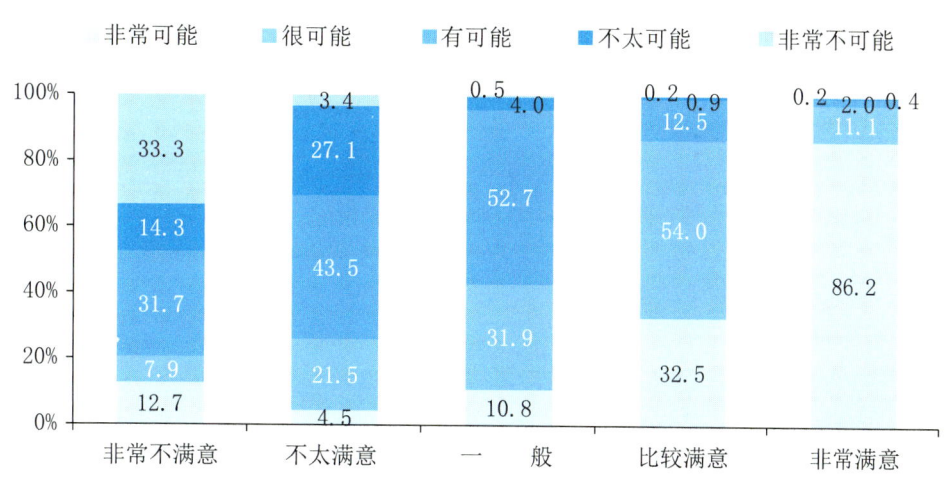

表6-4 对法官满意度和对法院依法及时公开判决书可能性认知之间的交叉分析表

			Q32.2 在您所在地区,法院依法及时公开判决书的可能性有多大?					总 计
			非常不可能	不太可能	有可能	很可能	非常可能	
Q31.1 您对自己所在地区法官队伍的总体满意程度如何?	非常不满意	计数	21	9	20	5	8	63
		占比	33.3%	14.3%	31.7%	7.9%	12.7%	100.0%
	不太满意	计数	6	48	77	38	8	177
		占比	3.4%	27.1%	43.5%	21.5%	4.5%	100.0%
	一 般	计数	8	63	827	501	170	1 569
		占比	0.5%	4.0%	52.7%	31.9%	10.8%	100.0%
	比较满意	计数	6	27	389	1 685	1 014	3 121
		占比	0.2%	0.9%	12.5%	54.0%	32.5%	100.0%
	非常满意	计数	3	5	25	136	1 053	1 222
		占比	0.2%	0.4%	2.0%	11.1%	86.2%	100.0%
总 计		计数	44	152	1 338	2 365	2 253	6 152
		占比	0.7%	2.5%	21.7%	38.4%	36.6%	100.0%

若将选项"非常可能""很可能"和"有可能"合并为"可能",将选项"不太可能"和"非常不可能"合并为"不可能",则得数据如下:

对法官满意度为"非常不满意"的受访者中,认为法院不可能依法及时公开判决书的比例为47.6%;对法官满意度为"不太满意"的受访者中,认为法院不可能依法及时公开判决书的比例为30.5%;对法官满意度为"一般"的受访者中,认为法院不可能依法及时公开判决书的比例为4.5%;对法官满意度为"比较满意"的受访者中,认为法院不可能依法及时公开判决书的比例为1.1%;对法官满意度为"非常满意"的受访者中,认为法院不可能依法及时公开判决书的比例为0.7%。

图6-4 对法官满意度和对法院依法及时公开判决书可能性认知之间的交叉分析图

(二) 对检察官满意度

职业卷中对检察官满意度题目为 Q31.2（您对自己所在地区检察官队伍的总体满意程度如何？），将该题与问卷中对检察官/检察院评价的题目进行相关分析。

分析结果显示，对检察官满意度题目与 Q10.2、Q13、Q6.2、Q7.2 的相关系数（绝对值）均在 0.4~0.6 之间，呈现中等程度相关性。

表 6-5　法律职业群体对检察官满意度和各个题目间相关系数及各题目得分表

Q31.2 您对自己所在地区检察官队伍的总体满意程度如何？		
相关分析题目	相关系数	题目得分
Q22 在您所在地区，对于被批准逮捕后不再具有社会危险性的犯罪嫌疑人，检察机关依法予以变更或者解除逮捕措施的可能性有多大？	0.353	65.7
Q9.2 在您所在地区，检察院办案受到党政机关干涉的可能性有多大？	-0.365	62.5
Q10.2 在您所在地区，检察院公正办案的可能性有多大？	0.444	80.1
Q14 在您所在地区，对于公安机关移送审查起诉的案件，检察机关经过审查后认为犯罪情节轻微，依照刑法规定不需要判处刑罚或者可以免除刑罚的，其作出不起诉决定的可能性有多大？	0.394	70.2
Q24 在您所在地区，对于公安机关移送审查起诉的案件，检察机关经过审查后认为证据不足，直接作出不起诉决定的可能性有多大？	0.271	64.1
Q13 在您所在地区，在审查起诉时如果发现有利于犯罪嫌疑人的证据，检察院及时调取该证据的可能性有多大？	0.470	74.0
Q6.2 在您所在地区，检察官办"关系案"的可能性有多大？	-0.428	69.4
Q7.2 在您所在地区，检察官收受贿赂的可能性有多大？	-0.429	71.0

将相关系数和各题目得分绘制成散点图进行分析。从图中可知，对检察官满意度题目得分与 Q13（在您所在地区，在审查起诉时如果发现有利于犯罪嫌疑人的证据，检察院及时调取该证据的可能性有多大？）和 Q10.2（在您所在地区，检察院公正办案的可能性有多大？）两题得分的相关系数较大，且该两题得分较高。

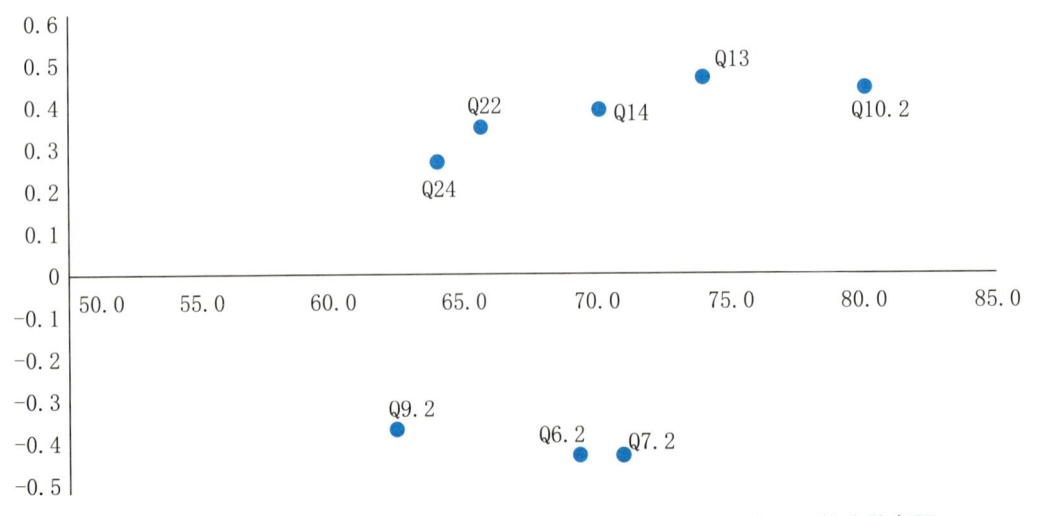

图 6-5　法律职业群体对检察官满意度和各个题目间相关系数及各题目得分散点图

接下来将对检察官满意度题目 Q31.2 分别与 Q13、Q10.2 进行交叉分析。

Q31.2（您对自己所在地区检察官队伍的总体满意程度如何？）与 Q13（在您所在地区，在审查起诉时如果发现有利于犯罪嫌疑人的证据，检察院及时调取该证据的可能性有多大？）的交叉分析数据表明，受访者对检察官满意度与对检察院及时调取证据可能性认知之间存在一定的关联。

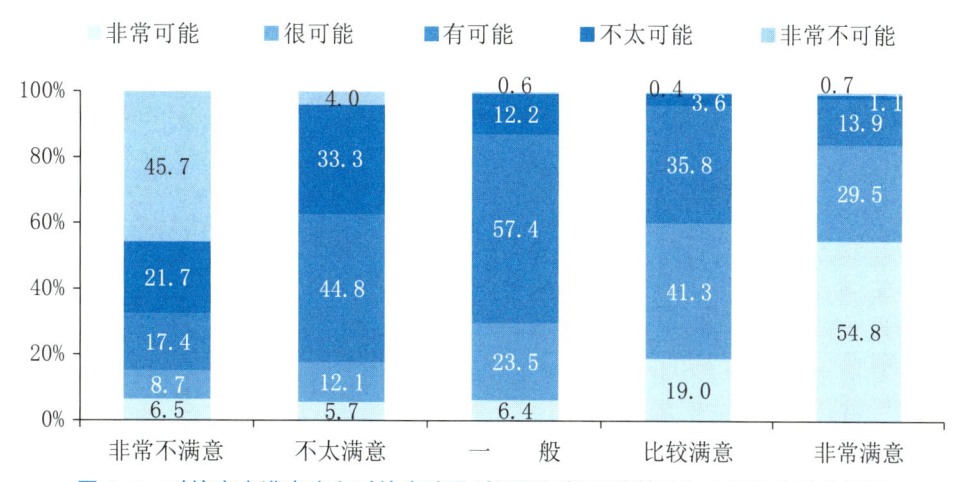

表 6-6 对检察官满意度和对检察院及时调取证据可能性认知之间的交叉分析表

			Q13 在您所在地区，在审查起诉时如果发现有利于犯罪嫌疑人的证据，检察院及时调取该证据的可能性有多大？					总计
			非常不可能	不太可能	有可能	很可能	非常可能	
Q31.2 您对自己所在地区检察官队伍的总体满意程度如何？	非常不满意	计数	21	10	8	4	3	46
		占比	45.7%	21.7%	17.4%	8.7%	6.5%	100.0%
	不太满意	计数	7	58	78	21	10	174
		占比	4.0%	33.3%	44.8%	12.1%	5.7%	100.0%
	一般	计数	9	192	900	368	100	1 569
		占比	0.6%	12.2%	57.4%	23.5%	6.4%	100.0%
	比较满意	计数	12	112	1 123	1 296	595	3 138
		占比	0.4%	3.6%	35.8%	41.3%	19.0%	100.0%
	非常满意	计数	9	14	169	359	667	1 218
		占比	0.7%	1.1%	13.9%	29.5%	54.8%	100.0%
总计		计数	58	386	2 278	2 048	1 375	6 145
		占比	0.9%	6.3%	37.1%	33.3%	22.4%	100.0%

若将选项"非常可能""很可能"和"有可能"合并为"可能"，将选项"不太可能"和"非常不可能"合并为"不可能"，则得数据如下：

对检察官满意度为"非常不满意"的受访者中，认为检察院不可能及时调取证据的比例为 67.4%；对检察官满意度为"不太满意"的受访者中，认为检察院不可能及时调取证据的比例为 37.4%；对检察官满意度为"一般"的受访者中，认为检察院不可能及时调取证据的比例为 12.8%；对检察官满意度为"比较满意"的受访者中，认为检察院不可能及时调取证据的比例为 4.0%；对检察官满意度为"非常满意"的受访者中，认为检察院不可能及时调取证据的比例为 1.9%。

图 6-6 对检察官满意度和对检察院及时调取证据可能性认知之间的交叉分析图

Q31.2（您对自己所在地区检察官队伍的总体满意程度如何?）与 Q10.2（在您所在地区，检察院公正办案的可能性有多大?）的交叉分析数据表明，受访者对检察官满意度与对检察院公正办案可能性认知之间存在一定的关联。

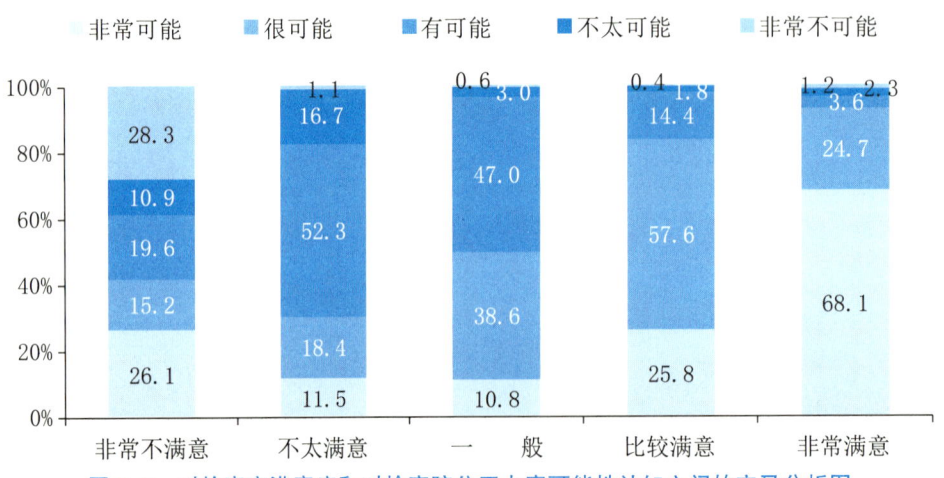

表6-7 对检察官满意度和对检察院公正办案可能性认知之间的交叉分析表

			Q10.2 在您所在地区，检察院公正办案的可能性有多大?					总计
			非常不可能	不太可能	有可能	很可能	非常可能	
Q31.2您对自己所在地区检察官队伍的总体满意程度如何?	非常不满意	计数	13	5	9	7	12	46
		占比	28.3%	10.9%	19.6%	15.2%	26.1%	100.0%
	不太满意	计数	2	29	91	32	20	174
		占比	1.1%	16.7%	52.3%	18.4%	11.5%	100.0%
	一般	计数	10	47	735	604	169	1 565
		占比	0.6%	3.0%	47.0%	38.6%	10.8%	100.0%
	比较满意	计数	11	56	451	1 806	809	3 133
		占比	0.4%	1.8%	14.4%	57.6%	25.8%	100.0%
	非常满意	计数	15	28	44	301	829	1 217
		占比	1.2%	2.3%	3.6%	24.7%	68.1%	100.0%
总计		计数	51	165	1 330	2 750	1 839	6 135
		占比	0.8%	2.7%	21.7%	44.8%	30.0%	100.0%

若将选项"非常可能""很可能"和"有可能"合并为"可能"，将选项"不太可能"和"非常不可能"合并为"不可能"，则得数据如下：

对检察官满意度为"非常不满意"的受访者中，认为检察院办案不可能公正的比例为39.1%；对检察官满意度为"不太满意"的受访者中，认为检察院办案不可能公正的比例为17.8%；对检察官满意度为"一般"的受访者中，认为检察院办案不可能公正的比例为3.6%；对检察官满意度为"比较满意"的受访者中，认为检察院办案不可能公正的比例为2.1%；对检察官满意度为"非常满意"的受访者中，认为检察院办案不可能公正的比例为3.5%。

图6-7 对检察官满意度和对检察院公正办案可能性认知之间的交叉分析图

(三) 对警察满意度

职业卷中对警察满意度题目为 Q31.3（您对自己所在地区警察队伍的总体满意程度如何?），将该题与问卷中对警察/公安机关评价的题目进行相关分析。

分析结果显示，对警察满意度题目与 Q10.3、Q15、Q6.3、Q7.3 的相关系数（绝对值）均在 0.4~0.6 之间，呈现中等程度相关性。

表 6-8 法律职业群体对警察满意度和各个题目间相关系数及各题目得分表

Q31.3 您对自己所在地区警察队伍的总体满意程度如何?		
相关分析题目	相关系数	题目得分
Q10.3 在您所在地区，公安机关公正办案的可能性有多大?	0.469	77.5
Q17 在您所在地区的侦查讯问中，警察要求犯罪嫌疑人自证其罪的可能性有多大?	-0.345	69.2
Q15 在您所在地区，警察对犯罪嫌疑人刑讯逼供的可能性有多大?	-0.421	73.9
Q16 在您所在地区，犯罪嫌疑人被超期羁押的可能性有多大?	-0.391	74.7
Q23 在您所在地区，侦查机关滥用权力进行非法监听的可能性有多大?	-0.394	72.8
Q6.3 在您所在地区，警察办"关系案"的可能性有多大?	-0.481	66.2
Q7.3 在您所在地区，警察收受贿赂的可能性有多大?	-0.481	68.1

将相关系数和各题目得分绘制成散点图进行分析。从图中可知，对警察满意度题目得分与 Q10.3（在您所在地区，公安机关公正办案的可能性有多大?）一题得分的相关系数较大，且该题得分较高。

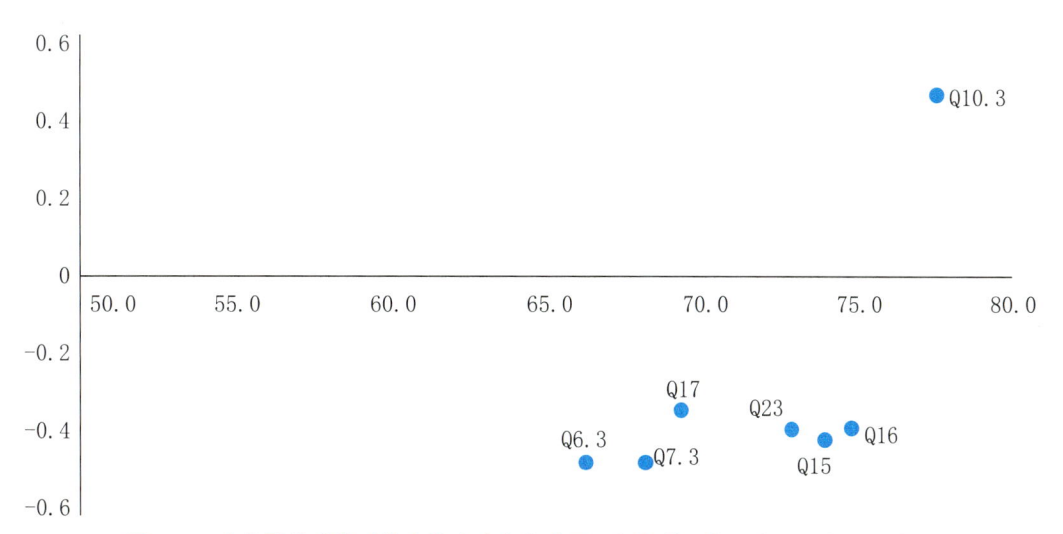

图 6-8 法律职业群体对警察满意度和各个题目间相关系数及各题目得分散点图

接下来将对警察满意度题目 Q31.3 与 Q10.3 进行交叉分析。

Q31.3（您对自己所在地区警察队伍的总体满意程度如何?）与 Q10.3（在您所在地区，公安机关公正办案的可能性有多大?）的交叉分析数据表明，受访者对警察满意度与对公安机关公正办案可能性认知之间存在一定的关联。

表 6-9　对警察满意度和对公安机关公正办案可能性认知之间的交叉分析表

			Q10.3 在您所在地区，公安机关公正办案的可能性有多大？					总　计
			非常不可能	不太可能	有可能	很可能	非常可能	
Q31.3 您对自己所在地区警察队伍的总体满意程度如何？	非常不满意	计数	19	19	46	13	18	115
		占比	16.5%	16.5%	40.0%	11.3%	15.7%	100.0%
	不太满意	计数	7	61	239	67	19	393
		占比	1.8%	15.5%	60.8%	17.0%	4.8%	100.0%
	一　般	计数	12	73	900	712	194	1 891
		占比	0.6%	3.9%	47.6%	37.7%	10.3%	100.0%
	比较满意	计数	13	68	454	1 482	618	2 635
		占比	0.5%	2.6%	17.2%	56.2%	23.5%	100.0%
	非常满意	计数	23	24	49	261	741	1 098
		占比	2.1%	2.2%	4.5%	23.8%	67.5%	100.0%
总　计		计数	74	245	1 688	2 535	1 590	6 132
		占比	1.2%	4.0%	27.5%	41.3%	25.9%	100.0%

若将选项"非常可能""很可能"和"有可能"合并为"可能"，将选项"不太可能"和"非常不可能"合并为"不可能"，则得数据如下：

对警察满意度为"非常不满意"的受访者中，认为公安机关办案不可能公正的比例为33.0%；对警察满意度为"不太满意"的受访者中，认为公安机关办案不可能公正的比例为17.3%；对警察满意度为"一般"的受访者中，认为公安机关办案不可能公正的比例为4.5%；对警察满意度为"比较满意"的受访者中，认为公安机关办案不可能公正的比例为3.1%；对警察满意度为"非常满意"的受访者中，认为公安机关办案不可能公正的比例为4.3%。

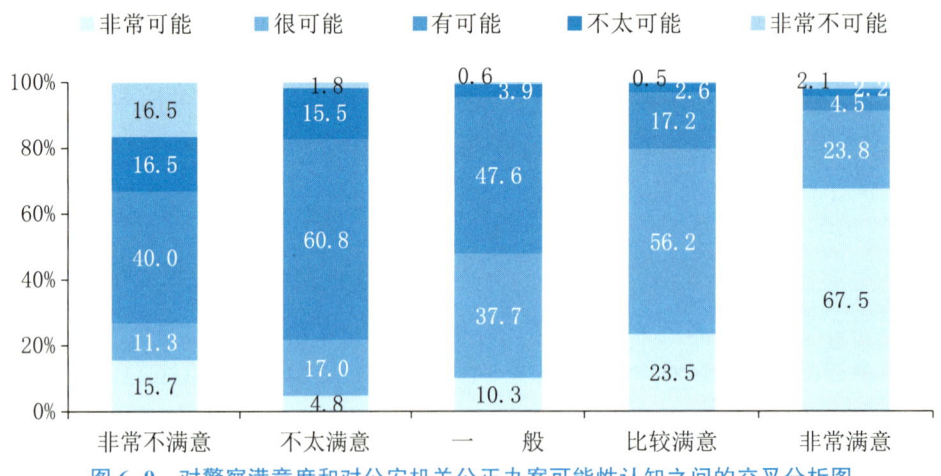

图 6-9　对警察满意度和对公安机关公正办案可能性认知之间的交叉分析图

二、公众卷对各司法主体满意度相关分析

（一）对法官满意度

公众卷中对法官满意度题目为 Q4.1（您对自己所在地区法官队伍的总体满意程度如何？），将该题

与问卷中对法官/法院评价的题目进行相关分析。

分析结果显示，对法官满意度题目与 Q6.1、Q6.2、Q5.1、Q5.2 的相关系数均在 0.4~0.6 之间，呈现中等程度相关性。

表 6-10 公众对法官满意度和各个题目间相关系数及各题目得分表

Q4.1 您对自己所在地区法官队伍的总体满意程度如何？		
相关分析题目	相关系数	题目得分
Q6.1 在您所在地区，法院审判过程公正的可能性有多大？	0.455	76.5
Q6.2 在您所在地区，法院判决结果公正的可能性有多大？	0.459	75.0
Q11 在您所在地区，贫富不同的当事人受到法院平等对待的可能性有多大？	0.268	64.6
Q15 在您所在地区的民事诉讼中，法官强迫或变相强迫当事人接受调解的可能性有多大？	-0.232	67.4
Q16.1 在您所在地区，民事案件生效判决得到有效执行的可能性有多大？	0.311	72.1
Q14 在您所在地区，刑事案件审判久拖不决的可能性有多大？	-0.216	63.6
Q16.2 在您所在地区，行政诉讼中行政机关败诉的生效判决得到有效执行的可能性有多大？	0.274	66.6
Q18 在您所在地区，您觉得"打官司就是打关系"的可能性有多大？	-0.267	60.4
Q2.1 在您所在地区，法官收受贿赂的可能性有多大？	-0.324	64.6
Q5.1 在您所在地区，法院允许公众旁听审判的可能性有多大？	0.413	70.5
Q5.2 在您所在地区，法院依法及时公开判决书的可能性有多大？	0.411	71.0

将相关系数和各题目得分绘制成散点图进行分析。从图中可知，对法官满意度题目得分与 Q6.1（在您所在地区，法院审判过程公正的可能性有多大？）和 Q6.2（在您所在地区，法院判决结果公正的可能性有多大？）两题得分的相关系数较大，且该两题得分较高。

图 6-10 公众对法官满意度和各个题目间相关系数及各题目得分散点图

接下来将对法官满意度题目 Q4.1 分别与 Q6.1、Q6.2 进行交叉分析。

Q4.1（您对自己所在地区法官队伍的总体满意程度如何？）与 Q6.1（在您所在地区，法院审判过程公正的可能性有多大？）的交叉分析数据表明，受访者对法官满意度与对法院审判过程公正可能性认知之间存在一定的关联。

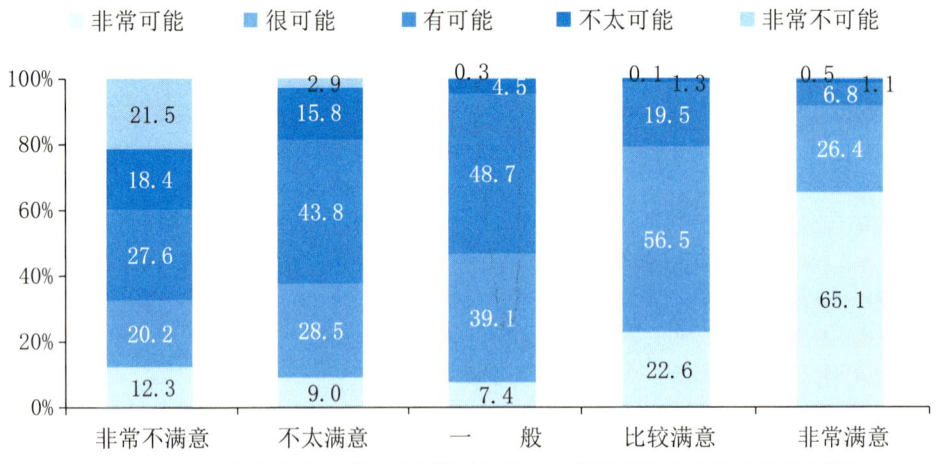

表 6-11　对法官满意度和对法院审判过程公正可能性认知之间的交叉分析表

			Q6.1 在您所在地区，法院审判过程公正的可能性有多大？					总　计
			非常不可能	不太可能	有可能	很可能	非常可能	
Q4.1 您对自己所在地区法官队伍的总体满意程度如何？	非常不满意	计数	35	30	45	33	20	163
		占比	21.5%	18.4%	27.6%	20.2%	12.3%	100.0%
	不太满意	计数	21	115	318	207	65	726
		占比	2.9%	15.8%	43.8%	28.5%	9.0%	100.0%
	一般	计数	22	304	3 325	2 666	508	6 825
		占比	0.3%	4.5%	48.7%	39.1%	7.4%	100.0%
	比较满意	计数	6	105	1 558	4 505	1 798	7 972
		占比	0.1%	1.3%	19.5%	56.5%	22.6%	100.0%
	非常满意	计数	10	24	143	553	1 364	2 094
		占比	0.5%	1.1%	6.8%	26.4%	65.1%	100.0%
总　计		计数	94	578	5 389	7 964	3 755	17 780
		占比	0.5%	3.3%	30.3%	44.8%	21.1%	100.0%

若将选项"非常可能""很可能"和"有可能"合并为"可能"，将选项"不太可能"和"非常不可能"合并为"不可能"，则得数据如下：

对法官满意度为"非常不满意"的受访者中，认为法院审判过程不可能公正的比例为 39.9%；对法官满意度为"不太满意"的受访者中，认为法院审判过程不可能公正的比例为 18.7%；对法官满意度为"一般"的受访者中，认为法院审判过程不可能公正的比例为 4.8%；对法官满意度为"比较满意"的受访者中，认为法院审判过程不可能公正的比例为 1.4%；对法官满意度为"非常满意"的受访者中，认为法院审判过程不可能公正的比例为 1.6%。

图 6-11　对法官满意度和对法院审判过程公正可能性认知之间的交叉分析图

Q4.1（您对自己所在地区法官队伍的总体满意程度如何？）与 Q6.2（在您所在地区，法院判决结果公正的可能性有多大？）的交叉分析数据表明，受访者对法官满意度与对法院判决结果公正可能性认知之间存在一定的关联。

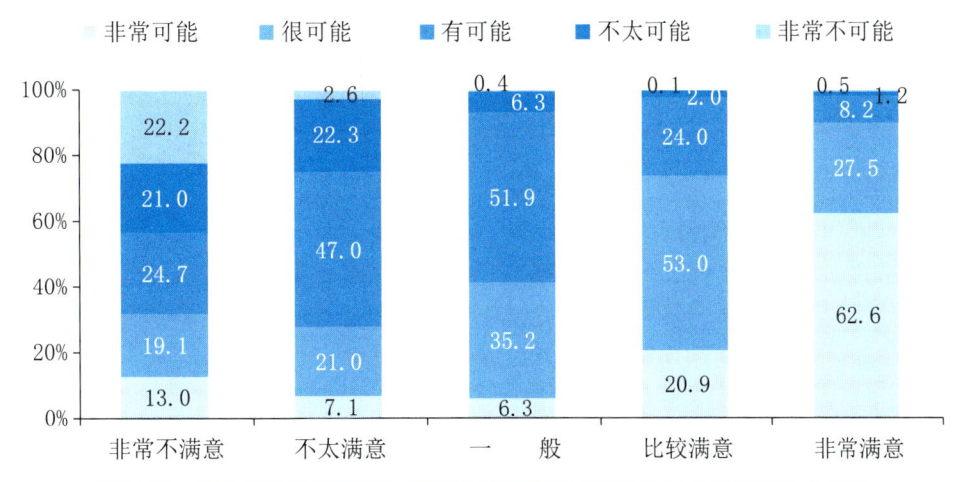

表 6-12 对法官满意度和对法院判决结果公正可能性认知之间的交叉分析表

			Q6.2 在您所在地区，法院判决结果公正的可能性有多大?					总 计
			非常不可能	不太可能	有可能	很可能	非常可能	
Q4.1 您对自己所在地区法官队伍的总体满意程度如何?	非常不满意	计数	36	34	40	31	21	162
		占比	22.2%	21.0%	24.7%	19.1%	13.0%	100.0%
	不太满意	计数	19	161	340	152	51	723
		占比	2.6%	22.3%	47.0%	21.0%	7.1%	100.0%
	一 般	计数	24	425	3 529	2 391	431	6 800
		占比	0.4%	6.3%	51.9%	35.2%	6.3%	100.0%
	比较满意	计数	11	158	1 900	4 204	1 656	7 929
		占比	0.1%	2.0%	24.0%	53.0%	20.9%	100.0%
	非常满意	计数	10	25	172	574	1 306	2 087
		占比	0.5%	1.2%	8.2%	27.5%	62.6%	100.0%
总 计		计数	100	803	5 981	7 352	3 465	17 701
		占比	0.6%	4.5%	33.8%	41.5%	19.6%	100.0%

若将选项"非常可能""很可能"和"有可能"合并为"可能"，将选项"不太可能"和"非常不可能"合并为"不可能"，则得数据如下：

对法官满意度为"非常不满意"的受访者中，认为法院判决结果不可能公正的比例为43.2%；对法官满意度为"不太满意"的受访者中，认为法院判决结果不可能公正的比例为24.9%；对法官满意度为"一般"的受访者中，认为法院判决结果不可能公正的比例为6.6%；对法官满意度为"比较满意"的受访者中，认为法院判决结果不可能公正的比例为2.1%；对法官满意度为"非常满意"的受访者中，认为法院判决结果不可能公正的比例为1.7%。

图 6-12 对法官满意度和对法院判决结果公正可能性认知之间的交叉分析图

(二) 对检察官满意度

公众卷中对检察官满意度题目为 Q4.2（您对自己所在地区检察官队伍的总体满意程度如何?），将该题与问卷中对检察官/检察院评价的题目进行相关分析。

分析结果显示，对检察官满意度题目与 Q2.2 的相关系数为 0.340，呈现弱相关性。

表 6-13 公众对检察官满意度和各个题目间相关系数及各题目得分表

Q4.2 您对自己所在地区检察官队伍的总体满意程度如何？		
相关分析题目	相关系数	题目得分
Q2.2 在您所在地区，检察官收受贿赂的可能性有多大？	0.340	66.1

接下来将对检察官满意度题目 Q4.2 与 Q2.2 进行交叉分析。

Q4.2（您对自己所在地区检察官队伍的总体满意程度如何？）与 Q2.2（在您所在地区，检察官收受贿赂的可能性有多大？）的交叉分析数据表明，受访者对检察官满意度与对检察官受贿可能性认知之间存在一定的关联。

表 6-14 对检察官满意度和对检察官受贿可能性认知之间的交叉分析表

			Q2.2 在您所在地区，检察官收受贿赂的可能性有多大？					总 计
			非常不可能	不太可能	有可能	很可能	非常可能	
Q4.2 您对自己所在地区检察官队伍的总体满意程度如何？	非常不满意	计数	45	12	20	22	50	149
		占比	30.2%	8.1%	13.4%	14.8%	33.6%	100.0%
	不太满意	计数	26	180	275	204	129	814
		占比	3.2%	22.1%	33.8%	25.1%	15.8%	100.0%
	一 般	计数	182	1 646	3 311	1 150	439	6 728
		占比	2.7%	24.5%	49.2%	17.1%	6.5%	100.0%
	比较满意	计数	541	3 682	2 607	843	194	7 867
		占比	6.9%	46.8%	33.1%	10.7%	2.5%	100.0%
	非常满意	计数	819	831	269	120	112	2 151
		占比	38.1%	38.6%	12.5%	5.6%	5.2%	100.0%
总 计		计数	1 613	6 351	6 482	2 339	924	17 709
		占比	9.1%	35.9%	36.6%	13.2%	5.2%	100.0%

若将选项"非常可能""很可能"和"有可能"合并为"可能"，将选项"不太可能"和"非常不可能"合并为"不可能"，则得数据如下：

对检察官满意度为"非常不满意"的受访者中，认为检察官可能受贿的比例为 61.7%；对检察官满意度为"不太满意"的受访者中，认为检察官可能受贿的比例为 74.7%；对检察官满意度为"一般"的受访者中，认为检察官可能受贿的比例为 72.8%；对检察官满意度为"比较满意"的受访者中，认为检察官可能受贿的比例为 46.3%；对检察官满意度为"非常满意"的受访者中，认为检察官可能受贿的比例为 23.3%。

第六章 对司法主体满意度相关分析

■ 非常可能　■ 很可能　■ 有可能　■ 不太可能　■ 非常不可能

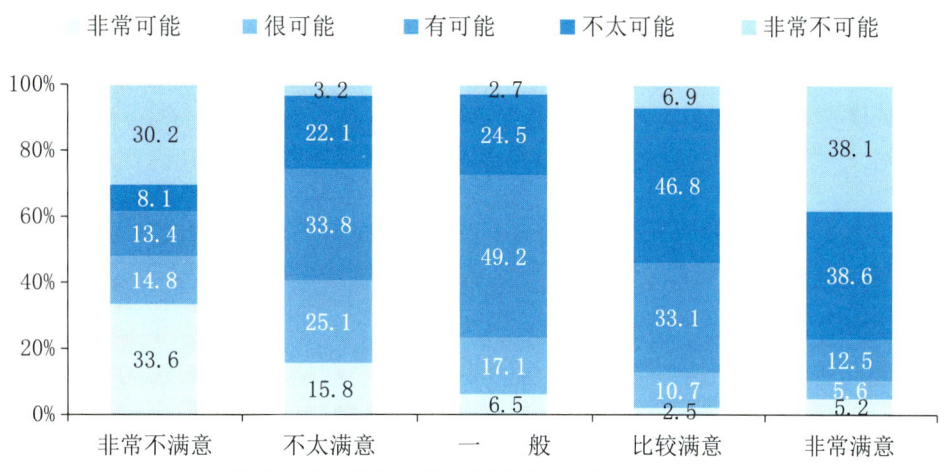

	非常不满意	不太满意	一般	比较满意	非常满意
非常不可能	30.2	22.1	2.7 / 24.5	6.9	38.1
不太可能	8.1	33.8	49.2	46.8	38.6
有可能	13.4	25.1	17.1	33.1	12.5
很可能	14.8	15.8	6.5	10.7	5.6
非常可能	33.6			2.5	5.2

图 6-13　对检察官满意度和对检察官受贿可能性认知之间的交叉分析图

（三）对警察满意度

公众卷中对警察满意度题目为 Q4.3（您对自己所在地区警察队伍的总体满意程度如何？），将该题与问卷中对警察/公安机关评价的题目进行相关分析。

分析结果显示，对警察满意度题目与各题目的相关系数（绝对值）均小于 0.4，呈现弱相关性。

表 6-15　公众对警察满意度和各个题目间相关系数及各题目得分表

Q4.3 您对自己所在地区警察队伍的总体满意程度如何？		
相关分析题目	相关系数	题目得分
Q12 在您所在地区，警察对犯罪嫌疑人刑讯逼供的可能性有多大？	-0.278	65.4
Q17 在您所在地区，刑事案件立案后，公安机关及时侦查的可能性有多大？	0.327	70.2
Q2.3 在您所在地区，警察收受贿赂的可能性有多大？	-0.375	63.2

将相关系数和各题目得分绘制成散点图进行分析。从图中可知，对警察满意度题目得分与 Q17（在您所在地区，刑事案件立案后，公安机关及时侦查的可能性有多大？）一题得分的相关系数较大，且该题得分较高。

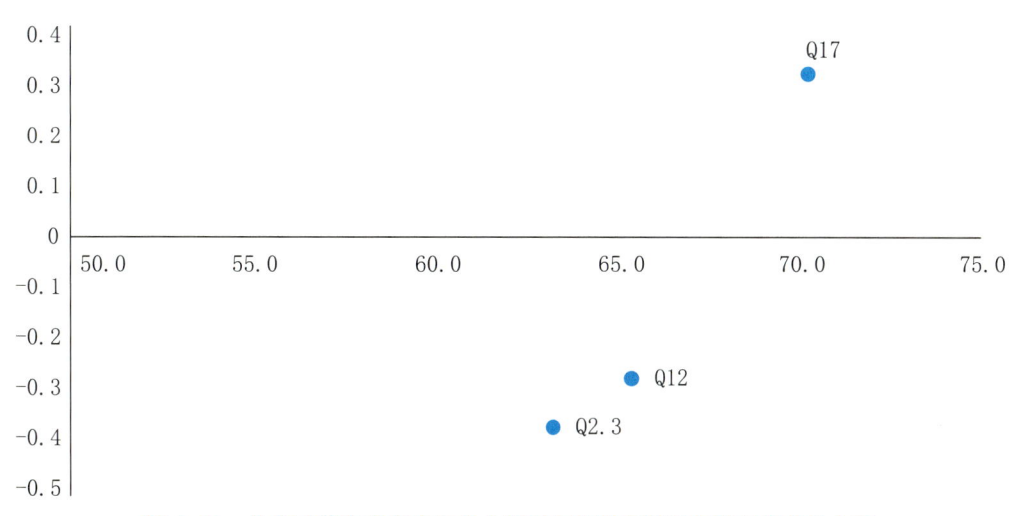

图 6-14　公众对警察满意度和各个题目间相关系数及各题目得分散点图

接下来将对警察满意度题目 Q4.3 与 Q17 进行交叉分析。

Q4.3（您对自己所在地区警察队伍的总体满意程度如何？）与 Q17（在您所在地区，刑事案件立案后，公安机关及时侦查的可能性有多大？）的交叉分析数据表明，受访者对警察满意度与对公安机关及时侦查可能性认知之间存在一定的关联。

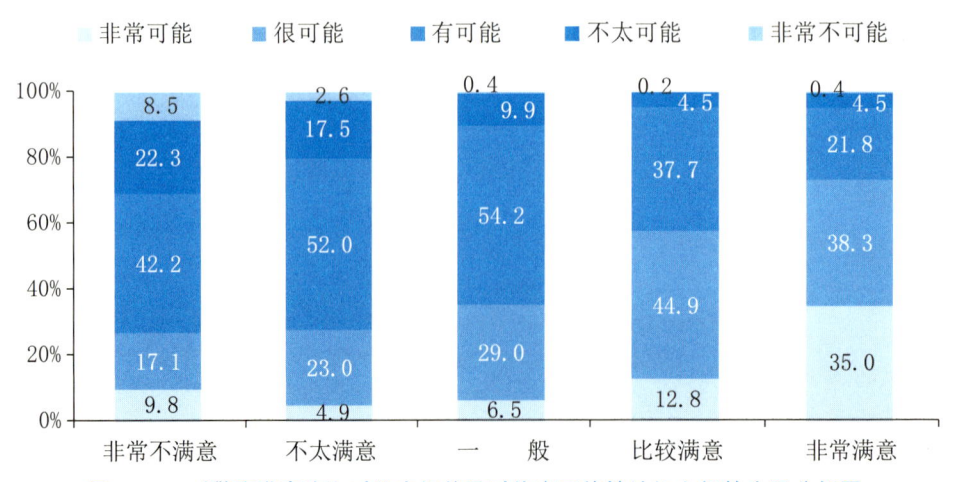

表 6-16　对警察满意度和对公安机关及时侦查可能性认知之间的交叉分析表

			Q17 在您所在地区，刑事案件立案后，公安机关及时侦查的可能性有多大？					总　计
			非常不可能	不太可能	有可能	很可能	非常可能	
Q4.3 您对自己所在地区警察队伍的总体满意程度如何？	非常不满意	计数	33	86	163	66	38	386
		占比	8.5%	22.3%	42.2%	17.1%	9.8%	100.0%
	不太满意	计数	41	274	813	359	77	1 564
		占比	2.6%	17.5%	52.0%	23.0%	4.9%	100.0%
	一　般	计数	29	652	3 569	1 907	426	6 583
		占比	0.4%	9.9%	54.2%	29.0%	6.5%	100.0%
	比较满意	计数	11	310	2 593	3 089	884	6 887
		占比	0.2%	4.5%	37.7%	44.9%	12.8%	100.0%
	非常满意	计数	10	101	492	865	791	2 259
		占比	0.4%	4.5%	21.8%	38.3%	35.0%	100.0%
总　计		计数	124	1 423	7 630	6 286	2 216	17 679
		占比	0.7%	8.0%	43.2%	35.6%	12.5%	100.0%

若将选项"非常可能""很可能"和"有可能"合并为"可能"，将选项"不太可能"和"非常不可能"合并为"不可能"，则得数据如下：

对警察满意度为"非常不满意"的受访者中，认为公安机关侦查不可能及时的比例为 30.8%；对警察满意度为"不太满意"的受访者中，认为公安机关侦查不可能及时的比例为 20.1%；对警察满意度为"一般"的受访者中，认为公安机关侦查不可能及时的比例为 10.3%；对警察满意度为"比较满意"的受访者中，认为公安机关侦查不可能及时的比例为 4.7%；对警察满意度为"非常满意"的受访者中，认为公安机关侦查不可能及时的比例为 4.9%。

图 6-15　对警察满意度和对公安机关及时侦查可能性认知之间的交叉分析图

(四) 参与法庭审判意愿度

为了解公众作为陪审员参与法庭审判意愿度与各题目之间的关联,我们进行相关分析。公众卷中公众参与法庭审判意愿度题目为 Q1(如果有当人民陪审员的机会,您愿意参与法庭审判吗?),将该题与问卷中评价法院的题目进行相关分析。

分析结果显示,公众参与法庭审判意愿度题目与各题目的相关系数(绝对值)均小于 0.3,呈现弱相关或无相关。

表 6-17 参与法庭审判意愿度和各个题目间相关系数及各题目得分表

Q1 如果有当人民陪审员的机会,您愿意参与法庭审判吗?		
相关分析题目	相关系数	题目得分
Q4.1 您对自己所在地区法官队伍的总体满意程度如何?	0.242	72.5
Q4.2 您对自己所在地区检察官队伍的总体满意程度如何?	0.240	72.5
Q4.3 您对自己所在地区警察队伍的总体满意程度如何?	0.203	70.2
Q6.1 在您所在地区,法院审判过程公正的可能性有多大?	0.216	76.5
Q6.2 在您所在地区,法院判决结果公正的可能性有多大?	0.222	75.0
Q11 在您所在地区,贫富不同的当事人受到法院平等对待的可能性有多大?	0.145	64.6
Q16.1 在您所在地区,民事案件生效判决得到有效执行的可能性有多大?	0.175	72.1
Q16.2 在您所在地区,行政诉讼中行政机关败诉的生效判决得到有效执行的可能性有多大?	0.145	66.6
Q18 在您所在地区,您觉得"打官司就是打关系"的可能性有多大?	−0.077	60.4
Q5.1 在您所在地区,法院允许公众旁听审判的可能性有多大?	0.211	70.5
Q5.2 在您所在地区,法院依法及时公开判决书的可能性有多大?	0.220	71.0
Q7 在您所在地区,当矛盾双方无法通过协商、调解等方式解决纠纷时,人们到法院起诉的可能性有多大?	0.206	68.3
Q8 假设审判程序没有问题,但判决结果对您不利,您尊重法院判决的可能性有多大?	0.207	65.4
Q10 与枪决相比,您对以注射方式执行死刑的态度是?	0.219	74.2

将相关系数和各题目得分绘制成散点图进行分析。从图中可知,公众参与法庭审判意愿度题目得分与 Q6.1(在您所在地区,法院审判过程公正的可能性有多大?)和 Q6.2(在您所在地区,法院判决结果公正的可能性有多大?)两题得分的相关系数较大,且该两题得分较高。

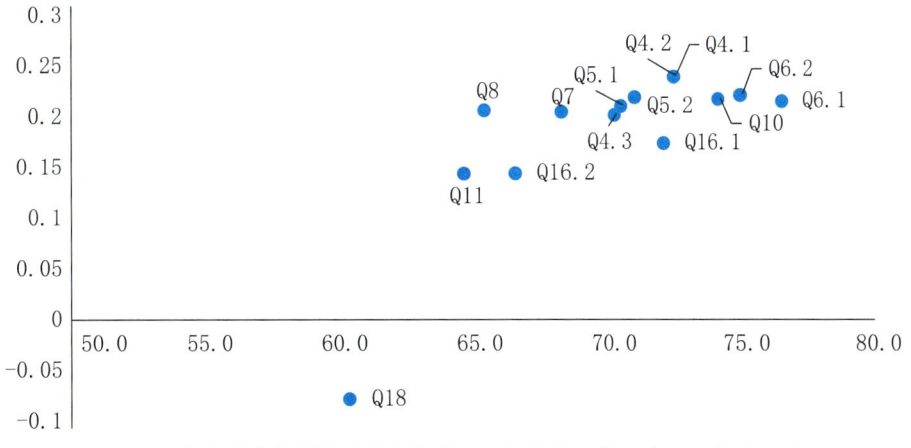

图 6-16 参与法庭审判意愿度和各个题目间相关系数及各题目得分散点图

接下来将公众参与法庭审判意愿度题目 Q1 分别与 Q6.1、Q6.2 进行交叉分析。

Q1（如果有当人民陪审员的机会，您愿意参与法庭审判吗？）与 Q6.1（在您所在地区，法院审判过程公正的可能性有多大？）的交叉分析数据表明，受访者对参与法庭审判意愿度与对法院审判过程公正可能性认知之间存在一定的关联。

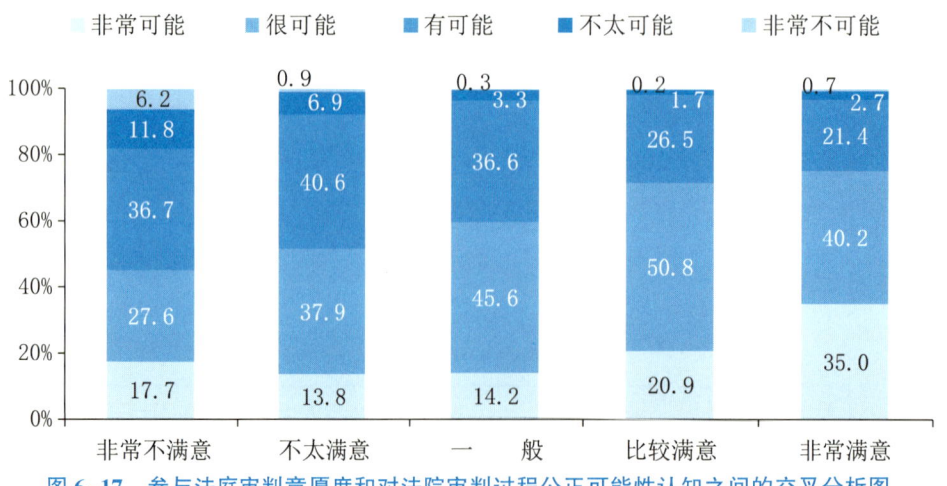

表 6-18 参与法庭审判意愿度和对法院审判过程公正可能性认知之间的交叉分析表

			Q6.1 在您所在地区，法院审判过程公正的可能性有多大？					总　计
			非常不可能	不太可能	有可能	很可能	非常可能	
Q1 如果有当人民陪审员的机会，您愿意参与法庭审判吗？	非常不愿意	计数	23	44	137	103	66	373
		占比	6.2%	11.8%	36.7%	27.6%	17.7%	100.0%
	不太愿意	计数	19	149	880	822	299	2 169
		占比	0.9%	6.9%	40.6%	37.9%	13.8%	100.0%
	一　般	计数	15	178	1 966	2 447	762	5 368
		占比	0.3%	3.3%	36.6%	45.6%	14.2%	100.0%
	比较愿意	计数	10	100	1 554	2 974	1 222	5 860
		占比	0.2%	1.7%	26.5%	50.8%	20.9%	100.0%
	非常愿意	计数	27	108	854	1 607	1 400	3 996
		占比	0.7%	2.7%	21.4%	40.2%	35.0%	100.0%
总　计		计数	94	579	5 391	7 953	3 749	17 766
		占比	0.5%	3.3%	30.3%	44.8%	21.1%	100.0%

若将选项"非常可能""很可能"和"有可能"合并为"可能"，将选项"不太可能"和"非常不可能"合并为"不可能"，则得数据如下：

参与法庭审判意愿度为"非常不愿意"的受访者中，认为法院审判过程不可能公正的比例为 18.0%；参与法庭审判意愿度为"不太愿意"的受访者中，认为法院审判过程不可能公正的比例为 7.7%；参与法庭审判意愿度为"一般"的受访者中，认为法院审判过程不可能公正的比例为 3.6%；参与法庭审判意愿度为"比较愿意"的受访者中，认为法院审判过程不可能公正的比例为 1.9%；参与法庭审判意愿度为"非常愿意"的受访者中，认为法院审判过程不可能公正的比例为 3.4%。

图 6-17 参与法庭审判意愿度和对法院审判过程公正可能性认知之间的交叉分析图

Q1（如果有当人民陪审员的机会，您愿意参与法庭审判吗？）与 Q6.2（在您所在地区，法院判决结果公正的可能性有多大？）的交叉分析数据表明，受访者对参与法庭审判意愿度与对法院判决结果公正可能性认知之间存在一定的关联。

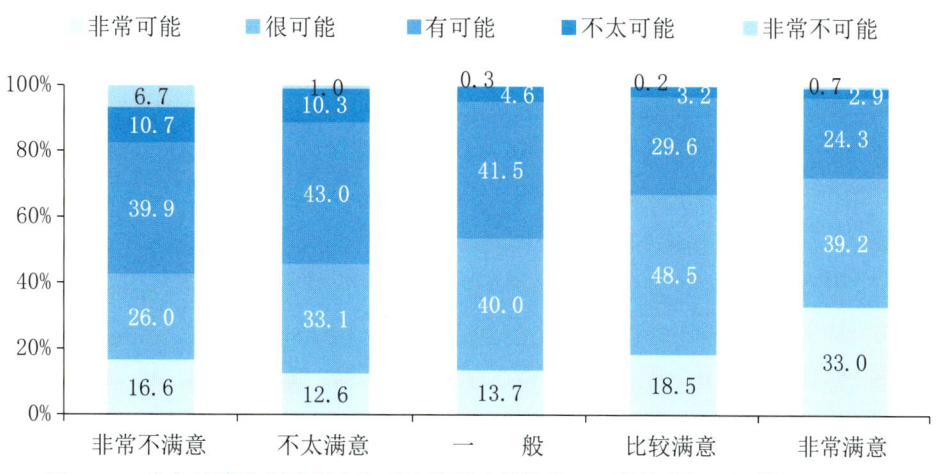

表 6-19 参与法庭审判意愿度和对法院判决结果公正可能性认知之间的交叉分析表

			Q6.2 在您所在地区，法院判决结果公正的可能性有多大？					总 计
			非常不可能	不太可能	有可能	很可能	非常可能	
Q1 如果有当人民陪审员的机会，您愿意参与法庭审判吗？	非常不愿意	计数	25	40	149	97	62	373
		占比	6.7%	10.7%	39.9%	26.0%	16.6%	100.0%
	不太愿意	计数	22	222	927	714	271	2 156
		占比	1.0%	10.3%	43.0%	33.1%	12.6%	100.0%
	一 般	计数	15	244	2 212	2 135	730	5 336
		占比	0.3%	4.6%	41.5%	40.0%	13.7%	100.0%
	比较愿意	计数	11	186	1 726	2 830	1 082	5 835
		占比	0.2%	3.2%	29.6%	48.5%	18.5%	100.0%
	非常愿意	计数	27	115	967	1 564	1 314	3 987
		占比	0.7%	2.9%	24.3%	39.2%	33.0%	100.0%
总 计		计数	100	807	5 981	7 340	3 459	17 687
		占比	0.6%	4.6%	33.8%	41.5%	19.6%	100.0%

若将选项"非常可能""很可能"和"有可能"合并为"可能"，将选项"不太可能"和"非常不可能"合并为"不可能"，则得数据如下：

参与法庭审判意愿度为"非常不愿意"的受访者中，认为法院判决结果不可能公正的比例为 17.4%；参与法庭审判意愿度为"不太愿意"的受访者中，认为法院判决结果不可能公正的比例为 11.3%；参与法庭审判意愿度为"一般"的受访者中，认为法院判决结果不可能公正的比例为 4.9%；参与法庭审判意愿度为"比较愿意"的受访者中，认为法院判决结果不可能公正的比例为 3.4%；参与法庭审判意愿度为"非常愿意"的受访者中，认为法院判决结果不可能公正的比例为 3.6%。

图 6-18 参与法庭审判意愿度和对法院判决结果公正可能性认知之间的交叉分析图

(五) 遇到纠纷到法院起诉可能性

为了解公众遇到纠纷到法院起诉可能性与各题目之间的关联，我们进行相关分析。公众卷中公众遇到纠纷到法院起诉可能性题目为 Q7（在您所在地区，当矛盾双方无法通过协商、调解等方式解决纠纷时，人们到法院起诉的可能性有多大？），将该题与问卷中评价法院的题目进行相关分析。

分析结果显示，公众遇到纠纷到法院起诉可能性题目与各题目的相关系数（绝对值）均小于 0.3，呈现弱相关或无相关。

表 6-20　遇到纠纷到法院起诉可能性和各个题目间相关系数及各题目得分表

Q7 在您所在地区，当矛盾双方无法通过协商、调解等方式解决纠纷时，人们到法院起诉的可能性有多大？		
相关分析题目	相关系数	题目得分
Q4.1 您对自己所在地区法官队伍的总体满意程度如何？	0.232	72.5
Q4.2 您对自己所在地区检察官队伍的总体满意程度如何？	0.226	72.5
Q4.3 您对自己所在地区警察队伍的总体满意程度如何？	0.204	70.2
Q6.1 在您所在地区，法院审判过程公正的可能性有多大？	0.282	76.5
Q6.2 在您所在地区，法院判决结果公正的可能性有多大？	0.282	75.0
Q13 在您所在地区，被告人如果请不起律师，他/她得到免费法律援助的可能性有多大？	0.250	64.3
Q11 在您所在地区，贫富不同的当事人受到法院平等对待的可能性有多大？	0.208	64.6
Q16.1 在您所在地区，民事案件生效判决得到有效执行的可能性有多大？	0.222	72.1
Q16.2 在您所在地区，行政诉讼中行政机关败诉的生效判决得到有效执行的可能性有多大？	0.171	66.6
Q18 在您所在地区，您觉得"打官司就是打关系"的可能性有多大？	-0.094	60.4
Q5.1 在您所在地区，法院允许公众旁听审判的可能性有多大？	0.243	70.5
Q5.2 在您所在地区，法院依法及时公开判决书的可能性有多大？	0.260	71.0
Q8 假设审判程序没有问题，但判决结果对您不利，您尊重法院判决的可能性有多大？	0.216	65.4

将相关系数和各题目得分绘制成散点图进行分析。从图中可知，公众遇到纠纷到法院起诉可能性题目得分与 Q6.1（在您所在地区，法院审判过程公正的可能性有多大？）和 Q6.2（在您所在地区，法院判决结果公正的可能性有多大？）两题得分的相关系数较大，且该两题得分较高。

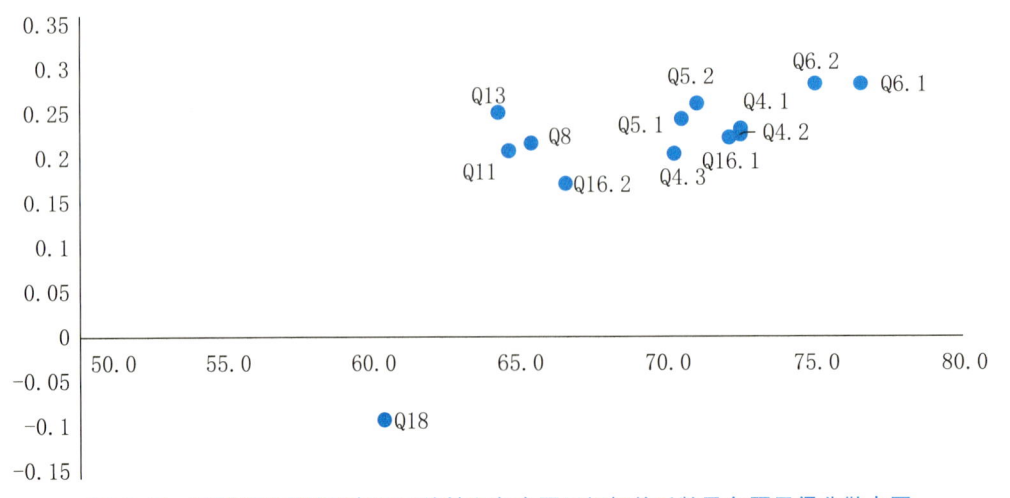

图 6-19　遇到纠纷到法院起诉可能性和各个题目间相关系数及各题目得分散点图

接下来将公众遇到纠纷到法院起诉可能性题目 Q7 分别与 Q6.1、Q6.2 进行交叉分析。

Q7（在您所在地区，当矛盾双方无法通过协商、调解等方式解决纠纷时，人们到法院起诉的可能性有多大？）与 Q6.1（在您所在地区，法院审判过程公正的可能性有多大？）的交叉分析数据表明，受访者遇到纠纷到法院起诉可能性与对法院审判过程公正可能性认知之间存在一定的关联。

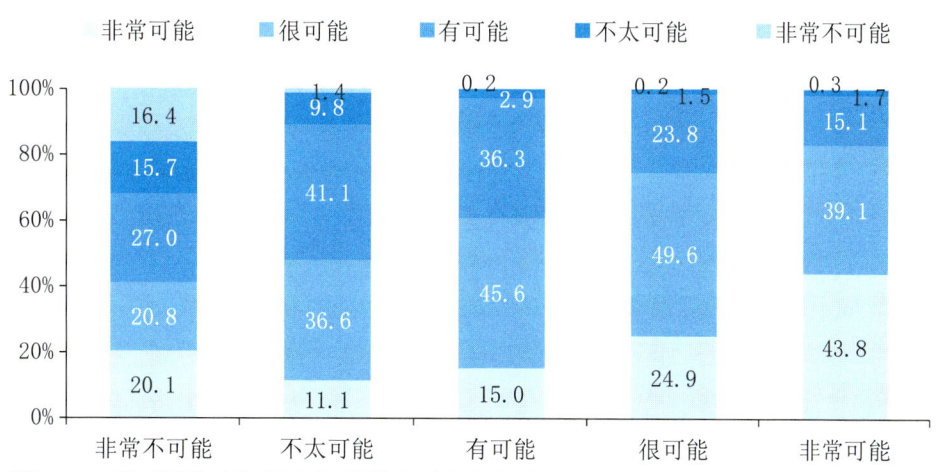

表 6-21　遇到纠纷到法院起诉可能性和对法院审判过程公正可能性认知之间的交叉分析表

			Q6.1 在您所在地区，法院审判过程公正的可能性有多大？					总　计	
			非常不可能	不太可能	有可能	很可能	非常可能		
Q7 在您所在地区，当矛盾双方无法通过协商、调解等方式解决纠纷时，人们到法院起诉的可能性有多大？	非常不可能	计数	26	25	43	33	32	159	
		占比	16.4%	15.7%	27.0%	20.8%	20.1%	100.0%	
	不太可能	计数	31	215	906	807	245	2 204	
		占比	1.4%	9.8%	41.1%	36.6%	11.1%	100.0%	
	有可能	计数	17	222	2 780	3 495	1 147	7 661	
		占比	0.2%	2.9%	36.3%	45.6%	15.0%	100.0%	
	很可能	计数	13	83	1 350	2 808	1 408	5 662	
		占比	0.2%	1.5%	23.8%	49.6%	24.9%	100.0%	
	非常可能	计数	6	36	318	825	924	2 109	
		占比	0.3%	1.7%	15.1%	39.1%	43.8%	100.0%	
总　计		计数	93	581	5 397	7 968	3 756	17 795	
		占比	0.5%	3.3%	30.3%	44.8%	21.1%	100.0%	

若将选项"非常可能""很可能"和"有可能"合并为"可能"，将选项"不太可能"和"非常不可能"合并为"不可能"，则得数据如下：

遇到纠纷到法院起诉可能性为"非常不可能"的受访者中，认为法院审判过程不可能公正的比例为 32.1%；遇到纠纷到法院起诉可能性为"不太可能"的受访者中，认为法院审判过程不可能公正的比例为 11.2%；遇到纠纷到法院起诉可能性为"有可能"的受访者中，认为法院审判过程不可能公正的比例为 3.1%；遇到纠纷到法院起诉可能性为"很可能"的受访者中，认为法院审判过程不可能公正的比例为 1.7%；遇到纠纷到法院起诉可能性为"非常可能"的受访者中，认为法院审判过程不可能公正的比例为 2.0%。

图 6-20　遇到纠纷到法院起诉可能性和对法院审判过程公正可能性认知之间的交叉分析图

Q7（在您所在地区，当矛盾双方无法通过协商、调解等方式解决纠纷时，人们到法院起诉的可能性有多大？）与Q6.2（在您所在地区，法院判决结果公正的可能性有多大？）的交叉分析数据表明，受访者遇到纠纷到法院起诉可能性与对法院判决结果公正可能性认知之间存在一定的关联。

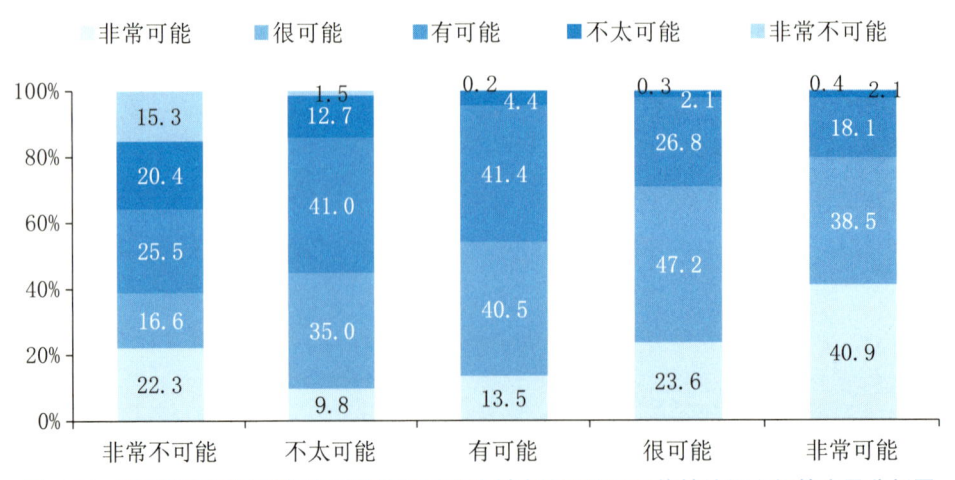

表6-22 遇到纠纷到法院起诉可能性和对法院判决结果公正可能性认知之间的交叉分析表

			Q6.2 在您所在地区，法院判决结果公正的可能性有多大？					总 计
			非常不可能	不太可能	有可能	很可能	非常可能	
Q7 在您所在地区，当矛盾双方无法通过协商、调解等方式解决纠纷时，人们到法院起诉的可能性有多大？	非常不可能	计数	24	32	40	26	35	157
		占比	15.3%	20.4%	25.5%	16.6%	22.3%	100.0%
	不太可能	计数	33	278	897	766	214	2 188
		占比	1.5%	12.7%	41.0%	35.0%	9.8%	100.0%
	有可能	计数	16	334	3 156	3 089	1 026	7 621
		占比	0.2%	4.4%	41.4%	40.5%	13.5%	100.0%
	很可能	计数	18	118	1 514	2 663	1 329	5 642
		占比	0.3%	2.1%	26.8%	47.2%	23.6%	100.0%
	非常可能	计数	8	44	381	812	863	2 108
		占比	0.4%	2.1%	18.1%	38.5%	40.9%	100.0%
总 计		计数	99	806	5 988	7 356	3 467	17 716
		占比	0.6%	4.5%	33.8%	41.5%	19.6%	100.0%

若将选项"非常可能""很可能"和"有可能"合并为"可能"，将选项"不太可能"和"非常不可能"合并为"不可能"，则得数据如下：

遇到纠纷到法院起诉可能性为"非常不可能"的受访者中，认为法院判决结果不可能公正的比例为35.7%；遇到纠纷到法院起诉可能性为"不太可能"的受访者中，认为法院判决结果不可能公正的比例为14.2%；遇到纠纷到法院起诉可能性为"一般"的受访者中，认为法院判决结果不可能公正的比例为4.6%；遇到纠纷到法院起诉可能性为"比较可能"的受访者中，认为法院判决结果不可能公正的比例为2.4%；遇到纠纷到法院起诉可能性为"非常可能"的受访者中，认为法院判决结果不可能公正的比例为2.5%。

图6-21 遇到纠纷到法院起诉可能性和对法院判决结果公正可能性认知之间的交叉分析图

第七章　2014—2019年度数据动态分析

一、2014—2019年度数据总体变化情况

2014—2019年，司法文明指数的指标体系不断修订完善，部分指标的内容略有变化。尤其是部分二级指标的数量和内容变化较大，但一直保持着10个一级指标的基本格局，只是从2015年起，第八个和第九个一级指标互换了顺序。

从2017年开始，司法文明指数的指标体系逐渐稳定，仅对部分二级指标个别内容做了微小调整，如将"司法公信力"调整至第一个一级指标"司法权力"下。

表7-1　2014—2019年司法文明指数一级指标变化情况

	2014年	2015年	2016年	2017—2019年
1	司法相关权力	司法权力	司法权力	司法权力
2	当事人的诉讼权利	当事人权利	当事人诉讼权利	当事人诉讼权利
3	民事司法程序	民事司法程序	民事司法程序	民事司法程序
4	刑事司法程序	刑事司法程序	刑事司法程序	刑事司法程序
5	行政司法程序	行政司法程序	行政司法程序	行政司法程序
6	证据制度	证据制度	证据制度	证据制度
7	职业伦理与腐败遏制	腐败遏制	司法腐败遏制	司法腐败遏制
8	司法公开与司法公信力	法律职业化	法律职业化	法律职业化
9	法律职业人员的职业化及其保障	司法公开与司法公信力	司法公开与司法公信力	司法公开
10	司法文化	司法文化	司法文化	司法文化

（一）总得分变化情况

2014—2019年，司法文明指数总得分整体呈波动上升趋势。2014年得分为65.4分，2015年下降为64.5分。之后连续两年上升，到2017年为70.0分，但2018年得分略有下降，在2019年又回升至70.0分。总体上看，六年间共提升了4.6分。

将单个一级指标进行六年间纵向对比，[1]分析结果显示：

（1）"司法权力"指标得分的峰值是2019年（73.5分），2014年得分最低（65.7分）；2019年的得分（73.5分）相较前一年有较大提升。

（2）"当事人诉讼权利"指标得分的峰值是2017年（69.8分），2015年得分最低（61.0分）；2019年的得分（68.7分）相较前一年有所下降。

---

[1]　对于一级指标的纵向对比数据变化统计的表述顺序是以2019年一级指标顺序展开的。

图 7-1 2014—2019 年司法文明指数总得分变化情况

（3）"民事司法程序"指标得分的峰值是 2019 年（71.3 分），2015 年得分最低（65.1 分）；2019 年的得分（71.3 分）相较前一年有所上升。

（4）"刑事司法程序"指标得分在 2014—2017 年呈现逐年上升趋势，在 2017 年达到峰值（71.5 分）；2019 年的得分（70.1 分）相较前一年略有下降。

（5）"行政司法程序"指标得分的峰值是 2019 年（71.5 分），2015 年得分最低（59.6 分）；2019 年的得分（71.5 分）相较前一年有提升。

	2014年	2015年	2016年	2017年	2018年	2019年
司法权力	65.7	71.5	68.0	72.0	70.9	73.5
当事人诉讼权利	64.6	61.0	69.0	69.8	68.9	68.7
民事司法程序	65.3	65.1	69.0	71.2	70.6	71.3
刑事司法程序	64.5	65.0	69.3	71.5	70.4	70.1
行政司法程序	66.3	59.6	66.2	70.9	70.2	71.5

图 7-2 2014—2019 年司法文明指数一级指标得分变化情况（1）

（6）"证据制度"指标得分在 2014—2017 年均在 70 分左右，峰值是 2017 年（70.2 分），2018 年得分最低（67.5 分）；2019 年的得分（68.2 分）相较前一年略有上升。

（7）"司法腐败遏制"指标得分的峰值是 2014 年（66.9 分），2015 年得分最低（57.8 分）；2019 年的得分（66.5 分）相较前一年略有上升。

（8）"法律职业化"指标得分的峰值是 2019 年（66.5 分），2015 年得分最低（57.7 分）；2019 年的得分（66.5 分）相较前一年有所上升。

（9）"司法公开"指标得分的峰值是 2018 年（76.1 分），2015 年得分最低（69.5 分）；2019 年的得分（75.9 分）相较前一年略有下降。

（10）"司法文化"指标得分的峰值是 2015 年（68.5 分），2014 年得分最低（56.6 分）；2019 年的得分（67.4 分）相较前一年略有上升。

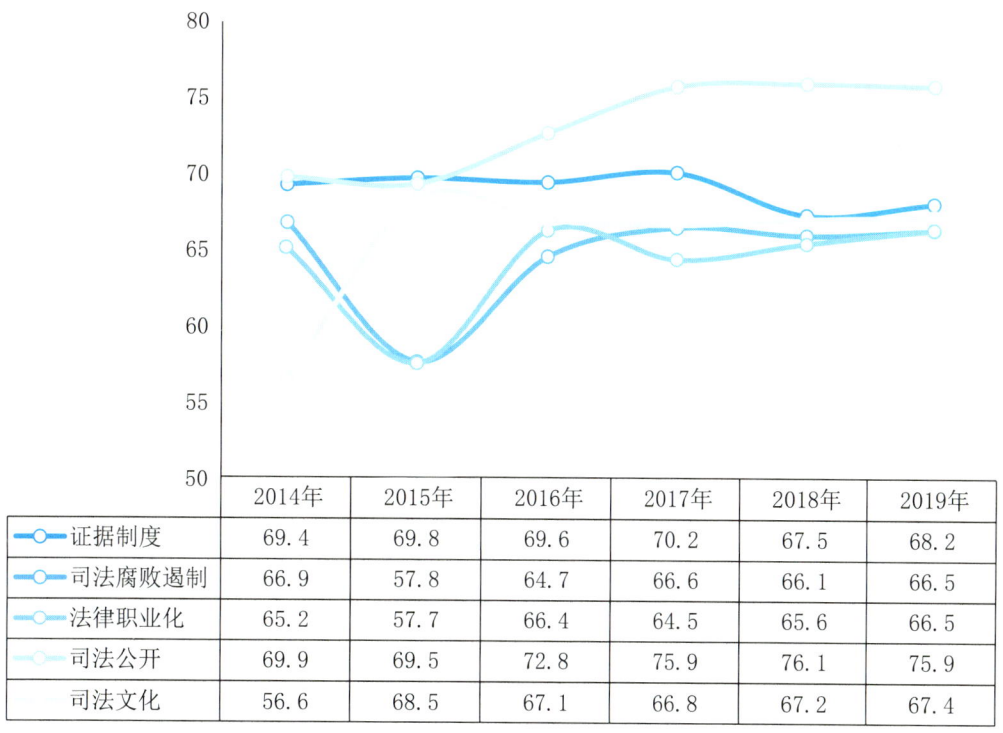

	2014年	2015年	2016年	2017年	2018年	2019年
证据制度	69.4	69.8	69.6	70.2	67.5	68.2
司法腐败遏制	66.9	57.8	64.7	66.6	66.1	66.5
法律职业化	65.2	57.7	66.4	64.5	65.6	66.5
司法公开	69.9	69.5	72.8	75.9	76.1	75.9
司法文化	56.6	68.5	67.1	66.8	67.2	67.4

图 7-3　2014—2019 年司法文明指数一级指标得分变化情况（2）

将 10 个一级指标进行年度横向对比，结果显示：

（1）2014 年所有一级指标中"司法公开与司法公信力"得分最高（69.9 分），"司法文化"得分最低（56.6 分）。

（2）2015 年"司法权力"得分最高（71.5 分），"法律职业化"得分最低（57.7 分）。

（3）2016 年"司法公开与司法公信力"得分最高（72.8 分），"司法腐败遏制"得分最低（64.7 分）。

（4）2017 年"司法公开"得分最高（75.9 分），"法律职业化"得分最低（64.5 分）。

（5）2018 年"司法公开"得分最高（76.1 分），"法律职业化"得分最低（65.6 分）。

（6）2019 年"司法公开"得分最高（75.9 分），"司法腐败遏制"得分最低（66.5 分）。

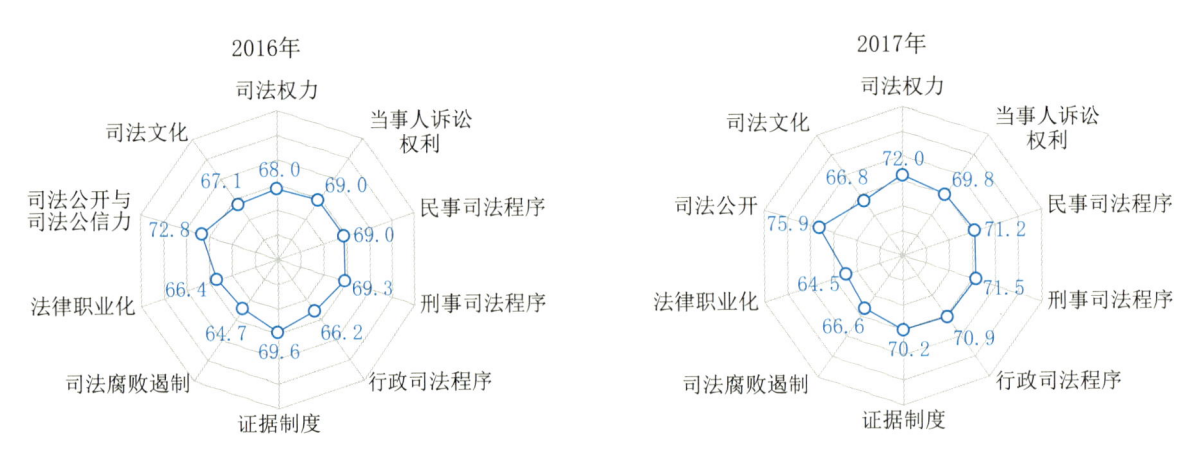

图 7-4　2014—2019 年司法文明指数一级指标得分变化情况（3）

（二）各指标得分变化情况

指标 1：司法权力

2014—2019 年，"司法权力"指标下的二级指标有较大变化，从 2014 年的 7 个二级指标调整为 2017 年的 5 个二级指标，并稳定保持至 2019 年。

2014—2016 年的二级指标"司法权力主体受到信任与认同"与"司法裁判受到信任与认同"在当年的一级指标"司法公开与司法公信力"下，2017 年调整至一级指标"司法权力"下。

表 7-2　2014—2019 年"司法权力"下的二级指标变化情况

2014 年	2015 年	2016 年	2017—2019 年
侦查权的合理运作	/	/	/
公诉权的合理运作	/	/	/
审判权的合理运作	/	/	/
执行权的合理运作	/	/	/
司法行政管理权的合理运作	/	/	
法律监督权的合理运作	/	/	/

续表

2014 年	2015 年	2016 年	2017—2019 年
公安司法机关的合理分工与相互制衡	权力主体的合理分工与相互制约	/	/
/	司法权力依法行使	司法权力依法行使	司法权力依法行使
/	司法权力独立行使	司法权力独立行使	司法权力独立行使
/	司法权力公正行使	司法权力公正行使	司法权力公正行使
/	/	/	司法权力主体受到信任与认同
/	/	/	司法裁判受到信任与认同

将单个二级指标进行六年间纵向对比，[1]统计数据显示：

（1）"司法权力依法行使"在2015—2018年间得分呈现逐年下降的趋势，2015年该指标得分最高（73.5分），2018年得分最低（67.7分）。2019年该指标得分（73.2分）有较大提升。

（2）"司法权力独立行使"在2015—2019年间得分总体呈上升趋势，2015年得分最低（55.3分），2019年得分最高（62.6分）。

（3）"司法权力公正行使"在2015—2017年间得分逐年上升，2017年达到最高（79.9分），2018年得分（78.6分）略有下降，2019年得分（79.2分）又有回升。

（4）"司法权力主体受到信任与认同"在2014—2017年间得分逐年上升，2018年得分（72.1分）略有下降，2019年得分（73.9分）又有回升，达到最高。

（5）"司法裁判受到信任与认同"在2015年得分最低（69.4分），在2019年得分最高（78.7分）。

	2014年	2015年	2016年	2017年	2018年	2019年
司法权力依法行使	/	73.5	72.0	68.1	67.7	73.2
司法权力独立行使	/	55.3	59.7	61.8	60.9	62.6
司法权力公正行使	/	69.2	72.3	79.9	78.6	79.2
司法权力主体受到信任与认同	66.1	67.2	70.0	72.7	72.1	73.9
司法裁判受到信任与认同	74.8	69.4	75.0	77.5	75.4	78.7

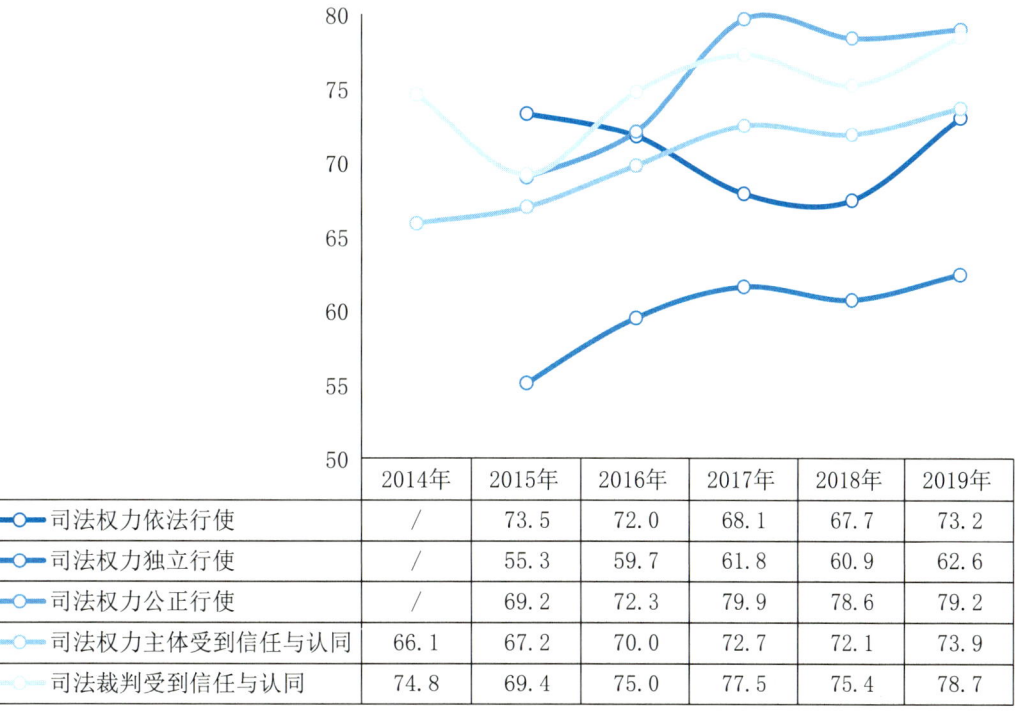

图 7-5　2014—2019 年"司法权力"下的二级指标得分变化情况

---

[1] 对于二级指标的纵向对比数据变化统计的表述顺序是以2019年二级指标顺序展开的。下同。

将所有二级指标进行年度横向对比,统计数据显示:

(1) 2014年"司法裁判受到信任与认同"得分较高(74.8分),"司法权力主体受到信任与认同"得分较低(66.1分)。

(2) 2015年"司法权力依法行使"得分最高(73.5分),"司法权力独立行使"得分最低(55.3分)。

(3) 2016年"司法裁判受到信任与认同"得分最高(75.0分),"司法权力独立行使"得分最低(59.7分)。

(4) 2017—2019年"司法权力公正行使"得分均为最高(79.9分、78.6分、79.2分),"司法权力独立行使"得分均为最低(61.8分、60.9分、62.6分)。

指标2:当事人诉讼权利

2014—2019年,"当事人诉讼权利"指标下的二级指标有较大变化,从2014年的6个二级指标调整为2015年的4个二级指标,并稳定保持至2018年。2019年将"当事人享有证据权利"调整为"当事人享有证据性权利"。

表7-3 2014—2019年"当事人诉讼权利"下的二级指标变化情况

2014年	2015—2018年	2019年
当事人享有启动诉讼程序的权利	/	/
当事人在法官面前享有平等的诉讼地位	/	/
当事人享有由一个依法设立的法庭进行公正、公开审判的权利	/	/
当事人享有获得辩护、代理的权利	当事人享有获得辩护、代理的权利	当事人享有获得辩护、代理的权利
当事人享有获得救济的权利	当事人享有获得救济的权利	当事人享有获得救济的权利
受到刑事指控的人享有不被强迫自证其罪的权利	当事人享有不被强迫自证其罪的权利	当事人享有不被强迫自证其罪的权利
/	当事人享有证据权利	当事人享有证据性权利

将单个二级指标进行六年间纵向对比,统计数据显示:

(1)"当事人享有不被强迫自证其罪的权利"在2014—2018年间得分呈现"先上升后下降"的趋势,2014年得分最低(60.5分),2016年达到峰值(76.7分),2019年下降至68.9分。

(2)"当事人享有获得辩护、代理的权利"在2014年得分最高(76.6分),2015年得分最低(61.6分),2019年得分(67.8分)比前一年略有提升。

(3)"当事人享有证据性权利"得分一直呈上升趋势,2015年得分最低(64.8分),2019年得分最高(69.0分)。

(4)"当事人享有获得救济的权利"在2014—2017年间得分呈现逐年上升趋势,2014年得分最低(60.1分),2017年得分最高(69.9分)。2019年得分(69.1分)较前一年有所上升。

将所有二级指标进行年度横向对比,统计数据显示:

(1) 2014年"当事人享有获得辩护、代理的权利"得分最高(76.6分),"当事人享有获得救济的权利"得分最低(60.1分)。

(2) 2015年"当事人享有不被强迫自证其罪的权利"得分最高(75.2分),"当事人享有获得辩护、代理的权利"得分最低(61.6分)。

(3) 2016 年"当事人享有不被强迫自证其罪的权利"得分最高（76.7 分），"当事人享有证据性权利"得分最低（64.8 分）。

(4) 2017 年"当事人享有不被强迫自证其罪的权利"得分最高（75.7 分），"当事人享有证据性权利"得分最低（66.2 分）。

(5) 2018 年"当事人享有不被强迫自证其罪的权利"得分最高（74.8 分），"当事人享有获得辩护、代理的权利"得分最低（66.4 分）。

(6) 2019 年"当事人享有获得救济的权利"得分最高（69.1 分），"当事人享有获得辩护、代理的权利"得分最低（67.8 分）。

	2014年	2015年	2016年	2017年	2018年	2019年
当事人享有不被强迫自证其罪的权利	60.5	75.2	76.7	75.7	74.8	68.9
当事人享有获得辩护、代理的权利	76.6	61.6	68.0	67.4	66.4	67.8
当事人享有证据性权利	/	64.8	64.8	66.2	66.8	69.0
当事人享有获得救济的权利	60.1	64.7	66.7	69.9	67.4	69.1

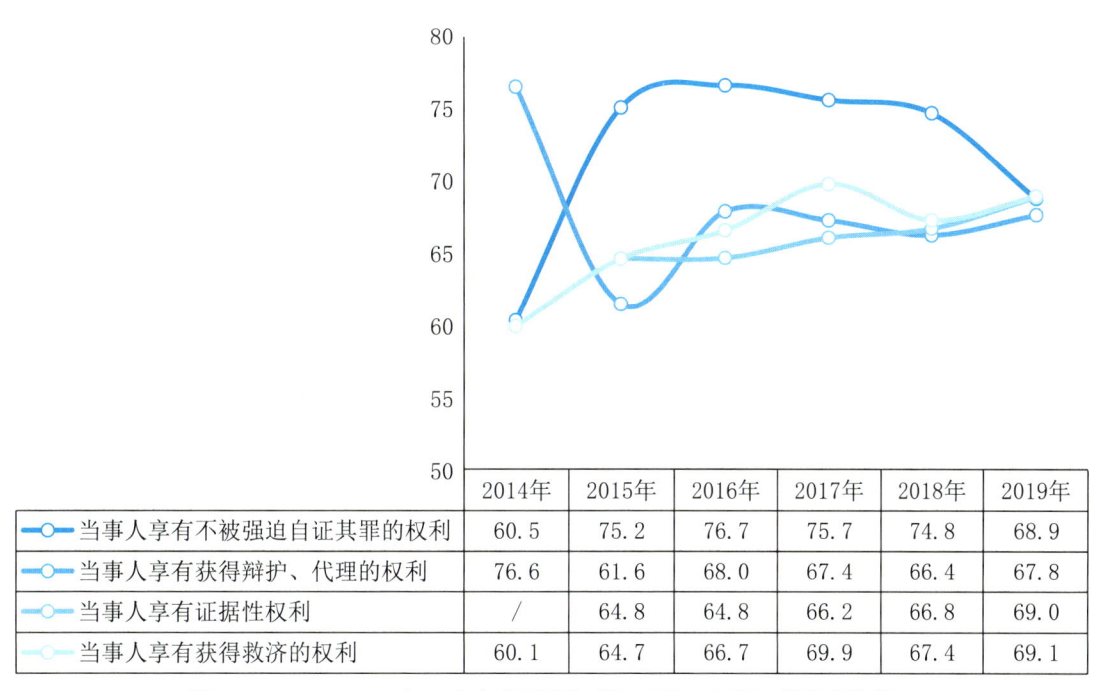

图 7-6 2014—2019 年"当事人诉讼权利"下的二级指标得分变化情况

指标 3：民事司法程序

2014—2019 年，"民事司法程序"指标下的二级指标有部分变化，从 2014 年的 5 个二级指标调整为 2016 年的 3 个二级指标（2015 年删去了"民事司法能够提供有效的诉讼救济途径"，2016 年删去了"民事起诉得到及时受理"），并稳定保持至 2019 年。

表 7-4 2014—2019 年"民事司法程序"下的二级指标变化情况

2014 年	2015 年	2016—2019 年
民事起诉得到及时受理	民事起诉得到及时受理	/
民事诉讼符合公正要求	民事审判符合公正要求	民事审判符合公正要求
民事诉讼中的调解自愿、合法	民事诉讼中的调解自愿、合法	民事诉讼中的调解自愿、合法
民事诉讼裁判得到有效执行	民事诉讼裁判得到有效执行	民事诉讼裁判得到有效执行
民事司法能够提供有效的诉讼救济途径	/	/

将单个二级指标进行六年间纵向对比，统计数据显示：

(1) "民事审判符合公正要求"在2014—2019年间得分呈现逐年上升趋势,2014年得分最低(60.2分),2019年得分最高(71.8分)。

(2) "民事诉讼中的调解自愿、合法"在2014—2017年间得分呈现逐年上升趋势,2014年得分最低(60.3分),2017年得分最高(69.8分)。2019年得分(68.9分)较前一年略有提升。

(3) "民事诉讼裁判得到有效执行"在2015年得分最低(62.5分),2019年得分最高(73.3分)。

将所有二级指标进行年度横向对比,统计数据显示:

(1) 2014年"民事诉讼裁判得到有效执行"得分最高(70.0分),"民事审判符合公正要求"得分最低(60.2分)。

(2) 2015年"民事诉讼中的调解自愿、合法"得分最高(66.5分),"民事诉讼裁判得到有效执行"得分最低(62.5分)。

(3) 2016年"民事诉讼裁判得到有效执行"得分最高(70.5分),"民事审判符合公正要求"得分最低(67.2分)。

(4) 2017—2019年"民事诉讼裁判得到有效执行"得分最高(73.0分、71.9分、73.3分),"民事诉讼中的调解自愿、合法"得分最低(69.8分、68.7分、68.9分)。

	2014年	2015年	2016年	2017年	2018年	2019年
民事审判符合公正要求	60.2	63.5	67.2	70.9	71.1	71.8
民事诉讼中的调解自愿、合法	60.3	66.5	69.3	69.8	68.7	68.9
民事诉讼裁判得到有效执行	70.0	62.5	70.5	73.0	71.9	73.3

图7-7 2014—2019年"民事司法程序"下的二级指标得分变化情况

指标4:刑事司法程序

2014—2019年,"刑事司法程序"指标下的二级指标有较大变化,从2014年的6个二级指标调整为2015年的3个二级指标,并稳定保持至2018年。2019年删去了"审查起诉公正有效"和"刑事审判公正及时有效"中的"有效"描述,测量内容仍然相同。

表7-5 2014—2019年"刑事司法程序"下的二级指标变化情况

2014年	2015—2018年	2019年
刑事司法程序贯彻无罪推定原则	/	/
刑事侦查合法、有效	侦查措施及时合法	侦查措施及时合法
刑事公诉公正、有效	审查起诉公正有效	审查起诉公正

续表

2014 年	2015—2018 年	2019 年
刑事审判符合公正要求	刑事审判公正及时有效	刑事审判公正及时
刑事裁判的执行公正、人道	/	/
刑事司法能够提供有效的诉讼救济途径	/	/

将单个二级指标进行六年间纵向对比，统计数据显示：

（1）"侦查措施及时合法"在 2014—2019 年间的峰值是 2017 年（72.0 分），2015 年得分最低（64.8 分）。2019 年得分（70.7 分）比前一年略低。

（2）"审查起诉公正"在 2014—2019 年间的峰值是 2016 年（69.9 分），2014 年得分最低（53.2 分）。2019 年得分（69.0 分）比前一年有所提升。

（3）"刑事审判公正及时"连续五年（2014—2018）呈现逐年上升趋势，2014 年得分最低（66.1 分），2018 年得分最高（73.2 分）。2019 年得分（70.6 分）比前一年有所下降。

将所有二级指标进行年度横向对比，统计数据显示：

（1）2014 年"侦查措施及时合法"得分最高（68.0 分），"审查起诉公正"得分最低（53.2 分）。

（2）2015 年"刑事审判公正及时"得分最高（66.5 分），"审查起诉公正"得分最低（62.7 分）。

（3）2016 年"侦查措施及时合法"得分最高（70.6 分），"刑事审判公正及时"得分最低（67.4 分）。

（4）2017—2018 年"刑事审判公正及时"得分最高（73.2 分、73.2 分），"审查起诉公正"得分最低（69.5 分、66.4 分）。

（5）2019 年"侦查措施及时合法"得分最高（70.7 分），"审查起诉公正"得分最低（69.0 分）。

	2014年	2015年	2016年	2017年	2018年	2019年
侦查措施及时合法	68.0	64.8	70.6	72.0	71.6	70.7
审查起诉公正	53.2	62.7	69.9	69.5	66.4	69.0
刑事审判公正及时	66.1	66.5	67.4	73.2	73.2	70.6

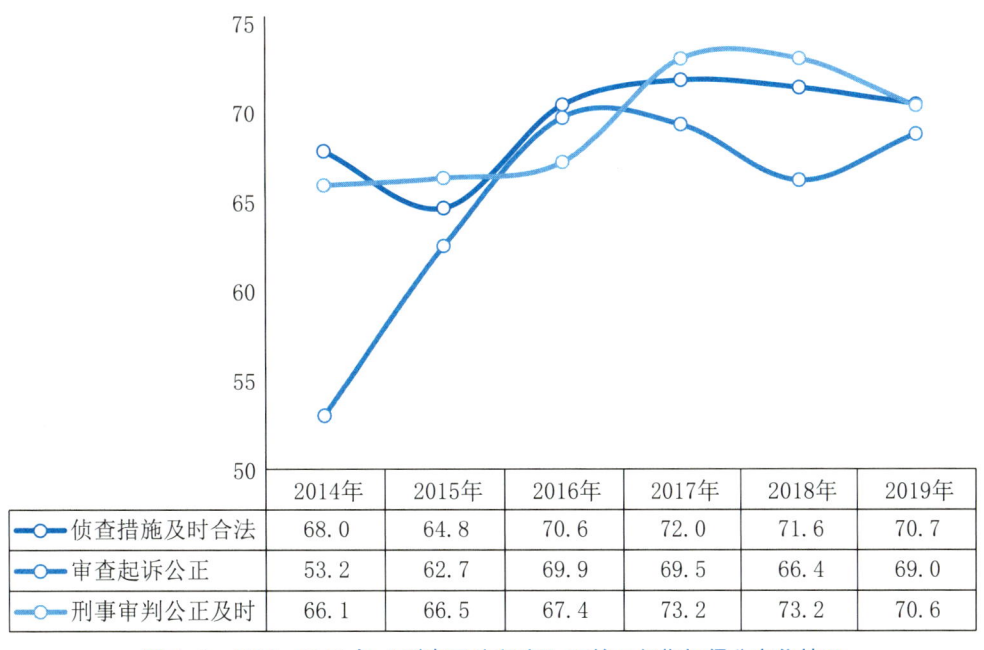

图 7-8　2014—2019 年"刑事司法程序"下的二级指标得分变化情况

指标 5：行政司法程序

2014—2019 年，"行政司法程序"指标下的二级指标有部分变化，从 2014 年的 4 个二级指标调整为

2016 年的 2 个二级指标，并稳定保持至 2019 年。

表 7-6　2014—2019 年"行政司法程序"下的二级指标变化情况

2014 年	2015 年	2016—2019 年
行政起诉得到及时受理	行政起诉得到及时受理	/
行政诉讼符合公正要求	行政审判符合公正要求	行政审判符合公正要求
行政诉讼裁判得到尊重与有效执行	行政诉讼裁判得到有效执行	行政诉讼裁判得到有效执行
行政司法能够提供有效的诉讼救济途径	/	/

将单个二级指标进行六年间纵向对比，统计数据显示：

（1）"行政审判符合公正要求"在 2014—2017 年呈现逐年上升趋势，2014 年得分最低（62.2 分），2017 年得分最高（74.2 分），之后略有下降，2019 年得分（73.9 分）较前一年略有提升。

（2）"行政诉讼裁判得到有效执行"的得分峰值在 2019 年（69.1 分），2015 年得分最低（60.5 分）。

将所有二级指标进行年度横向对比，统计数据显示：

（1）2014 年"行政诉讼裁判得到有效执行"得分（68.3 分）高于"行政审判符合公正要求"得分（62.2 分）。

（2）2015—2019 年"行政审判符合公正要求"得分（67.8 分、68.4 分、74.2 分、73.6 分、73.9 分）均高于"行政诉讼裁判得到有效执行"得分（60.5 分、64.0 分、67.7 分、66.8 分、69.1 分）。

	2014年	2015年	2016年	2017年	2018年	2019年
行政审判符合公正要求	62.2	67.8	68.4	74.2	73.6	73.9
行政诉讼裁判得到有效执行	68.3	60.5	64.0	67.7	66.8	69.1

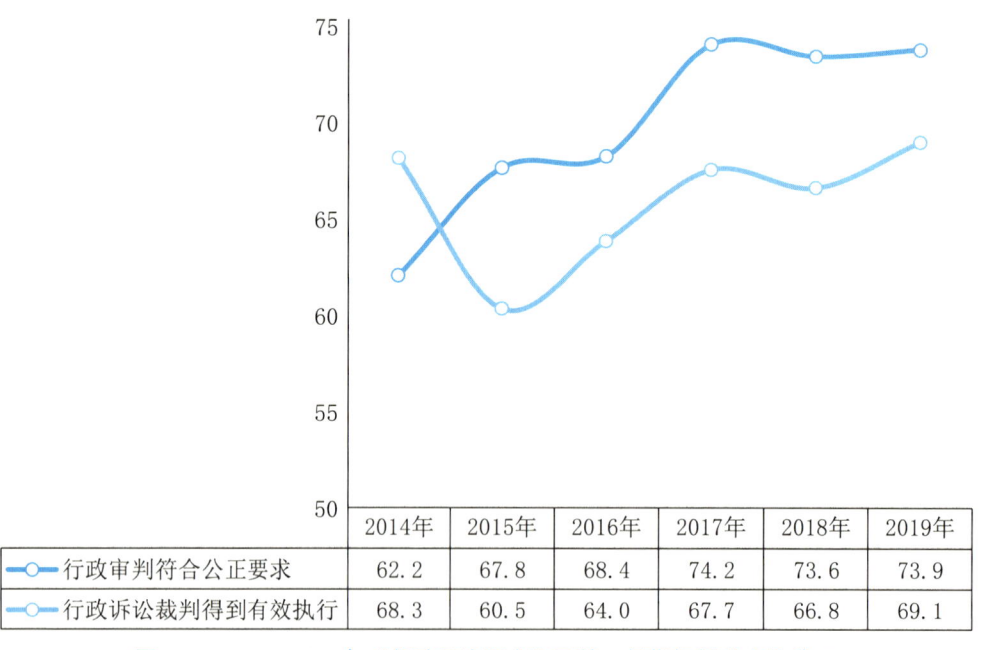

图 7-9　2014—2019 年"行政司法程序"下的二级指标得分变化情况

指标 6：证据制度

2014—2019 年，"证据制度"指标下的二级指标有部分变化，从 2014 年的 4 个二级指标调整为 2015 年的 3 个二级指标，并稳定保持至 2019 年。

表7-7 2014—2019年"证据制度"下的二级指标变化情况

2014 年	2015—2019 年
当事人的证据权利获得有效保障	证据裁判原则得到贯彻
公安司法人员具有证据意识	/
证据依法得到采纳与排除	证据依法得到采纳与排除
证明过程得到合理规范	证明过程得到合理规范

将单个二级指标进行六年间纵向对比，统计数据显示：

（1）"证据裁判原则得到贯彻"在2015—2019年得分呈现逐年下降趋势，2015年得分最高（70.1分），2019年得分最低（66.1分）。

（2）"证据依法得到采纳与排除"在2019年得分达到峰值（70.4分），2016年得分最低（63.7分）。

（3）"证明过程得到合理规范"在2014年得分最高（76.1分），2018年得分最低（67.5分）。2019年得分（68.2分）略有回升。

将所有二级指标进行年度横向对比，统计数据显示：

（1）2014—2016年"证明过程得到合理规范"得分最高（76.1分、71.6分、75.4分），"证据依法得到采纳与排除"得分最低（67.7分、64.7分、63.7分）。

（2）2017年"证明过程得到合理规范"得分最高（73.0分），"证据裁判原则得到贯彻"得分最低（68.3分）。

（3）2018—2019年"证据依法得到采纳与排除"得分最高（68.2分、70.4分），"证据裁判原则得到贯彻"得分最低（66.7分、66.1分）。

	2014年	2015年	2016年	2017年	2018年	2019年
证据裁判原则得到贯彻	/	70.1	69.8	68.3	66.7	66.1
证据依法得到采纳与排除	67.7	64.7	63.7	69.5	68.2	70.4
证明过程得到合理规范	76.1	71.6	75.4	73.0	67.5	68.2

图7-10 2014—2019年"证据制度"下的二级指标得分变化情况

指标7：司法腐败遏制

2014—2019年，"司法腐败遏制"指标下的二级指标有部分变化，从2014年的4个二级指标调整为

2015年的3个二级指标，并将"遵守法律职业伦理规范"调整至"法律职业化"下，稳定保持至2019年。

表7-8 2014—2019年"司法腐败遏制"下的二级指标变化情况

2014年	2015—2019年
律师遵守职业伦理规范	/
警察遵守职业伦理规范与远离腐败	警察远离腐败
检察官遵守职业伦理规范与远离腐败	检察官远离腐败
法官遵守职业伦理规范与远离腐败	法官远离腐败

将单个二级指标进行六年间纵向对比，统计数据显示：

3个二级指标得分均呈现2015年相比于2014年大幅度下降，2016—2019年有所回升的趋势。且从2017年以来，得分较为稳定。

将所有二级指标进行年度横向对比，统计数据显示：

（1）2014年"检察官远离腐败"得分最高（76.6分），"法官远离腐败"得分最低（64.0分）。

（2）2015—2019年均为"检察官远离腐败"得分最高（59.5分、67.0分、68.4分、67.9分、68.0分），"警察远离腐败"得分最低（56.8分、62.7分、65.0分、64.4分、65.0分）。

	2014年	2015年	2016年	2017年	2018年	2019年
警察远离腐败	72.2	56.8	62.7	65.0	64.4	65.0
检察官远离腐败	76.6	59.5	67.0	68.4	67.9	68.0
法官远离腐败	64.0	57.4	64.4	66.4	66.1	66.5

图7-11 2014—2019年"司法腐败遏制"下的二级指标得分变化情况

指标8：法律职业化

2014—2019年，"法律职业化"指标下的二级指标有部分变化。2018年"法律职业人员具有适格性"与2015—2017年、2019年"法律职业人员获得职业培训"的测量内容相同。2014年"法律职业人员具有适格性"与2018年同名指标的测量内容存在差异。

第七章 2014—2019 年度数据动态分析

表 7-9 2014—2019 年"法律职业化"下的二级指标变化情况

2014 年	2015—2017 年	2018 年	2019 年
法律职业人员具有适格性	/	法律职业人员具有适格性	/
法律职业人员获得职业培训	法律职业人员获得职业培训	/	法律职业人员获得职业培训
/	法律职业人员遵守法律职业伦理规范	法律职业人员遵守法律职业伦理规范	法律职业人员遵守法律职业伦理规范
法律职业人员享有职业保障	法律职业人员享有职业保障	法律职业人员享有职业保障	法律职业人员享有职业保障

将单个二级指标进行六年间纵向对比，统计数据显示：

（1）"法律职业人员获得职业培训"（2018 年为"法律职业人员具有适格性"，测量内容一致）在 2015 年得分最低（51.3 分），2018 年得分最高（71.9 分）。2019 年得分（71.4）略有下降。

（2）"法律职业人员遵守职业伦理规范"在 2015 年得分最低（57.5 分），2019 年得分最高（66.6 分）。

（3）"法律职业人员享有职业保障"在 2018 年得分最低（60.8 分），在 2016 年达到峰值（67.6 分）。2019 年得分（61.5 分）比上一年有所回升。

	2014年	2015年	2016年	2017年	2018年	2019年
法律职业人员获得职业培训	60.8	51.3	70.1	69.6	71.9	71.4
法律职业人员遵守职业伦理规范	/	57.5	61.3	58.8	64.2	66.6
法律职业人员享有职业保障	64.3	61.7	67.6	65.2	60.8	61.5

图 7-12 2014—2019 年"法律职业化"下的二级指标得分变化情况

将所有二级指标进行年度横向对比，统计数据显示：

（1）2014 年"法律职业人员享有职业保障"得分（64.3 分）高于"法律职业人员获得职业培训"得分（60.8 分）。

（2）2015 年"法律职业人员享有职业保障"得分最高（61.7 分），"法律职业人员获得职业培训"得分最低（51.3 分）。

（3）2016—2017 年"法律职业人员获得职业培训"得分最高（70.1 分、69.6 分），"法律职业人员遵守职业伦理规范"得分最低（61.3 分、58.8 分）。

（4）2018 年"法律职业人员获得职业培训"（"法律职业人员具有适格性"）得分最高（71.9 分），"法律职业人员享有职业保障"得分最低（60.8 分）。

（5）2019 年"法律职业人员获得职业培训"得分最高（71.4 分），"法律职业人员享有职业保障"

得分最低（61.5分）。

指标9：司法公开

2014—2019年，"司法公开"指标下的二级指标有较大变化，从2014年的5个二级指标调整为2016年的4个二级指标，并保持至2017年。2018年将其中的"司法权力主体受到信任与认同"和"司法裁判受到信任与认同"调整至一级指标"司法权力"下，并保持至2019年。

表7-10　2014—2019年"司法公开"下的二级指标变化情况

2014—2015年	2016—2017年	2018—2019年
司法权力主体受到信任与认同	司法权力主体受到信任与认同	/
司法活动的过程依法公开	司法过程依法公开	司法过程依法公开
司法活动的过程受到信任与认同	/	/
司法活动的结果依法公开	裁判结果依法公开	裁判结果依法公开
司法活动的结果受到信任与认同	司法裁判受到信任与认同	/

将单个二级指标进行六年间纵向对比，统计数据显示：

（1）"司法过程依法公开"在2015年相比于2014年得分有明显下降，2015年后得分逐年上升，2015年得分最低（70.4分），2014年得分最高（77.6分）。2019年得分（76.5分）比2018年略有上升。

（2）"裁判结果依法公开"在2015年得分最高（77.6分），2014年和2016年得分较低（72.4分）。2019年得分（75.4分）比2018年略有下降。

	2014年	2015年	2016年	2017年	2018年	2019年
司法过程依法公开	77.6	70.4	73.6	75.5	75.7	76.5
裁判结果依法公开	72.4	77.6	72.4	76.3	76.6	75.4

图7-13　2014—2019年"司法公开"下的二级指标得分变化情况

将所有二级指标进行年度横向对比，统计数据显示：

2014年、2016年、2019年"司法过程依法公开"得分更高（77.6分、73.6分、76.5分）；2015

年、2017 年、2018 年"裁判结果依法公开"得分更高（77.6 分、76.3 分、76.6 分）。

指标 10：司法文化

2014—2019 年，"司法文化"指标下的二级指标有部分变化，2014 年有 6 个二级指标，2015 年删去了其中的"公众接受普法教育"和"媒体对司法的监督与干预"，并保持至 2019 年。

表 7-11　2014—2019 年"司法文化"下的二级指标变化情况

2014 年	2015—2019 年
公众参与司法的意识及程度	公众参与司法的意识及程度
公众诉诸司法的意识及程度	公众诉诸司法的意识及程度
公众接受司法裁判的意识及程度	公众接受司法裁判的意识及程度
公众接受现代刑罚理念的意识及程度	公众接受现代刑罚理念的意识及程度
公众接受普法教育	/
媒体对司法的监督与干预	/

将单个二级指标进行六年间纵向对比，统计数据显示：

（1）"公众参与司法的意识及程度"在 2015 年相比于 2014 年得分有大幅度的上升，增幅达 22.8 分，2015 年后得分一直在 70 分以上，其中 2015 年得分最高（76.3 分），2014 年得分最低（53.5 分）。2019 年得分（72.3 分）比 2018 年略有提升。

（2）"公众诉诸司法的意识及程度"在六年间得分较稳定，2018 年得分达到峰值（69.2 分），2017 年得分最低（67.2 分）。2019 年得分（68.3 分）比 2018 年略有下降。

（3）"公众接受司法裁判的意识及程度"在 2014 年得分最高（70.0 分），2016 年得分最低（64.4 分），2019 年得分（66.6 分）较前一年略有回升。

（4）"公众接受现代刑罚理念的意识及程度"2014 年得分最高（69.7 分），之后得分较稳定，2019 年得分最低（62.3 分）。

	2014年	2015年	2016年	2017年	2018年	2019年
公众参与司法的意识及程度	53.5	76.3	72.3	71.1	71.7	72.3
公众诉诸司法的意识及程度	68.0	68.6	68.6	67.2	69.2	68.3
公众接受司法裁判的意识及程度	70.0	65.4	64.4	65.7	65.2	66.6
公众接受现代刑罚理念的意识及程度	69.7	63.6	62.9	63.2	62.6	62.3

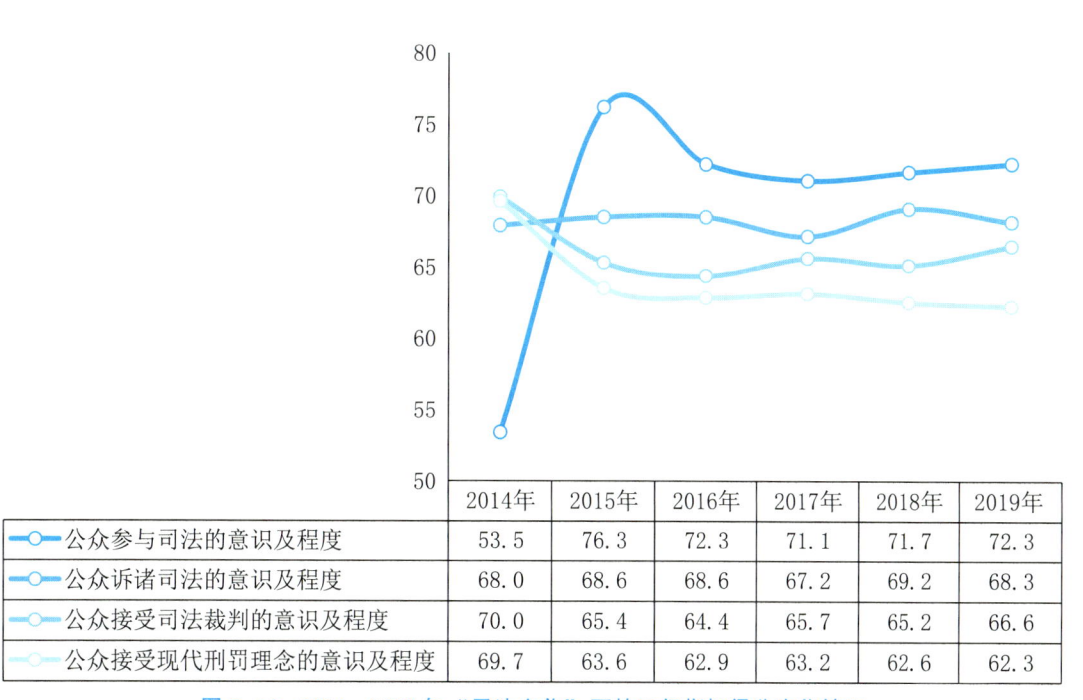

图 7-14　2014—2019 年"司法文化"下的二级指标得分变化情况

将所有二级指标进行年度横向对比，统计数据显示：

（1）2014年"公众接受司法裁判的意识及程度"得分最高（70.0分），"公众参与司法的意识及程度"得分最低（53.5分）。

（2）2015—2019年得分最高的指标均为"公众参与司法的意识及程度"（76.3分、72.3分、71.1分、71.7分、72.3分），得分最低的指标均为"公众接受现代刑罚理念的意识及程度"（63.6分、62.9分、63.2分、62.6分、62.3分）。

二、2014—2019年度各省份数据变化情况

司法文明指数问卷调查从2014年开始，现已经进行了6年。6年中对调查对象、指标体系以及相关问题不断进行了修订。此外，每年的执行区域也有所不同：2014年，调查了北京、上海、广东、吉林、福建、湖北、四川、青海和海南9个省/直辖市；2015年，调查了20个省/自治区/直辖市，分别为北京、山西、内蒙古、吉林、黑龙江、上海、江苏、浙江、安徽、福建、山东、湖北、广东、海南、重庆、四川、贵州、云南、青海和宁夏；2016—2019年，则对全国31个省/自治区/直辖市（除港、澳、台）均进行了问卷调查。

2014—2019年各省份司法文明指数得分及排名显示，6年内所有省/自治区/直辖市的得分都在60分以上，均达到了及格以上水平。上海、江苏的排名能稳定在前十名内；而湖南、广西的排名均稳定在后十名。

表7-12 2014—2019年度各省份司法文明指数得分及排名

省　份	2014年	2015年	2016年	2017年	2018年	2019年
北　京	65.6 (3/9)	64.3 (13/20)	69.7 (6/31)	68.7 (26/31)	70.6 (7/31)	70.9 (11/31)
天　津	/	/	69.8 (5/31)	69.1 (22/31)	69.7 (14/31)	70.2 (17/31)
河　北	/	/	69.9 (4/31)	70.3 (11/31)	68.7 (22/31)	68.4 (27/31)
山　西	/	64.3 (12/20)	67.4 (24/31)	69.1 (21/31)	68.6 (23/31)	69.4 (21/31)
内蒙古	/	65.4 (4/20)	68.3 (17/31)	69.8 (14/31)	67.8 (28/31)	71.3 (5/31)
辽　宁	/	/	69.5 (8/31)	69.8 (15/31)	67.4 (29/31)	68.2 (29/31)
吉　林	63.7 (9/9)	64.8 (10/20)	69.1 (11/31)	71.0 (8/31)	68.5 (24/31)	70.4 (15/31)
黑龙江	/	62.8 (20/20)	65.6 (29/31)	68.6 (27/31)	68.5 (25/31)	69.2 (23/31)
上　海	68.8 (1/9)	66.6 (1/20)	70.5 (1/31)	71.5 (4/31)	71.4 (1/31)	70.9 (9/31)
江　苏	/	65.0 (7/20)	69.2 (10/31)	71.2 (6/31)	70.7 (2/31)	71.3 (4/31)
浙　江	/	65.8 (2/20)	68.0 (20/31)	73.1 (2/31)	69.6 (18/31)	72.5 (1/31)
安　徽	/	64.9 (8/20)	67.4 (23/31)	70.3 (10/31)	70.7 (3/31)	70.3 (16/31)
福　建	64.7 (7/9)	65.3 (5/20)	69.0 (12/31)	70.0 (12/31)	69.7 (16/31)	67.6 (30/31)
江　西	/	/	67.3 (25/31)	69.7 (16/31)	69.8 (12/31)	70.9 (10/31)
山　东	/	64.7 (11/20)	68.4 (14/31)	71.1 (7/31)	69.7 (15/31)	70.9 (7/31)
河　南	/	/	64.9 (30/31)	69.2 (20/31)	70.4 (9/31)	70.5 (13/31)
湖　北	64.3 (8/9)	63.4 (18/20)	67.9 (21/31)	67.4 (31/31)	69.2 (20/31)	71.1 (6/31)
湖　南	/	/	66.6 (26/31)	67.6 (30/31)	66.4 (30/31)	67.1 (31/31)
广　东	65.4 (4/9)	64.2 (14/20)	69.3 (9/31)	69.7 (18/31)	70.5 (8/31)	70.9 (8/31)

续表

省 份	2014 年	2015 年	2016 年	2017 年	2018 年	2019 年
广 西	/	/	66.3（28/31）	67.9（28/31）	68.0（27/31）	68.9（24/31）
海 南	66.7（2/9）	63.7（16/20）	68.4（15/31）	76.2（1/31）	69.5（19/31）	68.5（26/31）
重 庆	/	63.8（15/20）	68.1（19/31）	69.4（19/31）	70.6（6/31）	71.7（2/31）
四 川	64.8（6/9）	64.8（9/20）	68.9（13/31）	68.7（25/31）	70.6（5/31）	71.3（3/31）
贵 州	/	63.0（19/20）	67.8（22/31）	68.9（24/31）	68.4（26/31）	68.7（25/31）
云 南	/	65.1（6/20）	69.7（7/31）	71.9（3/31）	70.7（4/31）	69.2（22/31）
西 藏	/	/	68.4（16/31）	67.8（29/31）	69.9（11/31）	70.8（12/31）
陕 西	/	/	63.8（31/31）	69.7（17/31）	69.6（17/31）	68.2（28/31）
甘 肃	/	/	66.5（27/31）	69.9（13/31）	65.2（31/31）	69.7（20/31）
青 海	65.0（5/9）	63.5（17/20）	68.2（18/31）	71.0（9/31）	69.1（21/31）	69.8（19/31）
宁 夏	/	65.6（3/20）	70.3（2/31）	71.4（5/31）	70.2（10/31）	70.1（18/31）
新 疆	/	/	70.0（3/31）	69.0（23/31）	69.8（13/31）	70.4（14/31）

将 2016—2019 年[1]四年间各省/自治区/直辖市的司法文明指数得分求平均值后再排名，观察长期趋势。数据显示：上海市排名第一，浙江省排名第二，海南省[2]排名第三；而甘肃省、广西壮族自治区、湖南省位列后三名。四年间的司法文明指数均分为 69.4 分，最大分差为 4.1 分。共有 17 个省份得分在均分以上。

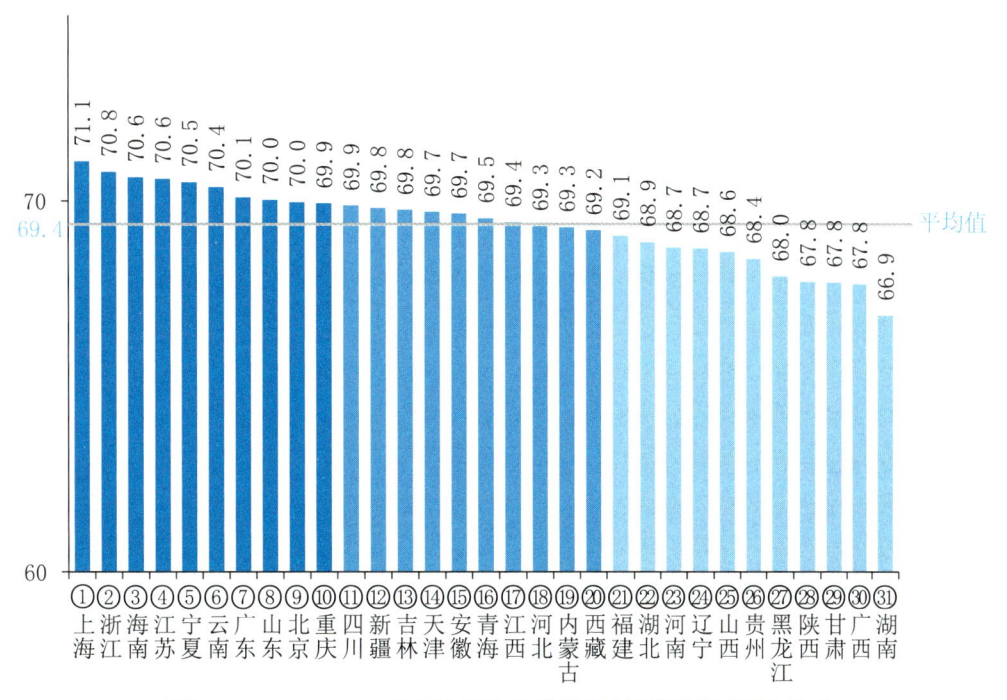

图 7-15　2016—2019 年四年间各省份司法文明指数得分累加均分

---

[1] 因 2014—2015 年仅在部分省份进行了调查，故不计入统计。
[2] 海南省指数得分变化较大，除了 2017 年得分 76.2 分排名全国第一之外，其余三年得分排名均在 15 名以后。

（一）北京市

北京市 2014—2019 年均进行了调查，六年间得分呈波动上升趋势，2015 年得分最低（64.3 分），2019 年得分最高（70.9 分），分差为 6.6 分。与全国平均分相比较，综合来看略高于全国平均分。2016 年比全国平均分高 2.19%，2017 年比全国平均分低 1.81%。[1] 2018 年、2019 年比全国平均分高 1% 以上。

图 7-16 北京市司法文明指数得分年度变化情况

总体上看，北京市司法文明指数呈波浪式发展趋势，指标得分在 2015 年下降了 1.3 分，2016 年显著提高了 5.4 分，2017 年略有下降，此后呈逐年上升趋势。

10 个一级指标得分变化趋势如下：

	2014年	2015年	2016年	2017年	2018年	2019年
1.司法权力	64.6	73.2	69.2	69.6	71.6	72.9
2.当事人诉讼权利	63.2	62.1	69.7	66.4	69.5	69.3
3.民事司法程序	65.8	64.8	69.3	69.4	71.3	71.9
4.刑事司法程序	64.4	64.5	71.1	69.7	70.5	69.8
5.行政司法程序	66.8	58.3	67.8	70.2	72.1	72.9

---

[1] 下图中指数得分数据均保留一位小数，但实际指数得分绝大多数是无理数，故各省、直辖市、自治区指数得分与全国平均得分相差的百分比与图中显示数据计算的结果会存在不一致的情况。下同。

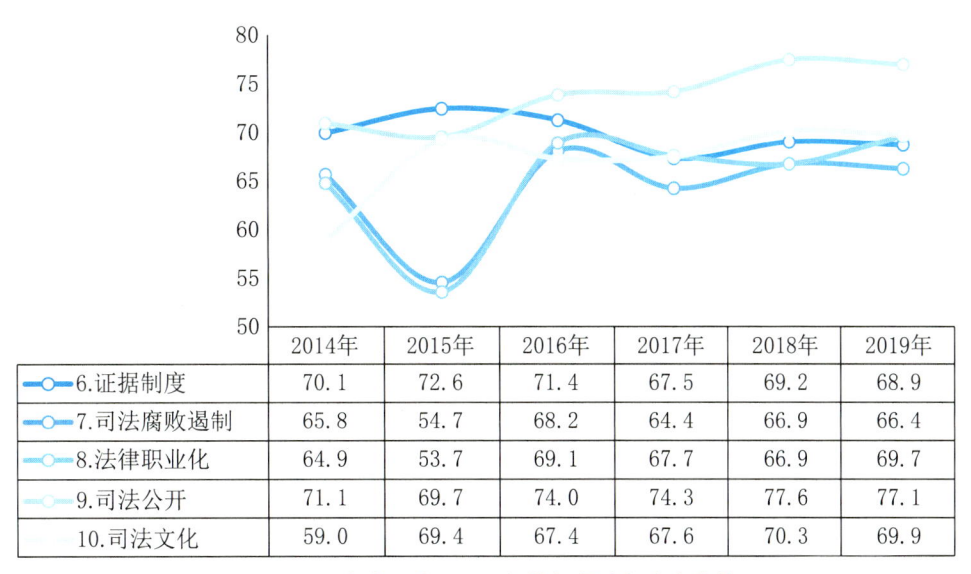

	2014年	2015年	2016年	2017年	2018年	2019年
6.证据制度	70.1	72.6	71.4	67.5	69.2	68.9
7.司法腐败遏制	65.8	54.7	68.2	64.4	66.9	66.4
8.法律职业化	64.9	53.7	69.1	67.7	66.9	69.7
9.司法公开	71.1	69.7	74.0	74.3	77.6	77.1
10.司法文化	59.0	69.4	67.4	67.6	70.3	69.9

图 7-17 北京市司法文明一级指标得分年度变化情况

(二) 天津市

天津市 2016—2019 年进行了调查，四年间得分较稳定，均在 70 分左右，2017 年得分最低（69.1分），2019 年得分最高（70.2分），分差为 1.1 分。综合来看与全国平均分相近。2016 年比全国平均分高 2.30%，2017 年比全国平均分低 1.24%。2018 年、2019 年均比全国平均分高 0.3% 以上。

图 7-18 天津市司法文明指数得分年度变化情况

总体上看，天津市司法文明指数发展趋势较为平稳，指标得分在 2017 年下降了 0.7 分，2018 年提高了 0.6 分，2019 年再次提高了 0.5 分。

10 个一级指标得分变化趋势如下：

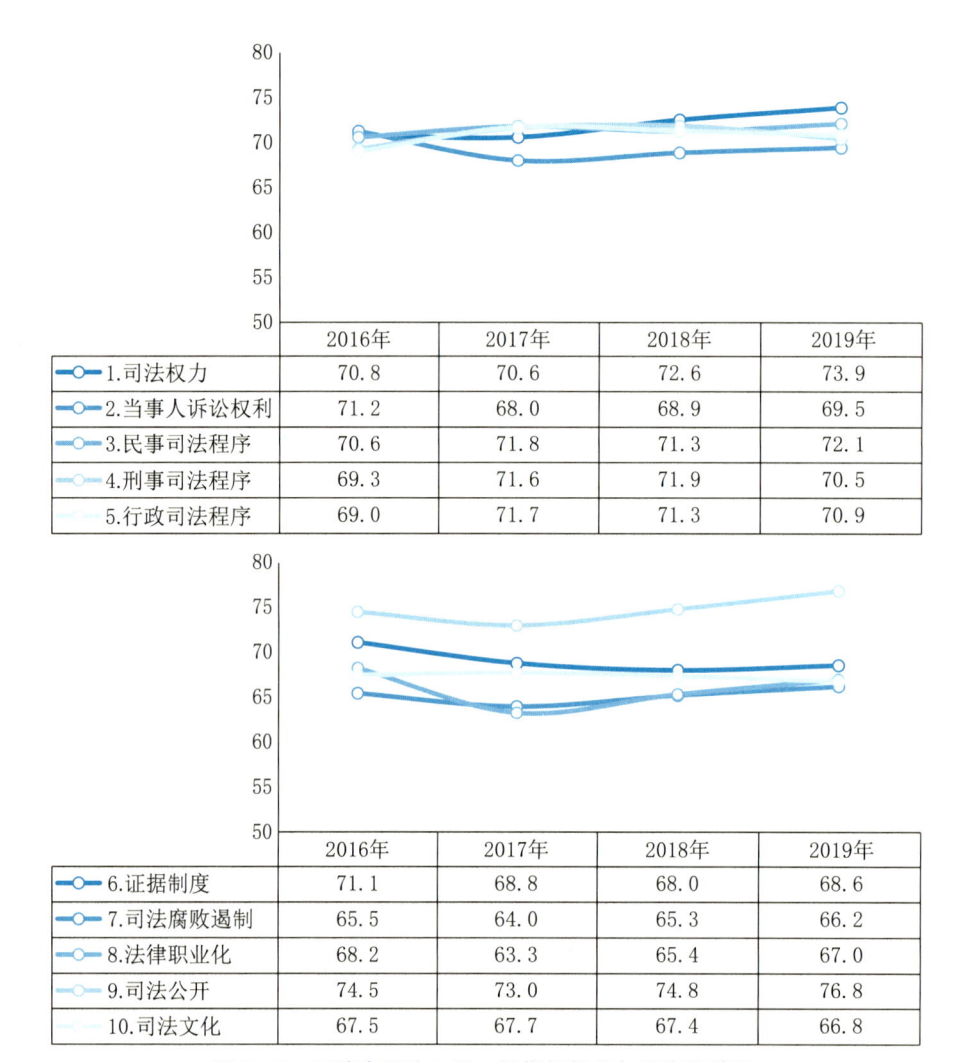

	2016年	2017年	2018年	2019年
1.司法权力	70.8	70.6	72.6	73.9
2.当事人诉讼权利	71.2	68.0	68.9	69.5
3.民事司法程序	70.6	71.8	71.3	72.1
4.刑事司法程序	69.3	71.6	71.9	70.5
5.行政司法程序	69.0	71.7	71.3	70.9

	2016年	2017年	2018年	2019年
6.证据制度	71.1	68.8	68.0	68.6
7.司法腐败遏制	65.5	64.0	65.3	66.2
8.法律职业化	68.2	63.3	65.4	67.0
9.司法公开	74.5	73.0	74.8	76.8
10.司法文化	67.5	67.7	67.4	66.8

图 7-19　天津市司法文明一级指标得分年度变化情况

（三）河北省

河北省2016—2019年进行了调查，四年间得分略有下降趋势，2019年得分最低（68.4分），2017年得分最高（70.3分），分差为1.9分。2016—2017年比全国平均分高（2.45%、0.47%），2018—2019年比全国平均分低（0.87%、2.26%），且差距有逐渐拉大的趋势。

图 7-20　河北省司法文明指数得分年度变化情况

总体上看，河北省司法文明指数呈下降趋势，指标得分在 2017 年提高了 0.4 分，此后呈逐年下降趋势。

10 个一级指标得分变化趋势如下：

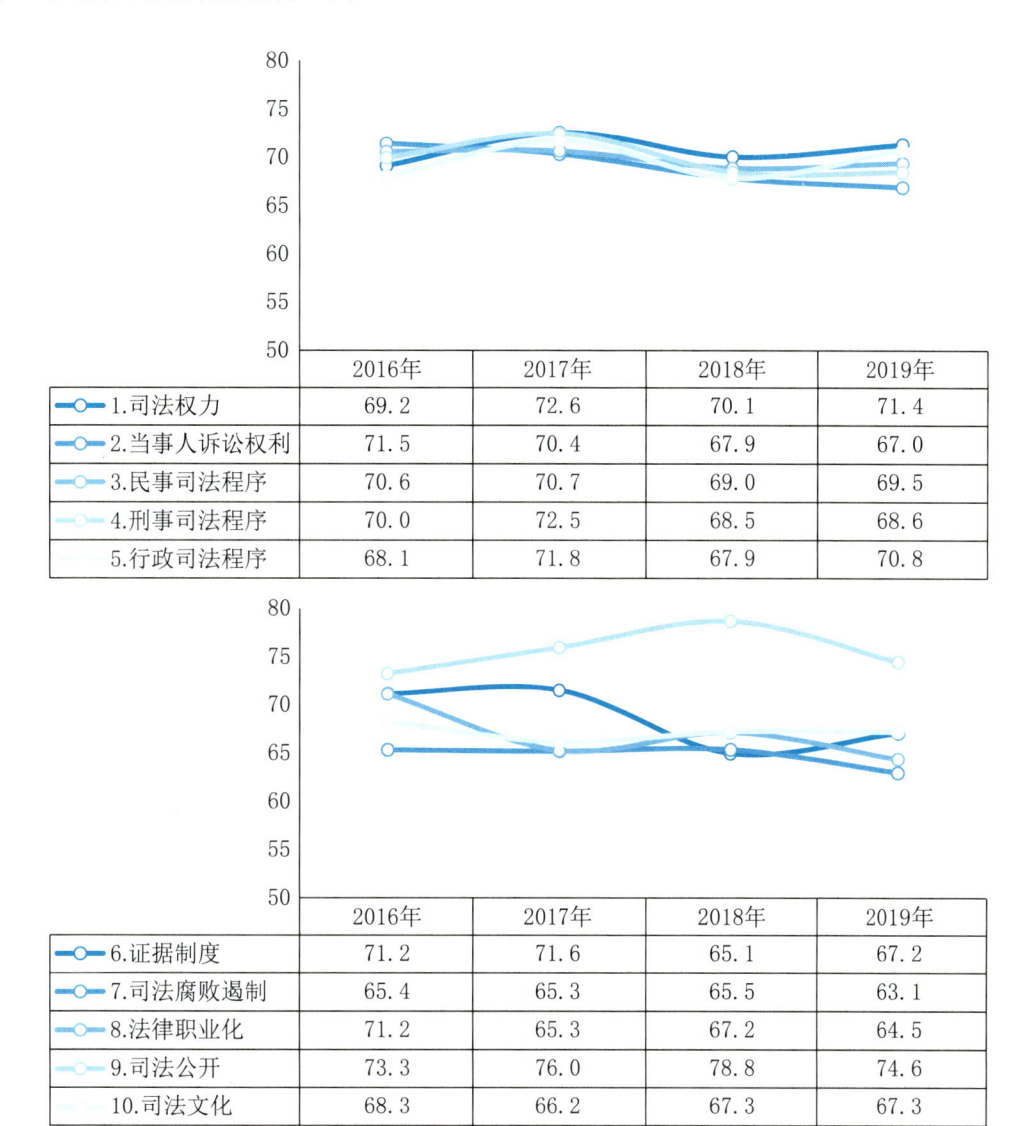

	2016年	2017年	2018年	2019年
1.司法权力	69.2	72.6	70.1	71.4
2.当事人诉讼权利	71.5	70.4	67.9	67.0
3.民事司法程序	70.6	70.7	69.0	69.5
4.刑事司法程序	70.0	72.5	68.5	68.6
5.行政司法程序	68.1	71.8	67.9	70.8

	2016年	2017年	2018年	2019年
6.证据制度	71.2	71.6	65.1	67.2
7.司法腐败遏制	65.4	65.3	65.5	63.1
8.法律职业化	71.2	65.3	67.2	64.5
9.司法公开	73.3	76.0	78.8	74.6
10.司法文化	68.3	66.2	67.3	67.3

图 7-21　河北省司法文明一级指标得分年度变化情况

（四）山西省

山西省 2015—2019 年进行了调查，五年间得分呈波动上升趋势，2015 年得分最低（64.3 分），2019 年得分最高（69.4 分），分差为 5.1 分。五年间的得分趋势与全国平均分相近，且均低于全国平均分。2017 年差距最大（1.24%），2015 年差距最小（0.35%）。不过近两年有缩小差距的趋势。

图 7-22　山西省司法文明指数得分年度变化情况

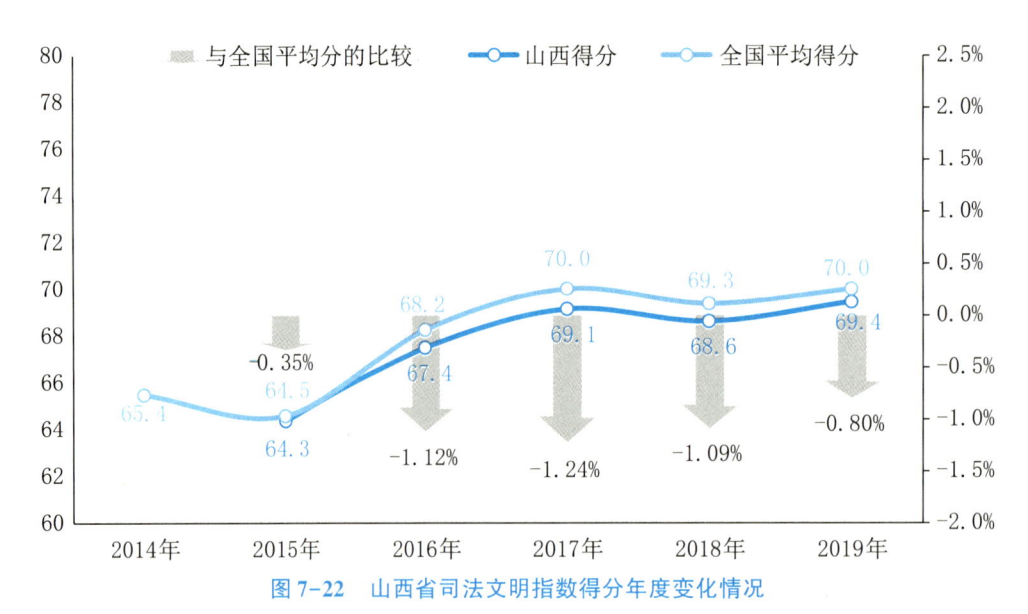

总体上看，山西省司法文明指数呈波浪式发展趋势，指标得分在 2016 年提高了 3.1 分，2017 年又提高了 1.7 分，2018 年略有下降，2019 年略有上升。

10 个一级指标得分变化趋势如下：

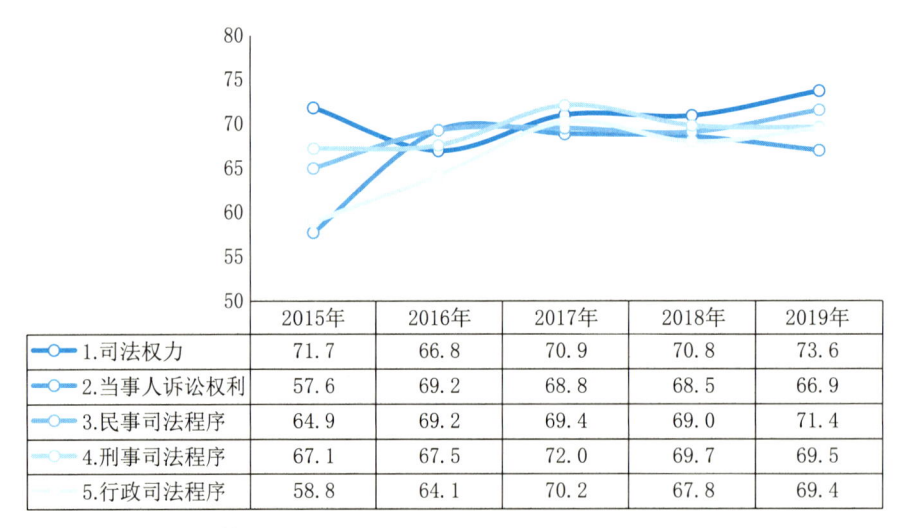

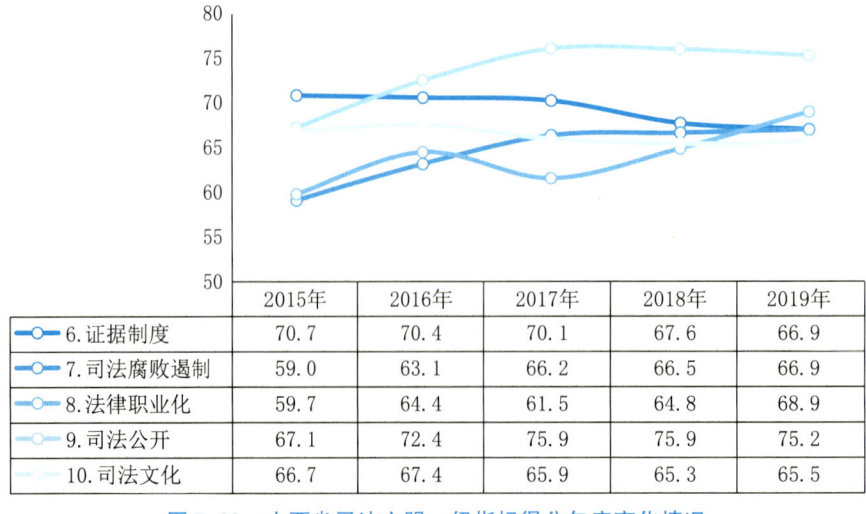

	2015年	2016年	2017年	2018年	2019年
1.司法权力	71.7	66.8	70.9	70.8	73.6
2.当事人诉讼权利	57.6	69.2	68.8	68.5	66.9
3.民事司法程序	64.9	69.2	69.4	69.0	71.4
4.刑事司法程序	67.1	67.5	72.0	69.7	69.5
5.行政司法程序	58.8	64.1	70.2	67.8	69.4

	2015年	2016年	2017年	2018年	2019年
6.证据制度	70.7	70.4	70.1	67.6	66.9
7.司法腐败遏制	59.0	63.1	66.2	66.5	66.9
8.法律职业化	59.7	64.4	61.5	64.8	68.9
9.司法公开	67.1	72.4	75.9	75.9	75.2
10.司法文化	66.7	67.4	65.9	65.3	65.5

图 7-23　山西省司法文明一级指标得分年度变化情况

(五) 内蒙古自治区

内蒙古自治区 2015—2019 年进行了调查，五年间得分呈波动上升趋势，2015 年得分最低（65.4 分），2019 年得分最高（71.3 分），分差为 5.9 分。2015 年、2016 年、2019 年三年得分均高于全国平均分。但内蒙古自治区得分不太稳定，2018 年比全国平均分低 2.23%，2019 年则比全国平均分高 1.85%。

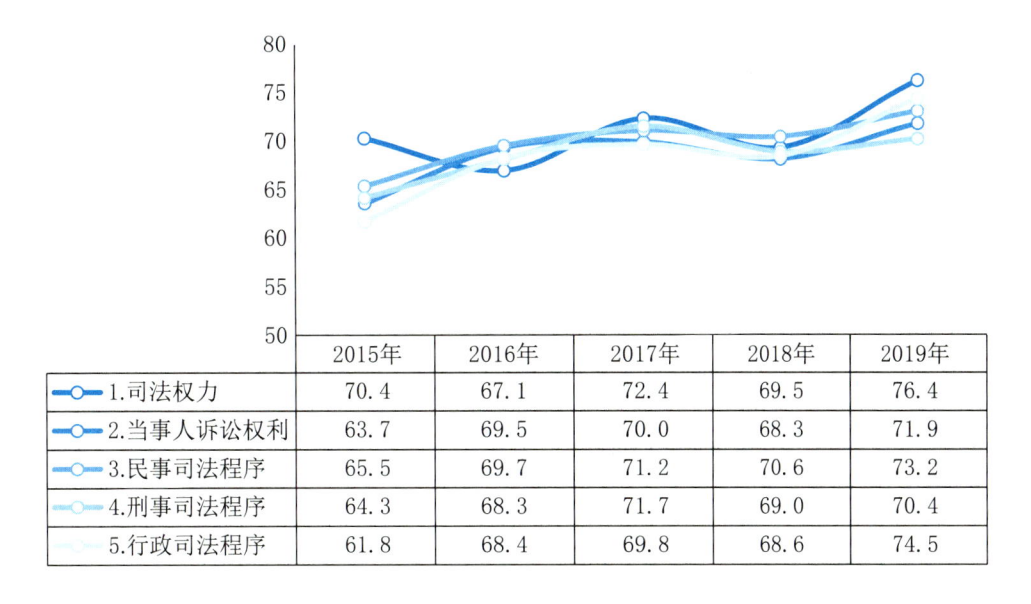

图 7-24 内蒙古自治区司法文明指数得分年度变化情况

总体上看，内蒙古自治区司法文明指数呈波浪式发展趋势，指标得分在 2016 年上升了 2.9 分，2017 年再次上升 1.5 分，2018 年下降了 2.0 分，2019 年显著上升 3.5 分。

10 个一级指标得分变化趋势如下：

	2015年	2016年	2017年	2018年	2019年
1.司法权力	70.4	67.1	72.4	69.5	76.4
2.当事人诉讼权利	63.7	69.5	70.0	68.3	71.9
3.民事司法程序	65.5	69.7	71.2	70.6	73.2
4.刑事司法程序	64.3	68.3	71.7	69.0	70.4
5.行政司法程序	61.8	68.4	69.8	68.6	74.5

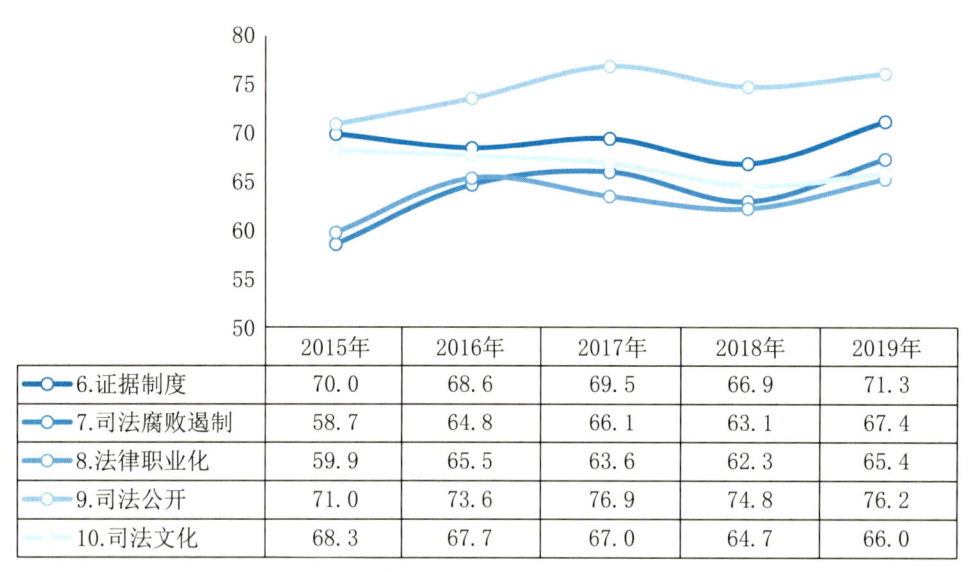

	2015年	2016年	2017年	2018年	2019年
6.证据制度	70.0	68.6	69.5	66.9	71.3
7.司法腐败遏制	58.7	64.8	66.1	63.1	67.4
8.法律职业化	59.9	65.5	63.6	62.3	65.4
9.司法公开	71.0	73.6	76.9	74.8	76.2
10.司法文化	68.3	67.7	67.0	64.7	66.0

图 7-25　内蒙古自治区司法文明一级指标得分年度变化情况

（六）辽宁省

辽宁省 2016—2019 年进行了调查，四年间得分总体上呈先下降后上升趋势，2018 年得分最低（67.4 分），2017 年得分最高（69.8 分），分差为 2.4 分。2016 年比全国平均分高 1.96%，2017—2019 年均低于全国平均分，2018 年与全国平均分差距最大，低 2.73%。

图 7-26　辽宁省司法文明指数得分年度变化情况

总体上看，辽宁省司法文明指数呈先下降后上升趋势，指标得分在 2017 年略微上升了 0.3 分，2018 年下降 2.4 分，2019 年回升了 0.8 分。

10 个一级指标得分变化趋势如下：

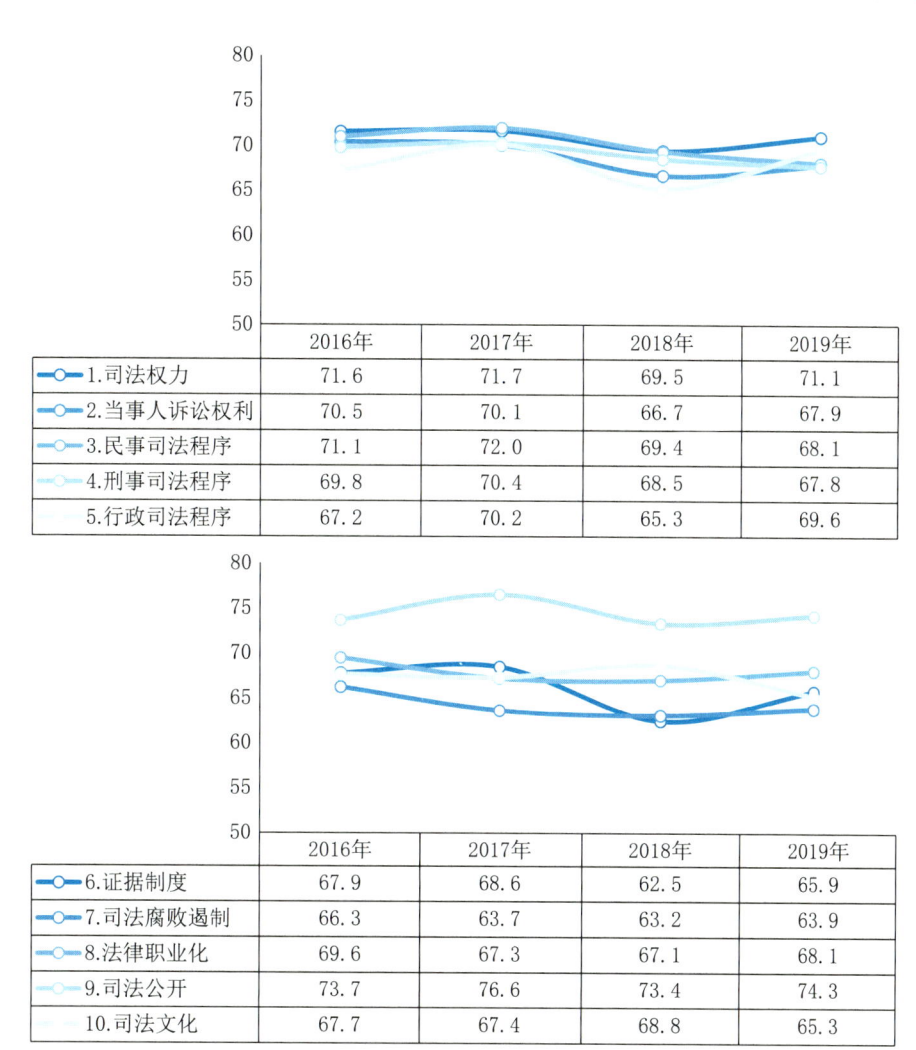

	2016年	2017年	2018年	2019年
1.司法权力	71.6	71.7	69.5	71.1
2.当事人诉讼权利	70.5	70.1	66.7	67.9
3.民事司法程序	71.1	72.0	69.4	68.1
4.刑事司法程序	69.8	70.4	68.5	67.8
5.行政司法程序	67.2	70.2	65.3	69.6

	2016年	2017年	2018年	2019年
6.证据制度	67.9	68.6	62.5	65.9
7.司法腐败遏制	66.3	63.7	63.2	63.9
8.法律职业化	69.6	67.3	67.1	68.1
9.司法公开	73.7	76.6	73.4	74.3
10.司法文化	67.7	67.4	68.8	65.3

图 7-27 辽宁省司法文明一级指标得分年度变化情况

（七）吉林省

吉林省2014—2019年均进行了调查，2014—2017年得分呈上升趋势，2018年得分有所下降，2019年得分有所回升。2014年得分最低（63.7分），2017年得分最高（71.0分），分差为7.3分。2014年比全国平均分低2.67%，2017年比全国平均分高1.48%。六年中有四年高于全国平均分。

图 7-28 吉林省司法文明指数得分年度变化情况

总体上看，吉林省司法文明指数呈波浪式发展趋势，指标得分 2015 年、2016 年、2017 年呈逐年上升趋势，在 2018 年下降 2.5 分，2019 年回升了 1.9 分。

10 个一级指标得分变化趋势如下：

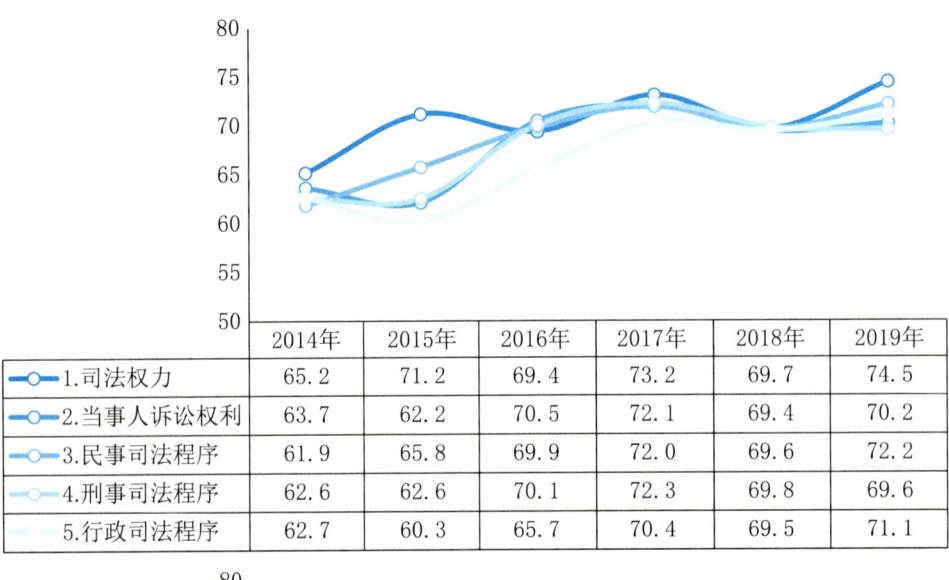

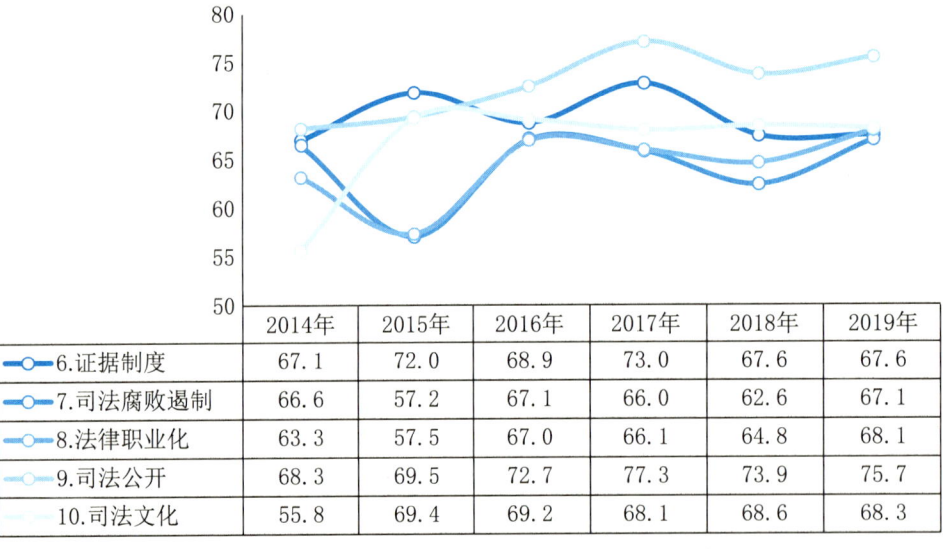

	2014年	2015年	2016年	2017年	2018年	2019年
1.司法权力	65.2	71.2	69.4	73.2	69.7	74.5
2.当事人诉讼权利	63.7	62.2	70.5	72.1	69.4	70.2
3.民事司法程序	61.9	65.8	69.9	72.0	69.6	72.2
4.刑事司法程序	62.6	62.6	70.1	72.3	69.8	69.6
5.行政司法程序	62.7	60.3	65.7	70.4	69.5	71.1

	2014年	2015年	2016年	2017年	2018年	2019年
6.证据制度	67.1	72.0	68.9	73.0	67.6	67.6
7.司法腐败遏制	66.6	57.2	67.1	66.0	62.6	67.1
8.法律职业化	63.3	57.5	67.0	66.1	64.8	68.1
9.司法公开	68.3	69.5	72.7	77.3	73.9	75.7
10.司法文化	55.8	69.4	69.2	68.1	68.6	68.3

图 7-29　吉林省司法文明一级指标得分年度变化情况

(八) 黑龙江省

黑龙江省 2015—2019 年进行了调查，五年间得分大体呈上升趋势，2015 年得分最低（62.8 分），2019 年得分最高（69.2 分），分差为 6.4 分。五年间得分均低于全国平均分 1% 以上，但差距正在缩小。2016 年比全国平均分低 3.80%，2019 年低 1.13%。

图 7-30 黑龙江省司法文明指数得分年度变化情况

总体上看,黑龙江省司法文明指数呈上升趋势,指标得分2016年提高了2.8分,2017年继续提高3.0分,2018年与前一年基本持平,2019年上升了0.7分。

10个一级指标得分变化趋势如下:

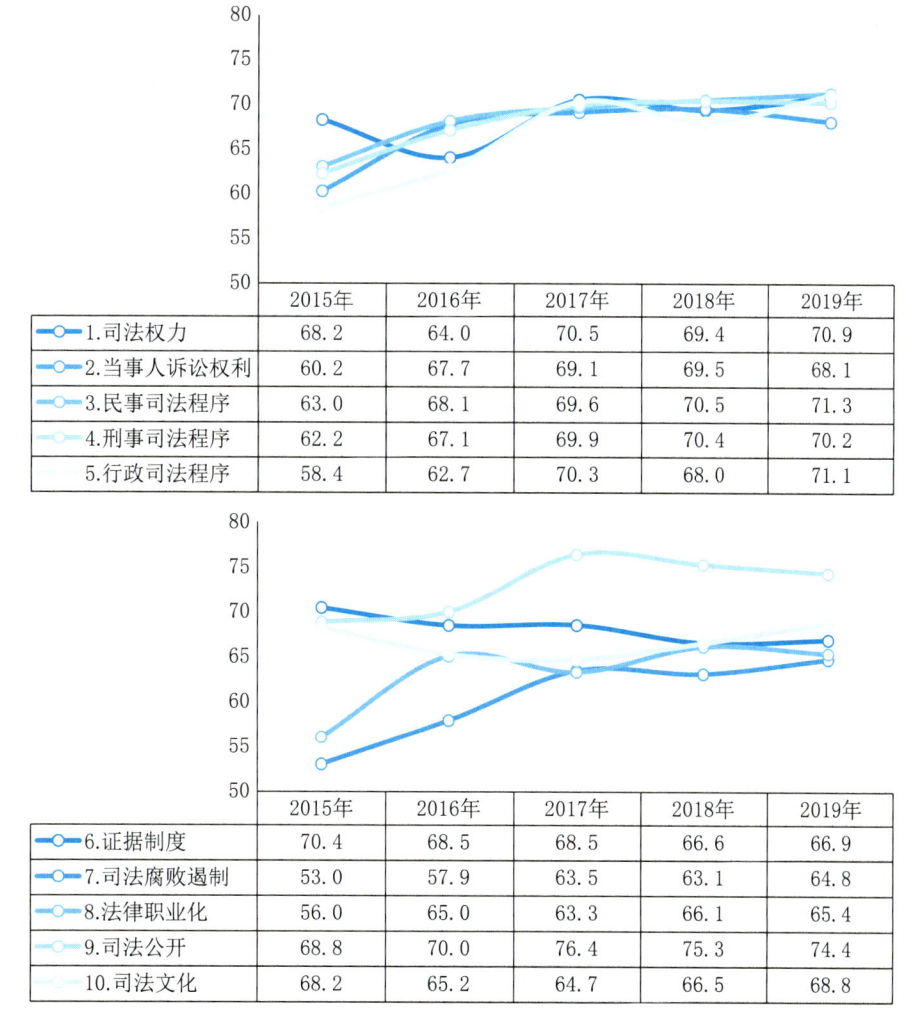

	2015年	2016年	2017年	2018年	2019年
1.司法权力	68.2	64.0	70.5	69.4	70.9
2.当事人诉讼权利	60.2	67.7	69.1	69.5	68.1
3.民事司法程序	63.0	68.1	69.6	70.5	71.3
4.刑事司法程序	62.2	67.1	69.9	70.4	70.2
5.行政司法程序	58.4	62.7	70.3	68.0	71.1

	2015年	2016年	2017年	2018年	2019年
6.证据制度	70.4	68.5	68.5	66.6	66.9
7.司法腐败遏制	53.0	57.9	63.5	63.1	64.8
8.法律职业化	56.0	65.0	63.3	66.1	65.4
9.司法公开	68.8	70.0	76.4	75.3	74.4
10.司法文化	68.2	65.2	64.7	66.5	68.8

图 7-31 黑龙江省司法文明一级指标得分年度变化情况

(九) 上海市

上海市2014—2019年均进行了调查,六年间得分呈波浪式发展趋势,2015年得分最低(66.6分),2017年得分最高(71.5分),分差为4.9分。六年间得分均高于全国平均分1%以上,2014年差距最大,比全国平均分高5.13%。

图7-32 上海市司法文明指数得分年度变化情况

总体上看,上海市司法文明指数呈波浪式发展趋势,指标得分2015年降低了2.2分,2016年提高了3.9分,2017年提高了1.0分,2018年与前一年基本持平,2019年下降了0.5分。

10个一级指标得分变化趋势如下:

	2014年	2015年	2016年	2017年	2018年	2019年
1.司法权力	68.3	71.7	71.6	72.4	72.6	74.5
2.当事人诉讼权利	67.4	64.4	70.3	71.3	69.5	68.3
3.民事司法程序	68.5	67.3	70.8	73.8	73.5	71.9
4.刑事司法程序	68.2	68.7	72.6	73.8	71.1	71.1
5.行政司法程序	71.7	62.6	67.9	73.6	72.6	74.2

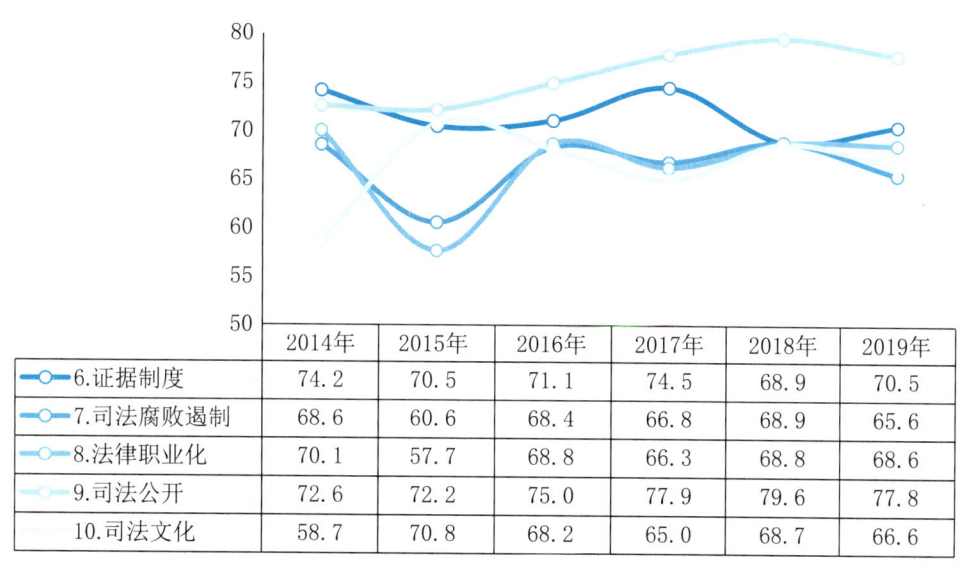

	2014年	2015年	2016年	2017年	2018年	2019年
6.证据制度	74.2	70.5	71.1	74.5	68.9	70.5
7.司法腐败遏制	68.6	60.6	68.4	66.8	68.9	65.6
8.法律职业化	70.1	57.7	68.8	66.3	68.8	68.6
9.司法公开	72.6	72.2	75.0	77.9	79.6	77.8
10.司法文化	58.7	70.8	68.2	65.0	68.7	66.6

图 7-33 上海市司法文明一级指标得分年度变化情况

（十）江苏省

江苏省 2015—2019 年进行了调查，五年间得分呈波动上升趋势，2015 年得分最低（65.0 分），2019 年得分最高（71.3 分），分差为 6.3 分。五年间得分均高于全国平均分，2016—2019 年比全国平均分高 1% 以上，其中 2018 年比全国平均分高 2.01%。

图 7-34 江苏省司法文明指数得分年度变化情况

总体上看，江苏省司法文明指数呈波浪式发展趋势，指标得分 2016 年大幅升高了 4.2 分，2017 年继续升高 2.0 分，2018 年略有下降，2019 年回升了 0.6 分。

10 个一级指标得分变化趋势如下：

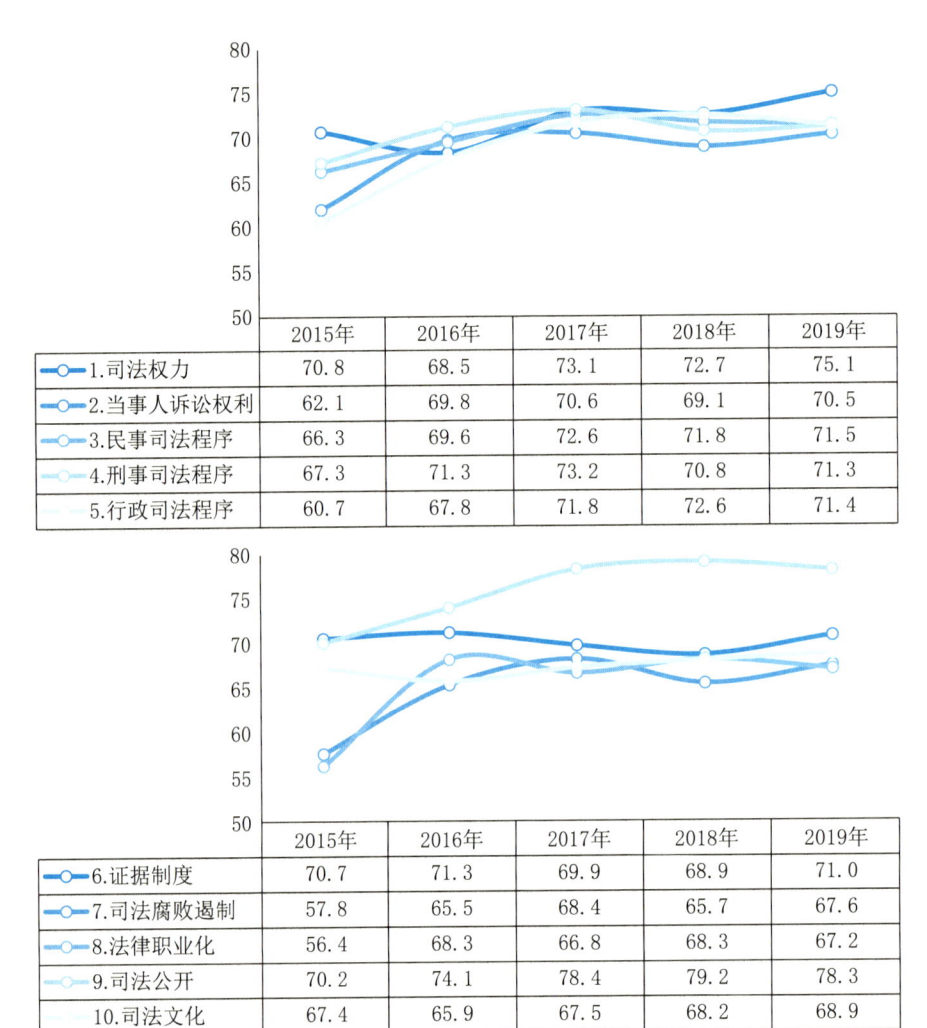

	2015年	2016年	2017年	2018年	2019年
1.司法权力	70.8	68.5	73.1	72.7	75.1
2.当事人诉讼权利	62.1	69.8	70.6	69.1	70.5
3.民事司法程序	66.3	69.6	72.6	71.8	71.5
4.刑事司法程序	67.3	71.3	73.2	70.8	71.3
5.行政司法程序	60.7	67.8	71.8	72.6	71.4

	2015年	2016年	2017年	2018年	2019年
6.证据制度	70.7	71.3	69.9	68.9	71.0
7.司法腐败遏制	57.8	65.5	68.4	65.7	67.6
8.法律职业化	56.4	68.3	66.8	68.3	67.2
9.司法公开	70.2	74.1	78.4	79.2	78.3
10.司法文化	67.4	65.9	67.5	68.2	68.9

图 7-35　江苏省司法文明一级指标得分年度变化情况

（十一）浙江省

浙江省2015—2019年进行了调查，得分变化较大，2015—2017年呈上升趋势，2018年下降，2019年又有所回升。2015年得分最低（65.8分），2017年得分最高（73.1分），分差为7.3分。五年间有四年得分高于全国平均分，其中2017年、2019年比全国平均分高3%以上。

图 7-36　浙江省司法文明指数得分年度变化情况

总体上看，浙江省司法文明指数变化幅度较大，指标得分2016年提高了2.2分，2017年继续提高5.1分，但2018年下降了3.5分，2019年回升了2.9分。

10个一级指标得分变化趋势如下：

	2015年	2016年	2017年	2018年	2019年
1.司法权力	72.8	66.4	74.3	70.7	76.3
2.当事人诉讼权利	61.1	68.1	71.5	67.5	71.8
3.民事司法程序	66.8	68.9	74.9	70.3	74.6
4.刑事司法程序	66.2	70.2	75.5	71.3	72.4
5.行政司法程序	60.9	66.1	74.1	69.4	75.9

	2015年	2016年	2017年	2018年	2019年
6.证据制度	70.6	68.0	72.1	66.8	70.9
7.司法腐败遏制	59.0	63.0	70.0	65.9	68.9
8.法律职业化	58.9	67.1	65.6	66.4	64.9
9.司法公开	71.7	72.9	80.8	78.8	80.6
10.司法文化	69.9	69.7	71.8	68.6	68.4

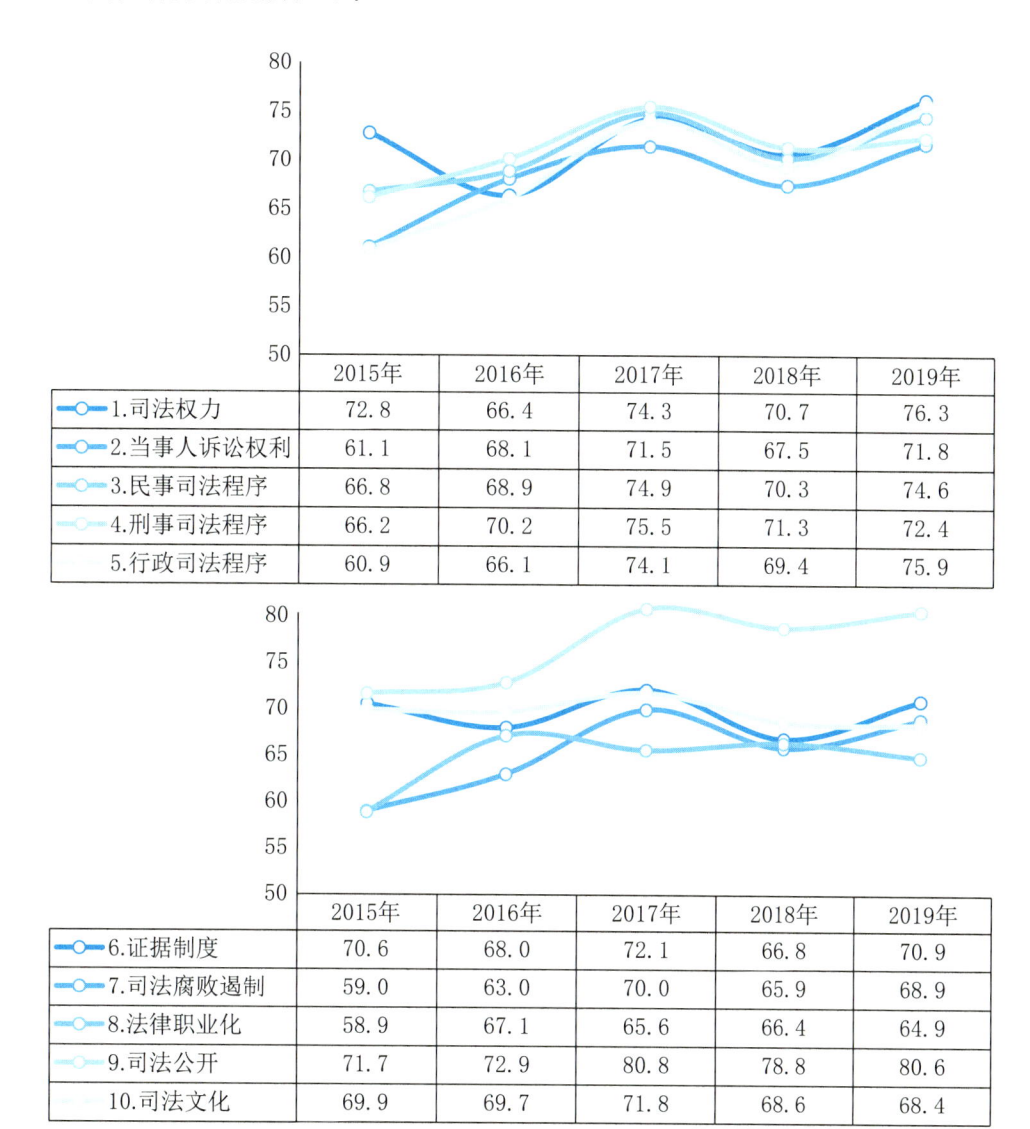

图7-37 浙江省司法文明一级指标得分年度变化情况

(十二) 安徽省

安徽省2015—2019年进行了调查，五年间得分呈先上升后下降趋势，2015年得分最低（64.9分），2018年得分最高（70.7分），分差为5.8分。2015—2017年间得分变化趋势与全国平均分相近，2016年比全国平均分低1.12%，但其他四年均高于全国平均分，其中2018年比全国平均分高1.98%。

图 7-38 安徽省司法文明指数得分年度变化情况

总体上看，安徽省司法文明指数增长到近年变缓甚至有下降趋势，指标得分2016—2018年分别提高了2.5分、2.9分、0.4分，2019年又回落了0.4分。

10个一级指标得分变化趋势如下：

	2015年	2016年	2017年	2018年	2019年
1.司法权力	73.5	66.8	73.1	71.6	73.7
2.当事人诉讼权利	62.3	66.2	68.5	70.8	67.1
3.民事司法程序	64.0	68.5	70.1	72.0	72.5
4.刑事司法程序	66.7	68.9	71.9	72.1	69.0
5.行政司法程序	58.5	64.4	71.4	71.6	74.3

	2015年	2016年	2017年	2018年	2019年
6.证据制度	69.9	68.8	69.5	68.7	66.8
7.司法腐败遏制	57.5	64.7	69.1	67.7	67.5
8.法律职业化	57.9	64.7	64.4	66.4	68.1
9.司法公开	69.1	72.0	76.6	78.0	74.7
10.司法文化	69.4	69.5	68.3	68.4	68.8

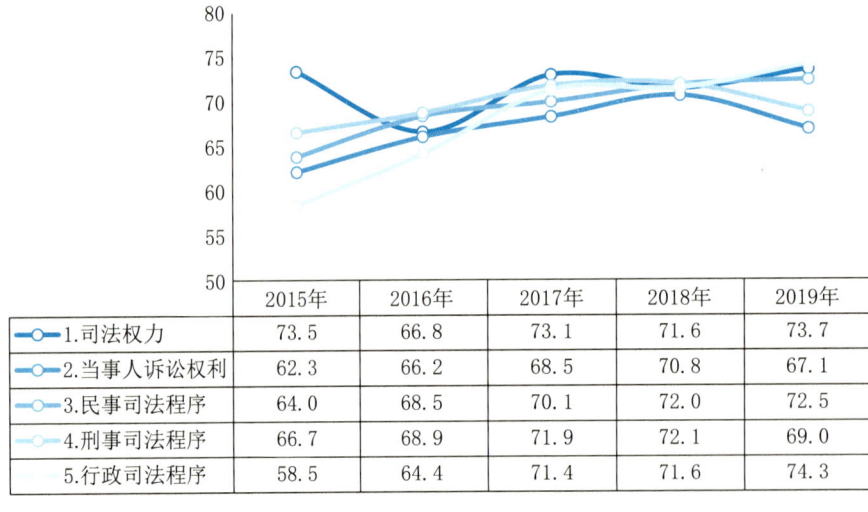

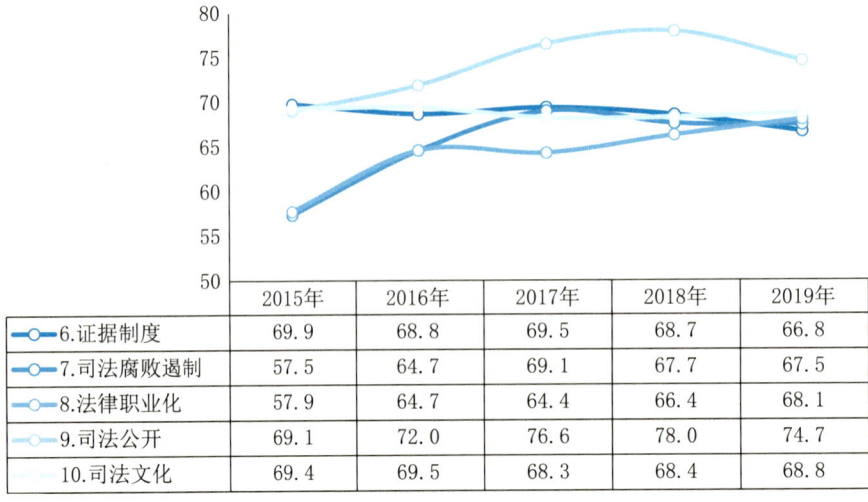

图 7-39 安徽省司法文明一级指标得分年度变化情况

(十三) 福建省

福建省 2014—2019 年均进行了调查，2014—2017 年得分呈逐年上升趋势，但 2017—2019 年得分逐年下降。2014 年得分最低（64.7 分），2017 年得分最高（70.0 分），分差为 5.3 分。2014—2018 年得分与全国平均分相近，2019 年比全国平均分低 3.46%。

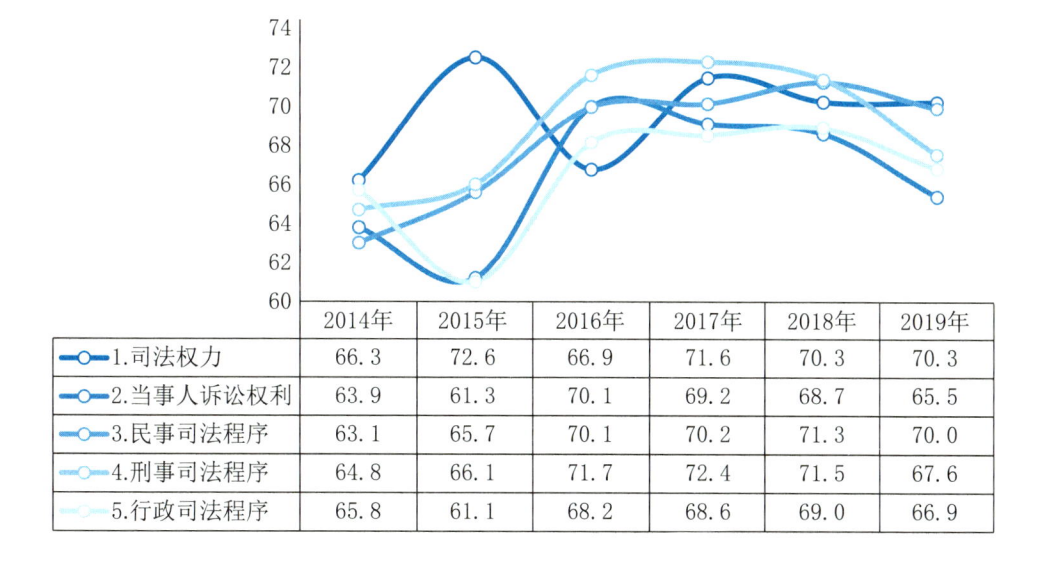

图 7-40 福建省司法文明指数得分年度变化情况

总体上看，福建省司法文明指数变化幅度较大，指标得分在 2015 年提高 0.6 分，2016 年提高 3.7 分，2017 年提高 1.0 分，2018 年开始下降，2019 年下降了 2.1 分。

10 个一级指标得分变化趋势如下：

	2014年	2015年	2016年	2017年	2018年	2019年
1.司法权力	66.3	72.6	66.9	71.6	70.3	70.3
2.当事人诉讼权利	63.9	61.3	70.1	69.2	68.7	65.5
3.民事司法程序	63.1	65.7	70.1	70.2	71.3	70.0
4.刑事司法程序	64.8	66.1	71.7	72.4	71.5	67.6
5.行政司法程序	65.8	61.1	68.2	68.6	69.0	66.9

	2014年	2015年	2016年	2017年	2018年	2019年
6.证据制度	66.1	69.0	71.1	70.5	67.0	64.3
7.司法腐败遏制	64.7	57.8	63.9	67.2	67.1	63.5
8.法律职业化	64.2	58.4	65.4	64.0	65.7	65.1
9.司法公开	70.8	71.4	74.4	78.1	76.9	73.5
10.司法文化	57.3	69.2	68.8	68.0	68.9	68.8

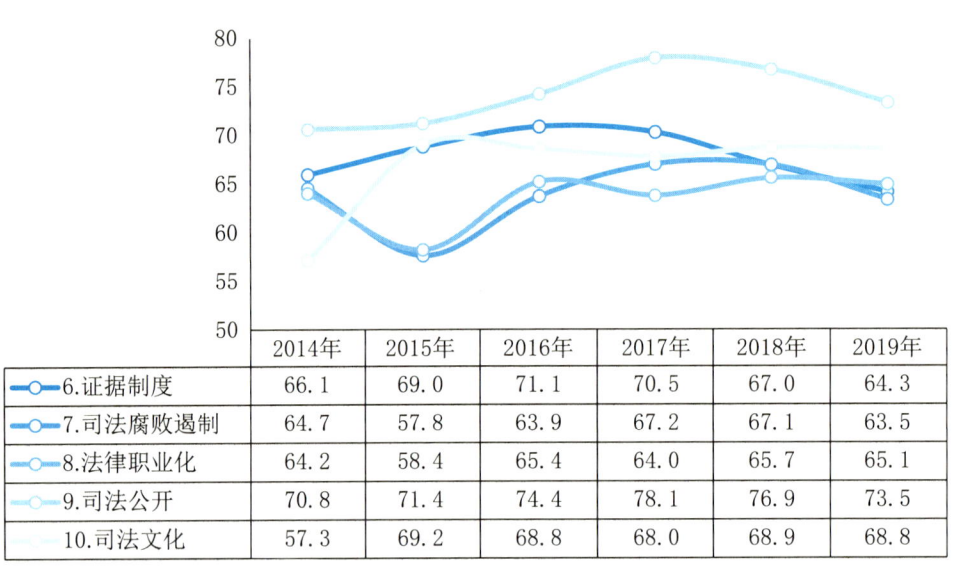

图 7-41　福建省司法文明一级指标得分年度变化情况

（十四）江西省

江西省 2016—2019 年进行了调查，四年间得分呈逐年上升趋势，2016 年得分最低（67.3 分），2019 年得分最高（70.9 分），分差为 3.6 分。2016—2017 年比全国平均分低，但差距在缩小。2018 年与全国平均分的分差由负转正，2019 年比全国平均分高 1.32%。

图 7-42　江西省司法文明指数得分年度变化情况

总体上看，江西省司法文明指数呈逐年上升趋势，指标得分在 2017 年提高了 2.4 分，2018 年略有上升，但与 2017 年基本持平，2019 年上升了 1.1 分。

10 个一级指标得分变化趋势如下：

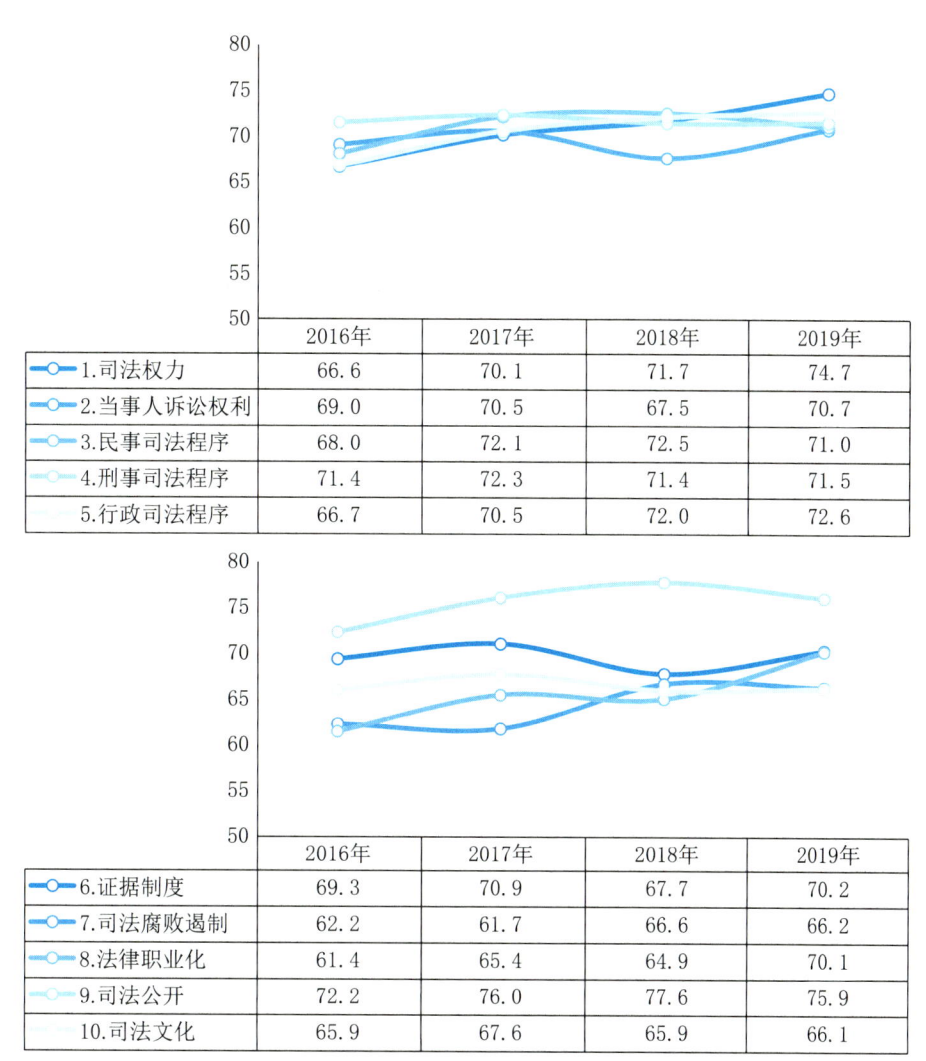

	2016年	2017年	2018年	2019年
1.司法权力	66.6	70.1	71.7	74.7
2.当事人诉讼权利	69.0	70.5	67.5	70.7
3.民事司法程序	68.0	72.1	72.5	71.0
4.刑事司法程序	71.4	72.3	71.4	71.5
5.行政司法程序	66.7	70.5	72.0	72.6

	2016年	2017年	2018年	2019年
6.证据制度	69.3	70.9	67.7	70.2
7.司法腐败遏制	62.2	61.7	66.6	66.2
8.法律职业化	61.4	65.4	64.9	70.1
9.司法公开	72.2	76.0	77.6	75.9
10.司法文化	65.9	67.6	65.9	66.1

图 7-43　江西省司法文明一级指标得分年度变化情况

（十五）山东省

山东省 2015—2019 年进行了调查，前三年得分逐年上升，但 2018 年得分有所下降，2019 年又有所回升。2015 年得分最低（64.7 分），2017 年得分最高（71.1 分），分差为 6.4 分。五年间得分均高于全国平均分，其中 2017 年比全国平均分高 1.62%，2019 年比全国平均分高 1.39%。

图 7-44　山东省司法文明指数得分年度变化情况

总体上看，山东省司法文明指数呈波浪式发展趋势，指标得分在 2016 年提高了 3.7 分，2017 年继续提高 2.7 分，2018 年降低了 1.4 分，2019 年回升了 1.2 分。

10 个一级指标得分变化趋势如下：

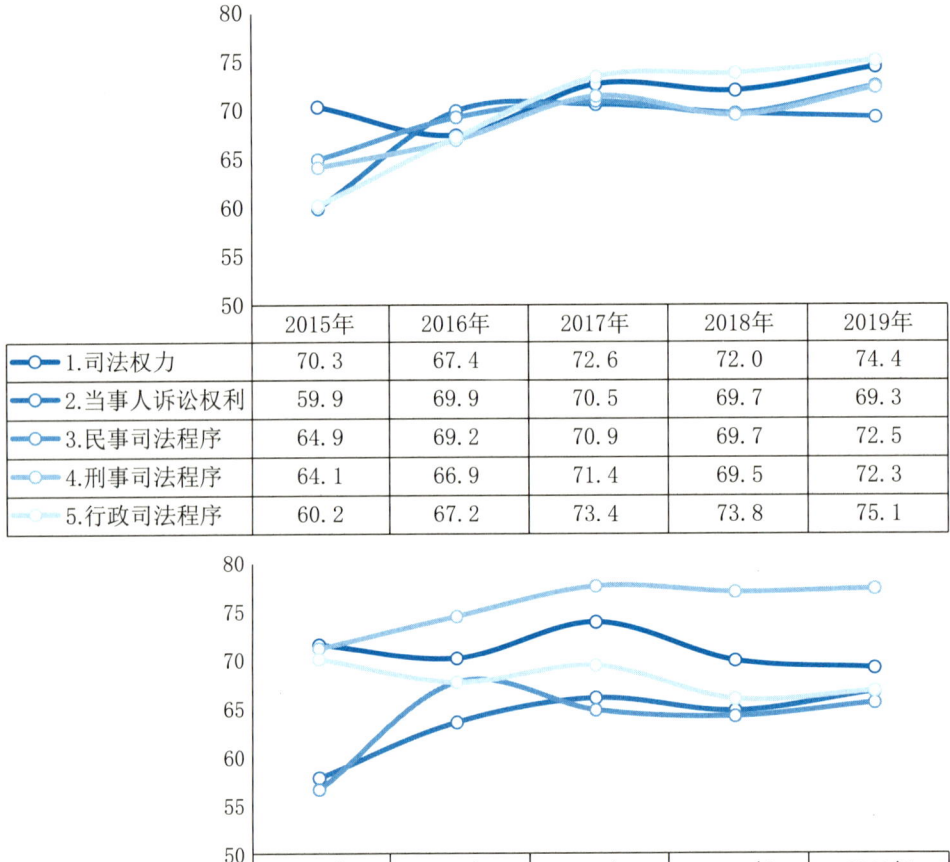

	2015年	2016年	2017年	2018年	2019年
1.司法权力	70.3	67.4	72.6	72.0	74.4
2.当事人诉讼权利	59.9	69.9	70.5	69.7	69.3
3.民事司法程序	64.9	69.2	70.9	69.7	72.5
4.刑事司法程序	64.1	66.9	71.4	69.5	72.3
5.行政司法程序	60.2	67.2	73.4	73.8	75.1

	2015年	2016年	2017年	2018年	2019年
6.证据制度	71.6	70.2	73.9	70.0	69.2
7.司法腐败遏制	57.9	63.6	66.1	64.8	66.8
8.法律职业化	56.7	67.7	64.9	64.2	65.6
9.司法公开	71.2	74.5	77.6	77.0	77.4
10.司法文化	70.1	67.7	69.4	66.0	66.8

图 7-45　山东省司法文明一级指标得分年度变化情况

（十六）河南省

河南省 2016—2019 年进行了调查，四年间得分呈逐年上升趋势，2016 年得分最低（64.9 分），2019 年得分最高（70.5 分），分差为 5.6 分。2016—2017 年比全国平均分低 1% 以上，2018 年得分差距由负转正，2019 年也比全国平均分高 0.75%。

图 7-46 河南省司法文明指数得分年度变化情况

总体上看，河南省司法文明指数呈逐年上升趋势，指标得分在 2017 年提高了 4.3 分，2018 年继续提高 1.2 分，2019 年提分放缓，得分接近 2018 年。

10 个一级指标得分变化趋势如下：

	2016年	2017年	2018年	2019年
1.司法权力	63.5	70.7	72.6	74.8
2.当事人诉讼权利	64.1	69.7	71.8	71.5
3.民事司法程序	65.7	69.4	71.5	70.9
4.刑事司法程序	64.1	69.9	69.8	69.7
5.行政司法程序	63.6	71.1	72.1	72.6

	2016年	2017年	2018年	2019年
6.证据制度	66.6	70.5	67.6	67.9
7.司法腐败遏制	61.0	63.9	67.1	66.9
8.法律职业化	63.5	65.0	64.7	67.5
9.司法公开	69.6	75.2	77.2	75.7
10.司法文化	67.7	66.2	69.5	67.4

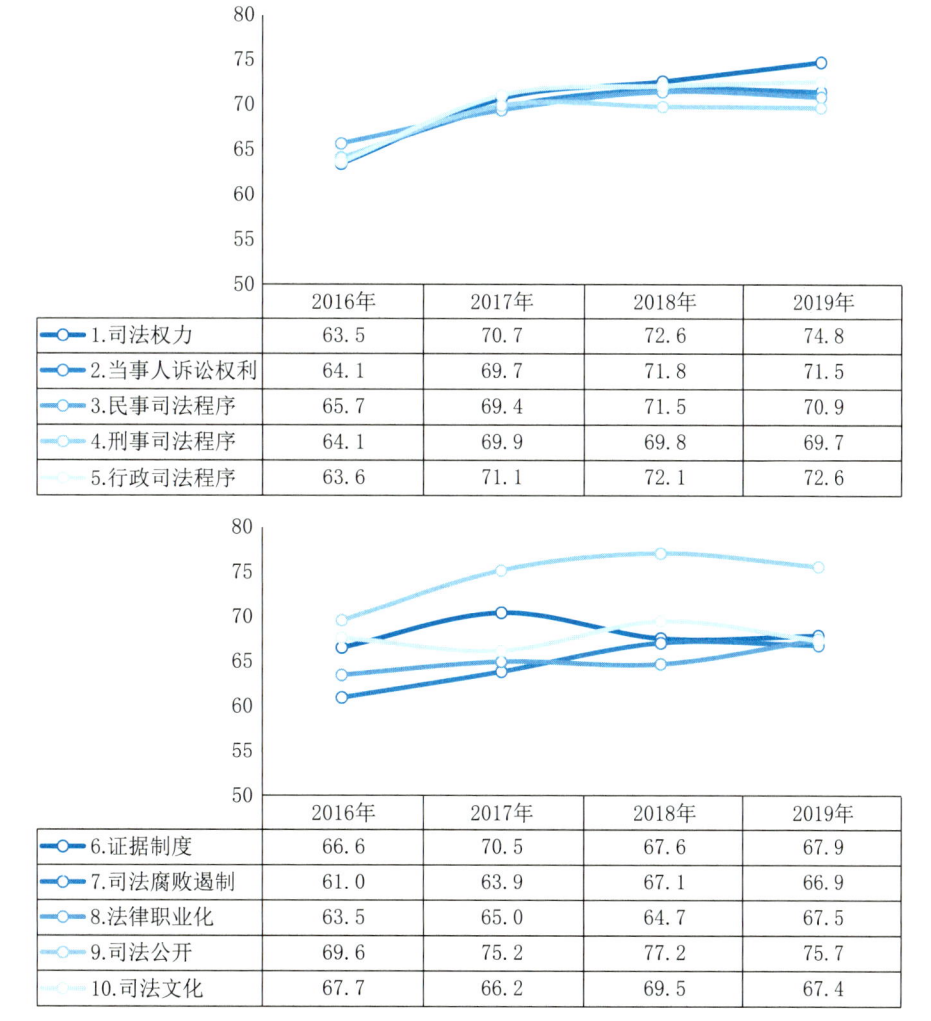

图 7-47 河南省司法文明一级指标得分年度变化情况

(十七) 湖北省

湖北省 2014—2019 年均进行了调查，六年间得分呈波动上升趋势，2015 年得分最低（63.4 分），2019 年得分最高（71.1 分），分差为 7.7 分。2014—2018 年得分均低于全国平均分，其中 2017 年比全国平均分低 3.67%，但 2019 年比全国平均分高 1.59%。

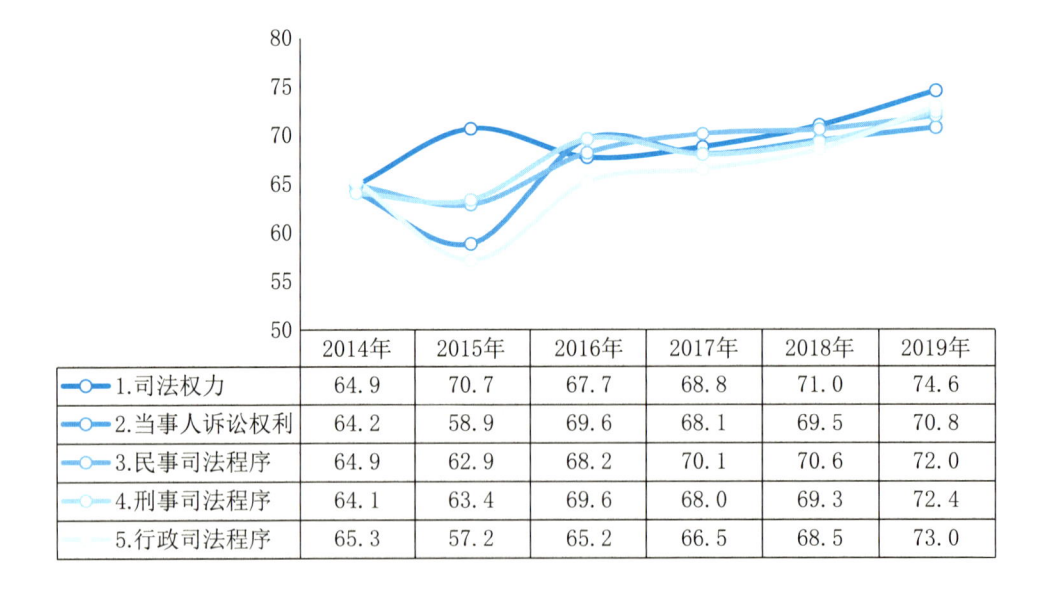

图 7-48 湖北省司法文明指数得分年度变化情况

总体上看，湖北省司法文明指数呈波浪式发展趋势，指标得分在 2015 年下降了 0.9 分，2016 年提高了 4.5 分，2017 年再次小幅下降 0.5 分，2018 年回升 1.8 分，2019 年继续提高 1.9 分。

10 个一级指标得分变化趋势如下：

	2014年	2015年	2016年	2017年	2018年	2019年
1.司法权力	64.9	70.7	67.7	68.8	71.0	74.6
2.当事人诉讼权利	64.2	58.9	69.6	68.1	69.5	70.8
3.民事司法程序	64.9	62.9	68.2	70.1	70.6	72.0
4.刑事司法程序	64.1	63.4	69.6	68.0	69.3	72.4
5.行政司法程序	65.3	57.2	65.2	66.5	68.5	73.0

	2014年	2015年	2016年	2017年	2018年	2019年
6.证据制度	67.6	67.2	69.6	66.8	68.6	70.6
7.司法腐败遏制	65.5	58.4	65.1	64.9	66.7	67.6
8.法律职业化	62.9	58.4	66.0	62.0	64.4	64.1
9.司法公开	66.9	68.1	72.5	73.4	76.2	77.0
10.司法文化	56.4	68.3	65.0	65.2	67.4	68.9

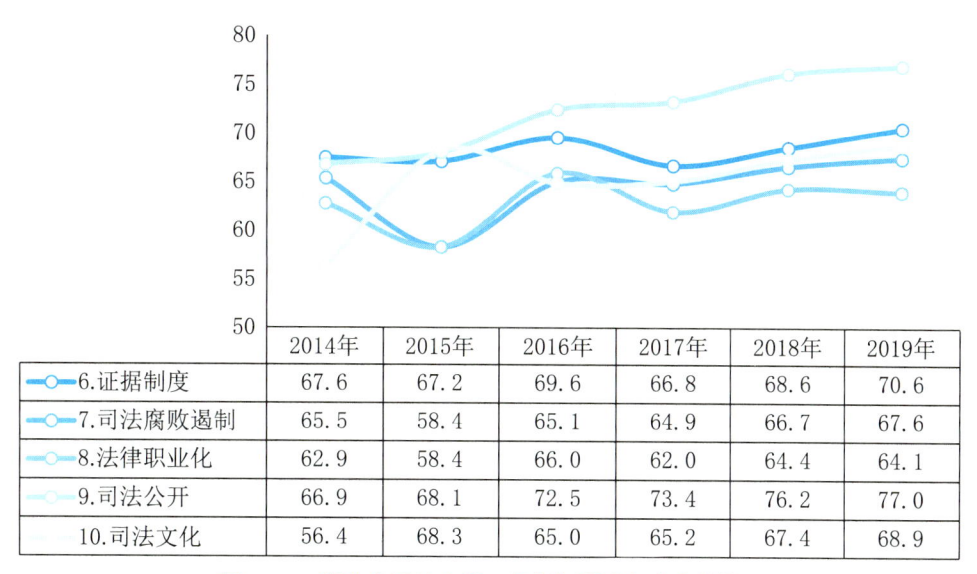

图 7-49　湖北省司法文明一级指标得分年度变化情况

（十八）湖南省

湖南省 2016—2019 年进行了调查，四年间得分较为稳定，2018 年得分最低（66.4 分），2017 年得分最高（67.6 分），分差为 1.2 分。四年间得分均低于全国平均分 2% 以上，其中 2018 年比全国平均分低 4.28%。

图 7-50　湖南省司法文明指数得分年度变化情况

总体上看，湖南省司法文明指数变化较为平稳，指标得分在 2017 年上升了 1.0 分，2018 年下降了 1.2 分，2019 年回升了 0.7 分。

10 个一级指标得分变化趋势如下：

	2016年	2017年	2018年	2019年
1.司法权力	64.6	68.6	65.9	70.1
2.当事人诉讼权利	66.2	67.4	65.0	65.3
3.民事司法程序	68.5	69.1	68.5	70.0
4.刑事司法程序	69.0	69.8	67.2	68.5
5.行政司法程序	64.8	69.1	66.8	67.5

	2016年	2017年	2018年	2019年
6.证据制度	68.9	66.8	63.2	65.5
7.司法腐败遏制	60.4	62.1	58.9	59.7
8.法律职业化	65.2	61.5	63.8	63.5
9.司法公开	71.8	75.4	75.4	74.0
10.司法文化	67.1	66.6	69.0	66.9

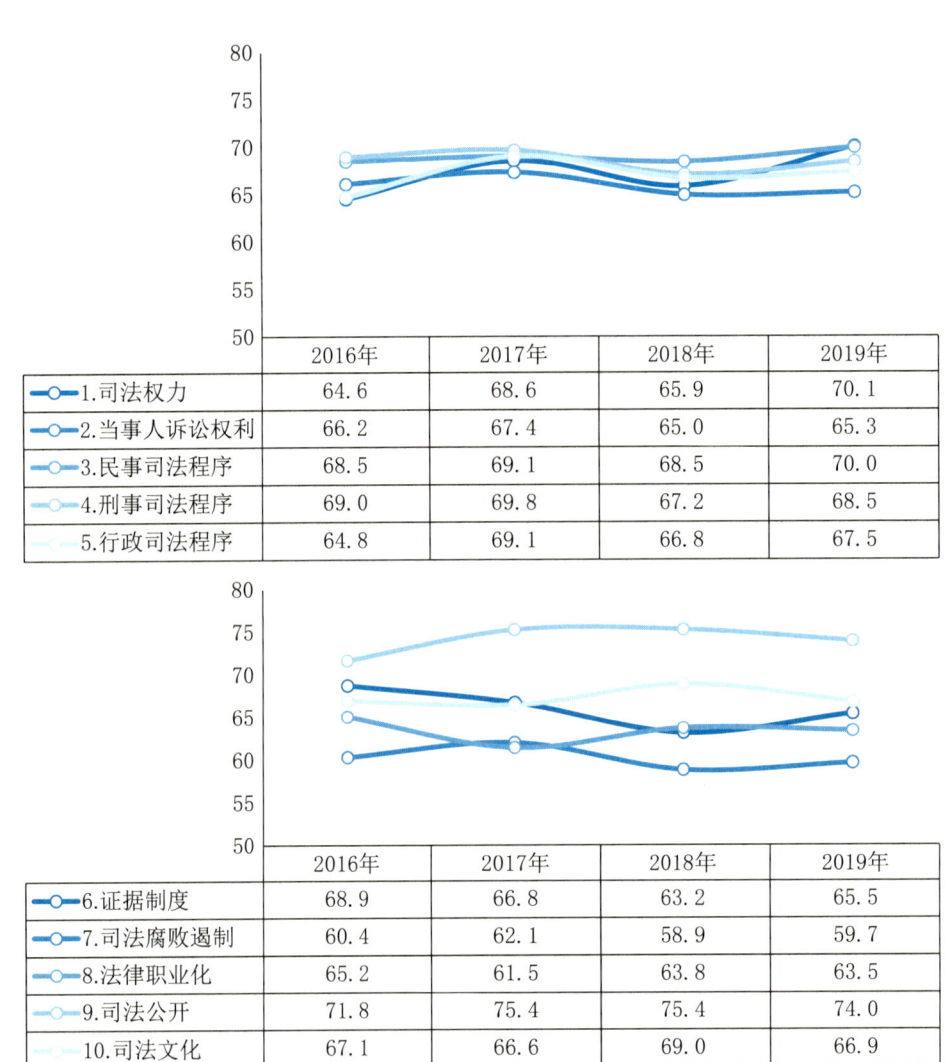

图 7-51　湖南省司法文明一级指标得分年度变化情况

（十九）广东省

广东省 2014—2019 年均进行了调查，六年间得分呈波动上升趋势，2015 年得分最低（64.2 分），2019 年得分最高（70.9 分），分差为 6.7 分。近两年来得分均高于全国平均分 1% 以上。

图 7-52　广东省司法文明指数得分年度变化情况

总体上看，广东省司法文明指数呈波浪式发展趋势，指标得分在 2015 年下降了 1.2 分，此后呈逐年上升趋势，2016 年上升幅度最大，2017 年、2018 年、2019 年均略有上升。

10 个一级指标得分变化趋势如下：

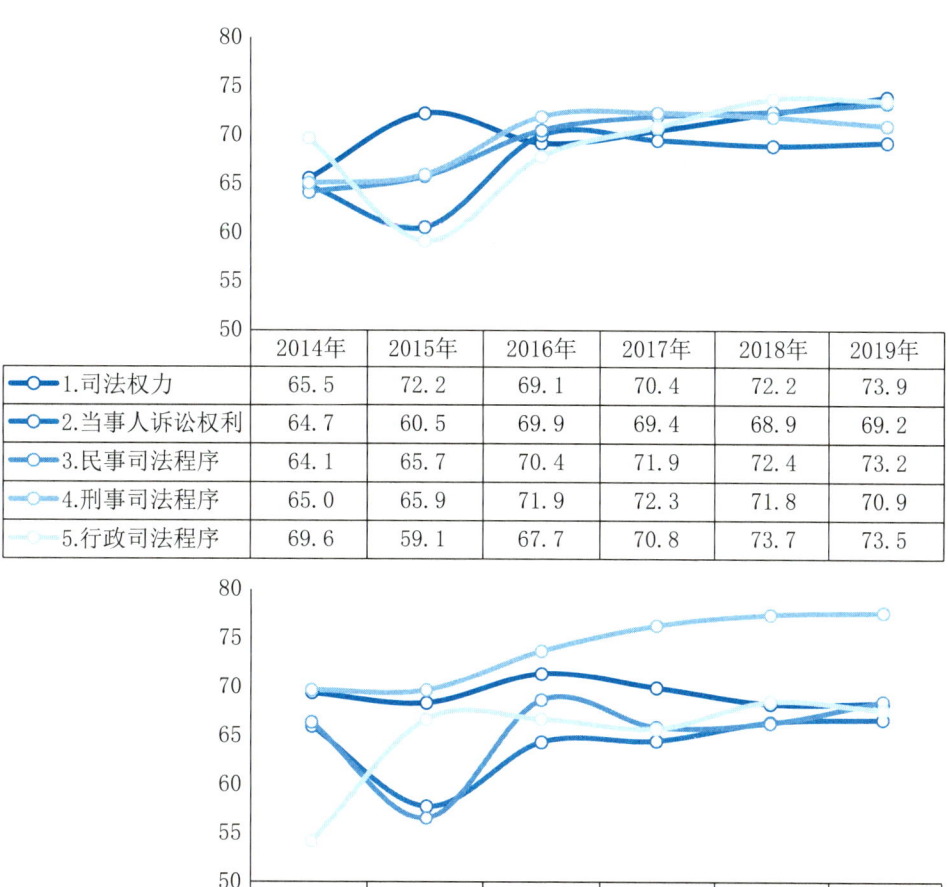

	2014年	2015年	2016年	2017年	2018年	2019年
1.司法权力	65.5	72.2	69.1	70.4	72.2	73.9
2.当事人诉讼权利	64.7	60.5	69.9	69.4	68.9	69.2
3.民事司法程序	64.1	65.7	70.4	71.9	72.4	73.2
4.刑事司法程序	65.0	65.9	71.9	72.3	71.8	70.9
5.行政司法程序	69.6	59.1	67.7	70.8	73.7	73.5

	2014年	2015年	2016年	2017年	2018年	2019年
6.证据制度	69.3	68.3	71.3	69.9	68.2	68.3
7.司法腐败遏制	65.9	57.7	64.3	64.4	66.3	66.6
8.法律职业化	66.3	56.5	68.6	65.8	66.2	68.5
9.司法公开	69.6	69.6	73.6	76.2	77.3	77.5
10.司法文化	54.1	66.6	66.6	65.7	68.4	67.6

图 7-53 广东省司法文明一级指标得分年度变化情况

（二十）广西壮族自治区

广西壮族自治区 2016—2019 年进行了调查，四年间得分呈逐年上升趋势，2016 年得分最低（66.3 分），2019 年得分最高（68.9 分），分差为 2.6 分。四年间得分均比全国平均分低 1% 以上，不过近三年来差距逐渐缩小。

图 7-54 广西壮族自治区司法文明指数得分年度变化情况

总体上看，广西壮族自治区司法文明指数呈逐年上升趋势，指标得分在 2017 年上升了 1.6 分，2018 年提高了 0.1 分，2019 年继续提高 0.9 分。

10 个一级指标得分变化趋势如下：

	2016年	2017年	2018年	2019年
1.司法权力	65.4	69.3	68.2	71.0
2.当事人诉讼权利	67.2	67.7	67.9	66.1
3.民事司法程序	67.4	69.8	69.9	71.0
4.刑事司法程序	67.7	68.6	69.2	68.3
5.行政司法程序	66.0	67.9	68.4	69.5

	2016年	2017年	2018年	2019年
6.证据制度	69.0	68.9	66.1	67.0
7.司法腐败遏制	59.9	61.9	61.9	63.1
8.法律职业化	63.4	63.9	66.8	68.6
9.司法公开	70.5	75.5	75.4	75.5
10.司法文化	66.2	65.6	66.4	68.7

图 7-55 广西壮族自治区司法文明一级指标得分年度变化情况

(二十一) 海南省

海南省2014—2019年均进行了调查，六年间得分变化较大，2015年得分最低（63.7分），2017年得分最高（76.2分），分差为12.5分。2017年比全国平均分高8.91%，2016年、2018年与全国平均分差距较小，2019年比全国平均分低2.14%。

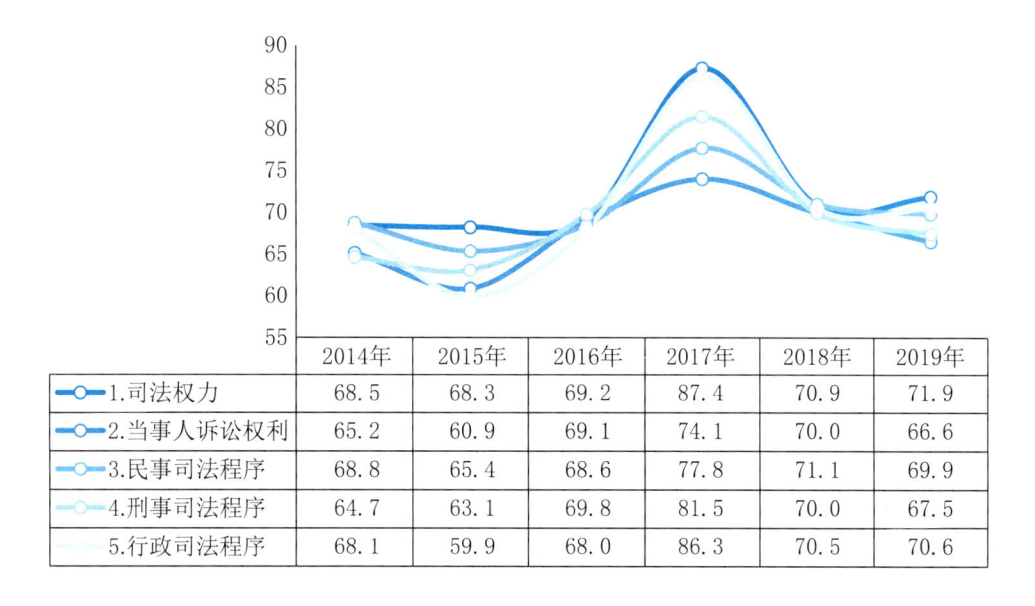

图 7-56 海南省司法文明指数得分年度变化情况

总体上看，海南省司法文明指数变化幅度较大，指标得分在2015年下降了3.0分，2016年、2017年分别提高了4.7分、7.8分，2018年、2019年分别降低了6.7分、1.0分。

10个一级指标得分变化趋势如下：

	2014年	2015年	2016年	2017年	2018年	2019年
1.司法权力	68.5	68.3	69.2	87.4	70.9	71.9
2.当事人诉讼权利	65.2	60.9	69.1	74.1	70.0	66.6
3.民事司法程序	68.8	65.4	68.6	77.8	71.1	69.9
4.刑事司法程序	64.7	63.1	69.8	81.5	70.0	67.5
5.行政司法程序	68.1	59.9	68.0	86.3	70.5	70.6

	2014年	2015年	2016年	2017年	2018年	2019年
6.证据制度	69.2	68.0	69.1	74.2	68.4	66.5
7.司法腐败遏制	68.8	56.7	65.5	87.2	63.3	63.0
8.法律职业化	68.0	58.3	67.3	67.1	66.5	67.6
9.司法公开	69.4	68.4	71.8	63.4	77.5	75.0
10.司法文化	55.7	67.6	65.7	62.9	66.6	66.3

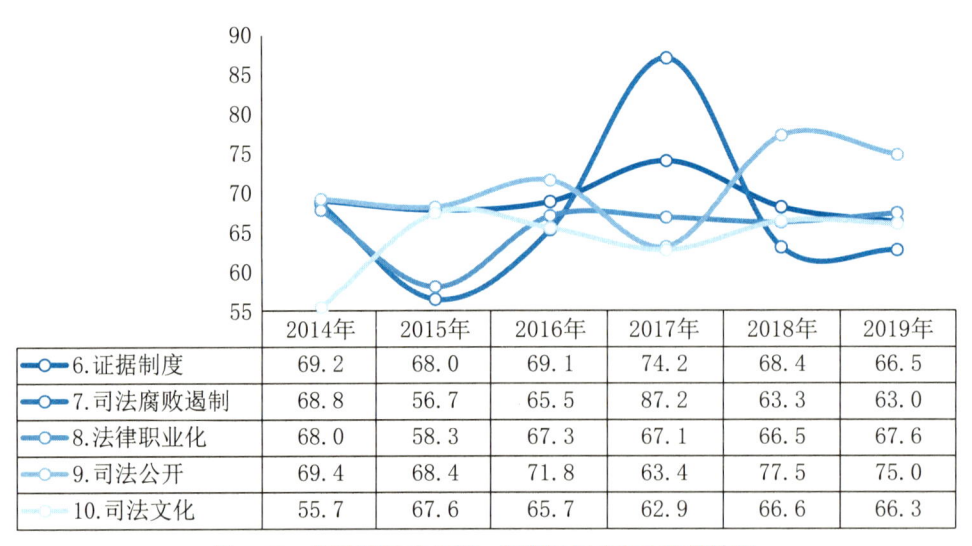

图 7-57　海南省司法文明一级指标得分年度变化情况

（二十二）重庆市

重庆市 2015—2019 年进行了调查，五年间得分呈逐年上升趋势，2015 年得分最低（63.8 分），2019 年得分最高（71.7 分），分差为 7.9 分。五年间得分从低于全国平均分逐渐变为高于全国平均分，2019 年比全国平均分高 2.40%。

图 7-58　重庆市司法文明指数得分年度变化情况

总体上看，重庆市司法文明指数呈逐年上升趋势，指标得分 2016—2019 年分别上升了 4.3 分、1.3 分、1.2 分、1.1 分，上升趋势逐渐减缓。

10 个一级指标得分变化趋势如下：

	2015年	2016年	2017年	2018年	2019年
1.司法权力	71.8	66.6	69.8	72.7	76.2
2.当事人诉讼权利	60.9	69.0	69.5	70.1	72.2
3.民事司法程序	64.7	69.1	70.1	70.4	71.3
4.刑事司法程序	65.1	70.5	71.7	71.5	72.7
5.行政司法程序	58.0	68.1	69.8	73.4	74.9

	2015年	2016年	2017年	2018年	2019年
6.证据制度	69.7	71.1	71.0	70.8	71.9
7.司法腐败遏制	56.8	64.6	66.7	71.2	69.1
8.法律职业化	54.6	65.5	63.6	64.9	63.3
9.司法公开	68.7	71.9	75.1	75.9	79.2
10.司法文化	67.6	65.3	67.0	65.2	65.7

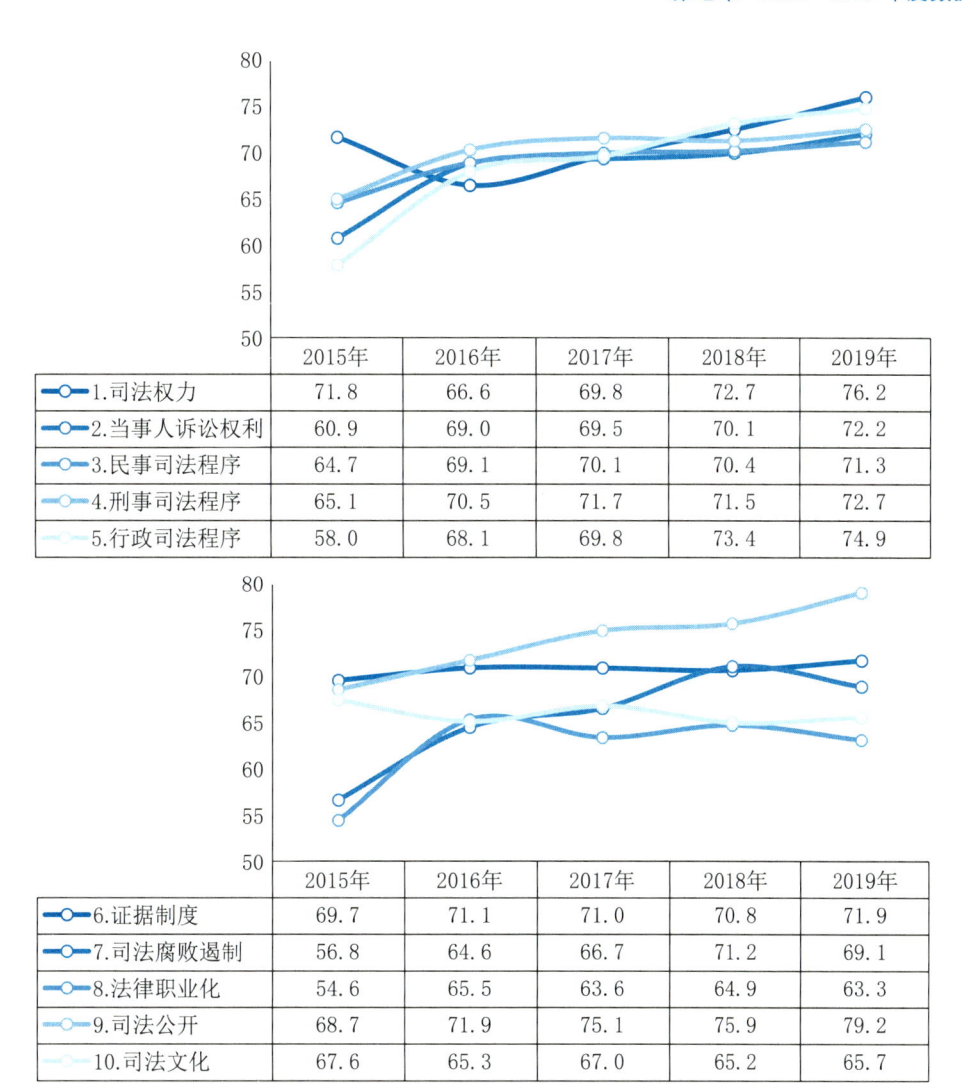

图 7-59　重庆市司法文明一级指标得分年度变化情况

(二十三) 四川省

四川省2014—2019年均进行了调查，六年间得分呈波动上升趋势，2014年得分最低（64.8分），2019年得分最高（71.3分），分差为6.5分。六年间有四年得分高于全国平均分，且近两年得分高于全国平均分1%以上。

图 7-60　四川省司法文明指数得分年度变化情况

总体上看，四川省司法文明指数呈波浪式发展趋势，指标得分在2015年与2014年持平，2016年大幅上升4.1分，2017年略有下降，2018年上升1.9分，2019年继续上升0.7分。

10个一级指标得分变化趋势如下：

	2014年	2015年	2016年	2017年	2018年	2019年
1.司法权力	62.9	72.2	69.8	70.3	73.4	76.7
2.当事人诉讼权利	64.7	61.5	70.3	68.5	70.6	71.6
3.民事司法程序	67.5	66.1	69.9	70.1	70.7	73.1
4.刑事司法程序	64.0	64.8	69.9	70.0	72.3	70.5
5.行政司法程序	61.4	60.1	67.4	68.8	72.0	75.2

	2014年	2015年	2016年	2017年	2018年	2019年
6.证据制度	70.6	68.2	71.3	68.6	69.7	70.4
7.司法腐败遏制	67.7	59.7	65.1	65.9	69.0	69.6
8.法律职业化	63.8	58.8	66.2	64.7	65.3	63.6
9.司法公开	69.9	68.9	72.7	74.5	76.5	76.9
10.司法文化	56.1	67.8	66.9	66.0	66.9	65.6

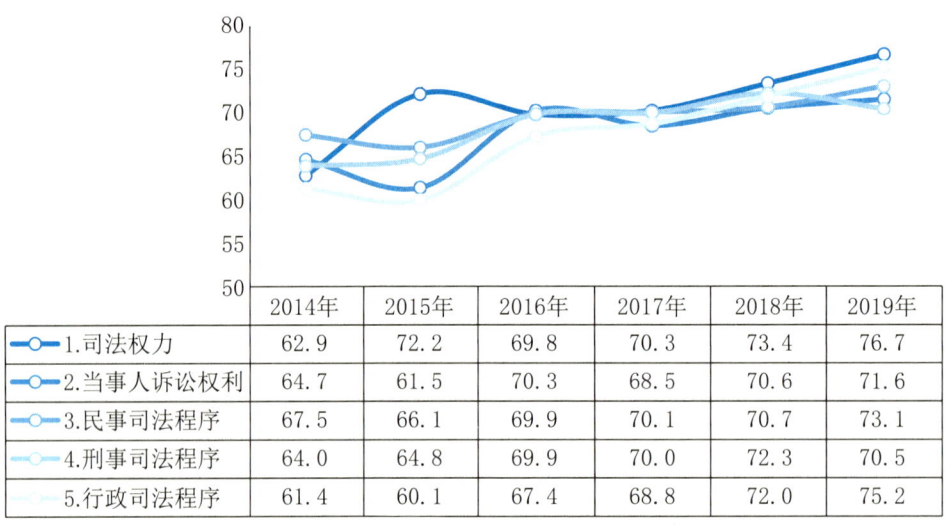

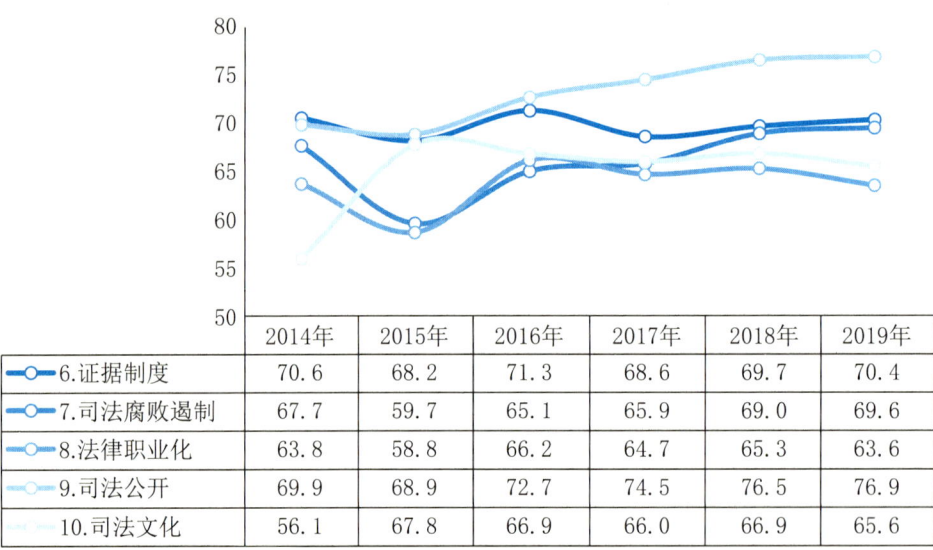

图7-61 四川省司法文明一级指标得分年度变化情况

（二十四）贵州省

贵州省2015—2019年进行了调查，五年间得分呈波浪式发展趋势，2015年得分最低（63.0分），2017年得分最高（68.9分），分差为5.9分。五年间得分均低于全国平均分，2019年比全国平均分低1.83%。

图 7-62 贵州省司法文明指数得分年度变化情况

总体上看，贵州省司法文明指数呈波浪式发展趋势，指标得分在 2016 年大幅上升 4.8 分，2017 年继续上升 1.1 分，2018 年略有下降，2019 年略有回升。

10 个一级指标得分变化趋势如下：

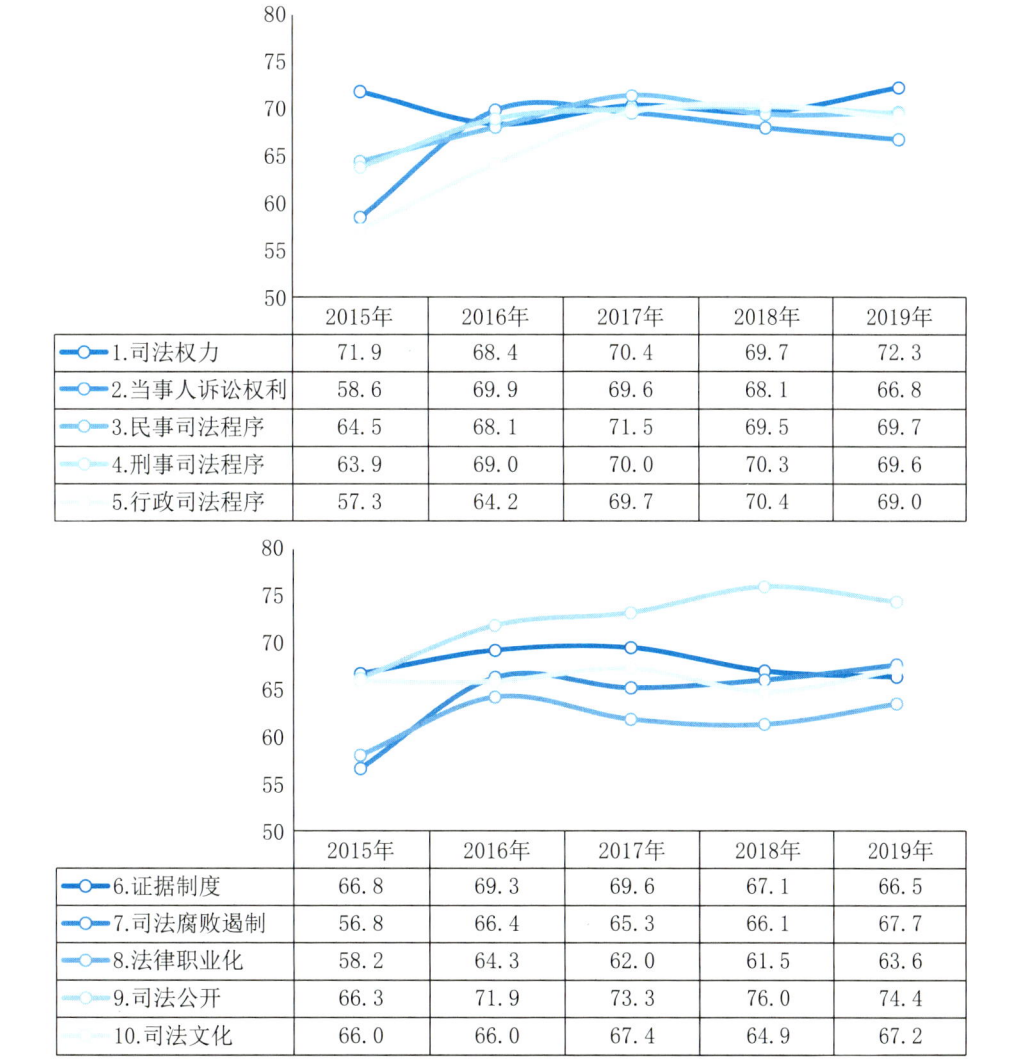

	2015年	2016年	2017年	2018年	2019年
1.司法权力	71.9	68.4	70.4	69.7	72.3
2.当事人诉讼权利	58.6	69.9	69.6	68.1	66.8
3.民事司法程序	64.5	68.1	71.5	69.5	69.7
4.刑事司法程序	63.9	69.0	70.0	70.3	69.6
5.行政司法程序	57.3	64.2	69.7	70.4	69.0

	2015年	2016年	2017年	2018年	2019年
6.证据制度	66.8	69.3	69.6	67.1	66.5
7.司法腐败遏制	56.8	66.4	65.3	66.1	67.7
8.法律职业化	58.2	64.3	62.0	61.5	63.6
9.司法公开	66.3	71.9	73.3	76.0	74.4
10.司法文化	66.0	66.0	67.4	64.9	67.2

图 7-63 贵州省司法文明一级指标得分年度变化情况

(二十五) 云南省

云南省 2015—2019 年进行了调查，五年间得分呈先上升后下降趋势，2015 年得分最低（65.1 分），2017 年得分最高（71.9 分），分差为 6.8 分。五年间有四年得分高于全国平均分，但 2019 年比全国平均分低 1.07%。

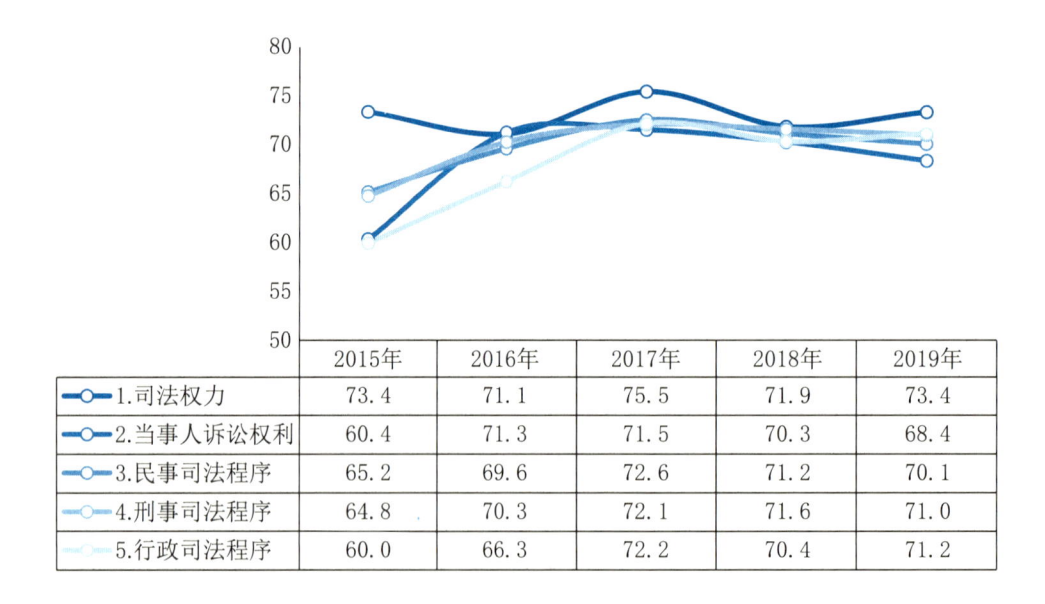

图 7-64 云南省司法文明指数得分年度变化情况

总体上看，云南省司法文明指数呈先上升后下降趋势，指标得分在 2016 年大幅上升 4.6 分，2017 年继续上升 2.2 分，2018 年下降 1.2 分，2019 年继续下降 1.5 分。

10 个一级指标得分变化趋势如下：

	2015年	2016年	2017年	2018年	2019年
1.司法权力	73.4	71.1	75.5	71.9	73.4
2.当事人诉讼权利	60.4	71.3	71.5	70.3	68.4
3.民事司法程序	65.2	69.6	72.6	71.2	70.1
4.刑事司法程序	64.8	70.3	72.1	71.6	71.0
5.行政司法程序	60.0	66.3	72.2	70.4	71.2

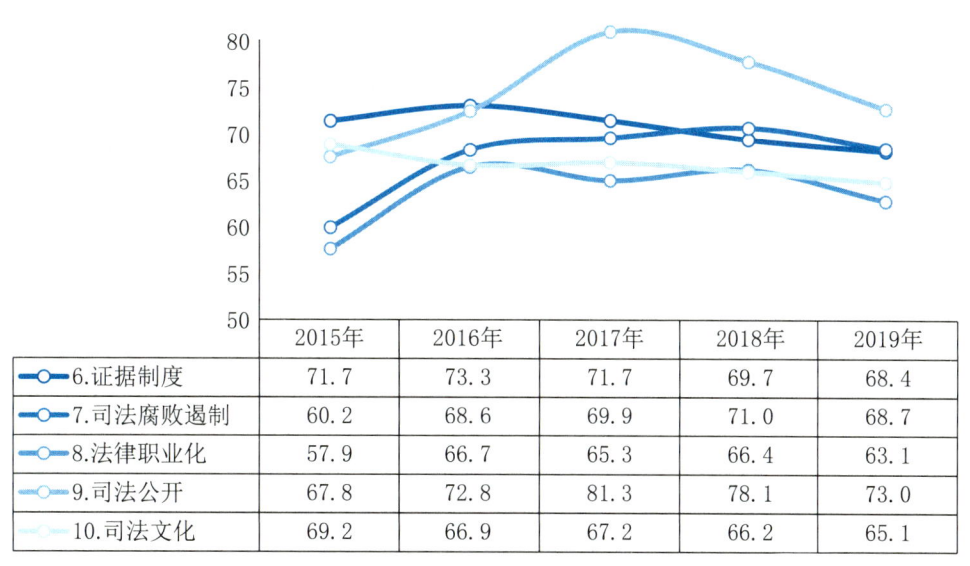

	2015年	2016年	2017年	2018年	2019年
6.证据制度	71.7	73.3	71.7	69.7	68.4
7.司法腐败遏制	60.2	68.6	69.9	71.0	68.7
8.法律职业化	57.9	66.7	65.3	66.4	63.1
9.司法公开	67.8	72.8	81.3	78.1	73.0
10.司法文化	69.2	66.9	67.2	66.2	65.1

图 7-65 云南省司法文明一级指标得分年度变化情况

（二十六）西藏自治区

西藏自治区 2016—2019 年进行了调查，四年间得分呈先下降后上升趋势，2017 年得分最低（67.8 分），2019 年得分最高（70.8 分），分差为 3.0 分。2017 年比全国平均分低 3.10%，其余三年比全国平均分高。

图 7-66 西藏自治区司法文明指数得分年度变化情况

总体上看，西藏自治区司法文明指数呈先下降后上升趋势，指标得分在 2017 年下降 0.6 分，2018 年提高 2.1 分，2019 年继续提高 0.9 分。

10 个一级指标得分变化趋势如下：

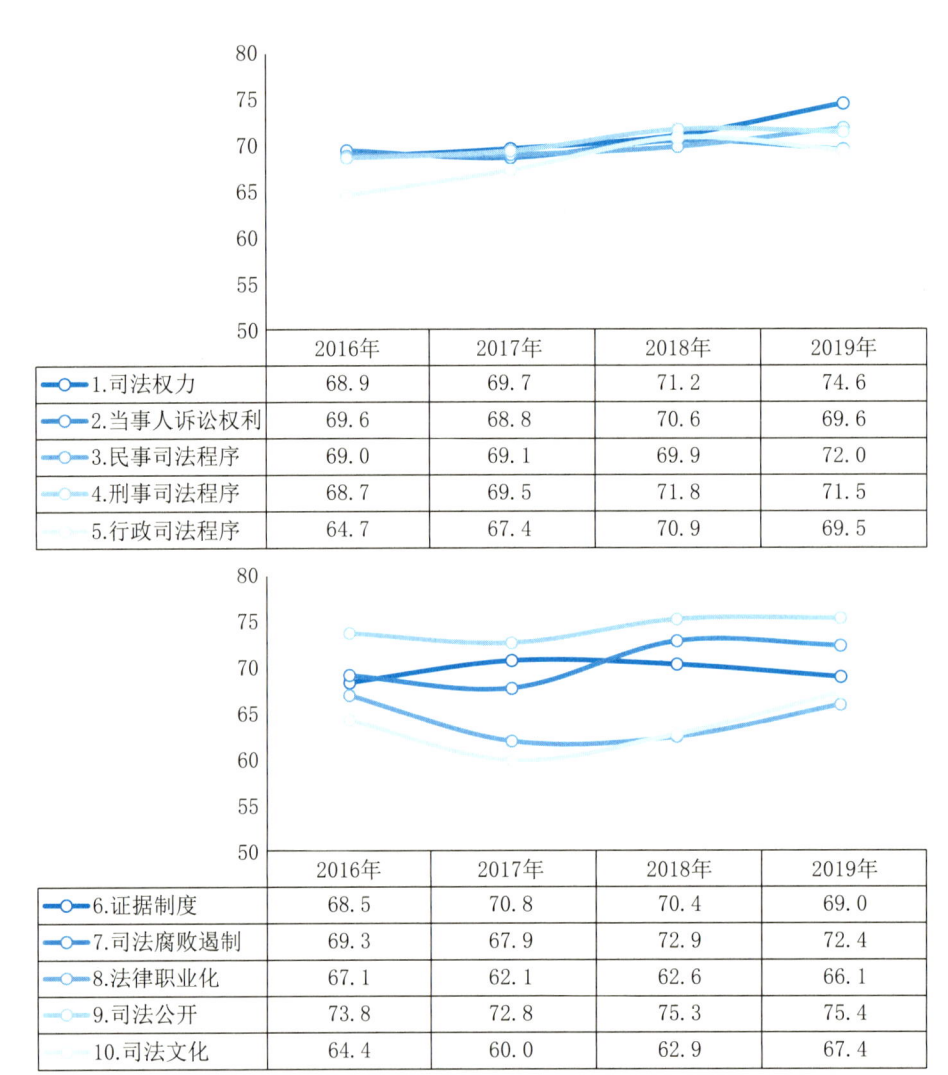

	2016年	2017年	2018年	2019年
◆ 1.司法权力	68.9	69.7	71.2	74.6
2.当事人诉讼权利	69.6	68.8	70.6	69.6
3.民事司法程序	69.0	69.1	69.9	72.0
4.刑事司法程序	68.7	69.5	71.8	71.5
5.行政司法程序	64.7	67.4	70.9	69.5

	2016年	2017年	2018年	2019年
◆ 6.证据制度	68.5	70.8	70.4	69.0
7.司法腐败遏制	69.3	67.9	72.9	72.4
8.法律职业化	67.1	62.1	62.6	66.1
9.司法公开	73.8	72.8	75.3	75.4
10.司法文化	64.4	60.0	62.9	67.4

图 7-67　西藏自治区司法文明一级指标得分年度变化情况

（二十七）陕西省

陕西省 2016—2019 年进行了调查，四年间得分呈先上升后下降趋势，2016 年得分最低（63.8 分），2017 年得分最高（69.7 分），分差为 5.9 分。2016 年比全国平均分低 6.47%，2017—2018 年与全国平均分相近，2019 年比全国平均分低 2.50%。

图 7-68　陕西省司法文明指数得分年度变化情况

总体上看，陕西省司法文明指数呈先上升后下降趋势，指标得分在 2017 年大幅上升 5.9 分，2018 年略有下降，2019 年继续下降 1.4 分。

10 个一级指标得分变化趋势如下：

	2016年	2017年	2018年	2019年
1.司法权力	61.7	71.9	70.2	72.0
2.当事人诉讼权利	63.4	68.7	68.2	67.0
3.民事司法程序	66.5	70.9	71.1	70.3
4.刑事司法程序	66.6	69.7	70.9	67.2
5.行政司法程序	61.4	70.8	73.0	68.0

	2016年	2017年	2018年	2019年
6.证据制度	64.7	69.8	67.8	66.4
7.司法腐败遏制	57.7	66.4	66.2	64.3
8.法律职业化	60.6	63.3	65.4	67.6
9.司法公开	69.2	77.6	76.2	73.2
10.司法文化	66.2	67.7	66.7	66.3

图 7-69　陕西省司法文明一级指标得分年度变化情况

（二十八）甘肃省

甘肃省 2016—2019 年进行了调查，四年间得分呈"N"形变化，2018 年得分最低（65.2 分），2017 年得分最高（69.9 分），分差为 4.7 分。四年间得分均低于全国平均分，其中 2018 年比全国平均分低 5.90%，不过 2019 年大幅缩小差距，仅低于全国平均分 0.45%。

图 7-70 甘肃省司法文明指数得分年度变化情况

总体上看，甘肃省司法文明指数变化幅度较大，指标得分在 2017 年上升 3.4 分，2018 年下降 4.7 分，2019 年回升 4.5 分。

10 个一级指标得分变化趋势如下：

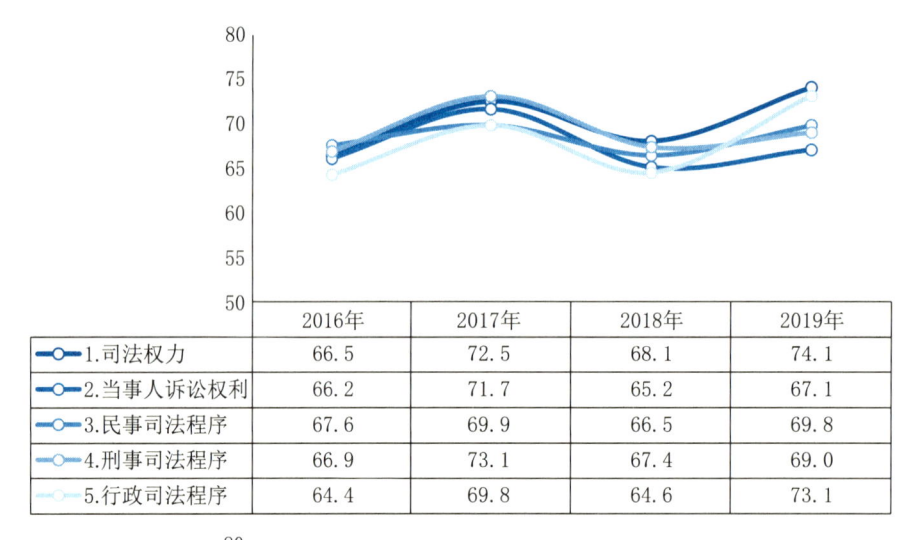

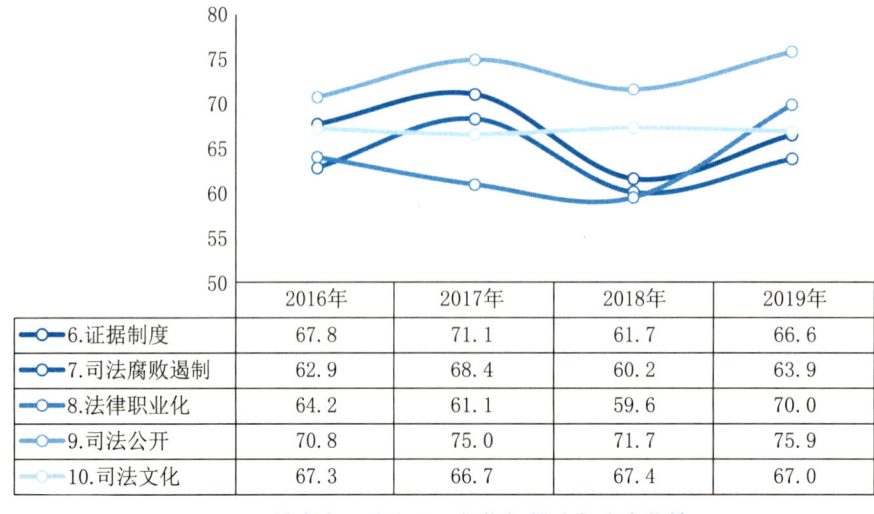

	2016年	2017年	2018年	2019年
1.司法权力	66.5	72.5	68.1	74.1
2.当事人诉讼权利	66.2	71.7	65.2	67.1
3.民事司法程序	67.6	69.9	66.5	69.8
4.刑事司法程序	66.9	73.1	67.4	69.0
5.行政司法程序	64.4	69.8	64.6	73.1

	2016年	2017年	2018年	2019年
6.证据制度	67.8	71.1	61.7	66.6
7.司法腐败遏制	62.9	68.4	60.2	63.9
8.法律职业化	64.2	61.1	59.6	70.0
9.司法公开	70.8	75.0	71.7	75.9
10.司法文化	67.3	66.7	67.4	67.0

图 7-71 甘肃省司法文明一级指标得分年度变化情况

(二十九) 青海省

青海省 2014—2019 年均进行了调查，六年间得分呈"W"形变化，2015 年得分最低（63.5 分），2017 年得分最高（71.0 分），分差为 7.5 分。六年间得分趋势与全国平均分相近，其中五年低于全国平均分，2017 年比全国平均分高 1.48%，但 2018 年、2019 年均略低于全国平均分。

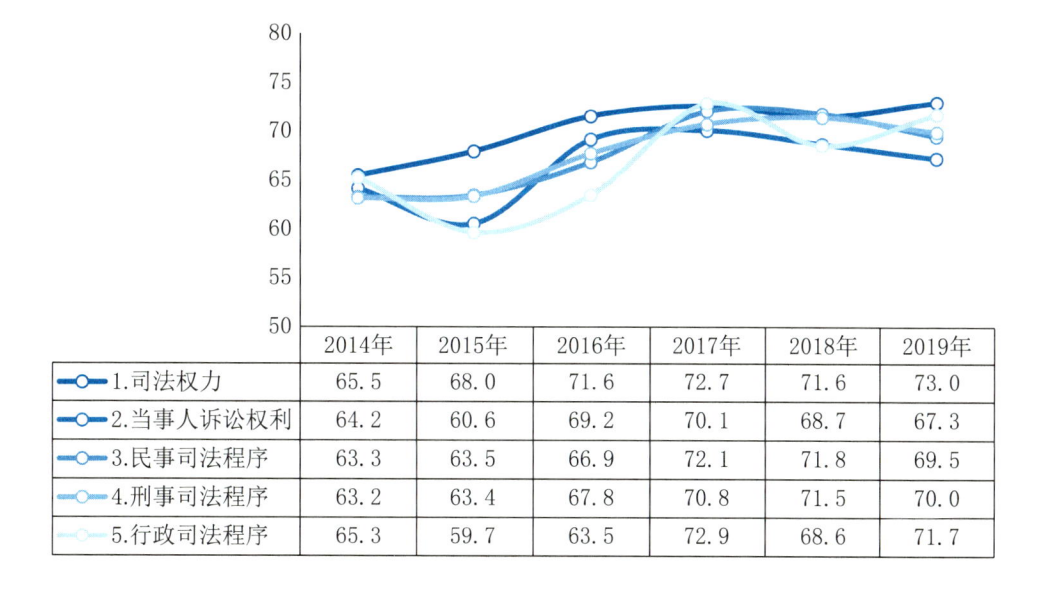

图 7-72　青海省司法文明指数得分年度变化情况

总体上看，青海省司法文明指数呈波浪式发展趋势，指标得分在 2015 年下降 1.5 分，2016 年上升 4.7 分，2017 年继续上升 2.8 分，2018 年回落 1.9 分，2019 年又回升了 0.7 分。

10 个一级指标得分变化趋势如下：

	2014年	2015年	2016年	2017年	2018年	2019年
1.司法权力	65.5	68.0	71.6	72.7	71.6	73.0
2.当事人诉讼权利	64.2	60.6	69.2	70.1	68.7	67.3
3.民事司法程序	63.3	63.5	66.9	72.1	71.8	69.5
4.刑事司法程序	63.2	63.4	67.8	70.8	71.5	70.0
5.行政司法程序	65.3	59.7	63.5	72.9	68.6	71.7

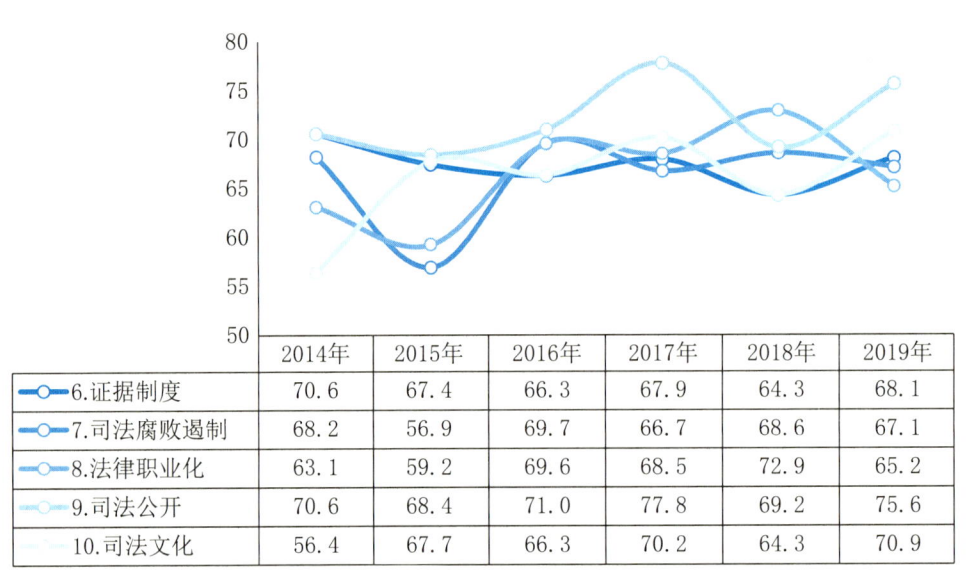

	2014年	2015年	2016年	2017年	2018年	2019年
6.证据制度	70.6	67.4	66.3	67.9	64.3	68.1
7.司法腐败遏制	68.2	56.9	69.7	66.7	68.6	67.1
8.法律职业化	63.1	59.2	69.6	68.5	72.9	65.2
9.司法公开	70.6	68.4	71.0	77.8	69.2	75.6
10.司法文化	56.4	67.7	66.3	70.2	64.3	70.9

图 7-73　青海省司法文明一级指标得分年度变化情况

（三十）宁夏回族自治区

宁夏回族自治区 2015—2019 年进行了调查，五年间得分呈先上升后下降趋势，2015 年得分最低（65.6 分），2017 年得分最高（71.4 分），分差为 5.8 分。五年间得分均高于全国平均分，2016 年比全国平均分高 3.04%，但之后差距不断缩小，2019 年仅比全国平均分高 0.24%。

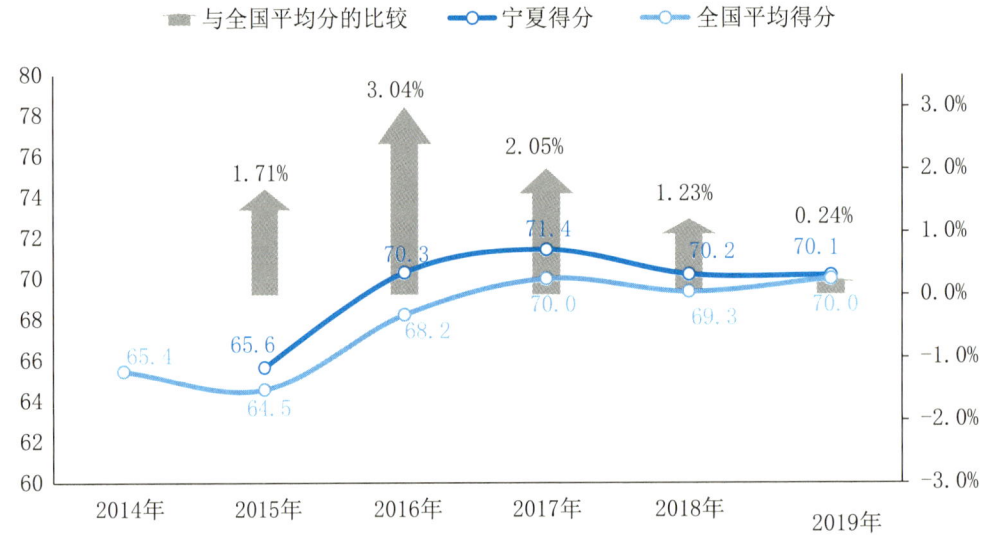

图 7-74　宁夏回族自治区司法文明指数得分年度变化情况

总体上看，宁夏回族自治区司法文明指数先上升后下降，指标得分在 2016 年、2017 年分别提高 4.7 分、1.1 分，2018 年、2019 年分别降低 1.2 分、0.1 分。

10 个一级指标得分变化趋势如下：

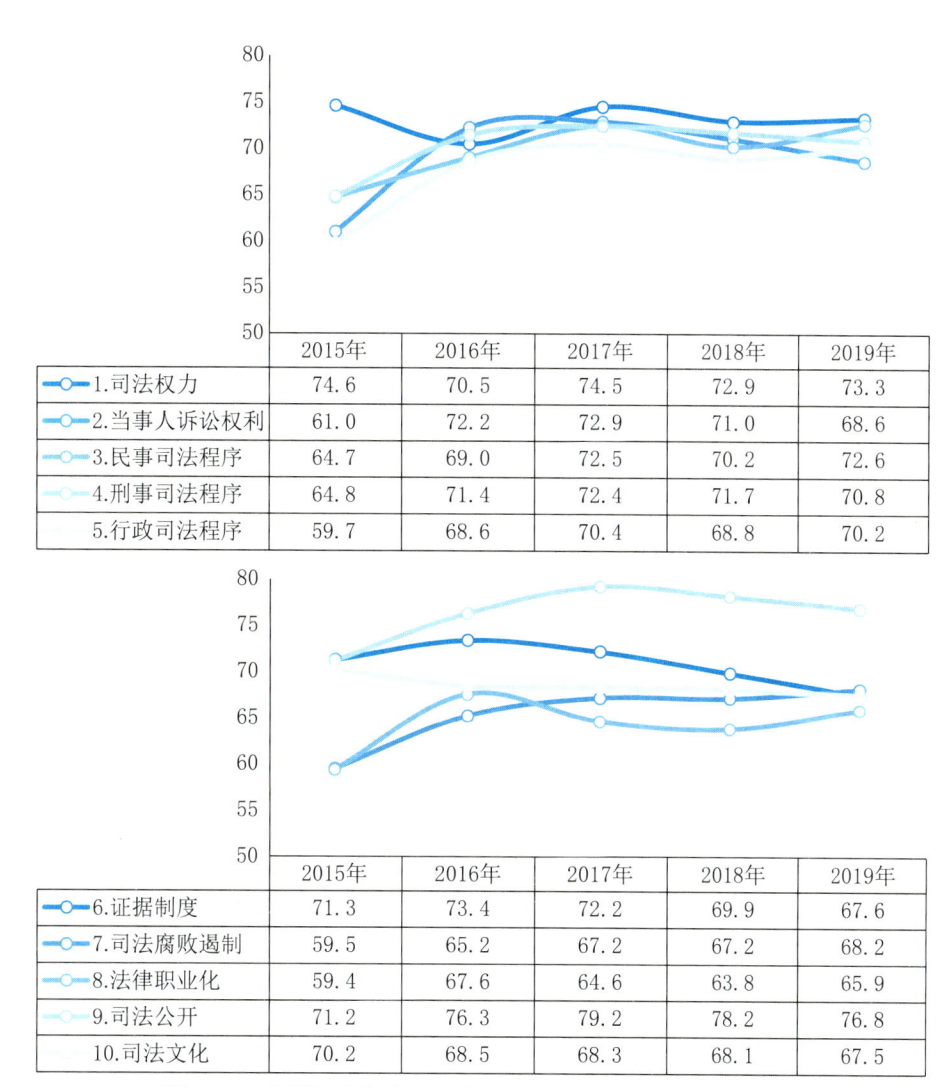

	2015年	2016年	2017年	2018年	2019年
1.司法权力	74.6	70.5	74.5	72.9	73.3
2.当事人诉讼权利	61.0	72.2	72.9	71.0	68.6
3.民事司法程序	64.7	69.0	72.5	70.2	72.6
4.刑事司法程序	64.8	71.4	72.4	71.7	70.8
5.行政司法程序	59.7	68.6	70.4	68.8	70.2

	2015年	2016年	2017年	2018年	2019年
6.证据制度	71.3	73.4	72.2	69.9	67.6
7.司法腐败遏制	59.5	65.2	67.2	67.2	68.2
8.法律职业化	59.4	67.6	64.6	63.8	65.9
9.司法公开	71.2	76.3	79.2	78.2	76.8
10.司法文化	70.2	68.5	68.3	68.1	67.5

图 7-75　宁夏回族自治区司法文明一级指标得分年度变化情况

（三十一）新疆维吾尔自治区

新疆维吾尔自治区 2016—2019 年进行了调查，四年间得分较为稳定，2017 年得分最低（69.0 分），2019 年得分最高（70.4 分），分差为 1.4 分。四年间得分有三年高于全国平均分，其中 2016 年比全国平均分高 2.60%，但 2017 年比全国平均分低 1.38%。2018 年、2019 年均比全国平均分高 1% 以内。

图 7-76　新疆维吾尔自治区司法文明指数得分年度变化情况

总体上看，新疆维吾尔自治区司法文明指数变化较为平稳，指标得分在 2017 年下降 1.0 分，2018 年提高 0.8 分，2019 年继续提高 0.6 分。

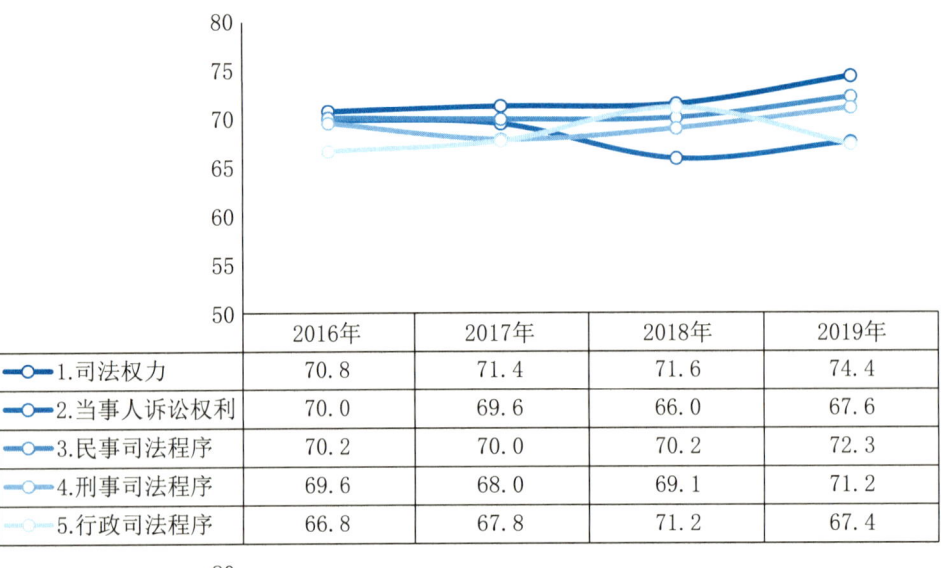

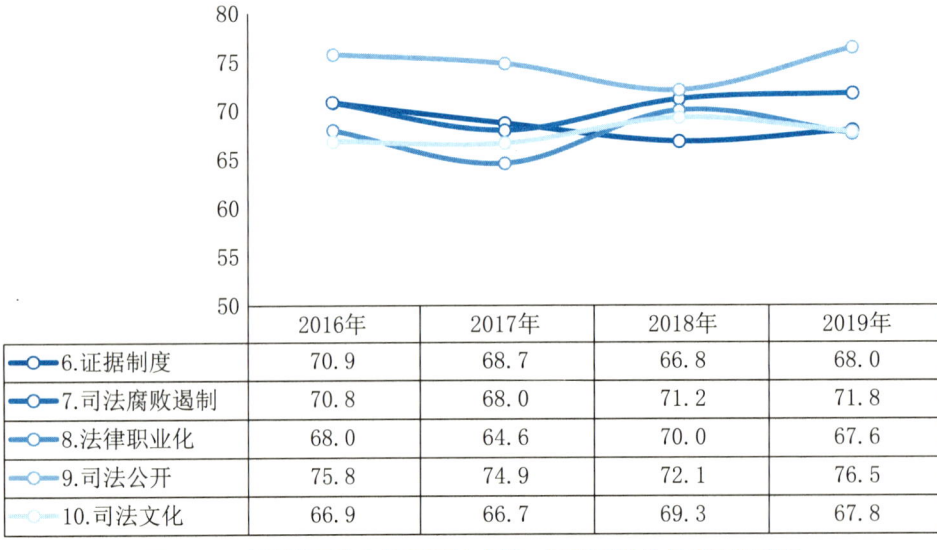

10 个一级指标得分变化趋势如下：

	2016年	2017年	2018年	2019年
1.司法权力	70.8	71.4	71.6	74.4
2.当事人诉讼权利	70.0	69.6	66.0	67.6
3.民事司法程序	70.2	70.0	70.2	72.3
4.刑事司法程序	69.6	68.0	69.1	71.2
5.行政司法程序	66.8	67.8	71.2	67.4

	2016年	2017年	2018年	2019年
6.证据制度	70.9	68.7	66.8	68.0
7.司法腐败遏制	70.8	68.0	71.2	71.8
8.法律职业化	68.0	64.6	70.0	67.6
9.司法公开	75.8	74.9	72.1	76.5
10.司法文化	66.9	66.7	69.3	67.8

图 7-77　新疆维吾尔自治区司法文明一级指标得分年度变化情况

附录1 司法文明指数调查问卷（职业卷）

您好：

"司法文明指数"是教育部、财政部"2011计划"司法文明协同创新中心承担的一个重大研究项目。为了对我国各省、自治区、直辖市的司法文明状况进行评估，我们设计了这份问卷。请根据您所在地区的实际情况，回答每一个问题。问卷采取匿名方式，对于问卷答题结果和您的个人信息，根据《中华人民共和国统计法》第九条的规定，我们将为您严格保密。您的每一个回答都将为司法文明建设贡献一份力量。

衷心感谢您对我们工作的支持！

《司法文明指数研究》课题组

请在选择项对应的数字代号上画〇。

个人基本情况

Z1. 您的性别： 【单选】
男 …………………… 1　　女 …………………… 2

Z2. 出生年月：_____年_____月

Z3. 民族：_____族

Z4. 您目前工作的地方：_____省（自治区/直辖市）_____地级市（州、区）_____区（县）

Z5.1 您的职业是： 【单选】
法官 …………………… 1　　警察 …………………… 3
检察官 …………………… 2　　律师 …………………… 4

Z5.2 如果您是法官或检察官，您是否已经进入员额？
是 …………………… 1　　否 …………………… 2

Z6. 您从_____年_____月开始从事法律职业。

Z7. 您的教育背景（学历/学位）： 【单选】

高中及以下 ……………………	1	➡【跳答到Z9题】
专科 ……………………	2	➡【继续回答下一题】
本科 ……………………	3	
研究生/硕士 ……………………	4	
研究生/博士 ……………………	5	

Z8. 【如 Z7 选择了 2~5 中的任一个，则回答此题】您的专业（含全日制、函授、自考教育）： 【单选】

法学专业（包括专科、本科、研究生）………………………… 1　　其他专业……………………………… 2

Z9. 您的政治面貌： 【单选】

中共党员………………………………… 1　　共青团员……………………………… 4

民主党派………………………………… 2　　群众…………………………………… 5

无党派（经有关部门认定）………… 3

主体问题

Q1. 在过去三年，您获得业务培训的总时长是多少？ 【单选】

没　有…………………………………… 1

1 周以内………………………………… 2　　2~4 周………………………………… 4

1~2 周…………………………………… 3　　4 周以上……………………………… 5

Q2. 您对自己所获得的法律职业保障的满意程度如何？ 【逐行单选】

	非常满意	比较满意	一　般	不太满意	非常不满意
2.1 职务晋升前景	5	4	3	2	1
2.2 职业待遇（工资、奖金、福利等）	5	4	3	2	1
2.3 履行法定职责保护机制	5	4	3	2	1

Q3. 在您所在单位，您感受到来自以下方面的工作压力如何？ 【逐行单选】

【3.2，3.4 不纳入指标算分】

	很　大	大	中	小	无
3.1 绩效考核	5	4	3	2	1
3.2 错案责任追究	5	4	3	2	1
3.3 当事人及其家属	5	4	3	2	1
3.4 媒体舆论	5	4	3	2	1

Q4. 在您所在地区，律师执业时发生如下问题的可能性有多大？ 【逐行单选】

	非常可能	很可能	有可能	不太可能	非常不可能
4.1 调查取证权行使受到限制	5	4	3	2	1
4.2 庭审中质证权行使受到限制	5	4	3	2	1
4.3 被追究"律师伪证罪"	5	4	3	2	1
4.4 办案过程中被公检法人员羞辱	5	4	3	2	1

Q5. 在您所在地区，律师存在下列行为的可能性有多大？ 【逐行单选】

	非常可能	很可能	有可能	不太可能	非常不可能
5.1 虚假承诺	5	4	3	2	1
5.2 与法官有不正当利益往来	5	4	3	2	1
5.3 尽职尽责为委托人服务	5	4	3	2	1

Q6. 在您所在地区，下列人员办"关系案"的可能性有多大？ 【逐行单选】

	非常可能	很可能	有可能	不太可能	非常不可能
6.1 法官	5	4	3	2	1
6.2 检察官	5	4	3	2	1
6.3 警察	5	4	3	2	1

Q7. 在您所在地区，下列人员收受贿赂的可能性有多大？ 【逐行单选】

	非常可能	很可能	有可能	不太可能	非常不可能
7.1 法官	5	4	3	2	1
7.2 检察官	5	4	3	2	1
7.3 警察	5	4	3	2	1

Q8. 在您所在地区，法官办案受到本院领导干涉的可能性有多大？ 【单选】

非常可能	很可能	有可能	不太可能	非常不可能
5	4	3	2	1

Q9. 在您所在地区，下列司法机关办案受到党政机关干涉的可能性有多大？ 【逐行单选】

	非常可能	很可能	有可能	不太可能	非常不可能
9.1 法院	5	4	3	2	1
9.2 检察院	5	4	3	2	1

Q10. 在您所在地区，下列机关公正办案的可能性有多大？ 【逐行单选】

	非常可能	很可能	有可能	不太可能	非常不可能
10.1 法院	5	4	3	2	1
10.2 检察院	5	4	3	2	1
10.3 公安机关	5	4	3	2	1

Q11. 在您所在地区，法院对以下案件当事人"不偏不倚"的可能性有多大？ 【逐行单选】

	非常可能	很可能	有可能	不太可能	非常不可能
11.1 民事诉讼中贫富不同的当事人	5	4	3	2	1
11.2 刑事诉讼控辩双方	5	4	3	2	1
11.3 行政诉讼原告与被告	5	4	3	2	1

Q12. 在您所在地区，法院依法行使审判权的可能性有多大？ 【单选】

非常可能	很可能	有可能	不太可能	非常不可能
5	4	3	2	1

Q13. 在您所在地区，在审查起诉时如果发现有利于犯罪嫌疑人的证据，检察院及时调取该证据的可能性有多大？ 【单选】

非常可能	很可能	有可能	不太可能	非常不可能
5	4	3	2	1

Q14. 在您所在地区，对于公安机关移送审查起诉的案件，检察机关经过审查后认为犯罪情节轻微，依照刑法规定不需要判处刑罚或者可以免除刑罚的，其作出不起诉决定的可能性有多大？ 【单选】

非常可能	很可能	有可能	不太可能	非常不可能
5	4	3	2	1

Q15. 在您所在地区，警察对犯罪嫌疑人刑讯逼供的可能性有多大？ 【单选】

非常可能	很可能	有可能	不太可能	非常不可能
5	4	3	2	1

Q16. 在您所在地区，犯罪嫌疑人被超期羁押的可能性有多大？ 【单选】

非常可能	很可能	有可能	不太可能	非常不可能
5	4	3	2	1

Q17. 在您所在地区的侦查讯问中，警察要求犯罪嫌疑人自证其罪的可能性有多大？ 【单选】

非常可能	很可能	有可能	不太可能	非常不可能
5	4	3	2	1

Q18. 在您所在地区，律师行使辩护权得到保障的可能性有多大？ 【单选】

非常可能	很可能	有可能	不太可能	非常不可能
5	4	3	2	1

Q19. 在您所在地区的刑事审判中，如果被告人要求证人出庭作证，法官传唤该证人出庭作证的可能性有多大？ 【单选】

非常可能	很可能	有可能	不太可能	非常不可能
5	4	3	2	1

Q20. 在您所在地区的民事诉讼中，法官强迫或变相强迫当事人接受调解的可能性有多大？ 【单选】

非常可能	很可能	有可能	不太可能	非常不可能
5	4	3	2	1

Q21. 在您所在地区，下列案件生效判决得到有效执行的可能性有多大？ 【逐行单选】

	非常可能	很可能	有可能	不太可能	非常不可能
21.1 民事判决	5	4	3	2	1
21.2 行政诉讼中行政机关败诉的判决	5	4	3	2	1

Q22. 在您所在地区，对于被批准逮捕后不再具有社会危险性的犯罪嫌疑人，检察机关依法予以变更或者解除逮捕措施的可能性有多大？ 【单选】

非常可能	很可能	有可能	不太可能	完全不可能
5	4	3	2	1

Q23. 在您所在地区，侦查机关滥用权力进行非法监听的可能性有多大？ 【单选】

非常可能	很可能	有可能	不太可能	非常不可能
5	4	3	2	1

Q24. 在您所在地区，对于公安机关移送审查起诉的案件，检察机关经过审查后认为证据不足，直接作出不起诉决定的可能性有多大？ 【单选】

非常可能	很可能	有可能	不太可能	非常不可能
5	4	3	2	1

Q25. 在您所在地区，刑事案件审判久拖不决的可能性有多大？ 【单选】

非常可能	很可能	有可能	不太可能	非常不可能
5	4	3	2	1

Q26. 在您所在地区，对确有错误的生效判决，法院启动再审程序予以纠正的可能性有多大？

【逐行单选】

	非常可能	很可能	有可能	不太可能	非常不可能
26.1 民事案件	5	4	3	2	1
26.2 刑事案件	5	4	3	2	1
26.3 行政案件	5	4	3	2	1

Q27. 在您所在地区，您觉得"打官司就是打证据"的可能性有多大？ 【单选】

非常可能	很可能	有可能	不太可能	非常不可能
5	4	3	2	1

Q28. 在您所在地区，认定被告人有罪的证据不足，法院"宁可错放，也不错判"的可能性有多大？

【单选】

非常可能	很可能	有可能	不太可能	非常不可能
5	4	3	2	1

Q29. 辩护律师向法庭申请排除非法口供，并履行了初步证明责任，而公诉人未证明取证合法的，法官排除该证据的可能性有多大？ 【单选】

非常可能	很可能	有可能	不太可能	非常不可能
5	4	3	2	1

Q30. 在您所在地区，庭审经过严格举证、质证程序（不走过场）才作出判决的可能性有多大？

【逐行单选】

	非常可能	很可能	有可能	不太可能	非常不可能
30.1 侦查人员出庭作证	5	4	3	2	1
30.2 证人证言在法庭上得到质证	5	4	3	2	1

Q31. 您对自己所在地区法官、检察官、警察队伍的总体满意程度如何？ 【逐行单选】

	非常满意	比较满意	一般	不太满意	非常不满意
31.1 法官	5	4	3	2	1
31.2 检察官	5	4	3	2	1

续表

	非常满意	比较满意	一般	不太满意	非常不满意
31.3 警察	5	4	3	2	1

Q32. 在您所在地区，法院司法公开的可能性有多大？ 【逐行单选】

	非常可能	很可能	有可能	不太可能	非常不可能
32.1 法院允许公众旁听审判	5	4	3	2	1
32.2 法院依法及时公开判决书	5	4	3	2	1
32.3 判决书对证据采纳与排除的理由予以充分说明	5	4	3	2	1

Q33. 在您所在地区，法院公正审判的可能性有多大？ 【逐行单选】

	非常可能	很可能	有可能	不太可能	非常不可能
33.1 审判过程公正	5	4	3	2	1
33.2 判决结果公正	5	4	3	2	1

Q34. 您期望法医学在如下哪些方面继续完善？ 【可多选】【非指标算分题】

开设便民服务的法医门诊 ………… 1　　　鼓励专家辅助人出庭辅助质证…… 5

建立从低到高的鉴定分级收费制度… 2　　　畅通鉴定投诉渠道………………… 6

完善法医学鉴定标准 ……………… 3　　　畅通鉴定复议渠道………………… 7

完善鉴定过程和结果公开制度 …… 4　　　其他【请注明】＿＿＿＿＿＿＿＿

Q35. 您对这次调查有何意见或评论？对本问卷有何修改或完善的意见？

衷心感谢您的支持！

附录2　司法文明指数调查问卷（公众卷）

您好：

"司法文明指数"是教育部、财政部"2011计划"司法文明协同创新中心承担的一个重大研究项目。为了对我国各省、自治区、直辖市的司法文明状况进行评估，我们设计了这份问卷。请根据您所在地区的实际情况，回答每一个问题。问卷采取匿名方式，对于问卷答题结果和您的个人信息，根据《中华人民共和国统计法》第九条的规定，我们将为您严格保密。您的每一个回答都将为司法文明建设贡献一份力量。

衷心感谢您对我们工作的支持！

《司法文明指数研究》课题组

请在选择项对应的数字代号上画○。

个人基本情况

Z1. 您的性别：【单选】
　　男……1　　女……2

Z2. 出生年月：_____年_____月

Z3. 您的民族：_____族

Z4. 请问您的职业是？【注：如目前从事多个职业，请以您最主要的为准。】【单选】
　　党政机关人员……1　　自由职业者……6
　　事业单位（含学校、研究机构）人员……2　　离退休人员……7
　　企业、服务业人员……3　　学生……8
　　进城务工人员……4　　无业……9
　　农民（含林牧渔业生产者）……5　　其他【请注明】_____

Z5. 文化程度：【单选】
　　初中及以下……1　　本科/专科……3
　　高中/中专……2　　研究生……4

Z6. 所在地区：_____省（自治区/直辖市）_____地级市（州、区）

Z7. 您的政治面貌：【单选】
　　中共党员……1
　　民主党派……2　　共青团员……4
　　无党派（经有关部门认定）……3　　群众……5

Z8. 您或者您的家人是否曾参加过诉讼活动？ 【单选】

　　　是…………………………………… 1　　　　否………………………………… 2

主体问题

Q1. 如果有当人民陪审员的机会，您愿意参与法庭审判吗？ 【单选】

非常愿意	比较愿意	一　般	不太愿意	非常不愿意
5	4	3	2	1

Q2. 在您所在地区，下列人员收受贿赂的可能性有多大？ 【逐行单选】

	非常可能	很可能	有可能	不太可能	非常不可能
2.1 法官	5	4	3	2	1
2.2 检察官	5	4	3	2	1
2.3 警察	5	4	3	2	1

Q3. 在您所在地区，律师存在下列行为的可能性有多大？ 【逐行单选】

	非常可能	很可能	有可能	不太可能	非常不可能
3.1 虚假承诺	5	4	3	2	1
3.2 与法官有不正当利益往来	5	4	3	2	1
3.3 尽职尽责为委托人服务	5	4	3	2	1

Q4. 您对自己所在地区法官、检察官、警察队伍的总体满意程度如何？ 【逐行单选】

	非常满意	比较满意	一　般	不太满意	非常不满意
4.1 法官	5	4	3	2	1
4.2 检察官	5	4	3	2	1
4.3 警察	5	4	3	2	1

Q5. 在您所在地区，法院司法公开的可能性有多大？ 【逐行单选】

	非常可能	很可能	有可能	不太可能	非常不可能
5.1 法院允许公众旁听审判	5	4	3	2	1
5.2 法院依法及时公开判决书	5	4	3	2	1

Q6. 在您所在地区，法院公正审判的可能性有多大？ 【逐行单选】

	非常可能	很可能	有可能	不太可能	非常不可能
6.1 审判过程公正	5	4	3	2	1

续表

	非常可能	很可能	有可能	不太可能	非常不可能
6.2 判决结果公正	5	4	3	2	1

Q7. 在您所在地区，当矛盾双方无法通过协商、调解等方式解决纠纷时，人们到法院起诉的可能性有多大？ 【单选】

非常可能	很可能	有可能	不太可能	非常不可能
5	4	3	2	1

Q8. 假设审判程序没有问题，但判决结果对您不利，您尊重法院判决的可能性有多大？ 【单选】

非常可能	很可能	有可能	不太可能	非常不可能
5	4	3	2	1

Q9. 对于在公共场所举行公捕、公判大会，您的总体态度是？ 【单选】

坚决支持	一定程度上支持	不关心、无所谓	不太支持	强烈反对
5	4	3	2	1

Q10. 与枪决相比，您对以注射方式执行死刑的态度是？ 【单选】

坚决支持	一定程度上支持	不关心、无所谓	不太支持	强烈反对
5	4	3	2	1

Q11. 在您所在地区，贫富不同的当事人受到法院平等对待的可能性有多大？ 【单选】

非常可能	很可能	有可能	不太可能	非常不可能
5	4	3	2	1

Q12. 在您所在地区，警察对犯罪嫌疑人刑讯逼供的可能性有多大？ 【单选】

非常可能	很可能	有可能	不太可能	非常不可能
5	4	3	2	1

Q13. 在您所在地区，被告人如果请不起律师，他/她得到免费法律援助的可能性有多大？ 【单选】

非常可能	很可能	有可能	不太可能	非常不可能
5	4	3	2	1

Q14. 在您所在地区，刑事案件审判久拖不决的可能性有多大？ 【单选】

非常可能	很可能	有可能	不太可能	非常不可能
5	4	3	2	1

Q15. 在您所在地区的民事诉讼中，法官强迫或变相强迫当事人接受调解的可能性有多大？ 【单选】

非常可能	很可能	有可能	不太可能	非常不可能
5	4	3	2	1

Q16. 在您所在地区，下列案件生效判决得到有效执行的可能性有多大？ 【逐行单选】

	非常可能	很可能	有可能	不太可能	非常不可能
16.1 民事判决	5	4	3	2	1
16.2 行政诉讼中行政机关败诉的判决	5	4	3	2	1

Q17. 在您所在地区，刑事案件立案后，公安机关及时侦查的可能性有多大？ 【单选】

非常可能	很可能	有可能	不太可能	非常不可能
5	4	3	2	1

Q18. 在您所在地区，您觉得"打官司就是打关系"的可能性有多大？ 【单选】

非常可能	很可能	有可能	不太可能	非常不可能
5	4	3	2	1

Q19. 您了解公安机关、检察院、法院工作情况的主要渠道为 【可多选】

报纸杂志 ………………………… 1　　亲身经历 ………………………… 5
电视电台 ………………………… 2　　旁听审判 ………………………… 6
网络 ……………………………… 3　　陪审经历 ………………………… 7
他人讲述 ………………………… 4　　其他【请注明】 _____

Q20. 您是否听说过"法医学"这个名词？ 【单选】【非指标算分题】

听说过 …………………………… 1 → 【继续作答 Q21、Q22 题】
没听说过 ………………………… 2 → 【跳答到 Q23 题】

Q21. 请问您是通过什么途径听说过"法医学"的呢？ 【可多选】【非指标算分题】

报纸杂志 ………………………… 1　　亲身经历 ………………………… 5
电视电台 ………………………… 2　　旁听审判 ………………………… 6
网络 ……………………………… 3　　陪审经历 ………………………… 7
他人讲述 ………………………… 4　　其他【请注明】 _____

Q22. 您对"法医学"解决如下什么问题感到比较满意： 　　　　　【可多选】【非指标算分题】

　　刑事诉讼 …………………… 1　　　　保险理赔 …………………… 5

　　民事诉讼 …………………… 2　　　　仲裁 ………………………… 6

　　行政诉讼 …………………… 3　　　　人民调解 …………………… 7

　　行政执法 …………………… 4　　　　其他【请注明】＿＿＿＿＿＿

Q23. 您对这次调查有何意见或评论？对本问卷有何修改或完善的意见？

_____

_____

_____

衷心感谢您的支持！

声　　明	1. 版权所有，侵权必究。
	2. 如有缺页、倒装问题，由出版社负责退换。

图书在版编目（CIP）数据

中国司法文明指数调查数据挖掘报告.2019/张中主编. —北京：中国政法大学出版社，2022.10
ISBN 978-7-5764-0675-7

Ⅰ.①中… Ⅱ.①张… Ⅲ.①司法制度－研究报告－中国－2019　Ⅳ.①D926

中国版本图书馆CIP数据核字(2022)第176831号

出 版 者	中国政法大学出版社
地　　址	北京市海淀区西土城路 25 号
邮寄地址	北京 100088 信箱 8034 分箱　邮编 100088
网　　址	http://www.cuplpress.com（网络实名：中国政法大学出版社）
电　　话	010-58908289(编辑部) 58908334(邮购部)
承　　印	固安华明印业有限公司
开　　本	889mm×1194mm　1/16
印　　张	18.75
字　　数	565 千字
版　　次	2022 年 10 月第 1 版
印　　次	2022 年 10 月第 1 次印刷
定　　价	128.00 元